人工智能前沿实践丛书

金融大模型
开发与应用实践

张治政　编著

清华大学出版社
北京

内 容 简 介

本书循序渐进、深入讲解了金融大模型开发与应用实践的核心知识，并通过具体实例的实现过程演练了各个知识点的用法。全书共 11 章，分别讲解了大模型基础、数据预处理与特征工程、金融时间序列分析、金融风险建模与管理、高频交易与量化交易、资产定价与交易策略优化、金融市场情绪分析、区块链与金融科技创新、基于深度强化学习的量化交易系统（OpenAI Baselines+FinRL+DRL+PyPortfolioOpt）、基于趋势跟踪的期货交易系统（Technical Analysis library+yfinance+Quantstats）、上市公司估值系统（OpenAI+LangChain+Tableau+PowerBI）。本书易于阅读，以极简的文字介绍了复杂的案例，同时涵盖了其他同类图书中很少涉及的历史参考资料，是学习金融大模型开发的理想教程。

本书适用于已经了解了 Python 基础开发的读者，想进一步学习大模型开发、模型优化、模型应用和模型架构的读者，也可以作为证券、保险、银行等从业者的参考书，还可以作为大专院校相关专业的师生用书和培训机构的专业性教材。

图书在版编目（CIP）数据

金融大模型开发与应用实践 / 张治政编著. -- 北京：
清华大学出版社, 2024.9. -- (人工智能前沿实践丛书).
　ISBN 978-7-302-67237-1
　Ⅰ. F830.49
　中国国家版本馆 CIP 数据核字第 2024842G9U 号

责任编辑：王秋阳
封面设计：秦　丽
版式设计：楠竹文化
责任校对：范文芳
责任印制：刘　菲
出版发行：清华大学出版社
　　　　　网　　　址：http://www.tup.com.cn，http://www.wqbook.com
　　　　　地　　　址：北京清华大学学研大厦 A 座　　　邮　　编：100084
　　　　　社 总 机：010-83470000　　　　　　　　　邮　　购：010-62786544
　　　　　投稿与读者服务：010-62776969，c-service@tup.tsinghua.edu.cn
　　　　　质量反馈：010-62772015，zhiliang@tup.tsinghua.edu.cn
印 装 者：北京鑫海金澳胶印有限公司
经　　销：全国新华书店
开　　本：185mm×230mm　　　印　　张：27　　　字　　数：605 千字
版　　次：2024 年 10 月第 1 版　　　　　　　　　印　　次：2024 年 10 月第 1 次印刷
定　　价：139.00 元

产品编号：106307-01

前　言

Preface

随着金融市场的复杂性和不确定性增加，金融机构和个人投资者对于更加精准、高效的金融模型和交易策略的需求也日益迫切。而人工智能技术的快速发展为满足这一需求提供了新的可能性。因此，市场上对于能够将人工智能与金融领域结合，提供实用指导并具备操作性的书籍的需求不断增加。

Python 作为一种强大的编程语言，已经成为金融领域不可或缺的工具之一。本书以全面的视角介绍了人工智能、机器学习、深度学习等技术与金融领域的融合，以及如何利用 Python 构建大模型来应对金融市场的挑战。本书理论结合实践，可以帮助金融从业者和学习者掌握 Python 在金融领域的应用技能，提升金融模型的准确性和可操作性，从而更好地适应金融市场的变化和挑战。

本书的特色

☑　全面性与深度：本书从人工智能和机器学习的基础知识入手，深入探讨了这些知识在金融领域中的应用。不仅覆盖了传统的金融模型和技术，还介绍了最新的深度学习和强化学习方法，并提供了丰富的案例研究，使读者能够全面了解和掌握这些技术。

☑　实用性与操作性：本书不仅介绍了理论知识，更注重如何将这些知识应用到实际项目中。通过大量的代码示例、演示和实战项目，读者可以快速学习并掌握 Python 在金融领域中的应用技能，提高金融模型的准确性和可操作性。

☑　案例丰富：书中提供了丰富的实际案例和项目，涵盖了金融时间序列分析、风险管理、量化交易、情绪分析、区块链技术等多个方面。这些案例不仅可以帮助读者理解和应用书中介绍的技术，还能够启发读者深入思考和探索更多的应用场景。

☑ 前沿技术应用：本书介绍了一些前沿的技术和方法，如深度强化学习、情感分析预训练模型（如 BERT 和 FinBERT）、区块链技术等，帮助读者了解并掌握最新的金融科技发展趋势，为他们在金融领域的发展提供更广阔的视野和更丰富的工具。

☑ 适用性广泛：尽管以 Python 为主要编程语言，但本书介绍的方法和技术都具有普适性，适用于金融领域的各个方面，包括但不限于股票市场、期货市场、债券市场、外汇市场等，以及金融机构的风险管理、资产定价、交易策略优化等多个领域。

本书的内容

本书是一本深入探讨金融和人工智能领域交汇点的综合性书籍，以下是对本书内容的总结。

（1）大模型基础：包括人工智能的发展历程、研究领域和对人们生活的影响，机器学习、深度学习及其在金融中的应用，大模型介绍及其在金融中的作用等内容。

（2）数据预处理与特征工程：包括数据清洗与处理、特征选择与提取、数据标准化与归一化等内容。

（3）金融时间序列分析：包括时间序列的基本概念、常用的时间序列分析方法。

（4）金融风险建模与管理：包括金融风险的基本概念、基于人工智能的金融风险建模方法、制作贵州茅台的 ARCH 模型等内容。

（5）高频交易与量化交易：包括高频交易的特点、传统高频交易策略回顾、量化选股程序等内容。

（6）资产定价与交易策略优化：包括资产定价模型、交易策略的基本概念、股票交易策略实战等内容。

（7）金融市场情绪分析：包括情绪分析的概念与方法、基于人工智能的金融市场情绪分析等内容。

（8）区块链与金融科技创新：包括区块链技术的概念与原理、人工智能与区块链的结合应用、检测以太坊区块链中的非法账户等内容。

（9）基于深度强化学习的量化交易系统：包括背景介绍、项目介绍、数据预处理、构建交易环境、深度强化学习算法模型等内容。

（10）基于趋势跟踪的期货交易系统：包括背景介绍、功能模块、数据分析、建模、制定交易策略等内容。

（11）上市公司估值系统：包括背景介绍、项目介绍、数据收集、质性分析、定量分析、估值报告可视化等内容。

通过学习这些内容，读者将能够系统地了解 Python 在金融领域的应用，掌握其中的各种技术和方法，并能够将其应用到实际项目中去。

本书的读者对象

☑ 数据科学家和分析师：数据科学家和分析师可以通过本书深入了解如何应用机器学习、深度学习和大模型技术来解决金融领域的问题，包括时间序列分析、风险建模、交易策略优化等。

☑ 金融专业人士：金融从业人员，包括金融分析师、风险管理专家、交易员等，可以通过本书学习如何利用人工智能技术来提高金融决策和风险管理的效率和准确性。

☑ 数据工程师和开发人员：数据工程师和开发人员可以通过本书了解金融大模型的开发和部署技术，包括深度学习框架、数据预处理工具、模型部署平台等。

☑ 学术界研究人员：在学术界从事人工智能和金融领域研究的学者可以通过本书获得实际应用案例和方法，以便在其研究工作中应用。

☑ 企业决策者和管理者：企业的高级管理层和决策者可以了解本书中提到的人工智能技术是如何在金融业务中产生价值的，并在决策中考虑这些技术的应用。

☑ 大数据分析师：在大数据领域工作的专业人员可以通过本书学习如何处理和分析大规模数据集，为模型开发提供数据支持。

☑ 研究人员和学生：从事人工智能研究的学者和学生可以通过本书了解开发金融大模型的知识，学习并掌握开发金融模型的方法。

☑ 技术培训师：人工智能领域的培训师可以将本书作为教材，为学员提供全面的金融模型开发与应用教学。

☑ 高校老师：高校老师可以将本书作为教材，用于教授人工智能、机器学习和深度学习等课程。本书的内容覆盖了从基础到高级的知识，有助于培养学生的实际应用能力和创新思维。

总之，本书适用于那些对将人工智能和大数据技术应用于金融领域感兴趣的读者。无论是初学者，还是有经验的专业人士，都可以从本书中获得有关金融大模型开发和应用的深刻见解和实用技能。

致　谢

　　本书在编写过程中，得到了清华大学出版社各位专业编辑的大力支持，正是各位专业人士的求实、耐心和效率，才使得本书能够在较短的时间内出版。另外，也十分感谢我的家人给予的巨大支持。本人水平毕竟有限，书中难免存在疏漏之处，诚请读者提出宝贵的意见或建议，以便修订并使之更臻完善。

　　最后感谢您购买本书，希望本书能成为您编程路上的领航者，祝您阅读快乐！

编者

目 录
Contents

第1章
大模型基础

"大模型"是指在机器学习和人工智能领域中，具有大量参数和复杂结构的神经网络模型。这些模型通常有数以亿计的参数，可以用来处理更复杂、更多样化的任务和数据。大模型的出现主要得益于计算能力的提升、数据集的增大以及算法的不断优化。在本章的内容中，将向大家讲解大模型的基础知识，为读者步入本书后面知识的学习打下基础。

1.1 人 工 智 能

人工智能就是我们平常所说的 AI，全称是 artificial intelligence。人工智能是研究、开发用于模拟、延伸和扩展人类智能的理论、方法、技术及应用系统的一门新的技术科学。人工智能不是一个非常庞大的概念，单从字面上理解，应该理解为人类创造的智能。那么什么是智能呢？如果人类创造了一个机器人，这个机器人能有像人类一样甚至超过人类的推理、知识、学习、感知处理等能力，那么就可以将这个机器人称为是一个有智能的物体，也就是人工智能。

现在通常将人工智能分为弱人工智能和强人工智能，我们看到电影里的一些人工智能大部分都是强人工智能，他们能像人类一样思考如何处理问题，甚至能在一定程度上做出比人类更好的决定；他们能自适应周围的环境，解决一些程序中没有遇到的突发事件，具备这些能力的就是强人工智能。但是在目前的现实世界中，大部分人工智能只是实现了弱人工智能，能够让机器具备观察和感知的能力，在经过一定的训练后能计算一些人类不能计算的事情，但是它并没有自适应能力，也就是它不会处理突发的情况，只能处理程序中已经写好的，已经预测到的事情，这就叫作弱人工智能。

1.1.1 人工智能的发展历程

人工智能的发展历程可以追溯到上世纪 50 年代，经历了几个阶段的演进和突破。以下是人工智能的发展历程，其中介绍了发展过程中的主要阶段和里程碑事件。

1. 早期探索阶段（1950—1969 年）

20 世纪 50 年代，艾伦·图灵提出了"图灵测试"，探讨机器是否能够表现出人类智能。1956 年，达特茅斯会议召开，标志着人工智能领域的正式创立。20 世纪 60 年代，人工智能研究集中在符号逻辑和专家系统上，尝试模拟人类思维过程。

2. 知识表达与专家系统阶段（1970—1989 年）

20 世纪 70 年代，人工智能研究注重知识表示和推理，发展了产生式规则、语义网络等知识表示方法。20 世纪 80 年代，专家系统盛行，可以利用专家知识来解决特定领域的问题，但受限于知识获取和推理效率。

3. 知识与数据驱动的发展（1990—2009 年）

20 世纪 90 年代，机器学习开始兴起，尤其是基于统计方法的方法，如神经网络和支持向量机。21 世纪 00 年代，数据驱动方法得到更广泛应用，机器学习技术在图像识别、语音识别等领域取得突破。

4. 深度学习与大数据时代（2010—至今）

21 世纪 10 年代，深度学习技术崛起，尤其是卷积神经网络（convolutional neural network，CNN）和循环神经网络（recurrent neuarl network，RNN）等，在图像、语音和自然语言处理领域表现出色。2012 年，AlexNet 在 ImageNet 图像分类竞赛中获胜，标志着深度学习的广泛应用。2016 年，AlphaGo 击败围棋世界冠军李世石，展示了强化学习在复杂决策领域的能力。2019 年，OpenAI 发布了 GPT-2 模型，引发了关于大语言模型的讨论。21 世纪 20 年代，大模型和深度学习在多个领域取得突破发展，包括自然语言处理、计算机视觉、医疗诊断等。

未来，人工智能的发展趋势可能涵盖更高级的自主决策、更强大的学习能力、更广泛的应用领域，同时也需要关注伦理、隐私和社会影响等问题。

1.1.2　人工智能的研究领域

人工智能的研究领域主要有五层，具体如图 1-1 所示。

在图 1-1 所示的分层中，从下往上的具体说明如下。

第 1 层是基础设施层，包含大数据和计算能力（硬件配置）两部分，数据越大，人工智能的能力越强。

第 2 层是算法层，如卷积神经网络、LSTM 序列学习、Q-Learning 和深度学习等算法都是机器学习的算法。

第 3 层是技术方向层，如计算机视觉、语音工程和自然语言处理等。另外还有规划决策系统,如 reinforcement learning(增强学习),或类似于大数据分析的统计系统,这些都能在机器学习算法上产生。

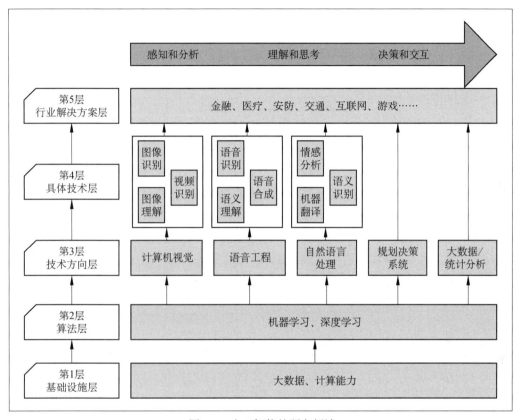

图 1-1　人工智能的研究领域

第 4 层是具体技术层,如图像识别、语音识别、语义理解、视频识别、机器翻译等。

第 5 层是行业解决方案层,如人工智能在金融、医疗、互联网、安防、交通和游戏等领域的应用。

1.1.3　人工智能对人们生活的影响

人工智能对人们生活的影响是多方面的,它已经在许多领域引起了深远的变革和改变,主要包括以下几个方面。

☑　自动化和生产效率提升:人工智能技术可以实现许多重复、烦琐任务的自动化,从而提高生产效率。例如,在制造业中,机器人可以执行装配、搬运等任务,提高了生产线的效率和精度。

- ☑ 医疗和生命科学：人工智能在医疗诊断、药物研发和基因组学等领域有着重要的应用。它可以帮助医生更准确地诊断疾病，提高医疗决策的质量，同时加速新药的发现和疾病治疗方法的研究。
- ☑ 金融和商业：人工智能在金融领域可以用于风险评估、欺诈检测、投资分析等。它可以通过分析大量的数据，来帮助用户做出更明智的金融决策，并提供个性化的客户服务。
- ☑ 交通和智能交通系统：人工智能可以改善交通流量管理、车辆自动驾驶、交通预测等。自动驾驶技术有望减少交通事故，提高交通效率，同时改善出行体验。
- ☑ 教育：人工智能可以定制个性化教育内容，以帮助学生更好地理解和吸收知识。人工智能还可以为教师提供智能辅助，帮助他们更好地管理课堂和评估学生的表现。
- ☑ 娱乐和创意领域：人工智能可以用于游戏开发、音乐生成、艺术创作等，可以模仿和创造出各种类型的娱乐内容，拓展了娱乐和创意领域的更多可能性。
- ☑ 自然语言处理和沟通：大语言模型可以使得计算机更好地理解和生成人类语言，促进了人与机器之间的自然沟通，有助于翻译、文本生成、语音识别等领域的进步。

然而，人工智能的发展也带来了一些挑战和问题，如就业变革、隐私和安全问题、伦理问题等。因此，在推动人工智能发展的同时，也需要仔细考虑和解决这些问题，以确保人工智能技术对人们生活的积极影响最大化。

1.2　机器学习和深度学习

机器学习（machine learning，ML）和深度学习（deep learning）都是人工智能领域的重要概念，在本节的内容中，将详细讲解这两个概念的知识和区别。

1.2.1　机器学习

机器学习是一门多领域交叉学科，涉及概率论、统计学、逼近论、凸分析、算法复杂度理论等多门学科。机器学习专门研究计算机怎样模拟或实现人类的学习行为，以获取新的知识或技能，重新组织已有的知识结构使之不断改善自身的性能。

机器学习是一类算法的总称，这些算法尝试从大量历史数据中挖掘出其中隐含的规律，并用于预测或者分类。更具体地说，机器学习可以看作是寻找一个函数，输入的是样本数据，输出的是期望的结果，只是这个函数过于复杂，以至于不太方便形式化表达。需要注意的是，机器学习的目标是使学到的函数能很好地适用于"新样本"，而不仅是在训练样本上表现很好。学到的函数适用于新样本的能力，称为泛化（generalization）能力。

机器学习有一个显著的特点，也是机器学习最基本的做法，就是使用一个算法从大量的数据中解析并得到有用的信息，并从中学习，然后对之后真实世界中会发生的事情进行预测或作出判断。机器学习需要海量的数据来进行训练，并从这些数据中得到要用的信息，然后反馈给真实世界的用户。

我们可以用一个简单的例子来说明机器学习。假设在淘宝或京东购物的时候，天猫和京东会向我们推送商品信息，这些推荐的商品往往是我们自己很感兴趣的东西，这个过程是通过机器学习完成的。其实这些推送商品是京东和天猫根据我们以前的购物订单和经常浏览的商品记录而得出的结论，可以从中得出商城中的哪些商品是我们感兴趣、并且我们会有大几率购买的，然后将这些商品定向推送给我们。

1.2.2 深度学习

前面介绍的机器学习是一种实现人工智能的方法，深度学习是一种实现机器学习的技术。深度学习本来并不是一种独立的学习方法，其本身也会用到有监督和无监督的学习方法来训练深度神经网络。但由于近几年该领域发展迅猛，一些特有的学习方法相继被提出（如残差网络），因此越来越多的人将其单独看作一种学习的方法。

假设我们需要识别某个照片中的影像是狗还是猫，如果是传统机器学习的方法，会首先定义一些特征，如有没有胡须，耳朵、鼻子、嘴巴的模样等。总之，我们首先要确定相应的"面部特征"作为我们的机器学习的特征，以此来对我们要研究的对象进行分类识别。而深度学习的方法则更进一步，它自动找出这个分类问题所需要的重要特征，而传统机器学习则需要人工给出特征。那么，深度学习是如何做到这一点的呢？继续以猫狗识别的例子按照以下步骤进行说明。

（1）确定有哪些边和角跟识别出猫狗关系最大。

（2）根据上一步找出的很多小元素（边、角等）构建层级网络，找出它们之间的各种组合。

（3）在构建层级网络之后，就可以确定哪些组合可以识别出猫和狗。

注意：深度学习并不是一个独立的算法，在训练神经网络的时候也通常会用到监督学习和无监督学习。但是由于一些独特的学习方法被提出，我觉得把它看成是单独的一种学习算法也没什么问题。深度学习可以大致理解成包含多个隐含层的神经网络结构，深度学习的深这个字指的就是隐藏层的深度。

1.2.3 机器学习和深度学习的区别

机器学习和深度学习相互关联，两者之间存在一些区别，其中主要区别如下。

（1）应用范畴方面的区别。

机器学习是一个广泛的概念，涵盖了多种算法和技术，用于让计算机系统通过数据和经验改善性能。机器学习不仅包括传统的统计方法，还包括基于模型的方法、基于实例的方法等。

深度学习是机器学习的一个特定分支，它基于多层次的神经网络结构，通过学习多层次的抽象表示来提取数据的复杂特征。深度学习关注利用神经网络进行数据表示学习和模式识别。

（2）网络结构方面的区别。

机器学习方法包括各种算法，如决策树、支持向量机、线性回归等，它们可以应用于各种任务，不一定需要多层神经网络结构。

深度学习方法主要是基于多层神经网络的结构，涉及多个层次的抽象表示。深度学习的关键是使用多层次的非线性变换来捕捉数据的复杂特征。

（3）特征学习方面的区别。

传统机器学习方法通常需要手工设计和选择特征，然后使用这些特征来进行训练和预测。

深度学习的一个重要优势是它可以自动学习数据的特征表示，减少了对特征工程的依赖，从而能够处理更复杂的数据和任务。

（4）适用场景方面的区别。

机器学习广泛应用于各个领域，包括图像处理、自然语言处理、推荐系统等，使用不同的算法来解决不同的问题。

深度学习主要在大规模数据和高度复杂的问题上表现出色，特别适用于图像识别、语音识别、自然语言处理等领域。

（5）计算资源需求方面的区别。

传统机器学习方法通常在较小的数据集上能够进行训练和预测，计算资源需求相对较低。

深度学习方法通常需要大量的数据和更多的计算资源，如训练一个大型深度神经网络可能需要使用多个GPU。

（6）解决问题方面的区别。

在解决问题时，传统机器学习算法通常先把问题分成几块，逐个解决好之后，再重新组合起来。但是深度学习则是一次性地、端到端地解决。假如存在一个任务：识别出在某图片中有哪些物体，并找出它们的位置。传统机器学习的做法是把问题分为两步：发现物体和识别物体。首先，我们有几个物体边缘的盒型检测算法，把所有可能的物体都框出来。然后，再使用物体识别算法，识别出这些物体分别是什么。

但是深度学习不同，它会直接在图片中把对应的物体识别出来，同时还能标明对应物体的名字。这样就可以做到实时物体识别，如 YOLO net 可以在视频中实时识别物体。

总之，机器学习是一个更广泛的概念，包括多种算法和技术，而深度学习是机器学习的一个分支，侧重于基于多层神经网络的数据表示学习。深度学习在处理复杂数据和任务时表现出色，但也需要更多的计算资源和数据来训练和部署。

注意：人工智能、机器学习、深度学习三者的关系，机器学习是实现人工智能的方法，深度学习是机器学习算法中的一种算法，一种实现机器学习的技术和学习方法。

1.3 大模型介绍

大模型是近年来人工智能领域的一个热门发展方向，通过引入更多参数和复杂性，它们在处理更复杂任务时取得了显著的进展，但也引发了一些伦理、可解释性和环境等方面的问题。以 GPT 为例，它是一个非常著名的大语言模型产品，其中 GPT-3.5 大模型具有约 6,600 亿个参数，GPT-4 大模型具有约 100 万亿个参数。这使得它在各种自然语言处理任务中表现出色，可以生成流畅的文本、回答问题、编写代码等。然而，由于大模型需要大量的计算资源和数据来训练和部署，因此它们可能会面临成本高昂、能源消耗大等问题。

1.3.1 大模型的作用

大模型在机器学习和人工智能领域中具有重要作用，它们能够处理更复杂、更多样化的任务，并在各种应用领域中取得显著的进展，大模型的主要作用如下。

（1）提高性能和准确性。

大模型通常具有更多的参数和复杂性，能够学习更多的数据特征和模式。这使得它们在许多任务中能够达到更高的性能和准确性，如图像识别、语音识别、自然语言处理等。

（2）自然语言处理。

大语言模型能够更好地理解和生成自然语言，可以用于文本生成、翻译、问答系统等任务。它们在生成流畅、准确的文本方面表现出色。

（3）复杂决策。

大模型在强化学习领域中可以用于处理更复杂的决策问题，如自动驾驶、金融交易、游戏策略等。它们能够通过学习大量数据来制定更智能的决策。

（4）个性化和推荐。

大模型可以分析大量用户数据，为个人用户提供更准确的推荐和定制化体验，这一点在广告推荐、社交媒体内容过滤等方面具有重要作用。

（5）医疗和生命科学。

大模型能够处理大规模的医疗数据，提供更准确的诊断、预测疾病风险等，它们在药物研发、基因组学研究等领域也有应用。

（6）创意和艺术。

大模型可以用于音乐生成、艺术创作等领域，拓展了创意和艺术的可能性，它们能够模仿和创造各种类型的创意内容。

（7）科学研究。

大模型在科学研究中可以用于处理复杂的数据分析和模拟，如天文学、生物学等领域。

（8）快速迭代和实验。

大模型可以通过大量数据进行训练，从而能够更快地进行实验和迭代，加速研究和开发过程。

然而，使用大模型也面临一些挑战，包括计算资源需求、能源消耗、模型的可解释性和对隐私的影响等。因此，在利用大模型的同时，也需要综合考虑这些问题。

1.3.2　数据

数据是指收集到的事实、观察、测量或记录的信息的集合。在计算机科学和信息技术领域，数据通常以数字、文字、图像、声音等形式存在，可以用来描述某个对象、现象或事件的各种特征和属性。

根据现实项目的需求，可以将数据划分为不同类型。

- ☑ 定性数据（qualitative data）：这种数据用于描述特性或属性，通常是非数值的。例如，颜色、性别、品牌等。
- ☑ 定量数据（quantitative data）：这种数据以数值形式表示，用于表示数量或度量。例如，温度、年龄、价格等。
- ☑ 连续数据（continuous data）：是一种定量数据，它可以在一定范围内取任何值。例如，身高、体重等。
- ☑ 离散数据（discrete data）：是一种定量数据，它只能取特定的、不连续的值。例如，家庭成员人数、汽车数量等。
- ☑ 结构化数据（structured data）：这种数据以表格、数据库或类似结构存储，每个数据字段都有明确定义的含义。例如，数据库中的表格、电子表格中的数据等。
- ☑ 非结构化数据（unstructured data）：这种数据没有固定的格式，通常包含文本、图像、音频和视频等。例如，社交媒体帖子、照片、录音等。

☑ 时序数据（time series data）：是按照时间顺序排列的数据，用于分析和预测时间上的变化。例如，股票价格、气温变化等。

在机器学习和人工智能中，数据是培训模型的关键要素。模型使用数据来学习模式、规律和关系，从而在未见过的数据上进行预测和推断。高质量、多样性的数据对于能否训练出性能良好的模型非常重要，同时数据的隐私和安全问题也需要得到妥善处理。

1.3.3　数据和大模型的关系

数据和大模型在机器学习和人工智能领域中密切相关，它们之间的关系可以从如下角度来理解。

☑ 数据驱动的训练：数据是训练模型的基础，机器学习模型通过观察和学习数据中的模式和关系来提高性能。更多的数据通常能够帮助模型更好地学习任务的规律。

☑ 训练大模型需要大数据：大型模型通常需要大量的数据来训练，因为这些模型具有大量的参数，需要足够的样本来调整参数，以便能够泛化到未见过的数据。

☑ 泛化能力：丰富的数据有助于提高模型的泛化能力，即在新数据上的表现。大模型通过在大数据上训练，可以学习到更广泛的特征和模式，从而在不同数据上表现更好。

☑ 过拟合和欠拟合：模型在训练数据上表现得很好，但在测试数据上表现不佳时，可能出现过拟合。数据量不足可能导致模型过拟合，而有足够的数据就可以减轻这个问题。相反，欠拟合是模型没有捕捉到数据中的模式，可能是因为模型太简单或数据太少。

☑ 预训练和微调：大模型通常采用预训练和微调的方法。预训练阶段在大规模数据上进行，使模型学习通用的语言或特征表示。随后，在特定任务的数据上进行微调，使模型适应具体任务。

☑ 数据质量与模型效果：数据的质量对模型效果有重要影响。低质量的数据可能引入杂音，影响模型的性能。同时，数据的多样性也很重要，因为模型需要能够应对各种情况。

总之，数据和大模型之间的关系是相互依存的。大模型需要大量数据来进行训练和调整，而高质量、多样性的数据能够帮助大模型更好地学习任务的规律并提高性能。同时，大模型的出现也促进了对数据隐私、安全性和伦理等问题的关注。

1.4　人工智能与金融行业交融

人工智能与金融行业的交融已经产生了深远的影响，为金融机构和市场带来了许多创新和改变。人工智能为金融机构提供了更好的决策支持、风险管理、客户服务和效率提升。随着技术的不断进步，预计 AI 在金融领域的应用将继续增加。

1.4.1　人工智能驱动的金融创新

人工智能在金融领域推动了多项创新，这些创新正在改变金融服务和市场，以下是一些受到 AI 驱动的金融创新。

1. 智能投资管理

智能投资组合管理：AI 和机器学习模型用于构建和优化投资组合，根据风险和回报进行资产分配，以实现更好的投资表现。

自动化投资决策：AI 系统可以自动执行投资策略，根据市场数据和算法进行交易，无需人工干预。

2. 风险评估和信贷

信用风险评估：AI 模型可以更准确地评估借款人的信用风险，以帮助银行和信贷机构做出更明智的贷款决策。

反欺诈：AI 用于检测和预防欺诈活动，识别异常交易和行为模式。

3. 客户服务和体验

虚拟助手和聊天机器人：金融机构使用虚拟助手来提供更快速和个性化的客户支持，可以回答常见问题和提供服务。

个性化推荐：AI 分析客户数据，为客户提供个性化的产品和服务建议，改善客户体验。

4. 金融科技

数字支付：AI 技术用于提高数字支付的安全性和效率，包括支付验证和身份识别。

借贷和众筹平台：金融科技公司使用 AI 和大数据来改进贷款风险评估，为小型企业和个人提供更便宜的贷款。

5. 市场分析和预测

市场趋势分析：AI 用于分析大量市场数据，以预测股市、货币汇率和商品价格的波动。

情感分析：分析社交媒体和新闻数据，以了解市场情绪和投资者情感。

6. 自动化流程

结算和清算：AI 和智能合同用于自动化金融交易的结算和清算流程，可以提高效率和减少错误。

7. 监管合规

反洗钱和反欺诈：金融机构使用 AI 来监测和检测可疑交易和活动，以确保合规性。

监管报告：AI 用于自动化合规性报告的生成和提交，以满足监管要求。

8. 区块链和加密货币

智能合同：AI 与区块链技术结合，用于自动执行智能合同。

加密货币分析：AI 用于分析和预测加密货币市场动态，支持投资决策。

上述创新正在推动金融行业的发展，在提供更好的金融产品和服务的同时，也引发了数据隐私、安全性和监管方面的许多问题和挑战。随着技术的不断发展，金融领域对 AI 的依赖将继续增加，可能会产生更多创新和改变。

1.4.2　大模型在金融中的应用

大模型在金融领域的应用通常指的是深度学习和自然语言处理（NLP）领域的大型神经网络模型，如 GPT-3、BERT 等。这些模型具有大量的参数和强大的学习能力，因此在金融领域有一些特定的应用，与上面提到的创新有一些区别。

- ☑ 金融文本分析：大模型如 BERT 和 GPT-3 在金融文本分析中发挥着重要作用。它们能够理解和处理大量的金融新闻、报告、社交媒体帖子等文本数据，可用于市场情感分析、新闻事件影响分析、舆情监测等。

- ☑ 自然语言生成：大模型可以用于生成金融报告、市场分析、客户信函等自然语言文本。这有助于自动生成客户通信、研究报告等文档，以提高效率。

- ☑ 风险管理：大模型可以用于识别潜在的风险信号和异常行为。它们能够在金融交易数据中识别异常模式，帮助金融机构更好地管理风险。

- ☑ 客户服务：大模型在虚拟助手和聊天机器人中的应用有助于提供更智能、响应更快的客户服务。这些模型能够理解和生成自然语言，与客户进行对话并提供支持。

- ☑ 投资策略：大模型在开发量化交易策略时有一定的应用。它们可以分析大量的市场数据，识别潜在的交易信号，并自动执行交易策略。

与上面提到的金融创新不同，大模型更专注于处理和分析自然语言文本数据，并在金融决策、客户服务、风险管理等方面提供更智能的解决方案。这些模型的主要优势在于它们能够理解和处理大规模的非结构化文本数据，从而帮助金融从业者更好地理解市场动态和客户需求。

第2章
数据预处理与特征工程

数据预处理和特征工程是机器学习和数据分析中非常重要的步骤，它们有助于准备和优化数据，以便于构建准确的模型。数据预处理和特征工程的方法取决于数据的性质和问题的要求，正确的数据准备可以显著提高机器学习模型的性能和鲁棒性。在本章的内容中，将详细讲解使用数据预处理与特征工程技术处理金融数据的知识，并通过具体实例来讲解各个知识点的用法。

2.1　数据清洗与处理

数据清洗和处理是数据预处理过程的一部分，它涉及对原始数据进行修复、填充、删除和转换，以使其适合用于训练和测试机器学习模型。

2.1.1　数据质量检查与缺失值处理

数据质量检查和缺失值处理是数据预处理的关键步骤，它们对模型的性能和结果会产生重大影响。根据数据的特点和任务的需求，选择合适的方法来处理数据质量问题和缺失值是至关重要的。

假设有一个 CSV 文件 stock_data.csv，包含一小部分苹果（AAPL）、谷歌（GOOGL）、特斯拉（TSLA）和英伟达（NVDA）的股票数据，并包含缺失值，具体内容如下所示。

日期	股票代码	开盘价	收盘价	最高价	最低价	交易量
2023-09-01	AAPL	150.00	155.00	160.00	149.50	1000000
2023-09-02	AAPL	156.00	159.50	161.50	154.00	1200000
2023-09-03	AAPL	159.75	157.25	155.25		1100000
2023-09-04	AAPL	160.75	163.00	157.00		900000
2023-09-05	AAPL	160.25	162.25	158.00		800000
2023-09-01	GOOGL	2750.00	2800.00	2740.00		500000
2023-09-02	GOOGL	2785.00	2795.75	2810.00		550000

2023-09-03	GOOGL	2790.50	2805.25	2820.00	2780.00	480000
2023-09-04	GOOGL	2803.75	2810.50	2825.50	2798.00	
2023-09-01	TSLA	750.00	720.00			1000000
2023-09-02	TSLA	755.00	760.50	762.00		1200000
2023-09-03	TSLA	760.75	757.25	755.25		1100000
2023-09-04	TSLA	765.50	761.75		750.00	900000
2023-09-01	NVDA	300.00	295.00	310.00	290.00	500000
2023-09-02	NVDA	298.50	285.00		550000	
2023-09-03	NVDA	295.50	297.75	305.00	292.00	480000
2023-09-04	NVDA	298.75	299.50	310.25		520000

在这个 CSV 文件中，数据中存在缺失值，如某些行的"开盘价"列为空，此时可以使用 Python 语言来处理数据。

实例 2-1：处理股票数据中的缺失值（源码路径：daima/2/chu.py）

实例文件 chu.py 的具体实现代码如下所示。

```python
import pandas as pd
import matplotlib.pyplot as plt

# 读取CSV文件
file_path = 'stock_data.csv'
stock_data = pd.read_csv(file_path)

# 打印处理前的数据
print("Original Data:")
print(stock_data)

# 数据质量检查和缺失值处理
# 1. 删除包含缺失值的行
stock_data_cleaned = stock_data.dropna()

# 2. 缺失值填充（以均值填充为例）
stock_data_filled = stock_data.fillna(stock_data.mean())

# 打印处理后的数据
print("\nCleaned Data:")
print(stock_data_cleaned)
print("\nFilled Data:")
print(stock_data_filled)

# 保存处理后的数据到新的CSV文件
stock_data_cleaned.to_csv('cleaned_stock_data.csv', index=False)
stock_data_filled.to_csv('filled_stock_data.csv', index=False)

# 绘制箱线图以比较收盘价数据的分布情况
plt.figure(figsize=(10, 5))
plt.subplot(1, 2, 1)
plt.boxplot(stock_data['收盘价'].dropna(), vert=False)
plt.title('Original Closing Price')

plt.subplot(1, 2, 2)
plt.boxplot(stock_data_cleaned['收盘价'], vert=False)
```

```
plt.title('Cleaned Closing Price')

plt.tight_layout()
plt.show()
```

在上述代码中，首先读取了名为 stock_data.csv 的 CSV 文件，并执行了数据质量检查和缺失值处理。我们可以根据需要自定义文件路径和列名称，以适应我们的数据集。然后，将处理后的数据保存到新的 CSV 文件 cleaned_stock_data.csv 和 filled_stock_data.csv 中，这两个文件分别包含了删除缺失值和填充缺失值后的数据。最后绘制了箱线图，以比较处理前和处理后的收盘价数据的分布情况。

代码执行后会输出下面的内容，并绘制了如图 2-1 所示的两个箱线图，一个是原始数据的箱线图，另一个是处理后的数据（删除或填充缺失值后）的箱线图。

```
Original Data:
      日期          股票代码      开盘价      收盘价      最高价      最低价      交易量
0   2023-09-01    AAPL      150.00    155.00    160.00    149.50    1000000.0
1   2023-09-02    AAPL      156.00    159.50    161.50    154.00    1200000.0
2   2023-09-03    AAPL      159.75    157.25    NaN       155.25    1100000.0
3   2023-09-04    AAPL      NaN       160.75    163.00    157.00    900000.0
4   2023-09-05    AAPL      160.25    NaN       162.25    158.00    800000.0
5   2023-09-01    GOOGL     2750.00   NaN       2800.00   2740.00   500000.0
6   2023-09-02    GOOGL     2785.00   2795.75   2810.00   NaN       550000.0
7   2023-09-03    GOOGL     2790.50   2805.25   2820.00   2780.00   480000.0
8   2023-09-04    GOOGL     2803.75   2810.50   2825.50   2798.00   NaN
9   2023-09-01    TSLA      NaN       NaN       750.00    720.00    1000000.0
10  2023-09-02    TSLA      755.00    760.50    762.00    NaN       1200000.0
11  2023-09-03    TSLA      760.75    NaN       757.25    755.25    1100000.0
12  2023-09-04    TSLA      765.50    761.75    NaN       750.00    900000.0
13  2023-09-01    NVDA      300.00    295.00    310.00    290.00    500000.0
14  2023-09-02    NVDA      NaN       298.50    NaN       285.00    550000.0
15  2023-09-03    NVDA      295.50    297.75    305.00    292.00    480000.0
16  2023-09-04    NVDA      298.75    299.50    310.25    NaN       520000.0


Cleaned Data:
      日期          股票代码      开盘价      收盘价      最高价      最低价      交易量
0   2023-09-01    AAPL      150.0     155.00    160.0     149.5     1000000.0
1   2023-09-02    AAPL      156.0     159.50    161.5     154.0     1200000.0
7   2023-09-03    GOOGL     2790.5    2805.25   2820.0    2780.0    480000.0
13  2023-09-01    NVDA      300.0     295.00    310.0     290.0     500000.0
15  2023-09-03    NVDA      295.5     297.75    305.0     292.0     480000.0


Filled Data:
      日期          股票代码      开盘价          ...    最高价            最低价           交易量
0   2023-09-01    AAPL      150.000000   ...    160.000000     149.500000    1000000.0
1   2023-09-02    AAPL      156.000000   ...    161.500000     154.000000    1200000.0
2   2023-09-03    AAPL      159.750000   ...    1078.339286    155.250000    1100000.0
3   2023-09-04    AAPL      1066.482143  ...    163.000000     157.000000    900000.0
4   2023-09-05    AAPL      160.250000   ...    162.250000     158.000000    800000.0
5   2023-09-01    GOOGL     2750.000000  ...    2800.000000    2740.000000   500000.0
6   2023-09-02    GOOGL     2785.000000  ...    2810.000000    870.285714    550000.0
```

7	2023-09-03	GOOGL	2790.500000	...	2820.000000	2780.000000	480000.0
8	2023-09-04	GOOGL	2803.750000	...	2825.500000	2798.000000	798750.0
9	2023-09-01	TSLA	1066.482143	...	750.000000	720.000000	1000000.0
10	2023-09-02	TSLA	755.000000	...	762.000000	870.285714	1200000.0
11	2023-09-03	TSLA	760.750000	...	757.250000	755.250000	1100000.0
12	2023-09-04	TSLA	765.500000	...	1078.339286	750.000000	900000.0
13	2023-09-01	NVDA	300.000000	...	310.000000	290.000000	500000.0
14	2023-09-02	NVDA	1066.482143	...	1078.339286	285.000000	550000.0
15	2023-09-03	NVDA	295.500000	...	305.000000	292.000000	480000.0
16	2023-09-04	NVDA	298.750000	...	310.250000	870.285714	520000.0

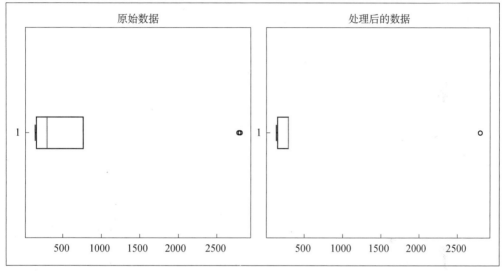

图 2-1　箱线图

2.1.2　异常值检测与处理

异常值检测与处理和数据质量检查与缺失值处理在金融行业中是不同的概念，尽管它们都涉及数据的异常情况，但有不同的焦点和目的。

1）数据质量检查与缺失值处理

数据质量检查的主要目的是确保数据的准确性、完整性和一致性，包括检查数据类型、重复值和缺失值等，以便数据分析和建模能够顺利进行。

数据质量检查的焦点侧重于数据的基本质量和整洁度，它通常涉及识别和纠正数据集中的问题，以确保数据可用于分析和决策。

例如，数据质量检查应确保日期字段包含正确的日期格式、数值字段不包含非数字字符，以及去除重复记录等。

2）异常值检测与处理

异常值检测的主要目的是识别数据中的异常情况。在金融领域，异常值可能表示了潜在的风险或机会，因此需要仔细处理。

异常值检测关注于识别数据中的离群值，这些离群值可能是由于错误、欺诈、市场波动或其他因素引起的。处理异常值可能涉及决策，如是否忽略、调整或调查这些异常情况。

例如，异常值检测应检测异常的交易模式、检查股票价格的极端波动或检测信用卡交易中的欺诈行为。

虽然数据质量检查和异常值检测都有助于维护数据的健康状态，但它们的焦点和方法不同。在金融行业中，处理异常值通常涉及更复杂的技术和领域专业知识，因为异常值可能会对金融市场、投资和风险管理产生重大影响。因此，金融机构通常会投入大量的资源来开发和使用高级的异常值检测技术。

实例2-2：识别和处理股票数据中的异常值（源码路径：daima/2/boe.py）

假设在文件app.csv中保存了某股票的交易数据，其中包含了极端价格波动的数据。

日期	股票代码	开盘价	收盘价	最高价	最低价	交易量
2023-09-01	AAPL	150.00	160.00	170.00	140.00	1000000
2023-09-02	AAPL	160.00	175.00	180.00	155.00	1200000
2023-09-03	AAPL	170.00	185.00	190.00	165.00	1300000
2023-09-04	AAPL	185.00	220.00	225.00	180.00	1500000
2023-09-05	AAPL	100.00	250.00	255.00	95.00	2000000
2023-09-06	AAPL	240.00	220.00	250.00	200.00	1800000
2023-09-07	AAPL	220.00	190.00	230.00	180.00	1600000
2023-09-08	AAPL	185.00	200.00	210.00	180.00	1700000
2023-09-09	AAPL	205.00	205.00	210.00	195.00	1400000
2023-09-10	AAPL	200.00	215.00	220.00	190.00	1500000

在上述文件app.csv中，股票的收盘价出现了极端波动，从160.00增加到250.00，然后再次下降到190.00。这种价格波动可以被认为是异常值，需要进行检测和处理，以使数据更符合正常的股票价格波动情况。接下来，编写文件boe.py来识别和处理文件app.csv中的异常值。

```python
import pandas as pd
import matplotlib.pyplot as plt

# 读取CSV文件
file_path = app.csv'
stock_data = pd.read_csv(file_path)

# 打印处理前的数据
print("Original Data:")
print(stock_data)

# 异常值检测（以股票收盘价为例）
closing_price = stock_data['收盘价']

# 计算均值和标准差
mean_price = closing_price.mean()
```

```
std_deviation = closing_price.std()

# 定义异常值的阈值（例如，如果收盘价超过均值的两倍标准差，则被视为异常值）
threshold = 2 * std_deviation

# 标识异常值
outliers = closing_price[abs(closing_price - mean_price) > threshold]

# 打印异常值
print("\nOutliers:")
print(outliers)

# 处理异常值（例如，可以将异常值替换为均值）
stock_data['收盘价'][abs(closing_price - mean_price) > threshold] = mean_price

# 打印处理后的数据
print("\nCleaned Data:")
print(stock_data)

# 绘制箱线图以比较处理前后的收盘价数据的分布情况
plt.figure(figsize=(10, 5))
plt.subplot(1, 2, 1)
plt.boxplot(closing_price, vert=False)
plt.title('Original Closing Price')

plt.subplot(1, 2, 2)
plt.boxplot(stock_data['收盘价'], vert=False)
plt.title('Cleaned Closing Price')

plt.tight_layout()
plt.show()
```

在上述代码中，首先计算了股票收盘价的均值和标准差，然后定义了异常值的阈值。接下来，标识了文件 app.csv 中超过阈值的异常值，并将这些异常值替换为均值。最后，绘制了箱线图，以比较处理前后的收盘价数据的分布情况，执行后会输出以下内容。

```
Original Data:
       日期          股票代码     开盘价     收盘价     最高价     最低价     交易量
0  2023-09-01    AAPL      150.0    160.0    170.0    140.0    1000000
1  2023-09-02    AAPL      160.0    175.0    180.0    155.0    1200000
2  2023-09-03    AAPL      170.0    185.0    190.0    165.0    1300000
3  2023-09-04    AAPL      185.0    220.0    225.0    180.0    1500000
4  2023-09-05    AAPL      100.0    250.0    255.0    95.0     2000000
5  2023-09-06    AAPL      240.0    220.0    250.0    200.0    1800000
6  2023-09-07    AAPL      220.0    190.0    230.0    180.0    1600000
7  2023-09-08    AAPL      185.0    200.0    210.0    180.0    1700000
8  2023-09-09    AAPL      205.0    205.0    210.0    195.0    1400000
9  2023-09-10    AAPL      200.0    215.0    220.0    190.0    1500000

Outliers:
Series([], Name: 收盘价, dtype: float64)
```

```
Cleaned Data:
      日期          股票代码      开盘价     收盘价      最高价      最低价      交易量
0   2023-09-01    AAPL       150.0    160.0     170.0     140.0     1000000
1   2023-09-02    AAPL       160.0    175.0     180.0     155.0     1200000
2   2023-09-03    AAPL       170.0    185.0     190.0     165.0     1300000
3   2023-09-04    AAPL       185.0    220.0     225.0     180.0     1500000
4   2023-09-05    AAPL       100.0    250.0     255.0      95.0     2000000
5   2023-09-06    AAPL       240.0    220.0     250.0     200.0     1800000
6   2023-09-07    AAPL       220.0    190.0     230.0     180.0     1600000
7   2023-09-08    AAPL       185.0    200.0     210.0     180.0     1700000
8   2023-09-09    AAPL       205.0    205.0     210.0     195.0     1400000
9   2023-09-10    AAPL       200.0    215.0     220.0     190.0     1500000
```

注意：异常值的检测和处理方法可以根据具体情况进行调整和改进。这只是一个简单示例，用于演示如何处理含有极端价格波动的股票数据。在实际应用中，可能需要更复杂的技术和策略来处理异常值。

2.1.3 数据重复性处理

在金融行业，数据重复性处理是非常重要的，因为它直接关系到金融决策和风险管理的准确性和可靠性。数据重复性处理有助于确保数据的准确性、提高决策质量、降低风险、满足法规要求和提高数据分析的可信度。金融机构通常会投入大量的资源来确保其数据质量，以支持其核心业务和风险管理。

实例 2-3：删除股票数据中的重复值（源码路径：daima/2/chong.py）

举个例子，假设在文件 data.csv 中保存了一些股票交易数据，其中包含一些重复记录的数据。

```
日期          股票代码    开盘价      收盘价      最高价      最低价      交易量
2023-09-01    AAPL     150.00    160.00    170.00    140.00    1000000
2023-09-02    GOOGL    2500.00   2550.00   2600.00   2450.00   1200000
2023-09-03    TSLA     700.00    720.00    750.00    680.00    1300000
2023-09-04    AAPL     155.00    165.00    170.00    150.00    1400000
2023-09-05    GOOGL    2480.00   2450.00   2550.00   2400.00   1100000
2023-09-06    TSLA     700.00    720.00    750.00    680.00    1300000
2023-09-07    AAPL     160.00    160.00    170.00    140.00    1000000   # 添加重复记录
2023-09-08    GOOGL    2500.00   2550.00   2600.00   2450.00   1200000   # 添加重复记录
2023-09-09    TSLA     700.00    720.00    750.00    680.00    1300000   # 添加重复记录
2023-09-10    AAPL     155.00    165.00    170.00    150.00    1400000
```

在文件 data.csv 中，日期、股票代码、开盘价、收盘价、最高价、最低价和交易量是数据的不同列，在注释中已经标记了重复记录。这些重复记录可以通过数据重复性处理方法来识别和处理，接下来编写文件 chong.py，功能是使用 csv 模块来删除上述 CSV 文件中的重复数据。

```
import csv

# 读取CSV文件
input_file = 'data.csv'
output_file = 'cleaned_data.csv'

with open(input_file, 'r', newline='', encoding='utf-8') as infile, \
open(output_file, 'w', newline='', encoding='utf-8') as outfile:
    # 其余代码不变

    reader = csv.DictReader(infile)
    fieldnames = reader.fieldnames

    # 使用集合来追踪已经出现过的行
    seen = set()

    # 写入新文件的头部
    writer = csv.DictWriter(outfile, fieldnames=fieldnames)
    writer.writeheader()

    # 遍历原始文件并删除重复行
    for row in reader:
        # 将行转换为元组，并从元组中移除日期和股票代码列
        row_tuple = tuple(row.items())[2:]

        if row_tuple not in seen:
            seen.add(row_tuple)
            writer.writerow(row)

# 读取并打印cleaned_data.csv文件内容
with open('cleaned_data.csv', 'r', newline='', encoding='utf-8') as cleaned_file:
    reader = csv.reader(cleaned_file)
    for row in reader:
        print(row)
```

在上述代码中，使用 Python 中的 csv 模块遍历了原始文件 data.csv，并使用一个集合来追踪已经出现过的行。如果发现一行不在集合中，就将其写入新的 CSV 文件中。这样可以删除重复的行，将删除了重复数据后的数据保存到文件 cleaned_data.csv 中。最后打开文件 cleaned_data.csv 进行逐行读取并打印文件内容，这样就可以看到已删除重复数据的新 CSV 文件的内容了。代码执行后会输出以下内容。

```
['日期',          '股票代码', '开盘价',    '收盘价',    '最高价',    '最低价',    '交易量']
['2023-09-01', 'AAPL',   '150.00',   '160.00',   '170.00',   '140.00',   '1000000']
['2023-09-02', 'GOOGL',  '2500.00',  '2550.00',  '2600.00',  '2450.00',  '1200000']
['2023-09-03', 'TSLA',   '700.00',   '720.00',   '750.00',   '680.00',   '1300000']
['2023-09-04', 'AAPL',   '155.00',   '165.00',   '170.00',   '150.00',   '1400000']
['2023-09-05', 'GOOGL',  '2480.00',  '2450.00',  '2550.00',  '2400.00',  '1100000']
['2023-09-07', 'AAPL',   '160.00',   '160.00',   '170.00',   '140.00',   '1000000']
```

2.2　特征选择与提取

特征选择与特征提取都是机器学习和数据分析中的重要步骤，用于准备数据以供模型训练和分析使用。它们的目的是降低数据维度，提高模型性能，并减少噪声和冗余信息。

2.2.1　特征选择方法

特征选择是从原始数据中选择最相关和最有价值的特征，以用于构建机器学习模型或分析任务。在金融领域，特征选择尤为重要，因为金融数据通常包含大量的特征，而不是所有的特征都对预测金融市场的变化或风险有用。下面介绍几种常见的特征选择方法，并提供一个金融领域的示例。

在现实应用中，常见的特征选择方法如下所示。

☑　方差阈值选择：删除方差低于某个阈值的特征。在金融领域，某些特征可能不会随时间变化或只有很少的变化，这些特征对于预测可能没有太大帮助。

☑　相关性选择：通过计算特征与目标变量之间的相关性来选择相关的特征。在金融领域，你可能希望选择与股票价格或投资回报率高度相关的特征，如经济指标、市场波动性等。

☑　基于模型的选择：使用机器学习模型来评估特征的重要性，并选择最重要的特征。例如，可以使用随机森林模型或梯度提升树模型来计算每个特征的重要性分数，然后选择分数最高的特征。

☑　正则化方法：在线性回归等模型中，正则化方法如 Lasso（L1 正则化）和 Ridge（L2 正则化）可以用于惩罚不重要的特征，促使模型选择最重要的特征。

☑　递归特征消除（RFE）：通过递归地训练模型并删除最不重要的特征来选择特征。这个方法通常与模型选择一起使用。

实例 2-4：使用特征选择预测某股票的股价（源码路径：daima/2/te.py）

假设你想要预测股票价格，现在有一个包含大量特征的金融数据集文件 ningde.csv，包含的列有日期、开盘价、收盘价、最高价、最低价、交易量等特征。本实例只截取了其中的一小部分数据。

日期	开盘价	收盘价	最高价	最低价	交易量
2022-01-01	220.50	223.20	225.00	220.00	1000000
2022-01-02	224.00	222.80	225.50	221.00	800000
2022-01-03	222.60	220.90	223.00	220.00	1200000
2022-01-04	221.00	225.30	226.50	220.50	950000
2022-01-05	226.20	230.10	231.00	226.00	1100000
2022-01-06	230.50	228.60	231.20	227.50	900000
2022-01-07	229.00	230.40	232.00	228.50	850000
2022-01-08	230.20	231.70	232.50	230.10	950000

2022-01-09	232.10	234.50	235.00	231.80	1050000
2022-01-10	235.00	238.20	239.00	234.50	1200000
2022-01-11	238.50	235.80	239.50	235.10	1100000
2022-01-12	236.00	238.90	239.50	235.50	900000
2022-01-13	238.70	239.50	240.00	237.80	950000
2022-01-14	240.20	243.10	244.00	239.50	1050000
2022-01-15	242.80	241.90	244.50	241.00	1100000
2022-01-16	242.00	239.80	243.00	238.80	950000
2022-01-17	239.70	238.00	241.50	237.80	900000
2022-01-18	237.50	239.70	240.50	237.00	850000
2022-01-19	239.80	237.50	241.00	236.50	950000
2022-01-20	237.80	236.90	239.00	236.50	1000000
2022-01-21	237.00	241.20	242.50	236.80	1100000
2022-01-22	241.50	243.00	244.50	241.20	1200000
2022-01-23	243.80	241.80	245.00	240.50	1050000
2022-01-24	241.50	243.50	245.50	240.80	1000000
2022-01-25	243.80	246.00	248.00	243.50	1100000
2022-01-26	246.50	244.60	248.50	243.20	1200000
2022-01-27	244.80	245.50	247.00	243.60	1000000
2022-01-28	245.10	247.50	248.50	244.80	950000
2022-01-29	248.00	249.00	250.00	246.50	1050000
2022-01-30	249.50	248.60	251.00	248.00	1100000
2022-01-31	248.70	247.80	250.50	247.00	900000
2022-02-01	248.00	251.20	252.00	247.80	950000
2022-02-02	251.30	252.40	253.00	250.50	1000000
2022-02-03	252.70	249.80	253.20	248.80	1050000
2022-02-04	249.50	252.00	253.50	249.00	1100000
2022-02-05	252.10	254.00	255.00	251.20	1200000
2022-02-06	254.50	252.80	256.00	252.20	1000000
2022-02-07	252.60	251.70	254.00	251.00	900000
2022-02-08	251.90	253.60	255.00	251.20	950000
2022-02-09	253.50	251.40	255.50	250.80	1100000
2022-02-10	251.20	254.10	255.50	250.00	1050000
2022-02-11	254.20	255.50	256.00	253.80	1000000
2022-02-12	255.80	254.60	257.00	253.00	1200000
2022-02-13	254.80	253.40	256.00	252.80	900000
2022-02-14	253.60	256.20	257.50	253.50	950000
2022-02-15	256.30	255.80	258.00	255.20	1100000
2022-02-16	255.90	258.00	259.50	255.50	1050000
2022-02-17	258.10	259.30	260.00	257.50	1000000
2022-02-18	259.40	260.10	262.00	258.50	950000
2022-02-19	260.30	260.80	263.00	260.00	1200000

　　下面将加载这些数据，并执行特征选择和建模的步骤。我们可以使用特征选择方法来选择最重要的特征，以提高股票价格预测模型的性能。首先，计算每个特征与股票价格之间的相关性。例如，可以计算股票价格与市场指数、公司财务指标、行业数据等特征之间的相关性。然后，选择与股票价格高度相关的特征进行建模。

　　接下来，可以使用随机森林或梯度提升树等模型来计算每个特征的重要性分数。这些模型会告诉我们哪些特征对于股票价格预测最关键。我们可以根据这些分数进一步筛选特征，选择最重要的特征。

最后，可以使用选定的特征来训练股票价格预测模型，这样可以减少维度并提高模型的性能，同时避免过拟合。这个过程可以帮助我们构建更精确的金融预测模型。

实例文件 te.py 的具体实现代码如下所示。

```python
import pandas as pd
from sklearn.model_selection import train_test_split
from sklearn.ensemble import RandomForestRegressor
from sklearn.metrics import mean_squared_error
# 加载数据
data = pd.read_csv("ningde.csv")

# 假设你的目标变量是股票的收盘价
target_column = "收盘价"

# 特征选择步骤
# 首先，计算特征与目标变量的相关性
correlations = data.corr()[target_column].abs().sort_values(ascending=False)

# 选择与目标变量高度相关的特征，假设我们选择与目标变量相关性大于0.2的特征
selected_features = correlations[correlations > 0.2].index.tolist()

# 创建特征矩阵X和目标变量y
X = data[selected_features].drop(target_column, axis=1)
y = data[target_column]

# 拆分数据集为训练集和测试集
X_train, X_test, y_train, y_test = train_test_split(X, y, test_size=0.2, random_state=42)

# 使用随机森林回归模型计算特征的重要性分数
rf_model = RandomForestRegressor()
rf_model.fit(X_train, y_train)

# 输出特征的重要性分数
feature_importances = pd.Series(rf_model.feature_importances_, index=X_train.columns).
sort_values(ascending=False)
print("Feature Importances:")
print(feature_importances)

y_pred = rf_model.predict(X_test)
# 评估模型性能，例如，计算均方误差（MSE）
mse = mean_squared_error(y_test, y_pred)
print("Mean Squared Error (MSE):", mse)

# 使用训练好的模型进行股票价格预测
predicted_prices = rf_model.predict(X_test)

# 创建一个包含真实价格和预测价格的DataFrame
results = pd.DataFrame({'真实价格': y_test, '预测价格': predicted_prices})
```

```
# 输出部分预测结果
print(results.head(10))

# 可视化预测结果（如果有需要，可以使用matplotlib或其他绘图库）
import matplotlib.pyplot as plt

plt.figure(figsize=(12, 6))
plt.plot(results.index, results['真实价格'], label='真实价格', marker='o')
plt.plot(results.index, results['预测价格'], label='预测价格', linestyle='--')
plt.xlabel('样本索引')
plt.ylabel('价格')
plt.title('股票价格预测结果')
plt.legend()
plt.grid()
plt.show()
```

对上述代码的具体说明如下。

加载数据：使用 pd.read_csv()函数从名为 "ningde.csv" 的 CSV 文件中加载股票数据，并存储在名为 data 的 DataFrame 中。

特征选择：通过计算特征与目标变量（收盘价）之间的相关性，确定哪些特征与目标变量相关性较高。在示例中，通过计算相关性筛选出与目标变量相关性大于 0.2 的特征，然后将它们存储在名为 selected_features 的列表中。

创建特征矩阵和目标变量：根据选定的特征，从原始数据中创建特征矩阵 X 和目标变量 y。

数据拆分：使用函数 train_test_split()将数据集拆分为训练集和测试集，其中 80%的数据用于训练，20%用于测试。拆分后的数据存储在 X_train，X_test，y_train，和 y_test 变量中。

使用随机森林回归模型：创建一个随机森林回归模型 rf_model 并使用训练数据对其进行训练。

输出特征重要性：使用模型的 feature_importances 属性，计算每个特征的重要性分数，并按重要性排序输出。

评估模型性能：使用均方误差（MSE）评估模型的性能，计算模型在测试数据上的平均平方误差，并输出该值。

使用模型进行股票价格预测：使用训练好的模型对测试数据进行股票价格预测，将预测结果存储在 predicted_prices 中。

创建结果 DataFrame 和可视化：创建了一个包含真实价格和预测价格的 DataFrame results，并输出前 10 个预测结果。使用 matplotlib 绘制了一个折线图，展示了真实价格和模型预测价格之间的对比，以可视化评估模型的性能。

代码执行后会输出下面的结果，并绘制了一张股票价格的折线图，用于可视化比较模型的预测价格（虚线）和真实价格（实际折线）。如图 2-2 所示。

```
Feature        Importances:
最高价          0.456828
最低价          0.335267
开盘价          0.207906
dtype: float64
Mean Squared Error (MSE): 1.9347409000000577
               真实价格        预测价格
13             243.1        241.028
39             251.4        253.361
30             247.8        249.145
45             255.8        256.787
17             239.7        238.731
48             260.1        259.728
26             245.5        245.732
25             244.6        246.969
32             252.4        251.694
19             236.9        237.988
```

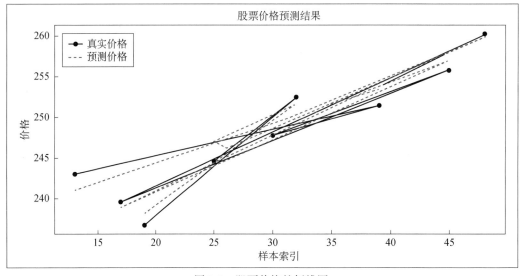

图 2-2　股票价格的折线图

以下是对绘制的拆线图的具体说明。

☑ *x* 轴：样本索引。表示测试集中的每个数据点的索引。

☑ *y* 轴：股票价格。表示股票的价格。

☑ 真实价格（实际折线）：这是从测试集中提取的真实股票价格数据，每个点代表一个时间点的真实价格。

☑ 预测价格（虚线）：这是模型根据选定的特征和训练数据所做的预测，每个点代表相应时间点的模型预测的股票价格。

通过图 2-2，可以直观地比较模型的预测价格与真实价格之间的关系。如果虚线紧密跟随实际折线，表示模型的预测较为准确。如果虚线与实际折线之间有较大差距，则表示模型的预测可能不够准确。

在这个具体的图表中，可以看到模型的预测价格（虚线）相对接近真实价格（实际折线），这表明模型在这些时间点上的预测相对准确。但还需要进一步分析更多的时间点和使用其他评估指标来全面评估模型的性能。

2.2.2　特征提取技术

特征提取是从原始数据中创建新特征的过程，这些新特征可以更好地表示数据的关键信息。特征提取的目标是减少数据的维度，同时保留或增强有助于机器学习模型的重要信息。这是机器学习和数据分析中的关键步骤之一，因为原始数据集可能包含大量特征，但不是所有特征都对建模和预测任务有用。

在现实应用中，常见的特征提取技术如下所示。

- ☑ 主成分分析（principal component analysis，PCA）：PCA 是一种降维技术，通过线性变换将原始特征转换为一组被称为主成分的新特征。这些主成分是原始特征的线性组合，按照它们的方差从大到小排列。PCA 可以用于数据压缩和噪声去除。
- ☑ 独立成分分析（independent component analysis，ICA）：ICA 也是一种降维技术，它试图找到原始数据中相互独立的成分。ICA 通常用于信号处理和图像分析。
- ☑ 特征哈希（feature hashing）：特征哈希是将原始特征映射到固定数量的桶或特征上的技术，主要用于处理高维稀疏数据，如文本数据，以减小维度并生成特征向量。
- ☑ 自动特征工程：自动特征工程是使用机器学习方法来生成新特征的技术，如使用生成对抗网络（GAN）或神经网络进行特征生成。这可以用于创建复杂的非线性特征。
- ☑ 时间序列特征提取：在金融领域，时间序列数据是常见的，其特征提取可以包括计算移动平均值、技术指标（如 RSI、MACD）、波动性指标等。
- ☑ 文本特征提取：在金融领域，文本数据包括新闻、社交媒体评论等，其特征提取可以包括词袋模型、TF-IDF、Word Embeddings（如 Word2Vec、GloVe）等。
- ☑ 图像特征提取：如果金融数据包括图像，可以使用图像处理技术来提取特征，如边缘检测、颜色直方图、纹理分析等。

假设想要预测股票市场的涨跌，可以考虑使用以下特征提取方法。

- ☑ 时间序列数据：计算股票价格和成交量的移动平均值、波动性指标（如标准差）、技术指标（如 RSI 和 MACD）等。
- ☑ 文本数据：如果有新闻或社交媒体评论的文本数据，可以使用自然语言处理技术，如使用 TF-IDF 或 Word Embeddings 来提取与市场情感相关的特征。

☑ 图像数据：如果有与股票相关的图像数据，如股票图表或公司标志，可以使用图像处理技术提取特征，如颜色分布、形状分析等。

通过这些特征提取方法，可以将原始金融数据转化为更有信息量的特征，以供机器学习模型使用，从而改进预测或分类任务。特征提取是根据数据和问题的性质选择合适的技术的关键步骤。

实例 2-5：使用时间序列数据预测某股票的涨跌（源码路径：daima/2/zhang.py）

（1）假设在文件 zhang.csv 中保存了某股票的数据，包括日期、开盘价、最高价、最低价、收盘价和成交量信息。请注意，这只是一个虚拟的示例数据集，用于演示和实验。在实际应用中，需要使用真实的股票或大盘指数数据。

日期	开盘价	最高价	最低价	收盘价	成交量
2021-01-01	100	105	98	102	50000
2021-01-02	103	108	101	107	60000
2021-01-03	106	110	104	109	55000
2021-01-04	108	112	105	110	58000
....省略后面的内容					

（2）编写实例文件 zhang.py，具体实现代码如下所示。

```python
import pandas as pd
import numpy as np
from sklearn.model_selection import train_test_split
from sklearn.ensemble import RandomForestClassifier
from sklearn.metrics import accuracy_score, classification_report

# 加载示例数据集
data = pd.read_csv("zhang.csv")
data['日期'] = pd.to_datetime(data['日期'])

# 特征提取
data['SMA_20'] = data['收盘价'].rolling(window=20).mean()        # 20日简单移动平均
data['EMA_12'] = data['收盘价'].ewm(span=12).mean()             # 12日指数移动平均
data['RSI'] = 100 - (100 / (1 + (data['收盘价'].diff(1) / data['收盘价'].
shift(1)).rolling(window=14).mean()))
data['MACD'] = data['收盘价'].ewm(span=12).mean() - data['收盘价'].ewm(span=26).mean()
data['收盘价标准差'] = data['收盘价'].rolling(window=20).std()
data['成交量均值'] = data['成交量'].rolling(window=20).mean()
data['前一日收盘价'] = data['收盘价'].shift(1)

# 删除包含NaN值的行
data.dropna(inplace=True)

# 创建涨跌标签：1代表涨，0代表跌
data['涨跌'] = np.where(data['收盘价'] > data['前一日收盘价'], 1, 0)

# 选择特征和目标变量
features = ['SMA_20', 'EMA_12', 'RSI', 'MACD', '收盘价标准差', '成交量均值']
X = data[features]
```

```
y = data['涨跌']

# 拆分数据集为训练集和测试集
X_train, X_test, y_train, y_test = train_test_split(X, y, test_size=0.2, random_
state=42)

# 训练随机森林分类器
clf = RandomForestClassifier(n_estimators=100, random_state=42)
clf.fit(X_train, y_train)

# 预测涨跌
y_pred = clf.predict(X_test)

# 评估模型性能
accuracy = accuracy_score(y_test, y_pred)
print("准确率:", accuracy)
print("分类报告:\n", classification_report(y_test, y_pred))
```

在上述代码中，首先加载时间序列数据，然后执行特征提取步骤，包括计算移动平均线、技术指标、波动性指标和成交量特征。接着，我们创建了一个二元分类标签，表示涨跌情况。最后，使用随机森林分类器对特征进行训练，并评估模型性能。代码执行后会输出如下内容。

```
准确率: 1.0
分类报告:
              Precision      recall      f1-score      support

1             1.00           1.00        1.00          6

    accuracy                             1.00          6
   macro avg  1.00           1.00        1.00          6
weighted avg  1.00           1.00        1.00          6
```

上述输出内容表示我们的模型在测试数据上表现得非常好，准确率达到了 1.0，也就是 100%。具体说明如下。

precision（精确率）：对于预测为涨（1）的样本，模型预测的正确比例为 1.00，也就是 100%。

recall（召回率）：模型成功捕获了所有实际为涨（1）的样本，召回率也为 1.00，也就是 100%。

f1-score（F1 分数）：F1 分数是精确率和召回率的调和平均值，对于二分类问题，F1 分数是一个常用的综合性能度量。在这里，F1 分数为 1.00，也是最高分，表示了模型的综合性能非常好。

support（支持数）：实际测试集中有 6 个样本。

综合来看，这个输出结果表明我们的模型在测试数据上的预测非常准确，完美地捕获了涨跌情况。然而，需要注意的是，这只是一个非常小的测试集，模型的表现可能在更大的、真实的数据集上会有所不同。因此，在实际应用中，通常需要更多的数据来评估模型的性能。但就这个小数据集来说，模型对于预测涨跌表现出色。

再看下面的实例，使用 PyTorch 构建了一个简单的文本情感分类模型，并使用 TF-IDF 特征对文本数据进行特征提取。然后训练模型并评估其在情感分类任务上的性能。

实例 2-6：构建金融市场文本情感分类模型（源码路径：daima/2/qingxu.py）

实例文件 qingxu.py 的具体实现代码如下。

```python
# 假设有包含股票市场情感相关数据的DataFrame
data = pd.DataFrame({
    'text': [
        '股市今天大幅度上涨，投资者情绪高涨。',
        '市场出现了一些波动，投资者感到担忧。',
        '公司发布了积极的业绩报告，股价上涨。',
        '经济数据表现不佳，市场情绪疲软。'
    ],
    'sentiment': ['积极', '消极', '积极', '消极']
})

# 分割数据集为训练集和测试集
train_data, test_data = train_test_split(data, test_size=0.2, random_state=42)

# 使用TF-IDF提取特征
tfidf_vectorizer = TfidfVectorizer()
tfidf_train_features = tfidf_vectorizer.fit_transform(train_data['text'])
tfidf_test_features = tfidf_vectorizer.transform(test_data['text'])

# 构建PyTorch张量
train_labels = torch.tensor([1 if sentiment == '积极' else 0 for sentiment in train_
data['sentiment']])
test_labels = torch.tensor([1 if sentiment == '积极' else 0 for sentiment in test_
data['sentiment']])
train_features = torch.tensor(tfidf_train_features.toarray(), dtype=torch.float32)
test_features = torch.tensor(tfidf_test_features.toarray(), dtype=torch.float32)

# 构建情感分类模型
class SentimentClassifier(nn.Module):
    def __init__(self, input_dim, output_dim):
        super().__init__()
        self.fc = nn.Linear(input_dim, output_dim)

    def forward(self, x):
        return self.fc(x)

# 初始化模型
input_dim = train_features.shape[1]
output_dim = 1
model = SentimentClassifier(input_dim, output_dim)

# 损失函数和优化器
```

```
criterion = nn.BCEWithLogitsLoss()
optimizer = torch.optim.Adam(model.parameters())

# 训练模型
def train(model, iterator, optimizer, criterion):
    model.train()
    for batch_features, batch_labels in iterator:          # 修改这里
        optimizer.zero_grad()
        predictions = model(batch_features)                # 修改这里
        loss = criterion(predictions.squeeze(1), batch_labels.float())
        loss.backward()
        optimizer.step()


# 测试模型
def evaluate(model, iterator):
    model.eval()
    predictions = []
    with torch.no_grad():
        for batch_features, _ in iterator:                 # 修改这里
            preds = model(batch_features)                  # 修改这里
            predictions.extend(torch.round(torch.sigmoid(preds)).tolist())
    return predictions


# 转换为 PyTorch 的数据加载器
train_data = torch.utils.data.TensorDataset(train_features, train_labels)
train_loader = torch.utils.data.DataLoader(train_data, batch_size=2, shuffle=True)

# 训练模型
N_EPOCHS = 10
for epoch in range(N_EPOCHS):
    train(model, train_loader, optimizer, criterion)

# 评估模型
test_data = torch.utils.data.TensorDataset(test_features, test_labels)
test_loader = torch.utils.data.DataLoader(test_data, batch_size=2, shuffle=False)

predictions = evaluate(model, test_loader)
true_labels = test_labels.tolist()

# 计算准确率
accuracy = accuracy_score(true_labels, predictions)
print(f"准确率: {accuracy:.2f}")

# 输出分类报告
report = classification_report(true_labels, predictions)
print(report)
```

对上述代码的具体说明如下。

创建包含文本数据和情感标签的 DataFrame（data），这个 DataFrame 包含了一些关于股

票市场情感的示例文本数据以及与每个文本相关的情感标签（积极或消极）。

使用 train_test_split 将数据集分割为训练集（train_data）和测试集（test_data），其中测试集占总数据的 20%。

使用 TfidfVectorizer 对文本数据进行特征提取：其中 tfidf_vectorizer 用于初始化一个 TF-IDF 向量化器；tfidf_train_features 通过拟合向量化器并将其应用于训练数据来提取训练集的 TF-IDF 特征；tfidf_test_features 通过将向量化器应用于测试数据来提取测试集的 TF-IDF 特征。

将数据转换为 PyTorch 张量：将提取的 TF-IDF 特征和情感标签转换为 PyTorch 张量，以便进行深度学习模型的训练。

构建情感分类模型（SentimentClassifier）：这是一个简单的全连接神经网络模型，接收输入维度 input_dim 并输出二进制分类结果（0 或 1）。模型包含一个线性层（nn.Linear），用于进行二分类任务。

初始化模型（model），选择损失函数（BCEWithLogitsLoss）和优化器（Adam）。

定义训练函数（train）和评估函数（evaluate）：train 函数用于训练模型，它迭代训练数据加载器（iterator）中的每个批次，计算损失并执行反向传播来更新模型参数。evaluate 函数用于评估模型，它迭代测试数据加载器，生成预测并将其转换为分类结果。将数据转换为 PyTorch 数据加载器（train_loader 和 test_loader），以便进行批量训练和评估。

训练模型（train）：迭代多个时期（N_EPOCHS），每个时期都使用训练数据进行模型训练。

评估模型（evaluate）：使用测试数据评估模型的性能，计算准确率和输出分类报告。最后打印输出模型的准确率和分类报告。

在本实例中用到了 4 条股民的情感数据，保存在了 text 中。在实际应用中，需要抓取大量的股民情感数据，并保存到本地文件中。请看下面的实例，从文本文件中读取情绪数据，然后使用 TF-IDF 特征提取并和 PyTorch 构建一个情感分类模型，然后对模型的性能进行评估和可视化处理。

实例 2-7：构建金融市场文本情感分类模型的升级版（源码路径：daima/2/qingxu1.py）

（1）文件 your_data.txt 保存了某日股民的积极和消极情感标签的文本数据，我们可以基于这些数据进行模型的训练和评估。

```
股市今天大幅度上涨，投资者情绪高涨。 积极
市场出现了一些波动，投资者感到担忧。 消极
公司发布了积极的业绩报告，股价上涨。 积极
经济数据表现不佳，市场情绪疲软。 消极
股市表现强劲，投资者信心增强。 积极
新的政策推出后，市场出现了不确定性，投资者谨慎观望。 消极
#省略后面的数据
```

（2）实例文件 qingxu1.py 的主要实现代码如下。

```python
# 从 your_data.txt 中读取数据
with open('your_data.txt', 'r', encoding='utf-8') as file:
    lines = file.readlines()

# 分割每一行的文本和情感标签
data = [line.strip().split(' ', 1) for line in lines]

# 创建 DataFrame
df = pd.DataFrame(data, columns=['text', 'sentiment'])

# 分割数据集为训练集和测试集
train_data, test_data = train_test_split(df, test_size=0.2, random_state=42)

# 使用 TF-IDF 提取特征
tfidf_vectorizer = TfidfVectorizer()
tfidf_train_features = tfidf_vectorizer.fit_transform(train_data['text'])
tfidf_test_features = tfidf_vectorizer.transform(test_data['text'])

# 构建 PyTorch 张量
train_labels = torch.tensor([1 if sentiment == '积极' else 0 for sentiment in
train_data['sentiment']])
test_labels = torch.tensor([1 if sentiment == '积极' else 0 for sentiment in
test_data['sentiment']])
train_features = torch.tensor(tfidf_train_features.toarray(), dtype=torch.float32)
test_features = torch.tensor(tfidf_test_features.toarray(), dtype=torch.float32)

# 构建情感分类模型
class SentimentClassifier(nn.Module):
    def __init__(self, input_dim, output_dim):
        super().__init__()
        self.fc = nn.Linear(input_dim, output_dim)

    def forward(self, x):
        return self.fc(x)

# 初始化模型
input_dim = train_features.shape[1]
output_dim = 1
model = SentimentClassifier(input_dim, output_dim)

# 损失函数和优化器
criterion = nn.BCEWithLogitsLoss()
optimizer = torch.optim.Adam(model.parameters())

# 训练模型
def train(model, iterator, optimizer, criterion):
    model.train()
    for batch_features, batch_labels in iterator:  # 修改此行
        optimizer.zero_grad()
        predictions = model(batch_features)  # 修改此行
```

```
        loss = criterion(predictions.squeeze(1), batch_labels.float())
        loss.backward()
        optimizer.step()

# 测试模型
def evaluate(model, iterator):
    model.eval()
    predictions = []
    with torch.no_grad():
        for batch_features, _ in iterator:  # 修改此行
            preds = model(batch_features).squeeze(1)  # 修改此行
            predictions.extend(torch.round(torch.sigmoid(preds)).tolist())
    return predictions


# 转换为PyTorch的数据加载器
train_data = torch.utils.data.TensorDataset(train_features, train_labels)
train_loader = torch.utils.data.DataLoader(train_data, batch_size=2, shuffle=True)

# 训练模型
N_EPOCHS = 10
for epoch in range(N_EPOCHS):
    train(model, train_loader, optimizer, criterion)

# 转换为PyTorch的数据加载器
test_data = torch.utils.data.TensorDataset(test_features, test_labels)
test_loader = torch.utils.data.DataLoader(test_data, batch_size=2, shuffle=False)

predictions = evaluate(model, test_loader)
true_labels = test_labels.tolist()

# 计算准确率
accuracy = accuracy_score(true_labels, predictions)
print(f"准确率: {accuracy:.2f}")

# 输出分类报告
report = classification_report(true_labels, predictions)
print(report)


import matplotlib.pyplot as plt
import numpy as np
from sklearn.metrics import confusion_matrix
import seaborn as sns
plt.rcParams["font.sans-serif"] = ["SimHei"] # 设置字体
plt.rcParams["axes.unicode_minus"] = False # 该语句解决图像中的 "-" 负号的乱码问题
import matplotlib.pyplot as plt

# 计算混淆矩阵
from sklearn.metrics import confusion_matrix
confusion = confusion_matrix(true_labels, predictions)

# 创建一个热力图可视化混淆矩阵
```

```
plt.figure(figsize=(8, 6))
plt.imshow(confusion, interpolation='nearest', cmap=plt.cm.Blues)
plt.title('混淆矩阵')
plt.colorbar()

classes = ['消极', '积极']
tick_marks = np.arange(len(classes))
plt.xticks(tick_marks, classes, rotation=45)
plt.yticks(tick_marks, classes)

plt.xlabel('预测值')
plt.ylabel('真实值')

# 在图上显示数字
thresh = confusion.max() / 2.
for i in range(confusion.shape[0]):
    for j in range(confusion.shape[1]):
        plt.text(j, i, format(confusion[i, j], 'd'),
                ha="center", va="center",
                color="white" if confusion[i, j] > thresh else "black")

plt.tight_layout()
plt.show()
```

对上述代码的具体说明如下。

从名为 your_data.txt 的文本文件中读取数据，并将每一行的文本和情感标签分割成一个列表。创建一个包含文本和情感标签的 Pandas DataFrame（df），其中包含从文件中读取的数据。使用 train_test_split 将数据集分割为训练集（train_data）和测试集（test_data），其中测试集占总数据的 20%。使用 TfidfVectorizer 对文本数据进行特征提取，将文本数据转换为 TF-IDF 特征向量。将提取的 TF-IDF 特征和情感标签转换为 PyTorch 张量，以便进行深度学习模型的训练。构建一个情感分类模型（SentimentClassifier），这是一个简单的全连接神经网络模型，用于进行情感分类任务。

初始化模型（model），选择损失函数（BCEWithLogitsLoss）和优化器（Adam）。定义训练函数（train）和评估函数（evaluate），用于训练和评估模型。将数据转换为 PyTorch 数据加载器（train_loader 和 test_loader），以便进行批量训练和评估。训练模型（train），迭代多个时期（N_EPOCHS），每个时期都使用训练数据进行模型训练。评估模型（evaluate），使用测试数据评估模型的性能，计算准确率和输出分类报告。打印模型的准确率和分类报告。

接下来的代码通过使用 matplotlib 和 seaborn 库绘制混淆矩阵的可视化热力图，以更直观地展示模型的性能。它计算混淆矩阵，然后使用热力图可视化混淆矩阵的各个元素，以帮助用户更好地理解模型的性能和分类效果。

总之，上述代码演示了如何从文本文件中读取数据，使用 TF-IDF 特征提取和 PyTorch 构建一个情感分类模型，然后对模型的性能进行评估和可视化。最后，它生成一个混淆矩阵的可视化热力图，用于展示分类结果和模型的性能。

注意：上面的实例文件 qingxu.py 和 qingxu1.py 的执行结果是准确率为 1.00，这是因为文件 your_data.txt 中的数据太少而导致的过拟合。在机器学习中，如果训练数据集太小，模型可能会记住训练数据的细节，而无法泛化到新的未见过的数据。这需要大家使用现实中真实的股民情感数据进行处理。

2.3 数据标准化与归一化

数据标准化（standardization）和数据归一化（normalization）是数据预处理的两种常见技术，用于将不同特征的数据缩放到相似的尺度，以改善机器学习算法的性能。它们可以用于处理特征具有不同量级的情况，使模型更容易学习特征之间的关系。

2.3.1 标准化与归一化的概念

标准化和归一化是数据处理中常用的两种方法，它们在金融领域有着广泛的应用，用于处理不同尺度、范围或分布的金融数据，以便用户更好地进行分析和建模。

1. 标准化

标准化是一种数据转换方法，旨在将数据调整为均值为 0、标准差为 1 的标准正态分布（也称为 Z 分布）。标准化通常用于处理不同尺度的数据或具有不同单位的数据，以确保它们具有相似的尺度。标准化的公式如下：

$$标准化值 = \frac{原始值 - 均值}{标准差}$$

在金融领域，标准化通常用于投资组合分析、风险管理和金融建模，以确保不同资产的风险和收益可比较。例如，如果有一组不同股票的收益率数据，可以对其进行标准化，以便更容易比较它们的波动性。

2. 归一化

归一化是将数据缩放到特定范围的过程，通常是[0, 1]或[-1, 1]。它不考虑数据的分布，只关心数据的相对位置。归一化的公式如下（将数据映射到[0, 1]范围的情况）：

$$归一化值 = \frac{原始值 - 最小值}{最大值 - 最小值}$$

归一化常用于神经网络训练等机器学习任务中，以确保不同特征的值存在相似的范围内，从而提高模型的训练效果。在金融领域，归一化可能用于股票价格、指数值等数据，以便在模型中进行比较或预测。

总的来说，标准化和归一化都有助于处理金融数据，使其更容易进行统计分析、建模和比较。选择使用哪种方法通常取决于数据的性质和分析的具体需求。标准化更关注数据的分布和单位，而归一化更侧重于将数据缩放到特定范围内。

2.3.2　金融模型中的标准化与归一化实例

请看下面的实例，功能是使用 Python 金融模型中的标准化和归一化技术处理某股票的价格数据。

实例 2-8：使用标准化和归一化技术处理某股票的价格（源码路径：daima/2/gui.py）
实例文件 gui.py 的具体实现代码如下所示。

```python
import pandas as pd
from sklearn.preprocessing import StandardScaler, MinMaxScaler

# 假设有一个包含股票价格的DataFrame
data = pd.DataFrame({
    'AAPL': [150.50, 152.30, 149.25, 153.20, 155.40],
    'GOOG': [2700.10, 2695.50, 2710.75, 2725.90, 2735.20],
    'TSLA': [700.80, 710.20, 695.50, 720.60, 730.40]
})

# 创建标准化和归一化对象
scaler_standard = StandardScaler()
scaler_minmax = MinMaxScaler()

# 使用标准化对象进行标准化处理
data_standardized = scaler_standard.fit_transform(data)
data_standardized = pd.DataFrame(data_standardized, columns=data.columns)

# 使用归一化对象进行归一化处理
data_normalized = scaler_minmax.fit_transform(data)
data_normalized = pd.DataFrame(data_normalized, columns=data.columns)

# 打印标准化后的数据
print("标准化后的数据: ")
print(data_standardized)

# 打印归一化后的数据
print("\n归一化后的数据: ")
print(data_normalized)
```

在上述代码中，首先创建了一个包含若干股票价格的 DataFrame，然后使用 StandardScaler 进行标准化处理，以及使用 MinMaxScaler 进行归一化处理。最后，打印出处理后的数据。代码执行后会输出如下内容。

```
标准化后的数据:
        AAPL         GOOG         TSLA
0    -0.763016    -0.888423    -0.839532
```

```
1          0.079578        -1.193632         -0.101999
2         -1.348152        -0.181798         -1.255375
3          0.500876         0.823401          0.713995
4          1.530714         1.440454          1.482912

归一化后的数据：
           AAPL             GOOG              TSLA
0          0.203252         0.115869          0.151862
1          0.495935         0.000000          0.421203
2          0.000000         0.384131          0.000000
3          0.642276         0.765743          0.719198
4          1.000000         1.000000          1.000000
```

标准化后的数据会使每个股票的价格在均值为 0、标准差为 1 的范围内，这有助于比较它们的波动性。而归一化后的数据将每个股票价格映射到[0，1]的范围内，使得它们在相同的尺度上，适用于一些需要使用相对值的金融模型。根据具体需求，我们可以选择使用其中一种方法或两种方法的组合来处理金融数据。

第3章
金融时间序列分析

金融时间序列分析是金融学和统计学领域的一个重要分支，它涉及对金融市场和资产价格的历史数据进行统计和计量分析的过程。这种分析有助于揭示金融市场的模式、趋势和波动性，为投资决策、风险管理和金融政策制定提供有用的信息。在本章的内容中，将详细讲解金融时间序列分析的知识，并通过具体实例来讲解各个知识点的用法。

3.1　时间序列的基本概念

时间序列是按照时间顺序排列的一系列数据点或观测值的集合。这些数据点通常是在相等的时间间隔内收集的，如每日、每月、每季度或每年。时间序列分析旨在理解数据中的模式、趋势、季节性和周期性变化，以便进行预测、模型建立和决策制定。

3.1.1　什么是时间序列数据

时间序列数据是按照时间顺序排列的一系列数据点或观测值，这种数据类型常见于多个领域，包括经济学、金融学、气象学、工程学、医学等。时间序列数据的特点是数据点通常与特定时间点相关联，时间间隔可以是等间隔的，也可以是不等间隔的，具体取决于数据收集的频率和方式。下面是时间序列数据的主要特征和例子。

- ☑ 时间顺序排列：时间序列数据的关键特征是数据点按照时间的顺序排列，这意味着过去的数据点在时间轴上位于未来数据点之前。
- ☑ 时间间隔：时间序列数据通常具有固定或可变的时间间隔。例如，股票价格每日收盘价形成的序列具有等间隔的时间间隔（每个交易日），而气温观测可以具有不等间隔的时间间隔（根据观测时机）。
- ☑ 观测值：时间序列数据的观测值是与时间点相关的数据，可以是连续的数值、分类标签、计数值等，具体取决于研究或应用的领域。

☑ 趋势：时间序列数据可能包含趋势，即长期变化的方向。趋势可以是上升的、下降的或平稳的。

☑ 季节性：季节性是周期性的模式，通常与特定时间段相关。例如，零售销售数据可能在每年的假期季节性增加。

☑ 周期性：周期性是长于季节性的循环模式，通常与经济或自然周期相关。例如，房地产市场可能经历几年一次的周期性波动。

☑ 噪声：时间序列数据中通常包含噪声，即随机波动或不规则性，不能通过趋势、季节性或周期性模式来解释。

☑ 应用领域：时间序列数据广泛应用于各个领域，如股票市场分析、天气预测、销售预测、经济指标分析、医学研究等。不同领域的时间序列数据可能有不同的性质和分析方法。

时间序列数据的分析旨在揭示数据中的模式、规律和趋势，以便进行预测、模型建立、决策制定和问题解决。为了更好地理解时间序列数据，常常需要使用统计和数据分析方法，如时间序列模型、自相关分析、差分操作和预测技术。

3.1.2 时间序列数据的特点

时间序列数据具有一些特点，这些特点使其在统计分析、预测和决策制定中与其他数据类型有所不同。以下是时间序列数据的主要特点。

☑ 时间相关性：时间序列数据的观测值是按照时间顺序排列的，过去的数据点与未来的数据点有关。这意味着时间序列数据中的时间因素是重要的，通常需要考虑时间的影响。

☑ 趋势（trend）：时间序列数据可能包含趋势，即长期变化的方向。趋势可以是上升的（增长趋势）、下降的（下降趋势）或平稳的（稳定趋势）。趋势性模式反映了数据的长期演变。

☑ 季节性（seasonality）：季节性是时间序列数据中的周期性变化，通常与时间的季节性因素相关。

☑ 周期性（cyclical）：周期性是时间序列中的周期性变化，其周期长度可以大于一年，通常与经济周期或其他长周期性因素有关。这与季节性不同，季节性模式的周期性通常为一年或一季度。

☑ 噪声（noise）：时间序列数据中通常包含噪声，即随机波动或不规则性。这些噪声可以掩盖趋势、季节性和周期性模式，使数据变得更加难以解释和预测。

☑ 自相关性（autocorrelation）：时间序列数据中的观测值通常与之前的观测值相关联，这被称为自相关性。自相关性可以用于检测数据中的模式和规律。

☑ 不稳定性：时间序列数据可能是不稳定的，即均值和方差会随时间变化，所以需要采取一些方法来稳定时间序列，以便进行分析和建模。

☑ 预测需求：与静态数据不同，时间序列数据通常用于预测未来的值。这使得时间序列分析在决策制定和规划中非常有用。

☑ 数据频率：时间序列数据可以具有不同的数据频率，如每日、每月、每季度或每年。数据频率决定了分析和建模的方法。

☑ 孤立性：时间序列数据通常不是独立分布的，即观测值之间可能存在依赖关系。这需要考虑时间序列分析方法中的相关性结构。

理解这些时间序列数据的特点对于选择适当的分析方法、建立准确的模型以及做出有意义的预测非常重要。根据时间序列数据的性质，可以选择合适的统计方法、时间序列模型和数据处理技术。

3.1.3　时间序列分析在金融领域的应用

金融时间序列分析是一个广泛的领域，涉及多种技术和模型，目的是更好地理解和解释金融市场的行为，从而更好地指导金融决策和风险管理。不同的问题和数据类型可能需要不同的解决方法和模型。以下是金融时间序列分析的主要应用。

☑ 数据收集和处理：金融时间序列分析的第一步是收集和整理金融数据，这可能包括股票价格、汇率、债券收益率、期货价格等。数据清洗和处理也是重要的，以处理缺失值、异常值和数据频率不一致等问题。

☑ 描述性分析：在进行更深入的分析之前，通常需要进行描述性分析，包括计算统计指标，如均值、标准差、相关性等，以了解数据的基本特征。

☑ 时间序列图表：创建时间序列图表是一种可视化方法，有助于观察价格和收益率的趋势、季节性和周期性模式。常用的图表包括线图、柱状图和点图。

☑ 随机游走和白噪声：许多金融时间序列被认为是随机游走或白噪声过程。这些模型通常用于作为基准模型，以便比较更复杂的模型的性能。

☑ 时间序列分解：时间序列可以分解为趋势、季节性和残差成分，以帮助揭示数据的内在结构。

☑ 移动平均和指数平滑：移动平均和指数平滑是用于平稳化时间序列数据的常见技术，以减少噪声和揭示趋势。

☑ ARIMA 模型：ARIMA（autoregressive integrated moving average，自回归整合移动平均）模型是一种常见的时间序列模型，用于建模和预测具有自回归和移动平均成分的数据。

☑ GARCH 模型：GARCH（generalized autoregressive conditionally heteroskedastic，广义自回归条件异方差）模型用于建模和预测金融时间序列的波动性，这在风险管

理中特别有用。

- ☑ 协整合和VAR模型：协整合分析用于研究多个相关时间序列之间的长期关系，VAR（vector autoregressive，向量自回归）模型则用于分析多个时间序列之间的动态关系。
- ☑ 金融市场模型：CAPM（capital asset pricing model，资本资产定价模型）、SAPM（stochastic asset pricing model，随机资产定价模型）等是用于解释金融市场行为的模型，它们涉及时间序列数据的使用。
- ☑ 风险管理：金融时间序列分析在风险管理中扮演着关键角色，包括价值-at-risk（VaR）估计和条件价值-at-risk（CVaR）估计等。
- ☑ 高频数据分析：随着计算能力的提高，高频数据分析也变得更加重要，包括秒级或毫秒级的市场数据分析。

3.2　常用的时间序列分析方法

在金融领域，时间序列分析方法是非常重要的，一般被用于理解金融市场、预测资产价格、风险管理以及资产组合优化等方面。在本节的内容中，将详细讲解金融领域中的一些常用的时间序列分析方法。

3.2.1　移动平均法

移动平均法可以用于平滑金融时间序列数据，减小价格波动的噪声，揭示趋势。SMA（simple moving average，简单移动平均）和EMA（exponential moving average，指数平滑移动平均）是两种常见的方法。假设有一个名为stock_data.csv的CSV文件，在里面保存了某只股票的日期和价格数据列，在下面的实例中，将使用SMA来平滑这些价格数据，并可视化SMA线。

实例3-1：绘制某只股票的30日的移动均线（源码路径：daima/3/ping.py）

实例文件ping.py的具体实现代码如下所示。

```python
import pandas as pd
import matplotlib.pyplot as plt
plt.rcParams["font.sans-serif"] = ["SimHei"] # 设置字体
plt.rcParams["axes.unicode_minus"] = False # 该语句解决图像中的"-"负号的乱码问题
# 读取CSV文件
df = pd.read_csv('stock_data.csv')

# 将日期列转换为日期时间格式
df['Date'] = pd.to_datetime(df['Date'])
```

```
# 设置日期列为索引
df.set_index('Date', inplace=True)

# 计算简单移动平均（SMA）
window = 30  # SMA窗口大小，例如30个交易日
df['SMA'] = df['Price'].rolling(window=window).mean()

# 绘制原始价格和SMA线
plt.figure(figsize=(12, 6))
plt.plot(df.index, df['Price'], label='原始价格')
plt.plot(df.index, df['SMA'], label=f'{window}-日SMA', color='orange')
plt.xlabel('日期')
plt.ylabel('价格')
plt.title('股票价格和简单移动平均')
plt.legend()
plt.grid(True)
plt.show()
```

在上述代码中，首先读取 CSV 文件，将日期列转换为日期时间格式，并将日期列设置为数据帧的索引。然后计算了 30 个交易日的 SMA 并将 SMA 数据列添加到数据帧中。最后，它使用 Matplotlib 库绘制原始价格和 SMA 线的图表，如图 3-1 所示。

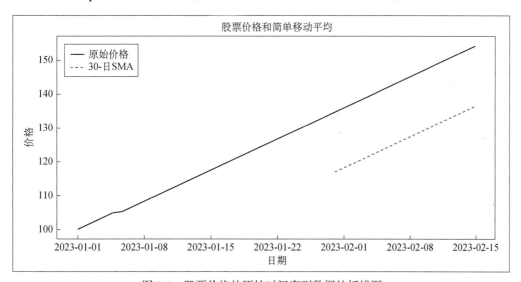

图 3-1　股票价格的原始时间序列数据的折线图

上述代码执行后会绘制一张包含两条线的图表。

☑ 原始价格线：这是股票价格的原始时间序列数据的折线图，其中 x 轴表示日期，y 轴表示股票价格。这条线反映了股票价格的实际波动情况。

☑ SMA 线：这是简单移动平均线，用橙色表示。SMA 是对股票价格进行平滑处理的结果，它使用了一个 30 个交易日的窗口，因此 SMA 线反映了股票价格的趋势，

使波动性减小，更容易观察长期走势。

这两条线的图表将有助于可视化股票价格的走势以及简单移动平均如何平滑这些价格数据。原始价格线通常会波动较大，而 SMA 线则更平稳，有助于识别趋势。这种可视化图表有助于金融分析师更好地理解和分析股票价格的动态。

3.2.2　自回归模型

自回归（autoregressive，AR）模型在金融领域是一种重要的时间序列分析工具，用于建模和预测金融市场中的价格和收益率。自回归模型基于时间序列数据的自相关性质，它假设当前时刻的观测值与过去的观测值之间存在一种线性关系，这一关系可以用来预测未来的价格或收益率。下面是自回归模型在金融领域的应用和一些重要概念。

- ☑ 价格预测：AR 模型通常用于预测金融资产的价格，如股票、债券、外汇等。模型根据过去的价格数据，尤其是自回归阶数（lag order）来估计未来的价格变动。
- ☑ 波动率建模：AR 模型可以用于建模金融市场中的波动性，特别是金融时间序列的波动率聚集（volatility clustering）现象。GARCH 模型是一种常见的自回归条件异方差模型，可用于建模金融时间序列的波动性。
- ☑ 统计套利：自回归模型的应用之一是寻找统计套利机会。通过建立 AR 模型，可以检测出价差或收益率的自回归结构，从而发现可能的套利机会。
- ☑ 风险管理：金融机构使用 AR 模型来估计风险，如市场风险和信用风险。AR 模型有助于投资者了解未来风险并采取相应的措施。
- ☑ 金融市场预测：自回归模型也可以用于预测金融市场的整体走势，尽管这在实际应用中可能受到多种因素的影响。
- ☑ 市场调整策略：一些交易策略依赖 AR 模型的信号，尤其是配对交易和均值回归策略。

需要注意的是，AR 模型的性能和效果可能受到市场的复杂性、非平稳性、外部因素和模型选择的影响。因此，在金融领域，通常需要使用更复杂的模型，如 ARIMA、GARCH、VAR 等来更好地捕捉和解释金融时间序列中的动态特性。此外，金融时间序列数据通常需要进行差分操作以处理非平稳性。因此，AR 模型通常被视为更广泛时间序列建模的一部分，而不是唯一的分析工具。

实例 3-2：使用自回归模型预测某只股票的价格（源码路径：daima/3/ping.py）

编写实例文件 ping.py，功能是使用文件 stock_data.csv 中的金融数据构建一个自回归模型，具体实现代码如下所示。

```
# 读取股票数据
data = pd.read_csv('stock_data.csv')
prices = data['Price'].values.astype(float)
```

```python
# 数据标准化
mean_price = np.mean(prices)
std_price = np.std(prices)
prices = (prices - mean_price) / std_price

# 创建自回归数据集
seq_length = 10
X = []
y = []

for i in range(len(prices) - seq_length):
    X.append(prices[i:i + seq_length])
    y.append(prices[i + seq_length])

X = np.array(X)
y = np.array(y)

# 划分训练集和测试集
X_train, X_test, y_train, y_test = train_test_split(X, y, test_size=0.2,
random_state=42)

# 训练线性回归模型
model = LinearRegression()
model.fit(X_train, y_train)

# 在测试集上进行预测
y_pred = model.predict(X_test)

# 反标准化预测结果
y_pred = (y_pred * std_price) + mean_price
y_test = (y_test * std_price) + mean_price

# 计算均方误差
mse = mean_squared_error(y_test, y_pred)
print(f"均方误差 (MSE): {mse:.2f}")
# 打印股票预测价格
print("模型预测价格:")
for i in range(len(y_pred)):
    print(f"时间步 {i}: 预测价格 = {y_pred[i]:.2f}")

# 绘制原始数据和模型预测结果
plt.figure(figsize=(12, 6))
plt.plot(range(len(y_test)), y_test, label='原始数据')
plt.plot(range(len(y_test)), y_pred, label='模型预测', color='orange')
plt.xlabel('时间步')
plt.ylabel('股票价格')
plt.title('股票价格预测')
plt.legend()
plt.grid(True)
plt.show()
```

在上述代码中，加载了文件 stock_data.csv 中的数据，并对其进行标准化，然后创建了自回归数据集。接着，使用线性回归模型对数据进行训练和预测。最后，使用均方误差（MSE）评估模型的性能，并绘制了原始数据和模型预测的对比图。代码执行后会输出下面的内容，并绘制如图 3-2 所示的折线图。

```
均方误差 (MSE): 0.00
模型预测价格:
时间步0: 预测价格 = 154.00
时间步1: 预测价格 = 127.11
时间步2: 预测价格 = 143.00
时间步3: 预测价格 = 147.89
时间步4: 预测价格 = 130.78
时间步5: 预测价格 = 149.11
时间步6: 预测价格 = 136.89
时间步7: 预测价格 = 125.89
```

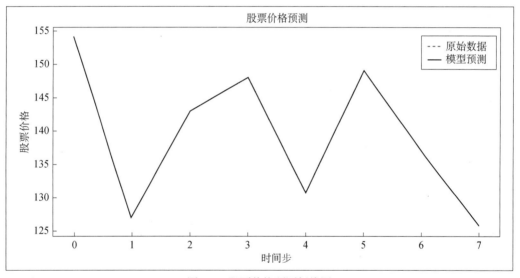

图 3-2　股票价格预测折线图

3.2.3　自回归移动平均模型

自回归整合移动平均模型结合了自回归和移动平均，还可以包括差分操作以处理非平稳性。在金融时间序列中，ARIMA 模型用于建模和预测价格和波动性。

实例 3-3：使用自回归移动平均模型预测某只股票的价格（源码路径：daima/3/zihui.py）

编写实例文件 zihui.py，功能是使用文件 stock_data.csv 中的金融数据构建一个自回归移动平均模型，然后使用 pmdarima 库进行金融预测。文件 zihui.py 的具体实现代码如下所示。

```python
import pandas as pd
import numpy as np
import matplotlib.pyplot as plt
from pmdarima.arima import auto_arima
from sklearn.metrics import mean_squared_error

# 读取股票数据
data = pd.read_csv('stock_data.csv')
data['Date'] = pd.to_datetime(data['Date'])
data.set_index('Date', inplace=True)

# 可选：绘制原始数据图表
plt.figure(figsize=(12, 6))
plt.plot(data['Price'], label='原始数据')
plt.xlabel('日期')
plt.ylabel('股票价格')
plt.title('原始股票价格数据')
plt.legend()
plt.grid(True)
plt.show()

# 拟合ARIMA模型
model = auto_arima(data['Price'], seasonal=False, stepwise=True, trace=True,
error_action='ignore', suppress_warnings=True)
print(model.summary())

# 预测未来的股票价格
forecast_steps = 5  # 要预测的未来时间步数
forecast, conf_int = model.predict(n_periods=forecast_steps, return_conf_int=True)

# 输出未来股票价格的预测值
print("未来股票价格的预测值:")
for i in range(forecast_steps):
    print(f"时间步 {i+1}: 预测价格 = {forecast[i]:.2f}")

# 绘制原始数据和模型预测结果
plt.figure(figsize=(12, 6))
plt.plot(data['Price'], label='原始数据')
plt.plot(pd.date_range(start=data.index[-1],                periods=forecast_steps+1,
closed='right'), forecast, label='未来预测', color='green')
plt.xlabel('日期')
plt.ylabel('股票价格')
plt.title('股票价格预测')
plt.legend()
plt.grid(True)
plt.show()
```

在上述代码中，使用 pmdarima 库的 auto_arima 函数来自动拟合 ARIMA 模型，并预测未来的股票价格。我们可以根据需要调整函数 auto_arima 的参数以获取更好的模型拟合结果。代码执行后会输出下面的内容。

```
Performing stepwise search to minimize aic
 ARIMA(2,1,2)(0,0,0)[0] intercept   : AIC=-33.365, Time=3.03 sec
 ARIMA(0,1,0)(0,0,0)[0] intercept   : AIC=-41.292, Time=0.34 sec
 ARIMA(1,1,0)(0,0,0)[0] intercept   : AIC=-39.308, Time=0.35 sec
 ARIMA(0,1,1)(0,0,0)[0] intercept   : AIC=-39.309, Time=0.49 sec
 ARIMA(0,1,0)(0,0,0)[0]             : AIC=146.777, Time=0.13 sec
 ARIMA(1,1,1)(0,0,0)[0] intercept   : AIC=-37.307, Time=0.98 sec

Best model:  ARIMA(0,1,0)(0,0,0)[0] intercept
Total fit time: 5.360 seconds
                         SARIMAX Results
==============================================================================
Dep. Variable:                    y   No. Observations:              46
Model:               SARIMAX(0, 1, 0)   Log Likelihood             22.646
Date:               Fri, 15 Sep 2023   AIC                       -41.292
Time:                      15:58:28   BIC                       -37.679
Sample:                   01-01-2023   HQIC                      -39.945
                        - 02-15-2023
Covariance Type:                opg
==============================================================================
                 coef    std err          z      P>|z|      [0.025      0.975]
------------------------------------------------------------------------------
intercept      1.2000      0.760      1.579      0.114      -0.289       2.689
sigma2         0.0214      0.034      0.624      0.533      -0.046       0.089
===================================================================================
==
Ljung-Box (L1) (Q):            0.02   Jarque-Bera (JB):         3308.27
Prob(Q):                       0.89   Prob(JB):                    0.00
Heteroskedasticity (H):        0.01   Skew:                       -6.47
Prob(H) (two-sided):           0.00   Kurtosis:                   42.96
===================================================================================
==
未来股票价格的预测值:
时间步1: 预测价格 = 155.20
时间步2: 预测价格 = 156.40
时间步3: 预测价格 = 157.60
时间步4: 预测价格 = 158.80
时间步5: 预测价格 = 160.00
```

代码执行后还会绘制两张图表。

（1）原始数据图形，这张图显示了从 stock_data.csv 文件中读取的原始股票价格数据的折线图。横坐标是日期，纵坐标是股票价格。这张图用于可视化原始数据的走势。

（2）股票价格预测图表，这张图包括了原始数据图形，以及模型对未来股票价格的预测结果。未来预测结果用绿色折线表示，横坐标是日期，纵坐标是股票价格。这张图用于展示模型的预测结果，并与原始数据进行对比。

通过这两张图表，可以直观地看到模型的预测效果以及未来股票价格的走势。如果模型的预测与原始数据趋势相符，则说明模型具有一定的预测能力。

注意：这只是一个基本的 ARIMA 例子，大家可以根据需要选择不同的 ARIMA 阶数

（order 参数）来调整模型的复杂性。根据你项目的数据和需求，可能需要进行更多的模型调优和评估。另外，statsmodels 是一个功能强大的统计分析库，特别适用于时间序列分析、线性回归、方差分析等统计建模任务。它提供了丰富的统计模型和工具，用于拟合、评估和推断各种统计模型。

3.2.4　季节性自回归集成移动平均模型

季节性自回归集成移动平均模型（seasonal autoregressive integrated moving average，SARIMA）是一种用于时间序列分析和预测的统计模型，它是自回归集成移动平均模型（ARIMA）的一种扩展。SARIMA 模型被广泛应用于金融领域，特别是用于分析和预测具有季节性特征的金融时间序列数据。

SARIMA 模型的主要特点如下所示。

☑　季节性（seasonal）：SARIMA 模型考虑了时间序列数据中的季节性成分。季节性成分是数据中周期性变化的模式，通常以季度、月份或周为周期。在金融领域，股票价格、汇率、商品价格等时间序列数据通常都具有季节性。

☑　自回归（autoregressive）：SARIMA 模型包含一个自回归（AR）成分，表示当前时间点的观测值与过去时间点的观测值之间的关系。AR 成分考虑了时间序列的自相关性。

☑　差分（integrated）：SARIMA 模型通常对时间序列数据进行差分操作，以处理非平稳性。差分操作是对观测值之间的差异进行建模，可以将非平稳的时间序列数据转化为平稳的序列。

☑　移动平均（moving average）：SARIMA 模型包含一个移动平均（MA）成分，表示当前时间点的观测值与过去时间点的噪声误差之间的关系。MA 成分考虑了时间序列的白噪声成分。

☑　季节性自回归（seasonal autoregressive）：SARIMA 模型的季节性成分包括自回归和差分操作，用于捕捉季节性变化的自相关性。

SARIMA 模型的参数通常有三组：（p，d，q）、（P，D，Q）和 s，这三组参数具体说明如下。

（p，d，q）是非季节性部分的自回归阶数、差分阶数和移动平均阶数。（P，D，Q）是季节性部分的自回归阶数、季节性差分阶数和季节性移动平均阶数。s 是季节性周期的长度。

在金融领域，SARIMA 模型可以用于分析股票价格、利率、汇率等金融时间序列数据，帮助分析师和投资者了解市场的季节性趋势、自相关性以及预测未来价格走势。通过合适地选择 SARIMA 模型的参数，可以提高金融时间序列数据的预测准确性。

注意：SARIMA 模型的建立和参数调优可能需要一定的统计分析和时间序列领域的专

业知识。在实际应用中，通常需要对不同的模型进行比较和评估，以选择最合适的模型来分析和预测金融时间序列数据。

实例 3-4：使用 SARIMA 模型预测某只股票的价格（源码路径：daima/3/jijie.py）

编写实例文件 jijie.py，功能是使用文件 stock_data.csv 中的金融数据构建一个 SARIMA 模型，然后使用 Python 中的 SARIMA 模型来分析和预测金融时间序列数据。文件 jijie.py 的具体实现代码如下所示。

```python
import pandas as pd
import numpy as np
import matplotlib.pyplot as plt
from statsmodels.tsa.statespace.sarimax import SARIMAX
from statsmodels.graphics.tsaplots import plot_acf, plot_pacf

# 读取股票数据
data = pd.read_csv('stock_data.csv')
data['Date'] = pd.to_datetime(data['Date'])
data.set_index('Date', inplace=True)

# 可选：绘制原始数据图表
plt.figure(figsize=(12, 6))
plt.plot(data['Price'], label='原始数据')
plt.xlabel('日期')
plt.ylabel('股票价格')
plt.title('原始股票价格数据')
plt.legend()
plt.grid(True)
plt.show()

# 为了选择SARIMA模型的参数，可以绘制自相关函数(ACF)和偏自相关函数(PACF)图
plot_acf(data['Price'], lags=20)
plot_pacf(data['Price'], lags=20)
plt.show()

# 根据自相关函数和偏自相关函数的图形，选择合适的参数
# 以示例为目的，假设选择了ARIMA(1,1,1)(1,1,1)_4模型
order = (1, 1, 1)
seasonal_order = (1, 1, 1, 4)

# 拟合SARIMA模型
model = SARIMAX(data['Price'], order=order, seasonal_order=seasonal_order)
results = model.fit()

# 预测未来的股票价格
forecast_steps = 5  # 要预测的未来时间步数
forecast = results.get_forecast(steps=forecast_steps)

# 输出未来股票价格的预测值
print("未来股票价格的预测值:")
print(forecast.predicted_mean)
```

```
# 绘制原始数据和模型预测结果
plt.figure(figsize=(12, 6))
plt.plot(data['Price'], label='原始数据')
plt.plot(forecast.predicted_mean, label='未来预测', color='green')
plt.xlabel('日期')
plt.ylabel('股票价格')
plt.title('股票价格预测')
plt.legend()
plt.grid(True)
plt.show()
```

代码执行后会输出 SARIMA 模型的拟合和预测结果：

```
RUNNING THE L-BFGS-B CODE

           * * *

Machine precision = 2.220D-16
 N =           5     M =          10

At X0          0 variables are exactly at the bounds

At iterate     0    f= -3.22434D-01    |proj g|= 2.27540D-01
 This problem is unconstrained.

At iterate     5    f= -3.57391D-01    |proj g|= 3.82935D-03

At iterate    10    f= -3.57609D-01    |proj g|= 4.18884D-02

At iterate    15    f= -3.57679D-01    |proj g|= 2.19458D-03

 Bad direction in the line search;
   refresh the lbfgs memory and restart the iteration.

At iterate    20    f= -3.57680D-01    |proj g|= 1.09522D-04

           * * *

Tit   = total number of iterations
Tnf   = total number of function evaluations
Tnint = total number of segments explored during Cauchy searches
Skip  = number of BFGS updates skipped
Nact  = number of active bounds at final generalized Cauchy point
Projg = norm of the final projected gradient
F     = final function value

           * * *

  N    Tit    Tnf  Tnint  Skip  Nact    Projg        F
  5     21     56     2      0     0   1.373D-04  -3.577D-01
 F = -0.35767955628650960
```

```
CONVERGENCE: REL_REDUCTION_OF_F_<=_FACTR*EPSMCH
未来股票价格的预测值：
2023-02-16    155.225061
2023-02-17    156.445288
2023-02-18    157.666403
2023-02-19    158.891448
2023-02-20    160.114163
Freq: D, Name: predicted_mean, dtype: float64
```

上述输出显示了 SARIMA 模型的拟合和预测结果，下面是对输出中一些关键部分的解释。

模型拟合过程是模型使用 L-BFGS-B 算法进行拟合，通过迭代来找到最优参数。输出中显示了一些迭代过程的信息，包括迭代次数、目标函数值（f）、梯度的投影值（|proj g|）等。

模型参数是输出中显示模型的参数，包括非季节性部分和季节性部分的阶数。在这个示例中，我们使用了 ARIMA（1，1，1）（1，1，1）_4 模型。

未来股票价格的预测值是最后一部分显示的未来股票价格的预测值，从 2023-02-16 到 2023-02-20，这是模型基于训练数据进行的预测。

另外，本实例执行后还会绘制以下图形。

☑ 原始数据图形：显示从 stock_data.csv 文件中读取的原始股票价格数据的折线图。

☑ ACF 图形：显示自相关函数（ACF）图，帮助选择 ARIMA 模型的自回归阶数。通常，ACF 图包括许多 lags，每个 lag 都有一个子图。

☑ PACF 图形：显示偏自相关函数（PACF）图，帮助选择 ARIMA 模型的移动平均阶数。与 ACF 图一样，PACF 图也包括许多 lags，每个 lag 都有一个子图。

☑ 未来股票价格预测图：显示 SARIMA 模型对未来股票价格的预测。

如果希望只显示原始数据图和未来股票价格预测图，可以在代码中注释掉 ACF 和 PACF 的绘制部分。这样，将只看到这两幅图。

注意：模型的收敛性以及预测的准确性取决于模型参数的选择和训练数据的质量。在实际应用中，通常需要仔细选择模型参数进行模型诊断，并使用更多的历史数据来提高预测的准确性。上述实例仅用于演示如何使用 SARIMA 模型进行金融时间序列数据的分析和预测。

3.2.5 ARCH 和 GARCH 模型

ARCH（autoregressive conditional heteroskedasticity，自回归条件异方差）和 GARCH 模型是用于建模和预测金融时间序列数据中的波动性（方差）的统计模型。ARCH 和 GARCH 模型广泛应用于金融领域，特别是用于风险管理和波动性建模。

1. ARCH 模型

ARCH 模型是由 Robert F. Engle 于 1982 年提出的，用于描述时间序列数据中的异方差性。ARCH 模型的基本思想是，时间序列中的波动性是条件异方差的，即波动性的大小取决于过去时间点的观测值的平方，这种波动性在时间上是自回归的。ARCH 模型通常表示为 ARCH（p），其中 p 是滞后阶数。

ARCH 模型常用于金融时间序列数据的波动性建模，特别是用于股票价格波动、汇率波动和利率波动的分析。ARCH 模型可以帮助金融分析师和投资者更好地理解和预测市场波动性，从而制定风险管理策略。

2. GARCH 模型

GARCH 模型是 ARCH 模型的扩展，由 Tim Bollerslev 于 1986 年提出。它引入了滞后时间点的波动性的条件异方差，同时还包括过去时间点的误差项的平方作为条件异方差的因素。GARCH 模型通常表示为 GARCH（p，q），其中 p 和 q 分别是滞后阶数。

GARCH 模型在金融领域的应用非常广泛，经常被用于建模股票价格的波动性，预测市场波动的未来趋势，以及衡量金融产品的风险。GARCH 模型还在期权定价和波动性交易中发挥了关键作用，可以帮助金融机构更好地管理风险。

总之，ARCH 和 GARCH 模型在金融领域的应用有助于更好地理解和管理市场波动性，提高投资和风险管理的效率。这两个模型的不断发展和改进，也使它们成为金融时间序列分析中不可或缺的工具。例如，下面是一个使用 ARCH 和 GARCH 模型实现风险管理的简单示例，将使用 arch 库来估计模型和进行风险度量。首先，确保已经安装了 arch 库，我们可以使用以下命令进行安装：

```
pip install arch
```

实例 3-5：使用 ARCH 和 GARCH 模型估计波动性和风险度量（源码路径：daima/3/rch.py）

编写实例文件 rch.py，功能是创建一个示例数据集，并使用 ARCH 和 GARCH 模型来估计波动性并进行风险度量。文件 rch.py 的具体实现代码如下所示。

```python
import numpy as np
import pandas as pd
import matplotlib.pyplot as plt
from arch import arch_model

# 创建一个示例数据集（每日收益率）
np.random.seed(42)
returns = np.random.randn(1000) / 100
dates = pd.date_range(start="2022-01-01", periods=len(returns), freq="D")
returns = pd.Series(returns, index=dates)

# 使用ARCH模型估计波动性
model_arch = arch_model(returns, vol="ARCH", p=1)
results_arch = model_arch.fit()

# 使用GARCH模型估计波动性
model_garch = arch_model(returns, vol="Garch", p=1, q=1)
results_garch = model_garch.fit()
```

```
# 打印模型估计结果
print("ARCH模型估计结果：")
print(results_arch.summary())

print("\nGARCH模型估计结果：")
print(results_garch.summary())

# 绘制条件波动性图
plt.figure(figsize=(12, 6))
plt.title("条件波动性")
plt.plot(results_arch.conditional_volatility, label="ARCH", alpha=0.7)
plt.plot(results_garch.conditional_volatility, label="GARCH", alpha=0.7)
plt.xlabel("日期")
plt.ylabel("波动性")
plt.legend()
plt.show()
```

在上述代码中，首先创建了一个随机生成的每日收益率数据集。然后使用 ARCH 模型和 GARCH 模型分别估计波动性，并打印模型的估计结果。最后绘制了条件波动性图，以可视化模型估计的波动性。代码执行后会输出 ARCH 和 GARCH 模型的估计结果，并绘制 ARCH 和 GARCH 模型的波动性预测图，显示预测的波动性如何随时间变化，如图 3-3 所示。这个图可以帮助分析人员更好地理解股票价格的波动性，并在风险管理中提供有用的信息。

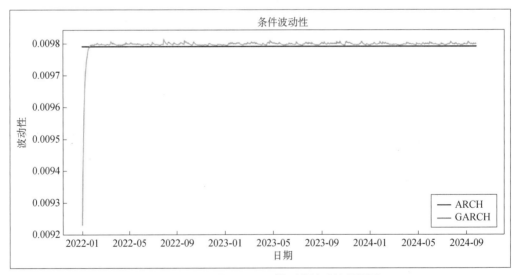

图 3-3　ARCH 和 GARCH 模型的波动性预测图

注意：在本实例中，使用的是随机数据集，在实际应用中，建议使用真实的金融数据来估计这些模型，然后根据估计的波动性进行风险度量和风险管理决策。ARCH 和 GARCH 模型可以帮助投资者更好地理解和量化金融市场的波动性，从而更好地管理投资组合的风险。

3.2.6　向量自回归模型

向量自回归模型（vector autoregression，VAR）是一种用于分析和预测多个时间序列变量之间相互关系的统计模型，它在金融领域和宏观经济学中具有广泛的应用。下面是 VAR 模型在金融方面的主要应用。

- ☑ 多变量建模：VAR 模型允许分析多个相关的金融时间序列变量，而不仅是单一的变量。这对于分析金融市场中不同资产之间的相互作用非常有用，如股票价格、汇率、利率和商品价格等。
- ☑ 冲击分析：VAR 模型可以用来分析不同变量之间的冲击效应。通过引入外部冲击（如央行政策变化、金融危机等），可以估计不同变量对这些冲击的响应，帮助分析人员理解金融市场如何受到各种因素的影响。
- ☑ 预测和风险管理：VAR 模型可以用来预测多个金融变量的未来走势。这对于投资组合管理和风险管理非常重要，因为它允许投资者更好地了解不同资产类别之间的相关性，以更好地分散风险。
- ☑ 政策分析：在宏观经济学和金融政策分析中，VAR 模型可以用来研究货币政策、财政政策和其他政策变化对经济和金融市场的影响。
- ☑ 协整合分析：VAR 模型的扩展形式，即向量误差修正模型（Vector Error Correction Model，VECM），用于分析具有协整关系的金融时间序列变量。这对于研究长期均衡关系以及短期波动非常重要。
- ☑ 因果关系分析：VAR 模型可以帮助确定不同变量之间的因果关系，即一个变量如何影响另一个变量。这对于了解金融市场中的因果关系非常重要，特别是在投资决策和交易策略中。

总之，VAR 模型在金融领域中是一种强大的工具，可用于分析多变量时间序列数据，理解不同金融变量之间的相互作用，并支持决策制定、风险管理和政策分析。VAR 模型已成为金融分析和经济研究中的重要方法之一。请看下面的实例，功能是使用 Tushare 获取宁德时代（600725.SH）和药明康德（603259.SH）的股票数据，然后进行 VAR 建模并进行股价预测。

实例 3-6：使用宁德时代和药明康德的股票数据建模并预测（源码路径：daima/3/varh.py）
实例文件 var.py 的主要实现代码如下所示。

```
# 替换为你自己的Tushare API令牌
token = 'YOUR_TUSHARE_TOKEN'
ts.set_token(token)

# 初始化Tushare客户端
pro = ts.pro_api()

# 获取宁德时代股票数据
ndsd = pro.daily(ts_code='600725.SH', start_date='20220101', end_date='20230101')
```

```
# 获取药明康德股票数据
ymkd = pro.daily(ts_code='603259.SH', start_date='20220101', end_date='20230101')

# 合并两只股票的收盘价数据
data = pd.merge(ndsd[['trade_date', 'close']], ymkd[['trade_date', 'close']],
on='trade_date', suffixes=('_ndsd', '_ymkd'))

# 将日期列设置为索引
data['trade_date'] = pd.to_datetime(data['trade_date'])
data.set_index('trade_date', inplace=True)

# 创建并拟合VAR模型
model = VAR(data)
model_fitted = model.fit()

# 打印模型的总结
print(model_fitted.summary())

# 预测未来若干步
forecast = model_fitted.forecast(model_fitted.endog, steps=5)
print("VAR模型预测未来5个时间步的收盘价:")
print(forecast)

from statsmodels.tools.eval_measures import rmse

# 计算RMSE
rmse_score = rmse(data[-5:], forecast)
print("RMSE:", rmse_score)

# 假设forecast是你的VAR模型的预测结果，这里只是示例数据
forecast = model_fitted.forecast(model_fitted.endog, steps=5)

# 创建一个日期范围，以便绘制预测结果的时间序列
forecast_index = pd.date_range(start=data.index[-1], periods=6, closed='right')

# 将预测结果添加到原始数据中
forecast_df = pd.DataFrame(forecast, columns=['close_ndsd', 'close_ymkd'],
index=forecast_index)
data = pd.concat([data, forecast_df])

# 绘制股价预测结果
plt.figure(figsize=(12, 6))
plt.plot(data['close_ndsd'], label='宁德时代')
plt.plot(data['close_ymkd'], label='药明康德')
plt.xlabel('日期')
plt.ylabel('股价')
plt.title('宁德时代和药明康德股价预测')
plt.legend()
plt.grid(True)
plt.show()
```

在上述代码中，首先通过 Tushare 获取了宁德时代和药明康德的股票数据，然后将它们合并为一个 DataFrame。接下来，使用 VAR 模型对合并后的数据进行建模和拟合，并打印模型的总结信息。接着使用模型预测未来的股价，并计算均方根误差（RMSE）以评估模型的精度。最后实现数据可视化，创建一个日期范围来表示预测结果的时间点，将预测结果添加到原始数据中，使用 Matplotlib 绘制了宁德时代和药明康德的股价预测图形。代码执行后会输出下面的内容。

```
  Summary of Regression Results
==================================
Model:                    VAR
Method:                   OLS
Date:          Fri, 15, Sep, 2023
Time:                  18:14:33
----------------------------------
No. of Equations:    2.00000    BIC:                -2.34279
Nobs:                241.000    HQIC:               -2.39460
Log likelihood:     -385.168    FPE:                0.0880768
AIC:                -2.42955    Det(Omega_mle):     0.0859243
----------------------------------
Results for equation close_ndsd
==================================
                 coefficient     std. error      t-stat       prob
----------------------------------
const             0.175459        0.074484       2.356       0.018
L1.close_ndsd     0.951371        0.019902      47.802       0.000
L1.close_ymkd     0.000090        0.000565       0.160       0.873
==================================

Results for equation close_ymkd
==================================
                 coefficient     std. error      t-stat       prob
----------------------------------
const             1.592643        2.181027       0.730       0.465
L1.close_ndsd     0.400688        0.582779       0.688       0.492
L1.close_ymkd     0.968197        0.016541      58.533       0.000
==================================

Correlation matrix of residuals
                   close_ndsd       close_ymkd
close_ndsd         1.000000         0.134409
close_ymkd         0.134409         1.000000

VAR模型预测未来5个时间步的收盘价:
[[  3.85758645 108.47917276]
 [  3.85526126 108.16758159]
 [  3.85302098 107.86496815]
 [  3.85086228 107.57108096]
 [  3.84878199 107.28567519]]
RMSE: [0.13288473 2.00593458]
```

代码执行后还会绘制宁德时代和药明康德股票价格的可视化图，包括历史价格和预测价格。如图 3-4 所示。

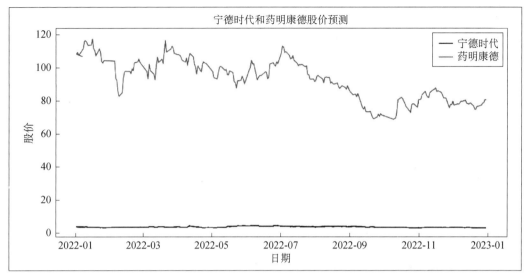

图 3-4 宁德时代和药明康德股票价格的可视化图

注意：在使用本实例代码时，请确保将'YOUR_TUSHARE_TOKEN' 替换为你自己的Tushare API 令牌。这个示例代码中使用的是宁德时代（600725.SH）和药明康德（603259.SH）的股票数据，你可以根据需要修改股票代码和日期范围。

3.2.7 协整合分析

在金融和经济学领域，协整合分析常用于确定多个金融资产或经济变量之间是否存在长期均衡关系，以及如何利用这些关系进行风险管理、交易策略或决策支持。协整合分析通常用于发现两个或多个金融时间序列之间的长期关系，并进一步用于发现市场中的套利机会。请看下面的例子，使用 Tushare 获取比亚迪（002594.SZ）和中际旭创（300308.SZ）的股票数据，然后进行协整合分析，以发现市场中的套利机会。

实例 3-7：挖掘套利机会：分析比亚迪和中际旭创的协整关系（源码路径：daima/3/xie.py）
实例文件 xie.py 的具体实现代码如下所示。

```python
import tushare as ts
import pandas as pd
import numpy as np
import statsmodels.api as sm
import matplotlib.pyplot as plt

# 设置Tushare令牌
token = 'YOUR_TUSHARE_TOKEN'
ts.set_token(token)
```

```python
# 初始化 Tushare 客户端
pro = ts.pro_api()

# 获取比亚迪（002594.SZ）和中际旭创（300308.SZ）的历史日线数据
byd_data  =  pro.daily(ts_code='002594.SZ',  start_date='20200101',  end_date=
'20211231')
zjxc_data  =  pro.daily(ts_code='300308.SZ',  start_date='20200101',  end_date=
'20211231')

# 提取收盘价数据
byd_close = byd_data['close']
zjxc_close = zjxc_data['close']

# 合并两只股票的收盘价数据
data = pd.concat([byd_close, zjxc_close], axis=1)
data.columns = ['BYD', 'ZJXC']

# 进行协整合分析
model = sm.OLS(data['BYD'], sm.add_constant(data['ZJXC'])).fit()
spread = data['BYD'] - model.params['ZJXC'] * data['ZJXC'] - model.params['const']

# 计算协整关系的 ADF 检验统计量
adf_statistic = sm.tsa.adfuller(spread, maxlag=1)[0]

# 设置显著性水平
alpha = 0.05

# 输出协整关系检验结果
if adf_statistic < sm.tsa.adfuller(spread, maxlag=1)[4]['5%'] and model.params
['ZJXC'] < 0:
    print("存在协整关系，且ZJXC为比亚迪的领先指标")
    print("协整关系检验ADF统计量:", adf_statistic)
    print("OLS回归参数：")
    print(model.params)
else:
    print("不存在协整关系或ZJXC不是比亚迪的领先指标")
    print("协整关系检验ADF统计量:", adf_statistic)
    print("OLS回归参数：")
    print(model.params)

# 绘制收益曲线
plt.figure(figsize=(12, 6))
plt.plot(data.index, np.cumsum(spread), label='Cumulative Spread')
plt.xlabel('日期')
plt.ylabel('累积差价')
plt.title('比亚迪和中际旭创协整关系')
plt.legend()
plt.grid(True)
plt.show()
```

在上述代码中，首先从 Tushare 获取比亚迪和中际旭创的历史日线数据，提取了它们的收盘价，并进行 OLS 回归分析。接下来，计算了协整关系的 ADF 检验统计量，如果统计量小于 5%的临界值，并且回归参数表明 ZJXC 是比亚迪的领先指标，那么就认为存在协整关系。最后，绘制了收益曲线，以帮助识别潜在的套利机会。代码执行后会输出以下内容。

```
不存在协整关系或ZJXC不是比亚迪的领先指标
协整关系检验ADF统计量：-2.3705784199020457
OLS回归参数：
const       472.497598
ZJXC         -6.312554
```

根据上述执行后的输出结果，ADF 检验统计量为-2.3705784199020457，它小于 5%显著性水平下的临界值，表明差分序列（spread）不具有稳定性，即差分序列是非平稳的。这意味着在给定的显著性水平下，我们不能拒绝原假设，即没有足够的证据表明这两个股票的价格之间存在协整关系。此外，OLS 回归参数中 ZJXC 的系数为-6.312554，表明中际旭创（ZJXC）与比亚迪（BYD）之间的线性关系不是显著的。因此，根据协整分析的结果可以得出结论，比亚迪和中际旭创之间的价格并没有长期稳定的关系，因此在这两者之间寻找套利机会可能是不合适的。在实际交易前，需要进一步深入研究和风险管理来确定是否存在其他类型的交易机会。

另外，代码执行后还绘制了比亚迪和中际旭创协整关系的累积差价曲线图，如图 3-5 所示。累积差价曲线是协整分析的一部分，它显示了两个时间序列之间的差价的累积值。在这里，它用于可视化协整关系的稳定性和变化。

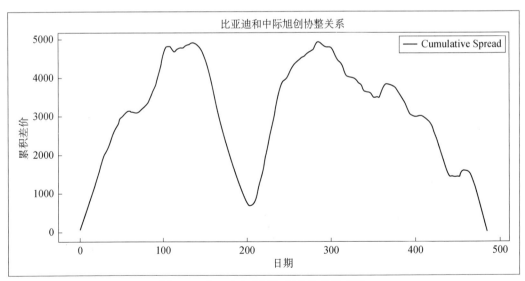

图 3-5　比亚迪和中际旭创的协整关系图

注意：协整分析的结果应仔细解释，不仅依赖于统计显著性，还应考虑实际市场情况。协整关系的存在并不一定意味着存在套利机会，因此需要进行更深入的研究和风险管理。

3.2.8　机器学习方法

机器学习方法在时间序列分析中的应用越来越广泛，可以用于预测、异常检测、分类、聚类等不同方面的问题，下面是一些机器学习方法在时间序列分析中的常见应用。

- ☑ 回归分析：使用线性回归、多项式回归或其他回归模型，将时间序列数据与其他因素进行拟合，以建立预测模型。这对于趋势分析和长期预测非常有用。
- ☑ 决策树和随机森林：可以用于分类和回归问题，在时间序列分析中，它们可以用于将序列数据分类到不同的类别或预测未来值。
- ☑ 支持向量机：（support vector machine，SVM）通常用于分类问题，但它也可以用于时间序列回归。通过该技巧，SVM 可以处理非线性关系。
- ☑ 神经网络：循环神经网络和长短时记忆网络（Long Short-Term Memory，LSTM）等深度学习模型在时间序列分析中非常强大，它们可以捕捉到时间序列数据中的复杂依赖关系。
- ☑ 聚类分析：通过聚类算法（如 K 均值聚类）将时间序列数据分组，可以识别不同的模式或趋势。
- ☑ 异常检测：使用异常检测算法（如孤立森林或一类支持向量机）来识别时间序列中的异常点，这对于监测系统健康状态或欺诈检测非常有用。
- ☑ 降维技术：利用主成分分析（PCA）或 t-SNE 等降维技术，可以将高维时间序列数据可视化或减少数据维度。
- ☑ 集成学习：使用集成学习方法（如随机森林或梯度提升树）将多个模型的预测结果结合起来，以提高预测的准确性。
- ☑ 深度强化学习：在某些时间序列问题中，深度强化学习方法可以用于决策问题，如股票交易决策或资源分配。
- ☑ 时间序列分解：利用机器学习方法对时间序列进行分解，以识别趋势、季节性和残差成分。

注意：选择适当的机器学习方法取决于具体的时间序列问题和数据特点。通常需要进行数据预处理、特征工程和模型评估来优化机器学习模型的性能。此外，时间序列数据的时间依赖性需要在建模时得到充分考虑。

请看下面的实例，功能是预测未来 30 天的隆基绿能股价，并使用 Matplotlib 绘制真实股价、测试集预测股价和未来 30 天预测股价的可视化图表。

实例 3-8：预测隆基绿能未来 30 天的股价（源码路径：daima/3/shenjing.py）

实例文件 shenjing.py 的主要实现代码如下所示。

```python
# 替换为你自己的Tushare token
token = '17ad67abce0b2ecad98e6c7fddfb594ecfd8222655ee96a9e057e2be'
ts.set_token(token)

# 初始化Tushare客户端
pro = ts.pro_api()

# 获取隆基绿能的股票数据
df = pro.daily(ts_code='601012.SH', start_date='20200101', end_date='20210831')

# 将日期列转换为日期时间格式，并设置为索引
df['trade_date'] = pd.to_datetime(df['trade_date'])
df.set_index('trade_date', inplace=True)

# 数据预处理
scaler = MinMaxScaler()
scaled_data = scaler.fit_transform(df['close'].values.reshape(-1, 1))

# 划分训练集和测试集
train_size = int(len(scaled_data) * 0.8)
train_data = scaled_data[:train_size]
test_data = scaled_data[train_size:]

# 创建训练数据集和标签
def create_dataset(dataset, time_step=1):
    dataX, dataY = [], []
    for i in range(len(dataset) - time_step - 1):
        a = dataset[i:(i + time_step), 0]
        dataX.append(a)
        dataY.append(dataset[i + time_step, 0])
    return np.array(dataX), np.array(dataY)

time_step = 60
X_train, y_train = create_dataset(train_data, time_step)
X_test, y_test = create_dataset(test_data, time_step)

# 转换为PyTorch张量
X_train = torch.Tensor(X_train).view(-1, time_step, 1)
y_train = torch.Tensor(y_train).view(-1, 1)
X_test = torch.Tensor(X_test).view(-1, time_step, 1)
y_test = torch.Tensor(y_test).view(-1, 1)

# 创建LSTM模型
class LSTMModel(nn.Module):
    def __init__(self, input_size, hidden_size, output_size):
        super(LSTMModel, self).__init__()
        self.hidden_size = hidden_size
        self.lstm = nn.LSTM(input_size, hidden_size)
        self.fc = nn.Linear(hidden_size, output_size)
```

```python
    def forward(self, x):
        out, _ = self.lstm(x)
        out = self.fc(out[:, -1, :])
        return out

input_size = 1
hidden_size = 50
output_size = 1

model = LSTMModel(input_size, hidden_size, output_size)
criterion = nn.MSELoss()
optimizer = optim.Adam(model.parameters(), lr=0.001)

# 训练模型
num_epochs = 100
for epoch in range(num_epochs):
    optimizer.zero_grad()
    outputs = model(X_train)
    loss = criterion(outputs, y_train)
    loss.backward()
    optimizer.step()

# 预测股价
train_predict = model(X_train).detach().numpy()
test_predict = model(X_test).detach().numpy()

# 反归一化
train_predict = scaler.inverse_transform(train_predict)
test_predict = scaler.inverse_transform(test_predict)

# 计算均方根误差
train_rmse = np.sqrt(mean_squared_error(y_train.numpy(), train_predict))
test_rmse = np.sqrt(mean_squared_error(y_test.numpy(), test_predict))
print("训练集均方根误差:", train_rmse)
print("测试集均方根误差:", test_rmse)

# 预测未来股价
future_days = 30
future_dates    =    pd.date_range(start=df.index[-1],    periods=future_days+1,
closed='right')
future_data = df.iloc[-time_step:, :]['close'].values.reshape(1, -1, 1)

future_predictions = []

for i in range(future_days):
    prediction = model(torch.Tensor(future_data))
    future_data = np.append(future_data[:, 1:, :], prediction.detach().numpy().
reshape(1, 1, 1), axis=1)
    future_predictions.append(prediction[0][0].item())
```

```
# 反归一化未来预测值
future_predictions                                                    =
scaler.inverse_transform(np.array(future_predictions).reshape(-1, 1))

# 打印未来预测值
print("未来30天股价预测:")
for i in range(len(future_dates)):
    print(future_dates[i], future_predictions[i][0])

# 绘制股价预测结果
plt.figure(figsize=(12, 6))
plt.plot(df.index[-len(test_predict):], df['close'][-len(test_predict):], label='
真实股价')
plt.plot(df.index[-len(test_predict):], test_predict, label='测试集预测股价')
plt.plot(future_dates, future_predictions, label='未来30天预测股价', linestyle=
'dashed', color='red')
plt.xlabel('日期')
plt.ylabel('股价')
plt.title('隆基绿能股价预测')
plt.legend()
plt.grid(True)
plt.show()
```

上述代码是一个时间序列分析的例子，其中使用了 PyTorch 来构建和训练一个 LSTM 神经网络模型，以预测隆基绿能的股票价格。以下是上述代码的主要实现步骤。

（1）获取股票数据：使用 Tushare API 获取隆基绿能（601012.SH）从 2020 年 1 月 1 日 到 2021 年 8 月 31 日的股票数据，并将日期列转换为日期时间格式。

（2）数据预处理：使用 MinMaxScaler 对股票的收盘价数据进行了归一化。

（3）划分训练集和测试集：将数据划分为训练集和测试集，通常 80%的数据用于训练，20%用于测试。

（4）创建训练数据集和标签：定义了一个函数 create_dataset，将时间序列数据转换为可用于训练的数据集和标签。

（5）转换为 PyTorch 张量：将训练数据集和标签转换为 PyTorch 张量。

（6）创建 LSTM 模型：定义一个 LSTM 神经网络模型，包括输入大小、隐藏层大小和输出大小。

（7）训练模型：使用均方误差（MSE）作为损失函数，使用 Adam 优化器来训练模型，迭代 100 个 epoch。

（8）预测股价：使用训练好的模型对训练集和测试集进行股价预测，并进行反归一化操作。

（9）预测未来股价：对未来 30 天的股价进行预测，使用模型进行逐步预测，并保存预测结果。

（10）绘制股价预测结果图：使用 Matplotlib 绘制三条曲线，分别表示真实股价、测试集预测股价和未来 30 天预测股价。

代码执行后会输出下面的内容。

```
训练集均方根误差：76.27081
测试集均方根误差：41.99505
未来30天股价预测：
2020-01-03 00:00:00 83.91883622288705
2020-01-04 00:00:00 32.20103839218617
2020-01-05 00:00:00 29.134599278122188
2020-01-06 00:00:00 28.955792621299626
2020-01-07 00:00:00 28.94537872515619
2020-01-08 00:00:00 28.9447723235935
2020-01-09 00:00:00 28.944737050235275
2020-01-10 00:00:00 28.944735549241308
2020-01-11 00:00:00 28.944735549241308
2020-01-12 00:00:00 28.944735549241308
2020-01-13 00:00:00 28.944735549241308
2020-01-14 00:00:00 28.944735549241308
2020-01-15 00:00:00 28.944735549241308
2020-01-16 00:00:00 28.944735549241308
2020-01-17 00:00:00 28.944735549241308
2020-01-18 00:00:00 28.944735549241308
2020-01-19 00:00:00 28.944735549241308
2020-01-20 00:00:00 28.944735549241308
2020-01-21 00:00:00 28.944735549241308
2020-01-22 00:00:00 28.944735549241308
2020-01-23 00:00:00 28.944735549241308
2020-01-24 00:00:00 28.944735549241308
2020-01-25 00:00:00 28.944735549241308
2020-01-26 00:00:00 28.944735549241308
2020-01-27 00:00:00 28.944735549241308
2020-01-28 00:00:00 28.944735549241308
2020-01-29 00:00:00 28.944735549241308
2020-01-30 00:00:00 28.944735549241308
2020-01-31 00:00:00 28.944735549241308
2020-02-01 00:00:00 28.944735549241308
```

上面的输出结果说明已经成功训练神经网络模型，并且输出了训练集均方根误差和测试集均方根误差，以及未来 30 天的股价预测，下面是对输出结果的一些解释。

☑　训练集均方根误差：76.27081，这是模型在训练集上的均方根误差，表示模型在训练数据上的拟合程度。较低的值表示模型在训练数据上的拟合效果较好。

☑　测试集均方根误差：41.99505，这是模型在测试集上的均方根误差，表示模型在未见过的测试数据上的拟合程度。较低的值表示模型在测试数据上的泛化效果较好。

☑　未来 30 天股价预测：这是模型根据历史数据对未来 30 天的股价进行的预测，这些预测值显示在日期和预测价格之间。需要注意的是，这些预测是基于模型对过去数据的学习而得出的，因此可能会受到未来市场变化的影响。

另外，本实例执行后还会绘制股价预测结果的可视化图，如图 3-6 所示。

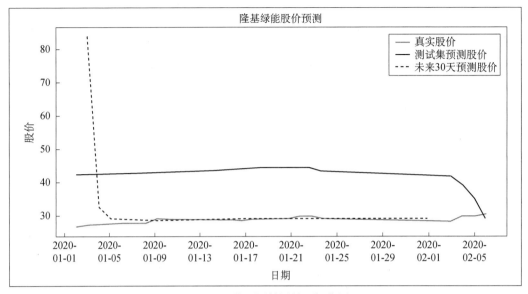

图 3-6　股价预测结果的可视化图

第4章
金融风险建模与管理

金融风险建模与管理是金融领域的一个重要部分，旨在识别、量化和管理金融机构或投资组合面临的各种风险，以确保金融市场的稳定性和投资的安全性。在本章的内容中，将详细讲解金融风险建模与管理的知识，并通过具体实例来讲解各个知识点的用法。

4.1 金融风险的基本概念

金融风险是金融领域中一个关键的概念，它指的是金融市场和金融机构在运作过程中面临的潜在损失或不确定的可能性。金融风险可以影响个人、企业、金融机构和整个经济系统。在下面列出了金融风险的主要概念。

（1）风险：指不确定性的存在，即在未来事件的发生或结果方面存在不确定性。金融风险是与金融交易或金融资产相关的不确定性。

（2）风险因素：导致金融风险的原因或因素，包括市场因素、信用因素、操作因素、流动性因素、法律和合规因素等。

（3）风险管理：指金融机构或个体采取一系列策略和措施来识别、评估、控制和监控潜在的金融损失。风险管理的目标是降低风险对财务状况和经济活动的不利影响。

（4）风险度量：度量风险的方法包括价值-at-Risk（VaR）、条件 VaR、标准差、风险贡献等。这些度量可以帮助确定潜在损失的大小和概率。

（5）风险管理工具：用于管理金融风险的策略和工具，包括多样化投资组合、对冲策略、止损策略、监管合规、风险报告和监控等。

（6）风险管理框架：金融机构通常遵循特定的风险管理框架和标准，如巴塞尔协议，以确保风险得到适当的管理和监控。

4.2 基于人工智能的金融风险建模方法

基于人工智能的金融风险建模方法是使用机器学习和深度学习技术来分析金融市场数据、经济指标和其他相关信息，以预测和管理各种金融风险。

4.2.1 传统风险建模方法回顾

传统风险建模方法是在人工智能和机器学习技术出现之前广泛应用于金融风险管理领域的方法。这些方法通常基于统计和数学原理，涉及对金融市场数据和相关因素的分析和建模。下面列出了常见的传统风险建模方法。

1. 风险值

风险值是一种广泛用于度量金融风险的方法，它用于估计在一定置信水平下投资组合或资产的最大可能损失。

风险值的计算通常基于历史数据或模型，包括正态分布、蒙特卡洛模拟等。

尽管风险值在风险度量中得到广泛应用，但它也受到了一些争议，因为它未考虑极端事件的风险。

2. 风险因子分析

风险因子分析是一种分解投资组合或资产的风险来源的方法。

通过识别和分析不同的风险因子，投资者可以更好地理解其投资组合的风险敞口。

常见的风险因子包括市场风险、利率风险、信用风险等。

3. 时间序列分析

时间序列分析用于预测金融时间序列数据中的趋势、季节性和周期性。

常用的时间序列模型包括 ARIMA 模型（自回归综合移动平均模型）和 GARCH 模型（广义自回归条件异方差模型）。

4. 蒙特卡洛模拟

蒙特卡洛模拟是一种基于随机抽样的方法，用于估计不确定性和风险。

它可以用于估计投资组合的未来价值分布以及其他金融衍生品的风险。

5. 信用评级模型

信用评级模型用于评估债券和信用衍生品的信用风险。

常见的信用评级模型包括穆迪、标准普尔和惠誉等评级机构的模型。

6. 回归分析

回归分析用于建立不同变量之间的关系，以识别影响风险的因素。

多元线性回归、Logistic 回归等回归模型在金融风险建模中有广泛应用。

7. 申请统计方法

申请统计方法包括均值-方差分析、协方差矩阵估计等，用于评估投资组合的风险和收益。

8. 波动率模型

波动率模型用于估计资产或投资组合的价格波动率。例如，Black-Scholes 模型用于衡量期权的波动率。

这些传统风险建模方法在金融领域具有长期历史，并为风险管理提供了有力的工具。然而，它们在面对复杂和非线性的金融市场情况时可能存在局限性。因此，现代金融风险管理往往采用传统方法与基于人工智能和机器学习的方法相结合，以便投资者可以更全面地管理各种类型的风险。

4.2.2　机器学习在金融风险建模中的应用

机器学习在金融风险建模中有着广泛的应用，它提供了更灵活、更精确和自动化的方法来评估和管理金融风险。以下是机器学习在金融风险建模中的一些主要应用。

（1）信用风险评估：机器学习模型可以分析借款人的信用历史、财务状况、就业状况等信息，以预测其违约风险。常见的应用包括信用评分模型、违约概率模型和个人贷款风险评估。

（2）市场风险管理：机器学习可以用于分析市场数据，识别趋势、波动性和市场情绪，以预测股票价格、汇率和商品价格的波动。常见的应用包括股票价格预测、波动率模型和情感分析。

（3）操作风险管理：机器学习可以用于检测潜在的操作风险。例如，欺诈检测、交易异常检测和内部操纵的识别。基于机器学习的模型可以分析大规模的交易数据，自动发现异常模式。

（4）资产定价：机器学习可用于开发更精确的资产定价模型。例如，使用神经网络来估计期权的定价。基于深度学习的方法可以处理非线性的金融工具，提供更准确的价格预测。

（5）投资组合优化：机器学习可以帮助投资者构建优化的投资组合，以最大化收益或降低风险，这包括使用强化学习方法来动态调整资产配置。

（6）风险预警系统：机器学习模型可以建立风险预警系统，监测金融市场和投资组合的实时风险，并提供即时警报。这对于投资者和机构来说是非常重要的，可以帮助他们在风险增加之前采取行动。

（7）洗钱和欺诈检测：机器学习可以用于检测潜在的洗钱和欺诈活动，通过分析交易数据和客户行为来发现异常模式。

（8）量化交易策略：机器学习可用于开发量化交易策略，通过分析市场数据来制定买入和卖出决策。

（9）文本分析：机器学习模型可以分析新闻、社交媒体和其他文本数据，以了解市场情绪和事件对金融市场的影响。

总的来说，机器学习在金融风险建模中的应用范围非常广泛，可以提高决策的效率和准确性，并帮助金融机构更好地管理风险。然而，也需要注意，机器学习模型需要大量的数据和精心的调整，以确保其性能和鲁棒性。同时，监管机构也在不断关注和监督这些模型的使用，以确保金融市场的稳定性和公平性。

4.2.3　数据驱动的风险建模

数据驱动的风险建模是一种基于大数据和机器学习技术的方法，用于量化和管理金融风险。它的核心思想是利用大规模的数据集和先进的数据分析技术，以更准确、实时和全面的方式识别、测量和管理不同类型的金融风险。下面介绍数据驱动风险建模的关键要点。

☑　大数据集：数据驱动的风险建模依赖于大规模的金融和经济数据集，包括市场数据、财务数据、宏观经济指标、客户交易数据等。这些数据可以来自多个来源，包括交易所、金融机构内部系统、社交媒体等。

☑　数据清洗和整合：在建模之前，需要对数据进行清洗和整合，以处理缺失值、异常值和重复数据。数据整合也涉及将不同来源的数据进行结合，以建立一个全面的数据集。

☑　特征工程：特征工程是将原始数据转化为可供机器学习模型使用的特征的过程。这包括选择相关的特征、创建新的特征、进行归一化和标准化等操作，以提高模型的性能。

☑　机器学习模型：数据驱动的风险建模会使用各种机器学习模型，包括线性回归、决策树、随机森林、支持向量机、神经网络等。不同的模型适用于不同类型的风险和问题。

☑　风险类型：数据驱动的风险建模可以应用于不同类型的金融风险，包括信用风险、市场风险、操作风险、流动性风险、法律风险等。每种风险类型可能都需要不同的数据和模型。

☑　模型训练和验证：数据驱动的风险建模包括模型的训练和验证阶段。通常将数据分为训练集和测试集，先用训练集来训练模型，然后使用测试集来评估模型的性能。

☑　实时监测：一旦模型建立，它可以用于实时监测金融市场和风险状况。模型可以自动分析新数据，发现异常模式，并生成警报，以帮助金融机构及时应对风险。

☑　模型优化：数据驱动的风险建模是一个持续优化的过程。模型需要定期更新和改
进，以适应不断变化的市场条件和风险情况。

☑　监管合规性：在金融领域，合规性和监管要求至关重要。因此，数据驱动的风险建
模需要满足监管机构的要求，包括透明度、解释性和报告要求。

总的来说，数据驱动的风险建模通过利用大数据和机器学习技术，提供了更精确、实
时和全面的方法来识别和管理金融风险。这有助于金融机构更好地保护自身免受潜在的风
险和损失。然而，它也需要高度的数据质量，并满足模型可解释性和监管合规性，以确保
其有效性和可靠性。

4.3　制作贵州茅台的 ARCH 模型

经过本章前面内容的介绍，我们已经了解了金融风险建模与管理的基础知识，明确了
金融风险建模与管理的重要性。在本节内容中，将通过具体实例展示金融风险建模与管理
在现实中的应用。本实例将使用贵州茅台的日线数据和大盘指数数据制作波动性分析模型。

实例 4-1：处理股票数据中的缺失值（源码路径：daima/4/maotai/）

4.3.1　准备数据

在制作深度学习模型之前，需要准备用于模型训练的数据。这些数据包括历史金融市
场数据、公司财务数据、宏观经济数据等。要确保数据包含有关风险因素的信息，如股票
价格、利率、汇率等。编写文件 maotai.py，功能是从 TuShare 获取茅台在 2020 年 1 月 1 日
到 2023 年 9 月 1 日之间的日线数据。

```
import tushare as ts

# 设置Tushare的API令牌（请使用您自己的令牌）
ts.set_token('')

# 初始化Tushare的pro接口
pro = ts.pro_api()

# 获取贵州茅台的历史日线数据
df = pro.daily(ts_code='600519.SH', start_date='20200101', end_date='20230901')

# 保存数据到本地CSV文件
df.to_csv('maotai_stock_data.csv', index=False)
```

在上述代码中，首先使用 Tushare 库获取了贵州茅台从 2020 年 1 月 1 日到 2023 年 9
月 1 日的历史日线数据。然后，使用方法 to_csv() 将数据保存到名为 maotai_stock_data.csv
的本地 CSV 文件中。运行此代码后，将在当前工作目录下找到名为 maotai_stock_data.csv

的 CSV 文件，其中包含贵州茅台的历史日线数据。接下来可以在此文件的基础上进行进一步的数据分析和建立风险模型。

4.3.2 制作波动模型

编写文件 maofeng1.py，实现一个简单的 ARCH 模型，用于估计贵州茅台每日收益率的波动性。ARCH 模型通过训练来学习股票波动性的模式，并可以用于预测未来的波动性。这是金融时间序列分析中常见的建模方法之一，用于风险管理和波动性预测。文件 maofeng1.py 的具体实现代码如下所示。

```python
import torch
import torch.nn as nn
import pandas as pd
import numpy as np
import matplotlib.pyplot as plt

# 加载数据
data = pd.read_csv("maotai_stock_data.csv")
data['Date'] = pd.to_datetime(data['Date'], format='%Y%m%d')
data.set_index('Date', inplace=True)

# 选择时间范围
start_date = '2020-01-01'
end_date = '2023-09-01'
data = data[start_date:end_date]

# 计算每日收益率
data['returns'] = data['close'].pct_change()

# 去除第一个NaN值
data = data.dropna()

# 将数据转换为PyTorch张量
returns_tensor = torch.tensor(data['returns'].values, dtype=torch.float32).view(-1, 1)

# 定义ARCH模型
class ARCHModel(nn.Module):
    def __init__(self):
        super(ARCHModel, self).__init__()
        self.linear = nn.Linear(1, 1)

    def forward(self, x):
        x = self.linear(x)
        return x

# 初始化ARCH模型
```

```
arch_model = ARCHModel()

# 定义损失函数和优化器
criterion = nn.MSELoss()
optimizer = torch.optim.Adam(arch_model.parameters(), lr=0.001)

# 训练ARCH模型
num_epochs = 10000
for epoch in range(num_epochs):
    optimizer.zero_grad()
    output = arch_model(returns_tensor)
    loss = criterion(output, returns_tensor)
    loss.backward()
    optimizer.step()

    if (epoch + 1) % 100 == 0:
        print(f'Epoch [{epoch + 1}/{num_epochs}], Loss: {loss.item()}')

# 预测波动性
with torch.no_grad():
    predicted_volatility = torch.sqrt(arch_model(returns_tensor))

# 可视化结果
plt.figure(figsize=(12, 6))
plt.plot(data.index[1:],    predicted_volatility.numpy()[1:],    label='Predicted
Volatility')
plt.xlabel('Date')
plt.ylabel('Volatility')
plt.title('ARCH Model Predicted Volatility')
plt.legend()
plt.show()
```

上述代码的实现流程如下。

（1）从名为 maotai_stock_data.csv 的 CSV 文件加载股票数据，将日期列转换为日期时间格式，然后将日期设置为索引。设置提取特定的时间范围，从 2020-01-01 到 2023-09-01。

（2）使用 pct_change()方法计算每日的股票收益率，并将结果存储在名为 returns 的新列中。注意，需要删除包含 NaN 值的行。

（3）将计算得到的每日收益率数据转换为 PyTorch 张量（returns_tensor），这是模型的输入。

（4）创建了一个简单的 ARCH 模型，包含一个线性层（nn.Linear），用于对输入进行线性变换。

（5）初始化 ARCH 模型（arch_model），使用均方误差损失函数（nn.MSELoss）作为损失函数，使用 Adam 优化器（torch.optim.Adam）来优化模型的参数。

（6）开始训练 ARCH 模型。在循环中对模型进行多次迭代训练，在每个迭代中计算模型的输出，然后计算输出与真实收益率波动性之间的均方误差。使用反向传播算法更新模型的参数，以减小损失。最后，打印每 100 次迭代的损失。

（7）在训练完成后，使用训练好的模型对每日收益率的波动性进行预测，并将结果存储在名为 predicted_volatility 的张量中。

（8）使用 Matplotlib 可视化预测的波动性，绘制预测波动性随时间变化的图表。

代码执行后会输出如下训练过程，并绘制预测波动性的变化图，如图 4-1 所示。

```
Epoch [100/10000], Loss: 0.5639897584915161
Epoch [200/10000], Loss: 0.434192031621933
Epoch [300/10000], Loss: 0.3285294473171234
Epoch [400/10000], Loss: 0.24391025304794312
Epoch [500/10000], Loss: 0.17737139761447906
Epoch [600/10000], Loss: 0.1261054426431656
#省略部分代码
Epoch [9700/10000], Loss: 1.3232623987714538e-16
Epoch [9800/10000], Loss: 1.3232616046780657e-16
Epoch [9900/10000], Loss: 1.069563590272378e-16
Epoch [10000/10000], Loss: 1.069562862353439e-16
```

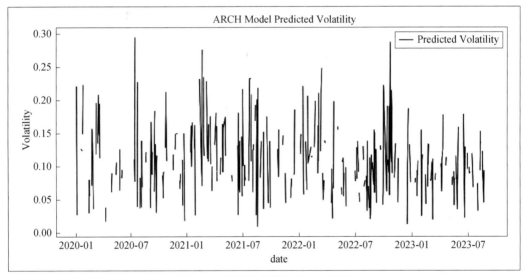

图 4-1   预测波动性随时间变化图

4.3.3   加入特征数据：市场指数

我们可以继续增加模型的功能，如尝试使用更多的特征。在制作深度学习模型的过程中，如果有其他相关的特征数据可用，可以考虑将它们添加到模型中以提高预测性能。例如，宏观经济数据、市场指数、交易量等可以提供有用的信息。对于一只股票来说，其走势大多数是和大盘指数息息相关的。接下来我们在前面的 ARCH 模型中增加"市场指数"特征。

（1）在 Tushare 中提供了一些宏观经济数据的获取功能，我们可以使用 Tushare 来获取国内的宏观经济数据，如国内生产总值（GDP）、居民消费价格指数（CPI）、生产者价格指数（PPI）等。可以通过 Tushare 的接口来获取这些数据，并将其用于金融分析和建模。编写文件 economic.py 获取 Tushare 中提供的 2020-01-01 到 2023-09-01 的市场指数（Market_index）和交易量（Trading_volume）数据，将获取的数据保存到文件 macroeconomic_data.csv 中，具体实现代码如下所示。

```python
import tushare as ts
import pandas as pd

# 设置Tushare的API令牌，用你的实际令牌
ts.set_token('')

# 初始化Tushare接口
pro = ts.pro_api()

# 定义获取数据的起始日期和结束日期
start_date = '20200101'
end_date = '20230901'

# 获取市场指数数据
# 这里假设使用上证指数（你可以根据需要修改股票代码）
market_index_data = pro.index_daily(ts_code='000001.SH', start_date=start_date,
end_date=end_date,fields='trade_date,close')

# 获取交易量数据
# 这里假设使用上证指数的交易量（你可以根据需要修改股票代码）
trading_volume_data = pro.index_daily(ts_code='000001.SH', start_date=start_date,
end_date=end_date, fields='trade_date,vol')

# 合并市场指数和交易量数据
macroeconomic_data = market_index_data.merge(trading_volume_data, on='trade_date')

# 选择需要的列
macroeconomic_data = macroeconomic_data[['trade_date', 'close', 'vol']]

# 重命名列
macroeconomic_data.columns = ['Date', 'Market_index', 'Trading_volume']

# 保存数据到CSV文件
macroeconomic_data.to_csv('macroeconomic_data.csv', index=False)

print("数据已保存到macroeconomic_data.csv文件。")
```

此时文件 macroeconomic_data.csv 中的内容格式如下。

```
Date,Market_index,Trading_volume
20230901,3133.2467,292310992.0
20230831,3119.8764,313448242.0
20230830,3137.1375,347511867.0
```

```
20230829,3135.8867,398875780.0
20230828,3098.6363,485607764.0
20230825,3064.0747,293347686.0
20230824,3082.2439,300024637.0
20230823,3078.4021,272244124.0
20230822,3120.3338,309316335.0
20230821,3092.9777,265753423.0
20230818,3131.953,294390352.0
20230817,3163.7393,294692586.0
20230816,3150.1277,281728292.0
20230815,3176.1758,273251922.0
#省略后面的数据
```

此时文件 maotai_stock_data.csv 中的内容格式如下。

```
ts_code,trade_date,open,high,low,close,pre_close,change,pct_chg,vol,amount
600519.SH,20230901,1852.83,1864.47,1846.03,1851.05,1847.0,4.05,0.2193,13145.19,24
38622.738
600519.SH,20230831,1860.0,1860.0,1841.01,1847.0,1856.0,-9.0,-
0.4849,14820.22,2738445.519
600519.SH,20230830,1867.9,1868.0,1843.66,1856.0,1851.33,4.67,0.2523,19811.81,3672
570.26
600519.SH,20230829,1828.0,1869.08,1828.0,1851.33,1834.97,16.36,0.8916,28950.28,53
71260.173
600519.SH,20230828,1898.58,1898.58,1831.88,1834.97,1824.98,9.99,0.5474,41052.13,7
633221.012
600519.SH,20230825,1808.79,1837.77,1806.01,1824.98,1816.3,8.68,0.4779,18830.86,34
33296.756
600519.SH,20230824,1779.62,1828.0,1775.0,1816.3,1774.0,42.3,2.3844,26055.09,47034
17.6
600519.SH,20230823,1797.0,1800.0,1770.08,1774.0,1788.0,-14.0,-
0.783,19912.22,3556178.584
600519.SH,20230822,1800.99,1802.56,1771.02,1788.0,1791.0,-3.0,-
0.1675,26650.36,4763131.152
600519.SH,20230821,1793.0,1813.99,1790.07,1791.0,1802.59,-11.59,-
0.643,18911.81,3405415.645
#省略后面的数据
```

我们发现两个文件之间的共性是日期，为了便于后面的合并处理，我们将文件 maotai_stock_data.csv 中的列名 trade_date 修改为 Date，这样便实现了统一。

（2）编写文件 maofeng2.py。首先读取大盘指数数据文件 macroeconomic_data.csv，然后将大盘指数数据与贵州茅台的股票数据合并，以确保它们在相同的日期上对齐。最后将合并后的数据用于 ARCH 模型的训练和优化。文件 maofeng2.py 的具体实现代码如下所示。

```
# 读取宏观经济数据和股票数据
economic_data = pd.read_csv("macroeconomic_data.csv")
stock_data = pd.read_csv("maotai_stock_data.csv")

# 转换日期列为字符串
```

```
economic_data['Date'] = economic_data['Date'].astype(str)
stock_data['Date'] = stock_data['Date'].astype(str)

# 合并数据
merged_data = economic_data.merge(stock_data, on='Date', how='inner')

# 定义要标准化的特征列
features_to_scale = ['Market_index', 'Trading_volume', 'open', 'high', 'low', 'close',
'pre_close', 'change', 'pct_chg',
                     'vol', 'amount']

# 使用StandardScaler进行标准化处理
scaler = StandardScaler()
merged_data[features_to_scale]                                          =
scaler.fit_transform(merged_data[features_to_scale])

# 准备数据
X = merged_data[features_to_scale].values
y = merged_data['close'].values

# 拆分训练集和测试集
X_train, X_test, y_train, y_test = train_test_split(X, y, test_size=0.2, random_
state=42)

# 转换为PyTorch张量
X_train = torch.tensor(X_train, dtype=torch.float32)
y_train = torch.tensor(y_train, dtype=torch.float32)
X_test = torch.tensor(X_test, dtype=torch.float32)
y_test = torch.tensor(y_test, dtype=torch.float32)

# 使用StandardScaler对目标变量进行标准化处理
y_scaler = StandardScaler()
y_train_scaled = torch.tensor(y_scaler.fit_transform(y_train.view(-1, 1)), dtype=
torch.float32)

y_test_scaled = y_scaler.transform(y_test.view(-1, 1))

# 定义神经网络模型
class StockPredictionModel(nn.Module):
    def __init__(self, input_size):
        super(StockPredictionModel, self).__init__()
        self.fc1 = nn.Linear(input_size, 64)
        self.relu = nn.ReLU()
        self.fc2 = nn.Linear(64, 32)
        self.fc3 = nn.Linear(32, 1)

    def forward(self, x):
        x = self.fc1(x)
        x = self.relu(x)
        x = self.fc2(x)
        x = self.relu(x)
        x = self.fc3(x)
```

```
        return x

# 初始化模型和损失函数
model = StockPredictionModel(input_size=len(features_to_scale))
criterion = nn.MSELoss()
optimizer = torch.optim.Adam(model.parameters(), lr=0.001)

# 训练模型
num_epochs = 10000
for epoch in range(num_epochs):
    optimizer.zero_grad()
    outputs = model(X_train)
    loss = criterion(outputs, y_train_scaled)
    loss.backward()
    optimizer.step()

    if (epoch + 1) % 100 == 0:
        print(f'Epoch [{epoch + 1}/{num_epochs}], Loss: {loss.item()}')

# 测试模型
model.eval()
with torch.no_grad():
    y_pred_scaled = model(X_test)

# 反向标准化预测结果
y_pred = y_scaler.inverse_transform(y_pred_scaled)

# 计算测试集上的MSE
mse = np.mean((y_test.numpy() - y_pred) ** 2)
print(f'Mean Squared Error on Test Set: {mse}')

# 绘制预测结果
plt.figure(figsize=(12, 6))
plt.plot(y_test.numpy(), label='True')
plt.plot(y_pred, label='Predicted')
plt.legend()
plt.show()
```

上述代码首先合并了宏观经济数据和股票数据，然后使用 ARCH 模型对股票收益率的波动性进行建模和预测，这样可以看到宏观经济数据是否对波动性预测有所帮助。代码执行后会输出下面的内容，并绘制预测波动性的变化图，如图 4-2 所示。

```
Epoch [100/10000], Loss: 2046.394287109375
Epoch [200/10000], Loss: 1810.597412109375
Epoch [300/10000], Loss: 1595.75634765625
Epoch [400/10000], Loss: 1400.595947265625
Epoch [500/10000], Loss: 1223.8880615234375
Epoch [600/10000], Loss: 1064.450439453125
Epoch [700/10000], Loss: 921.142822265625
......
```

```
Epoch [9200/10000], Loss: 2.7625524090524323e-10
Epoch [9300/10000], Loss: 2.210383542866623e-10
Epoch [9400/10000], Loss: 2.210346489173176e-10
Epoch [9500/10000], Loss: 1.5861172097952903e-10
Epoch [9600/10000], Loss: 1.5851957246848514e-10
Epoch [9700/10000], Loss: 1.5851953083512171e-10
Epoch [9800/10000], Loss: 1.5851953083512171e-10
Epoch [9900/10000], Loss: 1.4435509732013685e-10
Epoch [10000/10000], Loss: 9.470588896443033e-11
```

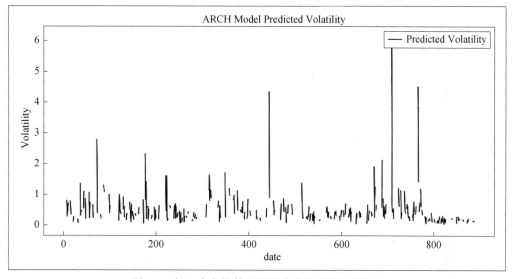

图 4-2　加入大盘指数后预测波动性随时间变化图

在这两个 ARCH 模型中，文件 maofeng1.py 实现的第一个模型没有使用大盘指数特征，而第二个文件 maofeng2.py 实现的模型使用了大盘指数特征。比较这两个模型的损失值和性能，可以看出以下几点。

（1）第一个模型的损失值（Loss）在训练过程中逐渐减小，最终趋近于 1.069562862353439e-16，非常接近零。这表明第一个模型在拟合股票收益率的波动性方面表现非常出色。

（2）第二个模型的损失值在训练过程中迅速升高，最终达到了 2046.394287109375，这是一个非常高的损失值。这意味着第二个模型无法很好地拟合数据，性能不佳。

（3）根据损失值的表现，第一个模型明显优于第二个模型。第二个模型的损失值上升可能是因为加入了大盘指数特征后，模型的复杂性增加，导致过拟合或其他问题。因此，如果目标是拟合股票收益率的波动性，并且不需要大盘指数特征，第一个模型是更好的选择，因为它在损失值和性能方面都表现出色。第二个模型的性能不佳，可能需要进一步调整和优化，以解决问题并提高其性能。

4.3.4 制作股价预测模型

我们可以利用文件 maotai_stock_data.csv 和 macroeconomic_data.csv 中的数据制作茅台的股价预测模型。编写文件 maofeng3.py，构建一个神经网络模型，用于预测股票收盘价，同时进行特征标准化和性能评估。模型的目标是尽量减小均方误差，以提高对股票价格的预测准确性。文件 maofeng3.py 的主要实现代码如下所示。

```python
# 读取宏观经济数据和股票数据
economic_data = pd.read_csv("macroeconomic_data.csv")
stock_data = pd.read_csv("maotai_stock_data.csv")

# 转换日期列为字符串
economic_data['Date'] = economic_data['Date'].astype(str)
stock_data['Date'] = stock_data['Date'].astype(str)

# 合并数据
merged_data = economic_data.merge(stock_data, on='Date', how='inner')

# 定义要标准化的特征列
features_to_scale = ['Market_index', 'Trading_volume', 'open', 'high', 'low',
'close', 'pre_close', 'change', 'pct_chg',
                'vol', 'amount']

# 使用StandardScaler进行标准化处理
scaler = StandardScaler()
merged_data[features_to_scale] = scaler.fit_transform(merged_data[features_to_scale])

# 准备数据
X = merged_data[features_to_scale].values
y = merged_data['close'].values

# 拆分训练集和测试集
X_train, X_test, y_train, y_test = train_test_split(X, y, test_size=0.2, random_
state=42)

# 转换为PyTorch张量
X_train = torch.tensor(X_train, dtype=torch.float32)
y_train = torch.tensor(y_train, dtype=torch.float32)
X_test = torch.tensor(X_test, dtype=torch.float32)
y_test = torch.tensor(y_test, dtype=torch.float32)

# 使用StandardScaler对目标变量进行标准化处理
y_scaler = StandardScaler()
y_train_scaled =     torch.tensor(y_scaler.fit_transform(y_train.view(-1,   1)),
dtype=torch.float32)

y_test_scaled = y_scaler.transform(y_test.view(-1, 1))

# 定义神经网络模型
class StockPredictionModel(nn.Module):
```

```python
    def __init__(self, input_size):
        super(StockPredictionModel, self).__init__()
        self.fc1 = nn.Linear(input_size, 64)
        self.relu = nn.ReLU()
        self.fc2 = nn.Linear(64, 32)
        self.fc3 = nn.Linear(32, 1)

    def forward(self, x):
        x = self.fc1(x)
        x = self.relu(x)
        x = self.fc2(x)
        x = self.relu(x)
        x = self.fc3(x)
        return x

# 初始化模型和损失函数
model = StockPredictionModel(input_size=len(features_to_scale))
criterion = nn.MSELoss()
optimizer = torch.optim.Adam(model.parameters(), lr=0.001)

# 训练模型
num_epochs = 10000
for epoch in range(num_epochs):
    optimizer.zero_grad()
    outputs = model(X_train)
    loss = criterion(outputs, y_train_scaled)
    loss.backward()
    optimizer.step()

    if (epoch + 1) % 100 == 0:
        print(f'Epoch [{epoch + 1}/{num_epochs}], Loss: {loss.item()}')

# 测试模型
model.eval()
with torch.no_grad():
    y_pred_scaled = model(X_test)

# 反向标准化预测结果
y_pred = y_scaler.inverse_transform(y_pred_scaled)

# 计算测试集上的MSE
mse = np.mean((y_test.numpy() - y_pred) ** 2)
print(f'Mean Squared Error on Test Set: {mse}')

# 绘制预测结果
plt.figure(figsize=(12, 6))
plt.plot(y_test.numpy(), label='True')
plt.plot(y_pred, label='Predicted')
plt.legend()
plt.show()
```

代码执行后会输出下面的内容，并绘制真实股票收盘价和模型预测收盘价的可视化图，如图 4-3 所示。

```
Epoch [100/10000], Loss: 0.0023103163111954927
Epoch [200/10000], Loss: 0.0008260658942162991
Epoch [300/10000], Loss: 0.0005894469795748591
Epoch [400/10000], Loss: 0.00046775813098065555
Epoch [500/10000], Loss: 0.0003872515808325261
......
Epoch [9600/10000], Loss: 2.469860874043661e-06
Epoch [9700/10000], Loss: 6.936197678442113e-06
Epoch [9800/10000], Loss: 1.9854907804983668e-05
Epoch [9900/10000], Loss: 2.1289822598191677e-06
Epoch [10000/10000], Loss: 1.6256232129308046e-06
Mean Squared Error on Test Set: 2.31587815284729
```

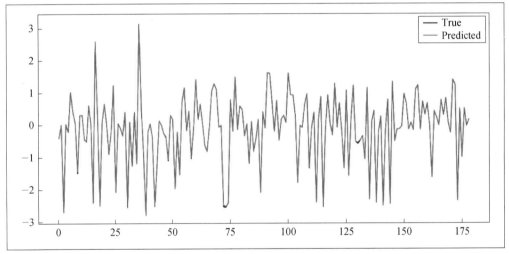

图 4-3　真实股票收盘价和模型预测收盘价的可视化图

根据上述输出结果可以看出，这个预测股价的神经网络模型在训练过程中的损失逐渐减小，表现出较好的收敛性能。同时，测试集上的均方误差（MSE）为 2.31587815284729，这是模型在未见过的数据上的平均平方误差，可以用来衡量模型的性能。通常情况下，MSE 越小表示模型对测试集的预测越准确。在这个情况下，MSE 值相对较小，表明该神经网络模型对股票收盘价的预测具有较高的准确性。

注意：模型的性能不仅取决于 MSE，还取决于实际应用的背景和需求。在某些情况下，即使 MSE 较小，仍然需要进一步的评估和调整以确保模型在实际应用中的可靠性和稳健性。

4.4　信贷投资组合风险评估模拟程序

本节实例的功能是使用模拟方法来评估信贷投资组合的风险，包括计算预期损失（expected loss，EL）和风险值（value at risk，VaR）。在本实例中，通过模拟大量风险场景，考虑了贷款的违约概率、违约损失率（loss given default，LGD）、违约时间的随机性，以及投资组合中不同贷款之间的相关性。

4.4.1　实例介绍

实例 4-2：处理股票数据中的缺失值（源码路径：daima/4/xin.py）
本实例主要涵盖了如下所示的几个功能模块。

- ☑　信贷投资组合模型参数定义：首先定义了一些信贷投资组合的参数，包括曝险（EAD）、损失在违约情况下的损失率（LGD）、违约概率（p）、样本大小（n）等。
- ☑　Quantile 函数图表绘制：使用定义的参数，绘制了不同相关性下的 Quantile 函数图表。Quantile 函数用于估计投资组合在不同风险水平下的损失。
- ☑　风险贡献计算：展示了如何计算投资组合中不同贷款的风险贡献，并绘制了风险贡献随着违约概率的变化的图表。这有助于了解不同贷款对整个投资组合风险的贡献程度。
- ☑　Beta 分布参数估计：通过矩估计法和最大似然估计法估计了一个 Beta 分布的参数，用于拟合给定默认情况下的损失数据。然后，绘制了损失的经验分布和拟合的 Beta 分布。
- ☑　VaR 计算：对生成的损失数据进行排序，并计算不同置信水平下的 VaR。VaR 表示在不同的置信水平下，投资组合可能遭受的最大损失。

总的来说，本实例展示了信贷投资组合风险管理中常用的一些概念和计算方法，包括风险贡献、参数估计、Quantile 函数以及 VaR 计算。这些方法有助于评估投资组合的风险水平和贡献。

4.4.2　设置信贷投资组合参数和可视化

设置信贷投资组合的参数，并绘制不同相关性下的 Quantile 函数图表，帮助投资者了解在不同条件下的风险水平。具体实现代码如下所示。

```
# 信贷投资组合参数
EAD = 1  # 曝险
LGD = 0.50   # 损失在违约情况下的损失率
p = 0.05 # 违约概率
```

```
n = 100  # 样本大小
alpha = np.arange(0.01, 1, 0.01)  # α值范围
correlation = np.array([0.10, 0.30])  # 不同相关性的取值范围

# 定义Quantile函数
def quantile_func(alpha, correlation):
    # 计算pi值
    pi = norm.cdf((np.sqrt(correlation) * norm.ppf(alpha) + norm.ppf(p)) / np.sqrt(1
- correlation))
    # 计算Quantile
    quantile = n * EAD * LGD * pi
    return quantile

# 绘制Quantile函数图表
plt.figure(figsize=(8, 6))
for corr in correlation:
    quantiles = quantile_func(alpha, corr)
    plt.plot(alpha, quantiles, label=f"相关性 = {corr}")

plt.xlabel("α")
plt.ylabel("Quantile（百万美元）")
plt.title("不同相关性下的Quantile函数")
plt.legend()
plt.grid(True)
plt.show()
```

对上述代码的具体说明如下。

（1）设置信贷投资组合参数。

EAD：表示每笔贷款在违约情况下的曝险，这里设置为1。

LGD：表示每笔贷款在违约情况下的损失率，这里设置为50%（0.50）。

p：表示违约概率，这里设置为5%（0.05）。

n：表示样本大小，这里设置为100。

alpha：一个包含从0.01到0.99的一系列α值的数组。

correlation：一个包含两个不同相关性值的数组，分别为0.10和0.30。

（2）定义函数quantile_func（alpha，correlation）。这是一个自定义函数，用于计算Quantile函数的值。它采用α值和相关性作为输入参数，并返回相应的Quantile值。具体计算过程包括使用正态分布函数（norm.cdf）计算pi，然后根据公式计算Quantile值。

（3）绘制Quantile函数图表。使用matplotlib库绘制了一个图表，图表的横轴是α值，纵轴是Quantile值（以百万美元为单位）。通过循环遍历不同的相关性值（0.10和0.30），分别计算并绘制了不同相关性条件下的Quantile函数曲线。添加标签、标题、图例以及网格线，以使图表更具可读性和可视化效果。

上述代码有助于理解不同信贷投资组合参数条件下的风险水平，以及不同相关性对投资组合风险的影响。代码执行后会绘制信贷投资组合Quantile函数图，可用于评估投资组合的风险分布。如图4-4所示。

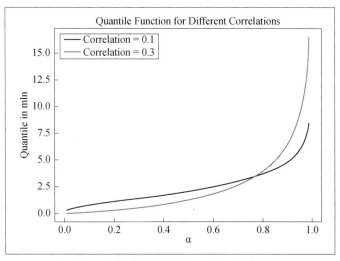

图 4-4　信贷投资组合 Quantile 函数图

4.4.3　定义风险度量和计算风险贡献

风险度量和风险贡献是金融风险管理领域中用于衡量和理解投资组合风险的两个关键概念。一般来说，风险度量用于衡量整个投资组合的总体风险水平，而风险贡献用于分析和管理组合中各个部分的相对风险。这两个概念在投资组合管理、资产分配和风险控制方面起着关键作用，可以帮助投资者更好地理解和管理他们的金融风险。

（1）定义函数 g（x）和 RC()，分别用于计算风险度量和风险贡献。然后使用这些函数计算不同参数设置下的风险贡献，并绘制相应的图表。具体实现代码如下所示。

```
# 定义函数g(x)
def g(weight, LGD, default_prob, rho, alpha):
    # 计算p值，表示给定默认概率下违约的概率
    p = norm.cdf((norm.ppf(default_prob) - np.sqrt(rho) * alpha) / np.sqrt(1 - rho))
    # 返回风险贡献
    return weight * LGD * p

# 定义计算风险贡献的函数
def RC(weight, LGD, default_prob, rho, alpha):
    # 计算p和q值，用于风险贡献的计算
    p = norm.ppf(default_prob)
    q = norm.ppf(alpha)
    # 返回风险贡献
    return weight * LGD * norm.cdf((p + np.sqrt(rho) * q) / np.sqrt(1 - rho))

# 定义输入参数
weight = 100 # 贷款权重
LGD = 0.7 # 预期损失给定违约的情况下的损失率（损失给定违约）
```

```
default_prob = 0.1 # 违约概率
rho = 0.2 # 相关系数
alpha = 0.9 # 置信水平

# 计算不同情景下的风险贡献
weight = 100
LGD1 = 0.7
LGD2 = 0.3
alpha1 = 0.9
default_prob1 = np.linspace(0, 1, 100)
rho = 0.2
alpha = 0.9
# 计算给定信贷投资组合中某个具体贷款的风险贡献（Risk Contribution，通常以RC表示）
risk_contribution = RC(weight, LGD, default_prob, rho, alpha)
print("RC:", risk_contribution)

default_prob1 = np.linspace(0, 1, 100)
rho = 0.2

def RC(weight, LGD, default_prob, rho, alpha):
    p = norm.ppf(default_prob)
    q = norm.ppf(alpha)
    return weight * LGD * norm.cdf((p + np.sqrt(rho) * q) / np.sqrt(1 - rho))

RC1 = RC(weight, LGD1, default_prob1, rho, alpha1)
RC2 = RC(weight, LGD2, default_prob1, rho, alpha1)
from scipy.stats import norm

plt.plot(default_prob1, RC1, label='E[LGD] = 70%')
plt.plot(default_prob1, RC2, label='E[LGD] = 30%')
plt.xlabel('Pi (in%)')
plt.ylabel('Risk Contribution')
plt.title('α=90%')
plt.legend()
plt.show()
```

在上述代码中有两个不同的 RC 函数，一个用于计算风险贡献的值，另一个用于计算并可视化不同情景下的风险贡献。上述代码的实现流程如下。

定义函数 g（weight，LGD，default_prob，rho，alpha），用于计算给定一组输入参数（权重、损失给定违约的情况下的损失率、违约概率、相关系数、置信水平）的风险贡献。该函数使用了标准正态分布的累积分布函数 norm.cdf 来计算风险贡献。

定义函数 RC（weight，LGD，default_prob，rho，alpha），用于计算风险贡献的值。这个函数也接受一组输入参数，包括权重、损失率、违约概率、相关系数和置信水平。不同的是，这个函数使用不同的计算方式来计算风险贡献，包括计算中间变量 p 和 q。

接下来，定义了一组输入参数，包括权重 weight、预期损失率 LGD、违约概率 default_prob、相关系数 rho 和置信水平 alpha。

然后，重新定义了一些变量，例如，LGD1、LGD2、alpha1、default_prob1 和 rho，用于不同情景下的计算。

在定义了两个 RC 函数之后，代码使用 plt.plot 函数绘制了两种情景下的风险贡献。RC1 和 RC2 分别代表了两种不同情景下的风险贡献值。这些值是使用第二个 RC 函数计算的，其中的 plt.plot 函数用于将不同情景下的风险贡献可视化。

最后，通过调用 plt.xlabel、plt.ylabel、plt.title 和 plt.legend 来添加图表的标签和标题，以及图例，以便投资者更好地理解可视化结果。

代码执行后绘制了两种不同情景下的风险贡献的可视化图，如图 4-5 所示。图中包括两条曲线：一条曲线对应的是情景 1，其中预期损失率 E[LGD] 为 70%。另一条曲线对应的是情景 2，其中预期损失率 E[LGD] 为 30%。横坐标表示违约概率 Pi，纵坐标表示风险贡献的值。这两条曲线展示了在不同预期损失率情况下，风险贡献如何随着违约概率的变化而变化。通过这个可视化图，可以比较不同情景下的风险贡献表现，并可以更好地理解在不同情景下，不同贷款的风险贡献是如何变化的。这有助于投资者进行风险管理和决策制定。

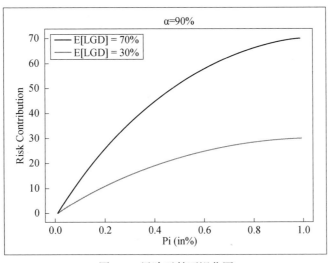

图 4-5　风险贡献可视化图

（2）绘制不同置信水平（alpha）下的风险贡献（RC）函数图表，同时保持相关系数（rho）固定为 20%。具体实现代码如下所示。

```
# 定义不同的置信水平和相关系数
alpha2 = 0.995
alpha3 = 0.4
alpha4 = 0.90
rho1 = 0.20

# 创建一组不同违约概率的值
default_prob2 = np.linspace(0, 1, 100)

# 定义计算风险贡献的函数
```

```
def RC(weight, LGD, default_prob, rho, alpha):
    p = norm.ppf(default_prob)
    q = norm.ppf(alpha)
    # 计算风险贡献
    return weight * LGD * norm.cdf((p + np.sqrt(rho) * q) / np.sqrt(1 - rho))

# 计算不同情景下的风险贡献
RC3 = RC(weight, LGD1, default_prob2, rho1, alpha2)
RC4 = RC(weight, LGD1, default_prob2, rho1, alpha3)
RC7 = RC(weight, LGD1, default_prob2, rho1, alpha4)

# 绘制风险贡献函数图表
plt.plot(default_prob2, RC3, label=f'α={alpha2:.3f}')
plt.plot(default_prob2, RC4, label=f'α={alpha3:.3f}')
plt.plot(default_prob2, RC7, label=f'α={alpha4:.3f}')

# 添加标签和图例
plt.xlabel('Pi(in%)')
plt.ylabel('Risk Contribution (RC)')
plt.title('ρ=20%')
plt.legend()
plt.show()
```

对上述代码的具体说明如下。

alpha2、alpha3 和 alpha4 分别表示不同的置信水平。default_prob2 是一组用于计算风险贡献的不同违约概率值。使用函数 RC 计算了在不同 alpha 值下的风险贡献，分别存储在 RC3、RC4 和 RC7 中。

最后，使用 plt.plot 绘制了这些不同 alpha 值下的风险贡献函数曲线，并在图中添加了相应的标签和图例，以便更好地理解不同置信水平下的风险贡献的变化，如图 4-6 所示。这有助于投资者进行风险管理和决策制定，因为不同的置信水平可能导致不同的风险贡献分布。

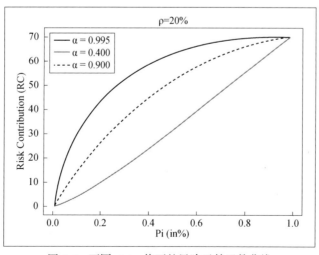

图 4-6 不同 alpha 值下的风险贡献函数曲线

（3）绘制在不同相关系数（ρ）下，对于两个不同的违约概率（default_prob1 和 default_prob2），使用相同的置信水平（α=90%）计算得到的风险贡献（RC）函数图。具体实现代码如下所示。

```python
import matplotlib.pyplot as plt
import numpy as np
from scipy.stats import norm

# 定义输入参数
weight = 100  # 贷款权重
LGD = 0.7  # 预期损失给定违约的情况下的损失率
alpha5 = 0.9  # 置信水平
default_prob1 = 0.05  # 违约概率1
default_prob2 = 0.1  # 违约概率2
rho = np.linspace(0, 1, 100)  # 创建一组不同相关系数的值

# 定义计算风险贡献的函数
def RC(weight, LGD, default_prob, rho, alpha):
    p = norm.ppf(default_prob)
    q = norm.ppf(alpha)
    # 计算风险贡献
    return weight * LGD * norm.cdf((p + np.sqrt(rho) * q) / np.sqrt(1 - rho))

# 计算不同情景下的风险贡献
RC3 = RC(weight, LGD, default_prob1, rho, alpha5)
RC4 = RC(weight, LGD, default_prob2, rho, alpha5)

# 绘制风险贡献函数图表
plt.plot(rho, RC3, label=f'Pi={default_prob1}')
plt.plot(rho, RC4, label=f'Pi={default_prob2}')

# 添加标签和图例
plt.xlabel('Correlation (ρ)')
plt.ylabel('Risk Contribution (RC)')
plt.title('α=90%')
plt.legend()
plt.show()
```

在上述代码中，函数 RC 用于根据输入的权重、LGD、违约概率、相关系数和置信水平来计算风险贡献。然后，使用这个函数分别计算了在两种不同违约概率下，不同相关系数值的风险贡献（RC3 和 RC4）。最后，使用 plt.plot 绘制了这些风险贡献函数的曲线图，并添加了标签和图例，以便比较两种不同违约概率下的风险贡献的变化趋势，如图 4-7 所示。这有助于投资者进行风险分析和决策制定，因为不同的相关系数和违约概率可能导致不同的风险贡献分布。

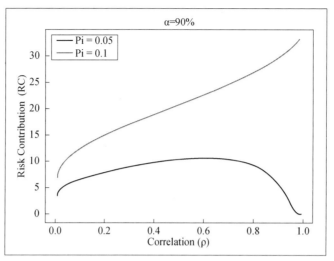

图 4-7 α=90%时的风险贡献函数曲线图

（4）创建两种不同违约概率下的风险贡献函数，并绘制它们的可视化图，以便比较它们在不同相关系数下的表现。此外，也指定了不同的置信水平（α=99.9%）和其他输入参数。具体实现代码如下所示。

```
# 定义输入参数
weight = 100
LGD = 0.7
alpha5 = 99.9/100   # 置信水平设置为99.9%

# 定义两个不同的违约概率
default_prob1 = 0.05
default_prob2 = 0.1

# 创建一系列相关系数值
rho = np.linspace(0, 1, 100)

# 定义风险贡献（RC）函数
def RC(weight, LGD, default_prob, rho, alpha):
    p = norm.ppf(default_prob)
    q = norm.ppf(alpha)
    return weight * LGD * norm.cdf((p + np.sqrt(rho) * q) / np.sqrt(1 - rho))

# 计算两种不同违约概率下的风险贡献
RC3 = RC(weight, LGD, default_prob1, rho, alpha5)
RC4 = RC(weight, LGD, default_prob2, rho, alpha5)

# 绘制风险贡献函数
plt.plot(rho, RC3, label=f'default_prob={default_prob1}')
plt.plot(rho, RC4, label=f'default_prob={default_prob2}')

# 添加标签和图例
```

```
plt.xlabel('Correlation (ρ)')
plt.ylabel('Risk Contribution (RC)')
plt.title('α=99.9%')
plt.legend()
plt.show()
```

代码执行后会绘制两种不同违约概率下的风险贡献的变化趋势图，如图 4-8 所示。

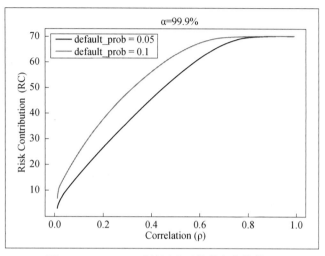

图 4-8　α=99.9% 时的风险贡献的变化趋势图

4.4.4　损失分布估计和可视化

损失分布估计是一种用于估计金融投资中潜在损失的统计方法，是金融风险管理中的重要工具。在金融风险管理中，损失分布估计通常用于量化可能的损失水平和风险，以便机构或投资者可以更好地理解和管理其投资组合的潜在风险。在本实例中，使用 Beta 分布和最大似然估计方法估计了给定样本数据的参数，然后绘制了采用方法矩估计和最大似然估计的 Beta 分布与样本数据的对比图。

（1）比较两种不同估计方法（矩估计和最大似然估计）对给定样本数据的 Beta 分布参数的估计效果，并可视化它们的拟合结果。具体实现代码如下所示。

```
from scipy.stats import beta

# 给定默认情况下的损失样本
losses = np.array([0.68, 0.9, 0.22, 0.45, 0.17, 0.25, 0.89, 0.65, 0.75, 0.56, 0.87,
0.92, 0.46])

# 方法的矩估计
mean_loss = np.mean(losses)  # 计算损失均值
var_loss = np.var(losses, ddof=1)  # 计算损失方差
alpha_mm = mean_loss * ((mean_loss * (1 - mean_loss) / var_loss) - 1)  # 计算Alpha参数
```

```
beta_mm = (1 - mean_loss) * ((mean_loss * (1 - mean_loss) / var_loss) - 1)  # 计算Beta参数
print("矩估计法: ")
print("Alpha参数:", alpha_mm)
print("Beta参数:", beta_mm)

# 最大似然估计
alpha_ml, beta_ml, _, _ = beta.fit(losses, floc=0, fscale=1)  # 使用最大似然估计Alpha
和Beta参数
print("最大似然估计法: ")
print("Alpha参数:", alpha_ml)
print("Beta参数:", beta_ml)

# 绘制概率密度函数（PDFs）
x = np.linspace(0, 1, 100)  # 创建0~1的一组点
pdf_mm = beta.pdf(x, alpha_mm, beta_mm)  # 使用矩估计的Alpha和Beta参数计算Beta分布的PDF
pdf_ml = beta.pdf(x, alpha_ml, beta_ml)  # 使用最大似然估计的Alpha和Beta参数计算Beta
分布的PDF
plt.plot(x, pdf_mm, color='b',label="Method of Moments")  # 绘制矩估计的PDF曲线
plt.plot(x, pdf_ml, color='r',label="Maximum Likelihood")  # 绘制最大似然估计的PDF曲线
plt.xlabel("Loss Given Default(LGD)")
plt.ylabel("PDF")
plt.legend()
plt.show()
```

上述代码的实现流程如下。

导入了 Beta 分布相关的函数和库。定义了一个包含给定默认情况下的损失样本的数组。使用方法矩估计和最大似然估计分别估计了 Beta 分布的参数 Alpha 和 Beta。绘制了使用矩估计和最大似然估计得到的 Beta 分布的概率密度函数（PDF）曲线，以便比较它们的拟合效果。

代码执行后会绘制矩估计和最大似然估计的拟合图，如图 4-9 所示。

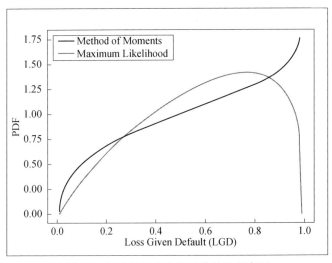

图 4-9　矩估计和最大似然估计的拟合图

（2）绘制经验分布和校准的 Beta 分布。

考虑一个由 10 笔贷款组成的投资组合，其损失计算过程如下。

$$L = \sum_i EAL_i \times LCD_i \times 1\{\tau_i \leq T_i\}$$

各个参数的具体说明如下。

☑ L：投资组合的总信贷风险。

☑ i：代表投资组合中各个贷款的索引。

☑ EAL_i：贷款 i 的预期损失。

☑ LCD_i：贷款 i 的违约损失率。

☑ τ_i：贷款 i 的违约时间。

☑ T_i：贷款 i 的到期日。

☑ $1\{\tau_i \leq T_i\}$：一个指示函数，如果贷款 i 的违约时间（τ_i）小于或等于贷款 i 的到期日（T_i），则取值为 1，否则取值为 0。

下面开始编写代码，创建和绘制一个经验分布的直方图，并使用矩估计法估计该分布的参数，然后拟合一个 Beta 分布，并绘制拟合的 Beta 分布的概率密度函数。此外，还计算了经验分布的一阶和二阶矩，用于参数估计。具体实现代码如下所示。

```python
import numpy as np
import matplotlib.pyplot as plt
from scipy import stats

lgds = np.array([0, 10, 20, 25, 30, 40, 50, 60, 70, 75, 80, 90, 100])/100

# 经验概率
p_hat = np.array([0.01, 0.02, 0.10, 0.25, 0.10, 0.02, 0.0, 0.02, 0.10, 0.25, 0.10,
0.02, 0.01])
plt.hist(lgds, bins=lgds, weights=p_hat, edgecolor='black', alpha=0.5, label='经验
分布')

# 计算经验分布的一阶和二阶矩
m1 = np.sum(lgds * p_hat)
m2 = np.sum(lgds**2 * p_hat)

# 使用矩估计法估计Beta分布的参数
alpha_mm = (m1*(1-m1) - m2*m1) / (m2 - m1**2)
beta_mm = alpha_mm * (1-m1) / m1

# 创建拟合的Beta分布的图形
x = np.linspace(0, 1, 10000)
pdf_mm = stats.beta.pdf(x, alpha_mm, beta_mm)
scaled_pdf_mm = pdf_mm * np.diff(lgds).mean()   # 通过区间宽度来缩放PDF

print("alpha:", alpha_mm, "beta:", beta_mm)
plt.plot(x, scaled_pdf_mm, label='Fitted Beta')
```

```
# 设置x轴和y轴标签
plt.xlabel('LGD')
plt.ylabel('Probability')

# 添加图例
plt.legend()

# 显示图形
plt.show()
```

代码执行后会绘制一个直方图，表示一个经验分布以及一个拟合的 Beta 分布的概率密度函数曲线，如图 4-10 所示。直方图展示了经验分布的离散概率质量，而 Beta 分布的曲线表示根据方法矩估计所得的拟合分布，它用于描述原始数据的概率分布。这个图有助于比较经验分布和拟合的 Beta 分布，以了解它们之间的相似性和拟合质量。

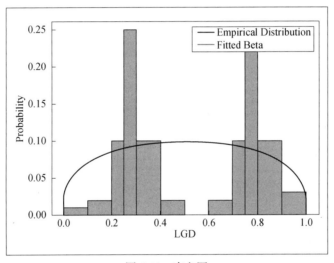

图 4-10　直方图

（3）计算一个投资组合的预期损失（EL）。投资组合由多笔贷款组成，每笔贷款具有不同的 LGD、λi（指数分布的强度参数）和到期时间 Ti。代码中的 calculate_expected_loss 函数用于计算每笔贷款的预期损失，然后将它们相加以获取整个投资组合的总预期损失。最后，代码打印出总预期损失的金额。具体实现代码如下所示。

```
# 常数
n_loans = 10                      # 投资组合中的贷款数量
EAD = 1000                        # 每笔贷款的违约曝险金额
Ti = 5                            # 所有贷款的到期时间

# 每笔贷款的LGDi和 λi的值（示例数值）
LGDi_values = np.array([0.05, 0.08, 0.06, 0.04, 0.07, 0.03, 0.09, 0.02, 0.06, 0.05])
```

```
lambda_i_values = np.array([0.03, 0.04, 0.05, 0.03, 0.04, 0.06, 0.05, 0.03, 0.04,
0.06])

# 计算投资组合的预期损失（EL）的函数
def calculate_expected_loss(EAD, LGDi, lambda_i, Ti):
    # 使用指数分布的累积分布函数计算 τi ≤ Ti的概率
    prob_tau_le_Ti = 1 - np.exp(-lambda_i * Ti)

    # 使用给定的公式计算贷款的预期损失
    EL = np.sum(EAD * LGDi * prob_tau_le_Ti)

    return EL

# 计算投资组合中每笔贷款的预期损失
EL_per_loan = calculate_expected_loss(EAD, LGDi_values, lambda_i_values, Ti)

# 计算投资组合的总预期损失
EL_total = np.sum(EL_per_loan)

print("投资组合的预期损失 (EL): $", EL_total)
```

代码执行后打印输出总预期损失的金额。

```
投资组合的预期损失 (EL): $107.3030893316193
```

（4）使用蒙特卡洛方法模拟生成 N = 10^7 个场景，然后计算预期损失并使用经验分布进行 Monte Carlo 模拟以估计投资组合的损失分布。具体实现代码如下所示。

```
import numpy as np

# 常数
n_loans = 10                 # 投资组合中的贷款数量
EAD = 1000                   # 每笔贷款的违约曝险金额
Ti = 5                       # 所有贷款的到期时间

# 每笔贷款的LGDi和 λi的值（示例数值）
LGDi_values = np.array([0.05, 0.08, 0.06, 0.04, 0.07, 0.03, 0.09, 0.02, 0.06, 0.05])
lambda_i_values = np.array([0.03, 0.04, 0.05, 0.03, 0.04, 0.06, 0.05, 0.03, 0.04,
0.06])

# 计算单个贷款的预期损失（EL）的函数
def calculate_expected_loss_single_loan(EAD, LGDi, lambda_i, Ti):
    # 使用指数分布的累积分布函数计算 τi ≤ Ti的概率
    prob_tau_le_Ti = 1 - np.exp(-lambda_i * Ti)

    # 使用给定的公式计算贷款的预期损失
    EL = EAD * LGDi * prob_tau_le_Ti

    return EL

# 计算投资组合中每笔贷款的预期损失
```

```
EL_per_loan         =         calculate_expected_loss_single_loan(EAD,         LGDi_values,
lambda_i_values, Ti)

# 计算投资组合的总预期损失
EL_total = np.sum(EL_per_loan)

# 要模拟的场景数量
N = 10**7

# 使用经验分布生成LGD场景
LGD_scenarios = np.random.choice(LGDi_values, size=(N, n_loans))

# 使用经验分布生成 λ 场景
lambda_scenarios = np.random.choice(lambda_i_values, size=(N, n_loans))

# 计算每个场景的预期损失
EL_per_scenario = np.sum(EAD * LGD_scenarios * (1 - np.exp(-lambda_scenarios * Ti)),
axis=1)

# 计算损失的经验分布
losses = EL_per_scenario - EL_total
hist, bins = np.histogram(losses, bins=100)
empirical_cdf = np.cumsum(hist / N)
bins = np.linspace(0, 3500, num=1001)

# 找到大于或等于损失阈值的箱子的索引
threshold_loss = 107
index = np.searchsorted(bins, threshold_loss, side='right') - 1

# 计算损失小于或等于阈值的经验概率
p_empirical = empirical_cdf[index]

print("损失小于或等于 ${} 的经验概率: {:.4f}".format(threshold_loss, p_empirical))
```

在上述代码中，首先计算了每笔贷款的预期损失，然后计算了整个投资组合的总预期损失。接下来，模拟了大量场景（N 个），每个场景都基于贷款的经验分布生成 LGD 和 λ（指数分布的强度参数）的值。然后，计算了每个场景的预期损失，并计算了这些预期损失的经验分布。最后，找到特定损失阈值下的经验概率，并将其打印出来。这有助于了解在不同损失水平下的概率。代码执行后输出如下。

```
损失小于或等于$107的经验概率: 0.1506
```

（5）模拟损失分布，并绘制损失的直方图和经验累积分布函数（CDF）。具体实现代码如下所示。

```
# 定义参数
n_loans = 10
EAD = 1000
Ti = 5
lambda_i_values = np.array([0.03, 0.04, 0.05, 0.03, 0.04, 0.06, 0.05, 0.03, 0.04,
0.06])
```

```
N = int(1e3)

# 使用经验分布生成LGD值
LGDi_values = np.array([0.05, 0.08, 0.06, 0.04, 0.07, 0.03, 0.09, 0.02, 0.06, 0.05])
LGDi_values /= LGDi_values.sum()

# 为每个贷款模拟违约时间
default_times = np.zeros((N, n_loans))
for i in range(n_loans):
    default_times[:, i] = expon.rvs(scale=1/lambda_i_values[i], size=N)

# 计算每个场景的LGD
LGD_values    =    rv_discrete(values=(np.arange(10),   LGDi_values)).rvs(size=(N,
n_loans))
LGD = LGD_values * LGDi_values

# 计算每个场景的损失
loss = np.sum(EAD * LGD * np.where(default_times <= Ti, 1, 0), axis=1)
# 计算损失的经验分布
ecdf = ECDF(loss)

# 绘制直方图和CDF
import seaborn as sns
fig, ax1 = plt.subplots()
sns.histplot(loss, bins=100, kde=False, alpha=0.5, color='green', ax=ax1)
plt.xlabel('Loss')
plt.title('Emperical distribution')

plt.show()
```

代码执行效果如图 4-11 所示。

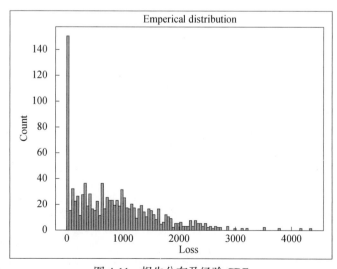

图 4-11　损失分布及经验 CDF

（6）将已经生成的损失数据进行排序，然后计算不同置信水平下的 VaR。VaR 是一种度量风险的指标，表示在一定的置信水平下，可能发生的最大损失。在这里，计算了 99%、99.5% 和 99.9% 三个不同置信水平下的 VaR。具体实现代码如下所示。

```python
# 对损失进行排序
loss.sort()
# 反转排序，以便从最高损失到最低损失的顺序排序
total_losses_empirical = loss[::-1]

# 计算不同水平的VaR
VaR_99 = np.percentile(total_losses_empirical, 99)  # 99% VaR
VaR_99_5 = np.percentile(total_losses_empirical, 99.5)  # 99.5% VaR
VaR_99_9 = np.percentile(total_losses_empirical, 99.9)  # 99.9% VaR

# 打印计算得到的VaR
print(VaR_99 ,VaR_99_5 ,VaR_99_9)
```

代码执行后输出如下内容。

```
(2836.545454545454, 3201.454545454544, 4182.000000000016)
```

（7）编写如下代码实现蒙特卡洛模拟，生成多个场景下的损失数据。然后使用方法的矩估计法估计这些损失数据的 Beta 分布的参数，并创建一个带有校准参数的 Beta 分布对象。最后，绘制损失的直方图以及拟合的 Beta 分布。

```python
# 定义参数
n_loans = 10  # 贷款数量
EAD = 1000  # 每笔贷款的违约暴露
Ti = 5  # 所有贷款的到期日
lambda_i_values = np.array([0.03, 0.04, 0.05, 0.03, 0.04, 0.06, 0.05, 0.03, 0.04,
0.06])  # 每笔贷款的强度参数λi
N = int(1e7)  # 蒙特卡洛模拟的场景数

# 使用经验分布生成LGDi值
LGDi_values = np.array([0.05, 0.08, 0.06, 0.04, 0.07, 0.03, 0.09, 0.02, 0.06, 0.05])
LGDi_values /= LGDi_values.sum()

# 为每笔贷款模拟违约时间
default_times = np.zeros((N, n_loans))
for i in range(n_loans):
    default_times[:, i] = np.random.exponential(scale=1/lambda_i_values[i], size=N)

# 计算每个场景的LGD值
LGD_values = np.random.choice(np.arange(10), size=(N, n_loans), p=LGDi_values)
LGD = LGD_values * LGDi_values

# 计算每个场景的损失
lossB = np.sum(EAD * LGD * np.where(default_times <= Ti, 1, 0), axis=1)

# 使用矩估计法估计Beta分布的参数
mean_loss = np.mean(lossB)
var_loss = np.var(lossB, ddof=1)
```

```
alpha_param = (mean_loss ** 2) * (1 - mean_loss) / var_loss - mean_loss
beta_param = alpha_param * (1 - mean_loss) / mean_loss

# 创建带有校准参数的Beta分布对象
dist = beta(alpha_param, beta_param)

# 绘制损失的直方图和拟合的Beta分布
sns.histplot(lossB, bins=100, kde=False, alpha=0.5, color='red')
x = np.linspace(0, 0.25, 1000)
plt.plot(x, dist.pdf(x), color='r')
plt.xlabel('Loss')
plt.title(' Beta Distribution')
plt.show()
```

代码执行效果如图 4-12 所示。

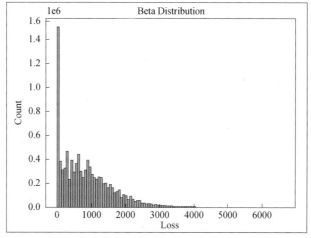

图 4-12 损失的直方图以及拟合的 Beta 分布

（8）对损失数据进行排序，计算不同置信水平下的 VaR，包括 99%、99.5%和 99.9%的 VaR。其中 VaR 是一种风险度量，表示在一定的置信水平下，可能的最大损失金额。具体实现代码如下所示。

```
lossB.sort()
loss = lossB[::-1]   # 反转顺序，将损失数据按降序排列
# 计算不同水平的VaR
VaR_99 = np.percentile(lossB, 99)  # 99% VaR
VaR_99_5 = np.percentile(lossB, 99.5)  # 99.5% VaR
VaR_99_9 = np.percentile(lossB, 99.9)  # 99.9% VaR

# 返回计算得到的VaR
print(VaR_99, VaR_99_5, VaR_99_9)
```

代码执行后输出如下内容。

```
(2927.2727272727275, 3218.1818181818176, 3800.0)
```

（9）通过蒙特卡洛模拟生成了一组场景，每个场景包括 10 笔贷款的违约时间。然后，根据违约时间和定义的 LGD 值，计算每个场景的损失，并绘制损失的直方图。这有助于投资者了解在不同模拟场景下的潜在损失分布。具体实现代码如下所示。

```
N = 10**7  # 蒙特卡洛模拟的场景数量
T = 5  # 贷款的到期时间（年）
EAD = 1000  # 违约时的曝光金额（美元）

# 定义每个贷款的违约强度（以bps为单位，需要除以10000转换为小数）
lambda_list = np.array([10, 10, 25, 25, 50, 100, 250, 500, 500, 1000]) / 10000

# 定义每笔贷款的LGD和p_hat（这里使用了LGD=0.50）
LGD = 0.50

# 为每笔贷款在每个模拟场景中生成违约时间
default_times = np.random.exponential(1 / np.array(lambda_list), size=(N, 10))

# 计算每个场景的损失
losses = np.zeros(N)
for i in range(N):
    for j in range(10):
        losses[i] += EAD * LGD * int(default_times[i, j] <= T)

# 绘制损失的直方图
fig, ax1 = plt.subplots()
sns.histplot(losses, bins=100, kde=False, alpha=0.5, color='blue', ax=ax1)
plt.xlabel('Loss')
plt.title('LGD=50%')

plt.show()
```

代码执行效果如图 4-13 所示。

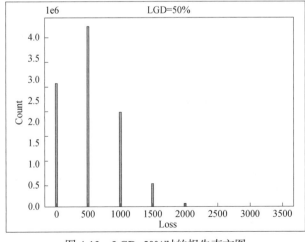

图 4-13　LGD=50%时的损失直方图

（10）对生成的损失进行排序，并计算不同置信水平下的价值（VaR）。具体实现代码如下所示。

```
losses.sort()
total_losses_LGD = losses[::-1]  # Reverse the order
VaR_99 = np.percentile(total_losses_LGD, 99)
VaR_99_5 = np.percentile(total_losses_LGD, 99.5)
VaR_99_9 = np.percentile(total_losses_LGD, 99.9)
print(VaR_99 ,VaR_99_5 ,VaR_99_9)
```

代码执行后会输出如下内容。

```
(1500.0, 2000.0, 2000.0)
```

第 5 章
高频交易与量化交易

高频交易（high-frequency trading，HFT）和量化交易（quant trading，QT）是金融市场中两种先进的交易策略。高频交易依赖于极快的交易执行速度和大量的订单流，通过算法在极短时间内进行交易，以利用微小的价格差异获利。相比之下，量化交易是一种更为广泛的策略，它使用数学模型和统计分析来识别市场中的交易机会，可以包括多种交易频率和策略，如多因子选股、期货交易和套利等。量化交易强调策略的科学性和系统性，而高频交易则更侧重于技术优势和速度。在本章的内容中，将详细讲解高频交易与量化交易的知识，并通过具体实例来讲解各个知识点的用法。

5.1 高 频 交 易

高频交易是一种金融交易策略，它依赖于计算机算法和高度自动化的系统来执行大量交易，通常以毫秒或微秒级别的速度进行交易。HFT 的主要目标是从微小的价格波动中获利，而这些价格波动在传统的交易策略中可能被忽略或无法捕捉。

5.1.1 高频交易的特点

- ☑ 快速执行：HFT 系统以极快的速度执行交易，通常通过高速数据传输和低延迟网络连接来实现。这使得 HFT 交易者能够迅速捕捉到市场价格的微小变化。
- ☑ 算法交易：HFT 使用复杂的算法来识别潜在的交易机会，并根据这些算法自动进行交易。这些算法可以根据市场条件调整策略。
- ☑ 市场制造商：HFT 交易者通常充当市场制造商的角色，提供了市场的流动性。他们在买入和卖出之间进行频繁的交易，以确保市场具有足够的流动性。
- ☑ 低风险高收益：HFT 交易通常涉及小幅度的价格波动，因此每笔交易的风险较低。然而，通过执行大量的交易，HFT 交易者可以积累可观的利润。

- ☑ 技术基础设施：成功的 HFT 策略依赖于高度优化的计算机硬件和软件基础设施，以实现快速的执行和低延迟。
- ☑ 监管和争议：HFT 一直备受争议，因为一些人认为它可能导致市场不稳定，或者让普通投资者处于不利地位。因此，各国监管机构一直在制定规定和监管措施，以监督和规范 HFT 活动。

注意：高频交易是一个高度复杂的领域，涉及大量的技术、数学和金融知识。高频交易在全球金融市场中扮演着重要的角色，但也引发了一系列有关市场公平性和稳定性的辩论。

5.1.2　高频交易的挑战与风险

虽然高频交易可以带来潜在的利润，但也伴随着一些挑战和风险，具体说明如下。

- ☑ 技术风险：HFT 依赖于高度复杂的算法和技术基础设施。任何技术故障、网络中断或硬件问题都可能导致交易失败或亏损。此外，由于 HFT 系统操作速度极快，错误可能会在极短的时间内放大。
- ☑ 市场风险：虽然 HFT 交易通常以小幅度的价格波动为目标，但它们仍然受到市场波动的影响。快速市场动荡可能导致亏损，特别是当 HFT 算法无法及时调整以适应市场变化时。
- ☑ 竞争风险：HFT 市场的竞争非常激烈，有很多专业的 HFT 公司和交易者。这种竞争意味着寻找和执行利润的机会变得更加困难，因为其他交易者也在竞相追求相同的机会。
- ☑ 市场不确定性：HFT 交易者通常利用微小的价格差异获利，但这些差异可能是瞬息万变的。因此，市场的不确定性可能对 HFT 策略造成不利影响。
- ☑ 监管风险：监管机构一直在努力监管 HFT 活动，以确保市场的公平性和稳定性。HFT 交易者需要遵守各种规定和法规，否则可能面临罚款和法律诉讼的风险。
- ☑ 流动性风险：虽然 HFT 交易者通常提供市场流动性，但他们也可能在市场动荡时撤回资本，导致市场流动性不足，加剧市场波动。
- ☑ 黑天鹅风险：HFT 系统通常建立在历史数据和统计模型上，无法完全预测突发事件，如金融危机、自然灾害或政治事件，这些事件可能导致不可预测的市场动荡。
- ☑ 道德风险：一些人担心 HFT 可能导致市场不公平，让普通投资者处于不利地位。这引发了一些道德和伦理问题的讨论。

总之，高频交易是一项高风险、高回报的策略，需要严格的风险管理、技术投入和监管合规性。投资者和交易公司在参与 HFT 活动时必须非常小心，要了解其中的挑战和风险，并采取适当的措施来降低潜在的损失。

5.1.3　传统高频交易策略回顾

传统高频交易策略是一种在金融市场中迅速买入和卖出资产以从极小的价格波动中获利的交易策略。这些策略依赖于快速的计算能力、高度优化的算法和快速的数据传输以在毫秒或更短的时间内执行交易。下面列出了一些常见的传统高频交易策略。

- ☑ 市场制造商（market making）：这是高频交易中最常见的策略之一，市场制造商会同时提供买入和卖出报价，从中获得点差收入。他们迅速调整价格，以适应市场波动，同时管理风险，确保不会承担过多的持仓风险。
- ☑ 套利高频交易策略（arbitrage）：通过利用不同市场或交易所之间的价格差异来获利。例如，跨市场套利可能涉及同时在两个市场上买入和卖出资产，以从价格不一致中获得利润。
- ☑ 统计套利策略（statistical arbitrage）：尝试从相关资产之间的价格差异中获利。这些策略基于统计模型和历史数据，寻找价格之间的短期不一致，并进行交易以实现获利。
- ☑ 量化策略（quantitative strategies）：使用复杂的数学和统计模型来分析市场数据，以做出交易决策。这些策略通常依赖于大量的数据和高性能计算。
- ☑ 动量策略（momentum strategies）：依赖于市场中的趋势和动量，尝试捕捉价格在短期内的连续变动。当资产价格上升时，这些策略会买入，当价格下跌时则卖出。
- ☑ 交易成本优化策略（transaction cost optimization）：这类策略旨在最小化交易成本，包括点差、滑点和交易费用。它们会使用高级算法来优化交易执行，以确保在买卖资产时获得最佳价格。

注意：高频交易策略依赖于高度复杂的技术和基础设施，并且市场条件和监管环境可能会对这些策略产生重大影响。此外，高频交易涉及极高的风险，因为它们通常要处理大量的交易，并且依赖于微小的价格波动来实现盈利。因此，高频交易可能不适合所有投资者，并且需要谨慎的风险管理和技术支持。

5.1.4　机器学习在高频交易中的应用

机器学习在高频交易中有许多应用，它们利用大数据和复杂算法来提高交易决策和执行的效率。下面是机器学习在高频交易中的一些常见应用。

- ☑ 市场制造：机器学习模型可以分析市场数据，识别潜在的买卖信号，并快速调整报价。这可以帮助市场制造商更好地管理他们的交易书，提高点差利润。
- ☑ 预测价格趋势：机器学习可以用于分析历史价格和交易数据，以预测资产价格的未来趋势。这有助于高频交易者决定何时买入或卖出。
- ☑ 统计套利策略：机器学习模型可以识别潜在的统计套利机会，通过分析相关资产之间的价格差异来决定何时买入或卖出。

- ☑ 动态风险管理：机器学习可以用于实时监控交易组合的风险，并在必要时自动执行风险管理策略，如止损或调整头寸。
- ☑ 情感分析：通过自然语言处理和情感分析技术，机器学习可以分析新闻、社交媒体和其他非结构化数据，以了解市场情绪和舆论，从而调整交易策略。
- ☑ 交易执行优化：机器学习可以帮助选择最佳的交易执行策略，以减小滑点和交易成本。这包括基于实时市场条件调整订单执行的算法。
- ☑ 模型选择和超参数调整：机器学习可以用于选择适合高频交易的模型，并调整模型的超参数以提高性能。
- ☑ 监督和非监督学习：监督学习可以用于建立预测模型，而非监督学习可以用于发现市场中的潜在模式和趋势。
- ☑ 深度强化学习：可以用于训练智能代理来执行交易决策，这些代理可以通过与市场的互动来不断学习和改进策略。

需要指出的是，机器学习在高频交易中的应用需要高度优化和低延迟的计算能力，因为高频交易涉及在极短的时间内做出决策和执行交易。此外，这些模型也需要不断地进行监督和更新，以适应不断变化的市场条件。风险管理也是至关重要的，以确保不会因机器学习模型的不准确性而产生巨大损失。因此，在高频交易中使用机器学习需要谨慎并使用专业的方法。

假设某散户被深套在比亚迪（002594.SZ），他为了快速回本，制作了简易的短线做 T 降低成本的交易策略：涨一块卖 5 手，跌一块买 5 手。请看下面的实例，功能是根据这个散户的交易策略在日线图上面绘制买卖点。

实例 5-1：针对比亚迪股票的日内做 T 交易策略（源码路径：daima/5/ping.py）
实例文件 ping.py 的具体实现代码如下所示。

```python
import tushare as ts
import pandas as pd
import numpy as np
import statsmodels.api as sm
import matplotlib.pyplot as plt
plt.rcParams["font.sans-serif"] = ["SimHei"] # 设置字体
plt.rcParams["axes.unicode_minus"] = False # 该语句解决图像中的 "-" 负号的乱码问题
# 设置Tushare令牌
token = ''
ts.set_token(token)

# 初始化Tushare客户端
pro = ts.pro_api()

# 获取比亚迪股票数据
stock_symbol = '002594.SZ'  # 比亚迪的股票代码
```

```
# 获取比亚迪的日线数据
data = pro.daily(ts_code=stock_symbol, start_date='20230901', end_date='20230930')

# 将日期字符串转换为日期格式
data['trade_date'] = pd.to_datetime(data['trade_date'])

# 模拟交易策略
buy_price = None
sell_price = None
buy_signal = []
sell_signal = []

for index, row in data.iterrows():
    if buy_price is None:
        buy_price = row['close']  # 买入价格
    elif row['close'] >= buy_price + 1.0:  # 当股价涨一块, 卖出
        sell_price = row['close']
        buy_signal.append((row['trade_date'], buy_price))
        sell_signal.append((row['trade_date'], sell_price))
        buy_price = None
    elif row['close'] <= buy_price - 1.0:  # 当股价跌一块, 买入
        buy_price = row['close']

# 绘制日线图
plt.figure(figsize=(12, 6))
plt.plot(data['trade_date'], data['close'], label='Close Price', color='blue')
plt.scatter(*zip(*buy_signal), label='Buy', marker='^', color='green', s=100)
plt.scatter(*zip(*sell_signal), label='Sell', marker='v', color='red', s=100)
plt.xlabel('Date')
plt.ylabel('Price')
plt.title('BYD Daily Chart with Buy/Sell Signals - September 2023')
plt.grid(True)
plt.legend()
plt.xticks(rotation=45)
plt.tight_layout()

plt.show()
```

　　在上述代码中,使用 Tushare 库来获取比亚迪(股票代码: 002594.SZ)在 2023 年 9 月份的日线股价数据,并针对一个简单的交易策略进行了模拟交易,最后绘制了比亚迪的日线图,并分别标记了买入和卖出点。对上述代码的具体说明如下。

　　首先设置字体为宋体(SimHei),以确保中文显示正常。然后解决图像中的"−"负号的乱码问题。设置 Tushare 的 API 令牌,使用 Tushare 库初始化 Tushare 客户端,以便访问 Tushare 的数据接口。

　　使用 Tushare 的接口获取比亚迪在 2023 年 9 月份的日线股价数据,并将数据存储在一个 Pandas DataFrame 中。data['trade_date'] = pd.to_datetime(data['trade_date'])将 DataFrame 中的日期字符串列转换为日期格式,以便后续处理。

模拟交易策略，使用一个简单的交易策略，根据股价涨跌来决定买入和卖出：当股价涨 1 块以上时卖出，当股价跌 1 块以上时买入。买入和卖出点的价格和日期会被记录在 buy_signal 和 sell_signal 列表中。

使用 Matplotlib 库绘制比亚迪的日线图，其中 plt.plot()绘制股价曲线，plt.scatter()用于在图上标记买入和卖出点。最后，使用 plt.show()显示绘制的图表。

这段代码绘制了比亚迪在 2023 年 9 月份的日线图，并标记了根据交易策略生成的买入和卖出点，如图 5-1 所示。买入点用绿色的三角形表示，卖出点用红色的倒三角形表示。注意，这只是一个示例，大家可以根据自己的需求和交易策略进行进一步的分析和改进。

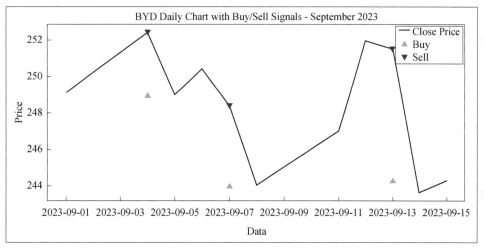

图 5-1　比亚迪日线做 T 交易图

5.1.5　高频交易中的预测建模

在高频交易中，预测建模是一项关键的任务，它旨在使用数据和算法来预测资产价格的未来走势，以实现交易策略的制定和执行。在高频交易中，预测建模的一般步骤和方法如下。

1）数据收集

收集各种与交易相关的数据，包括市场数据（股票、期货、外汇等价格数据）、交易量、交易订单簿数据、新闻事件、宏观经济指标等。这些数据通常以时间序列的形式存在。

2）数据预处理

清洗和处理原始数据以去除噪声、异常值和缺失值。对数据进行采样或聚合以适应高频交易的时间尺度。

3）特征工程

构建有效的特征来捕捉市场的潜在模式和趋势。

4）选择模型

根据问题的性质选择合适的预测模型，常用的包括时间序列模型（如 ARIMA、GARCH）、机器学习模型（如线性回归、随机森林、神经网络）、深度学习模型（如循环神经网络 RNN、长短时记忆网络 LSTM）等。

高频交易通常需要模型具有快速的推断能力，因此通常会选择高效的模型，如线性模型或基于树的模型。

5）模型训练

使用历史数据来训练选定的模型。训练过程通常包括参数估计、模型选择和性能评估。

为了适应高频交易，模型训练可能需要采用滚动窗口的方式，不断更新模型以反映最新的市场情况。

6）模型评估

使用交叉验证或其他评估方法来评估模型的性能。常见的性能指标包括均方误差（MSE）、均方根误差（RMSE）、平均绝对误差（MAE）、对数损失等。

在高频交易中，模型评估需要考虑交易成本、滑点等因素，因为这些因素会对策略的盈利能力产生重要影响。

7）模型优化

根据评估结果对模型进行调整和优化，以提高其预测能力和稳定性。可能需要调整模型的超参数、特征工程、风险管理策略等。

8）模型部署

将训练好的模型部署到实际的高频交易系统中，以执行实时交易决策。需要考虑模型的实时性和性能，以确保模型能够在极短的时间内生成预测并执行交易。

9）监控和维护

持续监控模型的性能和策略的盈亏情况，随时进行调整和改进。高频交易中的市场情况可能会发生快速变化，因此需要及时应对。

注意：高频交易中的预测建模是一个复杂而竞争激烈的领域，需要深入的领域知识、数据分析技能和高效的计算能力。同时，风险管理和执行策略也是至关重要的因素，因为高频交易涉及大量的交易和极短的持仓时间。

实例 5-2：针对比亚迪股票的简易版高频交易大模型（源码路径：daima/5/mo.py）

实例文件 mo.py 的功能是，利用机器学习和深度学习技术进行金融数据建模，包括特征工程、神经网络模型构建和超参数调整。文件 mo.py 的具体实现代码如下所示。

```
# 初始化Tushare客户端
pro = ts.pro_api()
```

```python
# 获取比亚迪股票数据
stock_symbol = '002594.SZ'  # 比亚迪的股票代码

# 获取比亚迪的两年历史日线数据
data = pro.daily(ts_code=stock_symbol, start_date='20210917', end_date='20230917')

# 将日期字符串转换为日期格式
data['trade_date'] = pd.to_datetime(data['trade_date'])

# 更复杂的特征工程：添加技术指标
data['price_change'] = data['close'].diff()  # 价格变化
data['volume_change'] = data['vol'].diff()    # 成交量变化

# 移动平均线（MA）
data['ma_5'] = data['close'].rolling(window=5).mean()
data['ma_10'] = data['close'].rolling(window=10).mean()
data['ma_20'] = data['close'].rolling(window=20).mean()  # 添加20日均线

# 相对强度指数（RSI）
delta = data['price_change']
gain = delta.where(delta > 0, 0)
loss = -delta.where(delta < 0, 0)
avg_gain = gain.rolling(window=14).mean()
avg_loss = loss.rolling(window=14).mean()
rs = avg_gain / avg_loss
data['rsi'] = 100 - (100 / (1 + rs))

# 布林带（Bollinger Bands）
data['std'] = data['close'].rolling(window=20).std()
data['upper_band'] = data['ma_20'] + (data['std'] * 2)
data['lower_band'] = data['ma_20'] - (data['std'] * 2)

# 数据预处理：删除NaN值
data = data.dropna()

# 特征和标签
X = data[['price_change', 'volume_change', 'ma_5', 'ma_10', 'ma_20', 'rsi',
'upper_band', 'lower_band']].values[:-1]  # 删除最后一行以对齐标签
y = data['close'].shift(-1).dropna().values  # 预测下一日的收盘价

# 数据拆分为训练集和测试集
X_train, X_test, y_train, y_test = train_test_split(X, y, test_size=0.2,
random_state=42)


class ComplexModel(BaseEstimator, TransformerMixin):
    def __init__(self, hidden_units=64, learning_rate=0.001):
        self.hidden_units = hidden_units
        self.learning_rate = learning_rate
        self.model = None
```

```
    def fit(self, X, y):
        self.model = nn.Sequential(
            nn.Linear(8, self.hidden_units),
            nn.ReLU(),
            nn.Linear(self.hidden_units, self.hidden_units),
            nn.ReLU(),
            nn.Linear(self.hidden_units, 1)
        )
        criterion = nn.MSELoss()
        optimizer = optim.Adam(self.model.parameters(), lr=self.learning_rate)
        X_tensor = torch.tensor(X, dtype=torch.float32)
        y_tensor = torch.tensor(y, dtype=torch.float32).view(-1, 1)
        for _ in range(100):
            optimizer.zero_grad()
            outputs = self.model(X_tensor)
            loss = criterion(outputs, y_tensor)
            loss.backward()
            optimizer.step()
        return self

    def transform(self, X):
        X_tensor = torch.tensor(X, dtype=torch.float32)
        with torch.no_grad():
            return self.model(X_tensor).numpy()

    def predict(self, X):
        X_tensor = torch.tensor(X, dtype=torch.float32)
        with torch.no_grad():
            return self.model(X_tensor).numpy().flatten()


# 创建Pipeline包装模型
estimator = Pipeline([
    ('model', ComplexModel())
])

# 定义Grid Search的参数空间
param_grid = {
    'model__hidden_units': [32, 64, 128],
    'model__learning_rate': [0.001, 0.01, 0.1]
}

# 创建Grid Search对象
grid_search = GridSearchCV(estimator=estimator, param_grid=param_grid, cv=3,
scoring='neg_mean_squared_error', verbose=2)

# 执行Grid Search
grid_search.fit(X_train, y_train)

# 输出最佳参数组合
best_params = grid_search.best_params_
print("Best Parameters:", best_params)
```

```
# 获取最佳模型
best_model = grid_search.best_estimator_

# 在测试集上评估最佳模型
y_pred = best_model.transform(X_test)
mse = mean_squared_error(y_test, y_pred)

print(f'Mean Squared Error with Best Model: {mse}')
```

上述代码的具体实现流程如下所示。

（1）使用 Tushare 的 pro.daily()方法获取比亚迪的两年历史日线数据。

（2）将日期字符串转换为日期格式，添加了一些技术指标，如价格变化、成交量变化、移动平均线（MA）、相对强度指数（RSI）、布林带（Bollinger Bands）等。

（3）数据预处理，删除包含 NaN 值的行。

（4）特征和标签的准备，提取特征和标签，并将它们转换为 NumPy 数组。删除最后一行以对齐标签。

（5）使用 train_test_split 函数将数据拆分为训练集和测试集。

（6）使用 PyTorch 创建了一个复杂的神经网络模型，包括多个全连接层和 ReLU 激活函数。使用均方误差（MSE）作为损失函数，使用 Adam 优化器进行模型训练。

（7）使用 Pipeline 将神经网络模型包装起来，以便与 GridSearchCV 一起使用。

（8）定义了超参数空间，包括隐藏层单元数和学习率。

（9）使用 GridSearchCV 创建了一个网格搜索对象，以在参数空间中寻找最佳模型参数。

（10）执行 Grid Search，使用训练集数据执行网格搜索以找到最佳模型参数组合。

（11）打印出找到的最佳参数组合，获取具有最佳参数的最佳模型。

（12）使用最佳模型在测试集上进行预测，并通过计算均方误差（MSE）来评估模型性能。

代码执行后会输出如下内容。

```
Fitting 3 folds for each of 9 candidates, totalling 27 fits
[CV] END .model__hidden_units=32, model__learning_rate=0.001; total time=   0.2s
[CV] END .model__hidden_units=32, model__learning_rate=0.001; total time=   0.2s
[CV] END .model__hidden_units=32, model__learning_rate=0.001; total time=   0.2s
[CV] END ..model__hidden_units=32, model__learning_rate=0.01; total time=   0.2s
[CV] END ..model__hidden_units=32, model__learning_rate=0.01; total time=   0.3s
[CV] END ..model__hidden_units=32, model__learning_rate=0.01; total time=   0.4s
[CV] END ...model__hidden_units=32, model__learning_rate=0.1; total time=   0.4s
[CV] END ...model__hidden_units=32, model__learning_rate=0.1; total time=   0.4s
[CV] END ...model__hidden_units=32, model__learning_rate=0.1; total time=   0.5s
[CV] END .model__hidden_units=64, model__learning_rate=0.001; total time=   0.6s
[CV] END .model__hidden_units=64, model__learning_rate=0.001; total time=   0.8s
[CV] END .model__hidden_units=64, model__learning_rate=0.001; total time=   0.6s
[CV] END ..model__hidden_units=64, model__learning_rate=0.01; total time=   0.6s
[CV] END ..model__hidden_units=64, model__learning_rate=0.01; total time=   0.5s
[CV] END ..model__hidden_units=64, model__learning_rate=0.01; total time=   0.5s
[CV] END ...model__hidden_units=64, model__learning_rate=0.1; total time=   0.4s
```

```
[CV] END ...model__hidden_units=64, model__learning_rate=0.1; total time=  0.5s
[CV] END ...model__hidden_units=64, model__learning_rate=0.1; total time=  0.5s
[CV] END model__hidden_units=128, model__learning_rate=0.001; total time=  0.6s
[CV] END model__hidden_units=128, model__learning_rate=0.001; total time=  0.6s
[CV] END model__hidden_units=128, model__learning_rate=0.001; total time=  0.6s
[CV] END .model__hidden_units=128, model__learning_rate=0.01; total time=  0.6s
[CV] END .model__hidden_units=128, model__learning_rate=0.01; total time=  0.7s
[CV] END .model__hidden_units=128, model__learning_rate=0.01; total time=  0.6s
[CV] END ..model__hidden_units=128, model__learning_rate=0.1; total time=  0.7s
[CV] END ..model__hidden_units=128, model__learning_rate=0.1; total time=  0.5s
[CV] END ..model__hidden_units=128, model__learning_rate=0.1; total time=  0.6s
Best Parameters: {'model__hidden_units': 32, 'model__learning_rate': 0.01}
Mean Squared Error with Best Model: 1235.542134373023
```

注意：本实例处理的是比亚迪股票的日线数据，即每日的股票价格和交易数据。这是相对较低频的数据，因为它们是每日的快照。而高频交易通常涉及更高频的数据，如秒级或毫秒级的数据，因为高频交易需要更快的决策和执行速度。在 Tushare 中也提供了更加高频的数据，如分钟级别和秒级别的数据，但是这些高频的数据要单独收费。大家缴纳费用后，使用上述代码即可实现高频交易的大模型。

5.1.6 量化交易框架

在市场中有很多开源的 A 股量化交易框架和相关的源码，下面列出了一些常见的 A 股量化交易框架和相关资源：

vn.py：是一个针对中国 A 股市场的量化交易框架，它提供了易于使用的 API，并支持多个券商的接口。你可以在 GitHub 上找到 vn.py 的源码和文档。

RQAlpha：是使用 Python 编写的开源量化交易平台，支持 A 股市场。它提供了丰富的数据源和策略回测功能，可以帮助你开发和测试量化交易策略。

QuantConnect：是一个基于云的量化交易平台，它支持多个市场，包括 A 股。你可以使用它的开源框架 Lean 来开发和测试策略。

Alpha360：是一个用于量化交易研究和策略开发的开源框架，它支持 A 股市场，并提供了许多常用的技术指标和策略示例。

ricequant：是一个量化交易社区，提供了量化策略回测平台和在线编程环境，支持 A 股市场。

easytrader：是一个用于中国 A 股市场的量化交易框架，它允许开发人员编写自动化交易策略并执行交易。这个库的目标是简化股票交易策略的开发和执行，使其更加容易开发和执行。

上面介绍的这些框架和平台通常提供了丰富的文档和示例代码，可以帮助大家入门量化交易并开发自己的交易策略。开发者可以根据自己的需求和编程技能选择合适的框架来开始量化交易的研究和实践。在使用这些框架时，务必谨慎测试和验证你的策略，量化交易涉及风险，需要谨慎对待。

5.2　量化选股程序

接下来将要讲解的实例是一个简单的量化选股脚本，通过调用 Tushare 获取股票数据，然后根据不同的选股模型来筛选符合条件的股票，并将结果保存到文件中。用户可以根据自己的需求选择不同的选股模型和参数。请注意，该代码仅供学习和参考，实际应用时需要根据自己的需求和风险管理进行进一步的开发和测试。

实例 5-3：量化选股程序（源码路径：daima/5/stock_online_dev.py）

5.2.1　Tushare 令牌初始化

编写 Tushare 令牌初始化函数 Initial()，用于设置 Tushare 令牌，并初始化 Tushare 客户端。这是获取股票数据的前提步骤。具体实现代码如下所示。

```
def Initial():#初始化
    # 设置Tushare令牌
    token = ''''
    ts.set_token(token)
    # 初始化Tushare客户端
    pro=ts.pro_api()
    return pro
```

5.2.2　辅助函数

编写辅助函数 Stocklist()、Wait（n）和 Menu()，其中函数 Stocklist()用于获取 A 股市场的股票列表，包括股票代码等信息；Wait（n）是一个简单的辅助函数，用于等待一段时间，以控制访问频率，避免频繁访问 Tushare API。函数 Menu()用于显示用户菜单，让用户选择不同的选股模型。根据用户选择，程序将调用不同的选股策略函数。具体实现代码如下所示。

```
def Stocklist():#获取股票列表
    sl=pro.stock_basic(exchange='',list_status='L',fields='ts_code')
    return sl
#    print(sl) #调试用

def Wait(n):
    i=0
    while i<n:
        i+=1

def Menu():
    print("请选择选股模型:")
    print("1.均线金叉模型")
```

```
print("2.均线压制K线多时,K线站上均线模型")
print("3.均线拐头模型")
print("4.趋势模型")
print("all:以上所有模型")
choice=input()
if choice=="1":
    freq=input("请输入均线周期:")
    mas=input("请输入短期均线:")
    mal=input("请输入长期均线:")
    n=input("请输入跨越的周期长度:")
    m=input("几天内金叉:")
    result=GoldenCross(freq,int(mas),int(mal),int(n),int(m))
    filename=freq+'cross'+mas+mal+'_'+n+'_'+m+'_'+now+'.txt' #文件名
    SaveResult(filename,result) #保存结果
elif choice=="2":
    freq=input("请输入均线周期:")
    mas=input("请输入均线:")
    n=input("请输入跨越的周期长度:")
    m=input("K线在多长时间内站上均线:")
    result=Suppress(freq,int(mas),int(n),int(m))
    filename=freq+'suppress'+mas+'_'+n+"_"+m+'_'+now+'.txt' #文件名
    SaveResult(filename,result) #保存结果
elif choice=='3':
    freq=input("请输入均线周期:")
    ma_s=input("请输入均线:")
    n=input("请输入跨越的周期长度:")
    m=input("均线拐头天数:")
    result=Bottom(freq,int(ma_s),int(n),int(m))
    filename=freq+'bottom'+ma_s+'_'+n+"_"+m+'_'+now+'.txt' #文件名
    SaveResult(filename,result) #保存结果
elif choice=='4':
    freq=input("请输入均线周期:")
    ma_s=input("请输入均线:")
    n=input("请输入跨越的周期长度:")
    m=input("均线趋势上扬时间:")
    result=Suppress(freq,int(ma_s),int(n),int(m))
    filename=freq+'trend'+ma_s+'_'+n+"_"+m+'_'+now+'.txt' #文件名
    SaveResult(filename,result) #保存结果
elif choice=='all':
    print("正在设定均线金叉模型参数:")
    freq1=input("请输入均线周期:")
    mas=input("请输入短期均线:")
    mal=input("请输入长期均线:")
    n1=input("请输入跨越的周期长度:")
    result=Cross(freq1,int(mas),int(mal),int(n1))
    print("正在设定均线压制K线多时,K线站上均线模型参数:")
    freq2=input("请输入均线周期:")
    n2=input("请输入跨越的周期长度:")
    result=Suppress(freq2,int(n2))
```

5.2.3 保存结果

函数 SaveResult（filename，result）用于将选股结果保存到指定的文件中，具体实现代码如下所示。

```
def SaveResult(filename,result):
    with open ('G:/result/'+filename,'w') as f:
        for i in result:
            details=StockDetails(i)
            Wait(50000)
            for j in details:
                f.write(j)
            f.write('\n')
        f.close()
```

5.2.4 股票详情

函数 StockDetails（ts_code）用于获取特定股票的详细信息，具体实现代码如下所示。

```
def StockDetails(ts_code):
    details=[] #记录股票详细信息
    tmp=pro.stock_basic(ts_code=ts_code) #获取DataFrame结构的信息
    for i in tmp.loc[0]: #遍历DataFrame中的label:0
        if i!=None:
            details.append(i+'\t')
    return details
```

5.2.5 选股策略

在本程序中提供了多种选股策略，每种选股策略均由独立的功能函数实现，具体说明如下。

☑ 函数 Cross(freq, mas, mal, n)：实现均线交叉选股策略。它会遍历股票列表，检查每支股票的短期均线是否在长期均线上方，并且在过去 n 个交易日内发生了交叉情况。

☑ 函数 GoldenCross(freq, mas, mal, n, m)：实现均线金叉选股策略。它会遍历股票列表，检查每支股票的短期均线是否在长期均线上方，并且在过去 n 个交易日内发生了金叉情况。此外，还要求金叉后的 m 天内价格上涨。

☑ 函数 Suppress(freq, mas, n, m)：实现 K 线站上均线选股策略。它会遍历股票列表，检查每支股票的 K 线是否站上了均线，并且在过去 n 个交易日内发生了这种情况。

☑ 函数 Trend(freq, ma_s, n)：实现单调递增选股策略。它会遍历股票列表，检查每支股票的均线是否在过去 n 个交易日内保持单调递增。

☑ 函数 Bottom(sl, freq, ma_s, n, m)：实现均线拐点选股策略。它会遍历股票列表，检查每支股票的均线是否在过去 n 个交易日内发生了拐点，并且拐点后的 m 天内价格上涨。

上述选股函数的具体实现代码如下所示。

```
def Cross(freq,mas,mal,n): #均线交叉
    count=0 #计数
    total=len(sl['ts_code']) #总上市股票数
    result=[]
    for i in sl['ts_code']:
        os.system('clear')
        count+=1 #每判断一只股票，计数加1
        print('进度:'+str(count)+'/'+str(total)) #显示已判断股票数的比例
        print('正在比对:'+i) #调试用

data=ts.pro_bar(ts_code=i,freq=freq,adj='qfq',start_date=previous,end_date=now,ma
=[mas,mal])
        if data is None: #如果没有获取到任何数据，比如刚上市又还没上市的股票
            continue
        ma_s=data['ma'+str(mas)] #提取短期均线
        ma_l=data['ma'+str(mal)] #提取长期均线
        if len(ma_s)<n or len(ma_l)<n: #判断是否有空值
#            print(i+'上市时间过短')
            continue
        if (ma_s[0]-ma_l[0])>0 and (ma_s[n]-ma_l[n])<0:
            result.append(i)
#            print('捕获:'+data['ts_code'])
        if freq=='W':
            Wait(15000) #等待一段时长，防止频率过快，受限于帐号积分
            if freq=='M':
                Wait(5000000) #等待一段时长，防止频率过快，受限于帐号积分
#    print(ma13)
#    plt.plot(data['trade_date'],data['ma13'])
#    plt.plot(data['trade_date'],data['ma55'])
#    plt.show()
    return result

def GoldenCross(freq,mas,mal,n,m): #均线金叉
    count=0 #计数
    total=len(sl['ts_code']) #总上市股票数
    result=[]
    for i in sl['ts_code']:
        os.system('clear')
        count+=1 #每判断一只股票，计数加1
        print('进度:'+str(count)+'/'+str(total)) #显示已判断股票数的比例
        print('正在比对:'+i) #调试用

data=ts.pro_bar(ts_code=i,freq=freq,adj='qfq',start_date=previous,end_date=now,ma
=[mas,mal])
        if data is None: #如果没有获取到任何数据，比如刚上市又还没上市的股票
            continue
```

```
            ma_s=data['ma'+str(mas)] #提取短期均线
            ma_l=data['ma'+str(mal)] #提取长期均线
            if len(ma_s)<n or len(ma_l)<n: #判断是否有空值
                continue
            if ma_s[0]>ma_l[0]: #判断短期均线是不是在长期均线上方
                j=1
                crosspoint=0 #初始值为0,假设1天内出现金叉的情况
                while j<=n: #判断之前的收盘价是不是在均线下方,以此寻找刚启动的行情
                    if ma_s[j]>ma_l[j]: #判断短期均线是否还在长期均线上方,不是则交叉点已经出现
                        crosspoint=j #记录金叉时的天数
                        j=j+1
                    else:
                        if crosspoint<=m: #判断交叉点是否在要求的时间段里,是则继续判断
                            j+=1
                            if j==n: #交叉前的N天,短期均线都在长期均线下方,可以断定为金叉
                                result.append(i)
                        else:
                            break
        if freq=='W':
            Wait(20000) #等待一段时长,防止频率过快,受限于帐号积分
        if freq=='M':
            Wait(9000000) #等待一段时长,防止频率过快,受限于帐号积分
    return result

def Suppress(freq,mas,n,m): #K线站上均线模型
    count=0 #计数
    total=len(sl['ts_code']) #总上市股票数
    result=[]
    for i in sl['ts_code']:
        os.system('clear')
        count+=1 #每判断一个股票,计数加1
        print('Suppress进度:'+str(count)+'/'+str(total)) #显示已判断股票数的比例
        print('正在比对:'+i) #调试用

data=ts.pro_bar(ts_code=i,freq=freq,adj='qfq',start_date=previous,end_date=now,ma
=[mas])
#
data1=ts.pro_bar(ts_code=i,freq='D',adj='qfq',start_date=previous,end_date=now,ma
=[mas])
#        data.to_csv('/tmp/online.csv')
#        break
        if data is None: #如果没有获取到任何数据,比如刚上市又还没上市的股票
            continue
        Wait(20000000) #等待一段时长,防止频率过快,受限于帐号积分
        close=data['close']
        ma=data['ma'+str(mas)]
        if len(close)<n or len(ma)<n: #判断是否有空值
            continue
        if close[0]>ma[0]: #判断最新收盘价是不是在均线上方
            j=1
            point=0
            while j<=n: #判断之前的收盘价是不是在均线下方,以此寻找刚启动的行情
```

```
                    if close[j]>ma[j]: #判断K线是否还在长期均线上方，不是则突破压制
                        point=j #记录突破时的天数
                        j=j+1
                    else:
                        if point==m: #判断突破是否在要求的时间段里,是则继续判断
                            if j==n: #突破前的N段时间内，都在均线下方，突破成立
                                result.append(i)
                            j+=1
                        else:
                            break
        return result

def Trend(freq,ma_s,n): #单调递增模型
    count=0 #计数
    total=len(sl['ts_code']) #总上市股票数
    result=[]
    for i in sl['ts_code']:
        os.system('clear')
        count+=1 #每判断一只股票，计数加1
        print('进度:'+str(count)+'/'+str(total)) #显示已判断股票数的比例
        print('正在比对:'+i) #调试用

data=ts.pro_bar(ts_code=i,freq=freq,adj='qfq',start_date=previous,end_date=now,ma
=[ma_s])
        if data is None: #如果没有获取到任何数据，比如刚上市又还没上市的股票
            continue
        ma=data['ma'+str(ma_s)]
        if len(ma)<n: #判断是否有空值
            continue
        j=0 #循环初始化
        while ma[j]>ma[j+1]:
            if j==n: #n天内，均线单调递增
                result.append(i)
                break
            j+=1
        if freq=='W':
            Wait(5000000) #等待一段时长，防止频率过快，受限于帐号积分
        if freq=='M':
            Wait(5000000) #等待一段时长，防止频率过快，受限于帐号积分
    return result

def Bottom(sl,freq,ma_s,n,m): #均线拐点
    global previous  # 使用全局的previous变量
    global q  # 使用全局的q变量
    count=0 #计数
    total=len(sl['ts_code']) #总上市股票数
    result=[]
    for i in sl['ts_code']:
        os.system('clear')
        count+=1 #每判断一只股票，计数加1
        print('Bottom进度:'+str(count)+'/'+str(total)) #显示已判断股票数的比例
        print('正在比对:'+i) #调试用
```

```
data=ts.pro_bar(ts_code=i,freq=freq,adj='qfq',start_date=previous,end_date=now,ma=[ma_s])
        if data is None: #如果没有获取到任何数据，比如刚上市又还没上市的股票
            continue
        ma=data['ma'+str(ma_s)] #提取均线
        close=data['close'] #提取收盘价
        if len(ma)<n: #判断是否有空值
            continue
        if close[0]<ma[0]: #收盘价在均线上方，如在均线下方，则为弱势
            continue
        j=0 #初始化
        if ma[j]>ma[j+1]: #判断当前均值是否大于前一天,即均线拐头,如不是,则均线向下,不合要求,
排除
            j=j+1
            while ma[j]>ma[j+1]: #向前递归，直到出现拐点
                j=j+1
            point=j #记录拐点
        else:
            continue
        if point==m: #拐点是否在要求的时间
            while ma[j]<=ma[j+1]: #向前递归，拐点前是否单调递减
                j=j+1
                if j==n: #直到规定的时间内，都是单调递减，则输出
                    result.append(i)
                    break #捕捉到致富代码，则退出循环，寻找下一个

        if freq=='D':
            Wait(5000000) #等待一段时长，防止频率过快，受限于帐号积分
        if freq=='W':
            Wait(500000) #等待一段时长，防止频率过快，受限于帐号积分
        if freq=='M':
            Wait(950000000) #等待一段时长，防止频率过快，受限于帐号积分
    q.put(result)
    return result
```

5.2.6　主程序

　　__main__ 部分是本实例的主程序部分，包含了代码的执行流程。首先初始化 Tushare 客户端，获取股票列表，然后根据用户菜单选择的不同选股策略调用相应的策略函数。在本例中，以 Bottom 为例进行演示。具体实现代码如下所示。

```
####主程序####
if __name__ == '__main__':
    pro=Initial() #初始化
    q=Queue()
    now=time.strftime("%Y%m%d") #当前日期
    #now='20201230'
    previous=int(now)-30000 #一年前的日期
    previous=str(previous) #转换成字符串
    sl=Stocklist() #股票列表
#    sl=sl[1:20] #调试用，限制股票数量以减短时间
```

```
#    global result
#    result=[]#全局变量，记录结果
   start=time.time()

   t1=Process(target=Bottom,args=(sl[100:200],'D',13,15,1))
   t1.start()
   t1.join()
   end=time.time()
   result=q.get()
   print(end-start)
   print(result)
#    Menu()
   #result=Cross('W',13,55,2)  #调试用
   #result=Suppress('M',8,10)  #调试用
   #result=GoldenCross('D',8,21,3,1) #调试用
   #result=Trend('W',55,50)  #调试用
   #result=Bottom('D',55,10,2)  #调试用
   #SaveResult('test',result)  #调试用
```

　　另外，在主函数中注释掉的测试代码中，有一些示例代码用于测试不同的选股策略函数。这些示例代码以不同的策略调用函数，并且用于演示如何使用各个选股策略。以下是对被注释掉示例代码的说明。

　　result=Cross（'W'，13，55，2），这行代码演示了如何使用 Cross 策略函数，其中参数包括选股的频率为周线（'W'），短期均线周期为 13，长期均线周期为 55，跨越的周期长度为 2。这个示例会检查过去的周线数据，查找金叉情况。

　　result=Suppress（'M'，8，10），这行代码演示了如何使用 Suppress 策略函数，其中参数包括选股的频率为月线（'M'），均线周期为 8，跨越的周期长度为 10。这个示例会检查过去的月线数据，查找 K 线是否站上均线的情况。

　　result=GoldenCross（'D'，8，21，3，1），这行代码演示了如何使用 GoldenCross 策略函数，其中参数包括选股的频率为日线（'D'），短期均线周期为 8，长期均线周期为 21，跨越的周期长度为 3，金叉后的价格上涨天数为 1。这个示例会检查过去的日线数据，查找金叉情况，并要求金叉后的第一天价格上涨。

　　result=Trend（'W'，55，50），这行代码演示了如何使用 Trend 策略函数，其中参数包括选股的频率为周线（'W'），均线周期为 55，跨越的周期长度为 50。这个示例会检查过去的周线数据，查找均线是否保持单调递增的情况。

　　result=Bottom（'D'，55，10，2），这行代码演示了如何使用 Bottom 策略函数，其中参数包括选股的频率为日线（'D'），均线周期为 55，跨越的周期长度为 10，均线拐头天数为 2。这个示例会检查过去的日线数据，查找均线是否发生了拐点，并要求拐点后的价格上涨。

　　上述被注释掉的示例代码可以帮助用户了解如何使用不同的选股策略函数，并根据自己的需求进行自定义配置。在实际使用时，可以取消注释这些代码，并根据具体的选股需求进行调整和测试。

第6章
资产定价与交易策略优化

在金融实践中，资产定价和交易策略优化通常相互关联。投资者可以使用资产定价理论来确定投资组合的预期收益率和风险，然后基于这些信息设计交易策略。同时，交易策略的表现也会影响资产的实际定价。因此，综合考虑资产定价和交易策略优化是投资决策过程中的关键因素，可以帮助投资者更好地管理风险并追求更高的回报。在本章的内容中，将详细讲解资产定价与交易策略优化的知识，并通过具体实例来讲解各个知识点的用法。

6.1 资产定价模型概述

资产定价模型（asset pricing models，ARM）是金融领域中用于解释和预测不同资产（如股票、债券、房地产等）价格和预期回报的理论框架。这类模型试图解释为什么不同资产的价格会在市场中表现出不同的波动性和回报率。

6.1.1 常见的资产定价模型

1. CAPM（capital asset pricing model，资本资产定价模型）

CAPM 是最经典的资产定价模型之一，由 William Sharpe、John Lintner 和 Jan Mossin 等人于 1964 年提出。CAPM 认为资产的预期回报与其系统风险（市场风险）成正比，与无风险利率成正比。CAPM 模型用一个资产与市场整体风险的 β 系数来衡量其系统风险，公式如下：

$$R_i = R_f + \beta_i (R_m - R_f)$$

其中，R_i 是资产 i 的预期回报，R_f 是无风险利率，β_i 是资产 i 的 β 系数，R_m 是市场整体的预期回报。

2. APT（arbitrage pricing theory，套利定价理论）

APT 是由 Stephen Ross 于 1976 年提出的资产定价模型，它认为资产的预期回报与多个因子（如通货膨胀率、利率、产业周期等）相关。APT 的核心思想是，如果存在未被消除的套利机会，那么市场就不会达到均衡状态。投资者通过构建多因子模型来找到套利机会。不同的因子模型可以用于解释不同市场中的资产价格和回报。

3. Fama-French 三因子模型

Fama-French 三因子模型由 Eugene Fama 和 Kenneth French 于 1992 年提出，是一种常见的多因子模型。该模型认为资产的预期回报除了与市场风险（CAPM 中的市场风险）相关，还与市值因子（公司市值）和账面市值比（账面价值相对于市场价值）等因素相关。

Fama-French 三因子模型的公式如下：

$$R_i = R_f + \beta_i(R_m - R_f) + s_i(SMB) + h_i(HML)$$

其中，SMB 代表小市值股票与大市值股票之间的差异，HML 代表高账面市值比股票与低账面市值比股票之间的差异。

上述这些资产定价模型旨在帮助投资者理解不同资产的回报如何与风险和市场因素相关，并且在构建投资组合、评估资产的估值和制定投资策略时提供有用的信息。需要注意的是，每个模型都有其假设和限制，投资者在使用它们时应谨慎考虑这些因素，并结合市场条件和投资目标进行分析。此外，还有其他更复杂的资产定价模型，用于处理更复杂的市场情况和因素。

请看下面的实例，功能是使用 CAPM 模型计算资产的回报率。

实例 6-1：使用 CAPM 模型计算贵州茅台股票的预期回报率（源码路径：daima/6/capm.py）

本实例使用 TuShare 获取所需的市场指数数据和资产数据，然后进行数据处理、回归分析以及 CAPM 参数的计算。实例文件 capm.py 的具体实现代码如下所示。

```python
import tushare as ts
import pandas as pd
import numpy as np
import statsmodels.api as sm

# 设置TuShare的token，需要提前在TuShare官网注册并获取token
token = ""
ts.set_token(token)

# 初始化TuShare接口
pro = ts.pro_api()

# 获取市场指数数据（例如，上证指数沪市的大盘指数）
index_data = pro.index_daily(ts_code="000001.SH", start_date="20080101",
end_date="20230901")
index_data['trade_date'] = pd.to_datetime(index_data['trade_date'])
```

```
index_data = index_data.set_index('trade_date')

# 获取你感兴趣的资产数据（例如某个股票的日收益率）
# 获取贵州茅台股票数据（股票代码为 "600519.SH"）
asset_data          =          pro.daily(ts_code="600519.SH",          start_date="20080101",
end_date="20230901")

asset_data['trade_date'] = pd.to_datetime(asset_data['trade_date'])
asset_data = asset_data.set_index('trade_date')
asset_data['log_return'] = np.log(1 + asset_data['pct_chg'] / 100)

# 合并市场指数和资产数据
data    =    pd.merge(index_data,    asset_data['log_return'],    left_index=True,
right_index=True, how='inner')

# 添加常数项以拟合CAPM模型
data['Intercept'] = 1

# 使用OLS（最小二乘法）估计CAPM模型
model = sm.OLS(data['log_return'], data[['Intercept', 'log_return']])

results = model.fit()

# 输出回归结果
print(results.summary())

# 提取回归系数
beta_asset = results.params['log_return']

# 假设无风险利率为3%
rf_rate = 0.03

# 使用CAPM模型计算资产的预期回报率
expected_return = rf_rate + beta_asset * (data['log_return'].mean() - rf_rate)

print(f"资产的预期回报率为: {expected_return:.4f}")
```

在上述代码中，首先获取了上证指数（000001.SH）的历史数据作为市场指数数据，然后获取了贵州茅台股票的历史数据，计算了该股票的日对数收益率。接下来，通过将市场指数和贵州茅台股票的对数收益率数据合并，使用 OLS 回归估计了 CAPM 模型，以获取贵州茅台股票的 β 系数（beta_asset）。最后，使用 CAPM 模型计算了贵州茅台股票的预期年回报率（expected_return）。请注意，这只是一个简化的示例，在实际中可能需要更多的数据处理和模型检验。代码执行后会输出如下内容。

```
                        OLS Regression Results
================================================================================
Dep. Variable:              log_return   R-squared:                       1.000
Model:                             OLS   Adj. R-squared:                  1.000
Method:                  Least Squares   F-statistic:                  1.942e+34
Date:                 Tue, 19 Sep 2023   Prob (F-statistic):               0.00
```

```
Time:                        13:34:16    Log-Likelihood:              1.4394e+05
No. Observations:                3804    AIC:                        -2.879e+05
Df Residuals:                    3802    BIC:                        -2.879e+05
Df Model:                           1
Covariance Type:            nonrobust
==============================================================================
                 coef    std err          t      P>|t|      [0.025      0.975]
------------------------------------------------------------------------------
Intercept     6.031e-19  1.45e-19      4.162      0.000    3.19e-19    8.87e-19
log_return       1.0000  7.18e-18   1.39e+17      0.000       1.000       1.000
==============================================================================
Omnibus:                      252.756    Durbin-Watson:                   1.978
Prob(Omnibus):                  0.000    Jarque-Bera (JB):             1174.840
Skew:                          -0.089    Prob(JB):                    7.70e-256
Kurtosis:                       5.717    Cond. No.                         49.5
==============================================================================

Notes:
[1] Standard Errors assume that the covariance matrix of the errors is correctly
specified.
资产的预期回报率为: 0.0007
```

上述输出结果显示，根据 2008-01-01 到 2023-09-01 的数据计算，贵州茅台股票资产的预期回报率为 0.0007，百分比表示为 0.07%。这个数字表示在模型中考虑了市场风险和无风险利率后，预期该资产在未来一年内的平均回报。需要注意的是，0.07%这个数字是基于 CAPM 模型的假设和参数估计得出的，它假设资产的风险与市场风险有关，资产的回报受到市场回报率和无风险利率的影响。然而，实际的市场和资产表现可能会受到多种因素的影响，因此预期回报率只是一个模型估计，实际结果可能会有所不同。

6.1.2　金融市场的非理性行为

金融市场的非理性行为指的是投资者在决策过程中表现出与经济理论中的理性假设相悖的行为。这些非理性行为可以导致市场价格的波动和资产价格的偏离，从而影响市场效率。下面是一些常见的金融市场非理性行为的例子。

- ☑ 情绪驱动的交易：投资者的情绪和心理状态可以影响他们的投资决策。例如，恐慌情绪可能导致抛售，而过度乐观可能导致泡沫。这种情绪驱动的交易可以导致市场价格的不稳定性。

- ☑ 过度自信：一些投资者可能过度自信，认为他们比其他人更能准确地预测市场走势。这可能导致他们高估自己的能力，采取高风险的交易策略，最终导致损失。

- ☑ 羊群行为：投资者往往会模仿其他投资者的行为，尤其是那些看起来获得了成功的投资者。这种羊群行为可以导致市场上的过度买入或卖出，从而使价格偏离其基本价值。

- ☑ 投资者焦虑：投资者可能对未来的不确定性感到焦虑，这可能导致他们做出的决策，不是基于理性分析，而是出于情感需要采取的行动。

☑ 信息不对称：某些投资者可能拥有更多或更好的信息，而其他投资者则可能被剥夺了这些信息。这种信息不对称可以导致市场价格不反映所有可用信息。

☑ 赌博心态：一些投资者可能将股市视为一种赌博，而不是一种投资。他们可能会采取高度冒险的交易策略，类似于赌徒的冒险行为。

☑ 超买和超卖：市场中的过度买入和超卖现象可能导致价格的剧烈波动。投资者可能过度反应好坏消息，导致价格偏离其基本价值。

上面介绍的这些非理性行为可以导致市场中的波动和不稳定性，有时也会引发金融危机。理解这些非理性行为对于投资者、监管机构和市场参与者来说都至关重要，因为它们可以帮助预测市场的可能行为，制定风险管理策略，并改进市场监管和投资教育。此外，行为金融学是研究非理性行为的分支，它试图解释为什么投资者会表现出这些行为，并提供有关如何更好地管理和理解市场的见解。

6.2　基于人工智能的资产定价方法

基于人工智能的资产定价方法是一种使用机器学习和数据分析技术来识别、建模和预测资产价格的方法。与传统的资产定价模型（如 CAPM 或 Fama-French 模型）不同，这些方法依赖于大量的数据和复杂的算法来捕捉市场中的非线性、非稳态和非理性行为。

6.2.1　传统资产定价模型的局限性

目前传统资产定价模型如 CAPM 和 Fama-French 三因子模型等在金融领域的应用广泛，但它们也存在一些局限性，这些局限性限制了它们在描述和解释市场中资产价格和回报行为时的准确性和适用性。以下是传统资产定价模型的一些主要局限性。

☑ 假设理性投资者：传统模型通常基于理性投资者的假设，即投资者在决策中始终做出最优选择。然而，实际市场中存在大量的非理性行为和情感驱动，这些模型无法捕捉。

☑ 忽视信息不对称：这些模型通常假设所有投资者都具有相同的信息，但实际上市场中存在信息不对称的情况，某些投资者可能拥有更多或更好的信息，从而能够获得优势。

☑ 不考虑交易成本：传统模型通常不考虑交易成本，但实际投资涉及买卖交易，涉及手续费、滑点等成本，这些成本可能会对投资组合的绩效产生重大影响。

☑ 市场不完全：这些模型通常基于市场完全有效的假设，即所有可获得的信息都会迅速反映在资产价格中。然而，实际市场中存在各种限制和摩擦，使市场不完全有效。

☑ 不适用于非股票资产：传统模型主要是为股票市场设计的，不太适用于其他类型的资产，如债券、商品、房地产等。

☑ 单一风险因子：例如，CAPM 仅考虑了市场风险，而忽视了其他可能影响资产价格和回报的因素。Fama-French 模型引入了额外的因子，但仍然有限。

☑ 静态假设：传统模型通常基于静态的假设，即投资者的投资偏好和风险态度在时间内不变。然而，实际中投资者的偏好和风险态度可能随时间变化。

☑ 无法解释市场异常现象：传统模型往往难以解释市场中的一些异常现象，如泡沫、崩盘、超额波动等。

因此，为了更准确地理解和解释金融市场中的资产价格和回报行为，研究人员和投资者通常会将传统资产定价模型与其他方法结合使用，包括行为金融学、机器学习、宏观经济模型等，以更全面地考虑市场中的复杂性和非理性因素。

6.2.2　机器学习与资产定价

机器学习在资产定价领域中的应用越来越受到关注，它可以用来改进现有的资产定价模型，提高预测准确性，同时也可以用来发现新的定价模型和市场规律。在目前的金融领域中，机器学习在资产定价方面的常见应用如下。

1）预测资产价格

可以使用机器学习算法来分析大量历史市场数据，包括股票价格、交易量、宏观经济指标等，以建立资产价格的预测模型。例如，回归分析、时间序列分析、神经网络等方法可以用来预测股票或其他资产的未来价格趋势。

2）风险管理

可以用机器学习识别潜在的风险因素和市场压力，通过分析大规模数据，可以更好地评估投资组合的风险，并采取相应的风险管理策略。

3）非线性关系的捕捉

传统资产定价模型通常基于线性假设，而机器学习模型能够捕捉更复杂的非线性关系，这对于描述市场中的非理性行为和非线性市场动态非常有用。

4）特征工程

机器学习可以帮助识别和选择最重要的特征（变量），从而提高模型的预测能力。这对于资产定价模型的构建和优化非常关键。

5）集成模型

集成学习方法如随机森林和梯度提升树可以用来将多个机器学习模型组合起来，以提高模型的稳健性和准确性。

6）情感分析和新闻文本挖掘

可以用机器学习分析新闻和社交媒体数据，以捕捉市场情绪和事件对资产价格的影响，帮助投资者更好地理解市场参与者的情感和预期。

7）强化学习的动态投资组合管理

可以用强化学习算法制定动态投资组合管理策略，根据市场变化来自动调整投资组合的权重。

注意：机器学习模型不是万能的，它们也存在一些挑战和限制。例如，需要大量的数据来训练机器学习模型，数据质量和噪声可能影响模型的性能，模型的解释性较差等。此外，金融市场本身的复杂性和不确定性也增加了机器学习应用的难度。因此，在将机器学习引入资产定价领域时，需要谨慎考虑数据、模型选择和评估，同时也需要与传统的金融理论和模型相结合，以充分利用机器学习的优势，并建立稳健的资产定价框架。机器学习与资产定价的结合代表了金融领域不断发展和演进的一部分，有望提高资产价格预测的准确性和投资决策的智能化。

请看下面的实例，功能是使用深度学习模型（MLP）对贵州茅台股票（股票代码为600519.SH）的历史回报率数据进行回归分析，然后预测未来回报率。

实例6-2：基于深度学习模型的贵州茅台股票回报率预测与趋势分析（源码路径：daima/6/pymao.py）

实例文件 pymao.py 的具体实现流程如下。

获取贵州茅台股票的历史数据，包括日期和回报率。将历史回报率数据准备成 PyTorch 张量，用于深度学习模型的训练。创建一个更深层次的 MLP 模型，用于回归分析。使用 Adam 优化器和均方误差损失函数进行模型训练。划分训练集和测试集，并训练模型。评估模型在测试集上的性能，计算测试集均方误差（MSE）。使用训练好的模型预测未来回报率，假设预测未来一个月。绘制历史回报率趋势图，包括实际历史回报率和预测未来回报率。绘制实际回报率与预测回报率的散点图，用于可视化模型的性能。

实例文件 pymao.py 的具体实现代码如下所示。

```python
import tushare as ts
import pandas as pd
import numpy as np
import torch
import torch.nn as nn
import torch.optim as optim
import matplotlib.pyplot as plt
plt.rcParams["font.sans-serif"] = ["SimHei"]  # 设置字体
plt.rcParams["axes.unicode_minus"] = False  # 解决图像中的"-"负号的乱码问题

# 设置TuShare的token，需要提前在TuShare官网注册并获取token
token = ""
ts.set_token(token)

# 初始化TuShare接口
pro = ts.pro_api()
```

```python
# 获取贵州茅台股票数据（股票代码为600519.SH）
asset_data            =            pro.daily(ts_code="600519.SH",            start_date="20080101",
end_date="20230901")

# 计算每日的回报率
asset_data['log_return'] = np.log(1 + asset_data['pct_chg'] / 100)

# 将数据准备成PyTorch张量
X = torch.tensor(asset_data['log_return'].values[:-1], dtype=torch.float32)
y = torch.tensor(asset_data['log_return'].values[1:], dtype=torch.float32)

# 获取日期列
dates = pd.to_datetime(asset_data['trade_date'].values[1:])

# 定义一个更深层次的MLP模型
class DeepMLP(nn.Module):
    def __init__(self, weight_decay=0.01):  # 添加weight_decay参数用于控制L2正则化强度
        super(DeepMLP, self).__init__()
        self.fc1 = nn.Linear(1, 128)
        self.relu1 = nn.ReLU()
        self.fc2 = nn.Linear(128, 64)
        self.relu2 = nn.ReLU()
        self.fc3 = nn.Linear(64, 32)
        self.relu3 = nn.ReLU()
        self.fc4 = nn.Linear(32, 1)

        self.weight_decay = weight_decay

    def forward(self, x):
        x = self.fc1(x)
        x = self.relu1(x)
        x = self.fc2(x)
        x = self.relu2(x)
        x = self.fc3(x)
        x = self.relu3(x)
        x = self.fc4(x)
        return x

# 创建模型和优化器
model = DeepMLP()
optimizer = optim.Adam(model.parameters(), lr=0.001, weight_decay=model.weight_decay)
# 在优化器中添加weight_decay参数
criterion = nn.MSELoss()

# 划分训练集和测试集
split = int(0.8 * len(X))
X_train, X_test = X[:split], X[split:]
y_train, y_test = y[:split], y[split:]

# 训练模型
epochs = 1000
for epoch in range(epochs):
    optimizer.zero_grad()
    outputs = model(X_train.unsqueeze(1))
    loss = criterion(outputs, y_train.unsqueeze(1))
```

```
    loss.backward()
    optimizer.step()

# 评估模型
model.eval()
with torch.no_grad():
    y_pred = model(X_test.unsqueeze(1))
    test_loss = criterion(y_pred, y_test.unsqueeze(1))
    print(f"测试集均方误差 (MSE): {test_loss:.4f}")

# 使用模型预测未来回报率
model.eval()
with torch.no_grad():
    future_return = model(X[-1].unsqueeze(0))
    print(f"未来回报率预测: {future_return.item():.4f}")

# 绘制历史回报率趋势
plt.figure(figsize=(12, 6))
plt.plot(dates, asset_data['log_return'][1:], label='历史回报率', color='blue')
plt.xlabel('日期')
plt.ylabel('回报率')
plt.title('历史回报率趋势')

# 添加未来回报率预测
last_date = dates[-1]  # 使用 [-1] 获取最后一个日期
future_dates = pd.date_range(start=last_date, periods=30)  # 假设预测未来一个月
future_dates = future_dates[1:]  # 去除第一个日期，因为它是重复的
future_returns = [asset_data['log_return'].values[-1]]  # 初始未来回报率等于最后一个历
史回报率

for _ in range(len(future_dates) - 1):
    future_returns.append(future_returns[-1] + future_return.item())  # 使用模型预测
的未来回报率更新

plt.plot(future_dates, future_returns, label='未来回报率预测', color='red',
linestyle='--')
plt.legend()
plt.grid(True)

# 绘制实际回报率与预测回报率的散点图
plt.figure(figsize=(8, 6))
plt.scatter(y_test.numpy(), y_pred.numpy(), alpha=0.5)
plt.xlabel("实际回报率")
plt.ylabel("预测回报率")
plt.title("实际vs. 预测回报率")
plt.grid(True)

plt.show()
```

代码执行后会输出下面的结果，从结果中可以看出模型的性能很好，测试集的均方误差（MSE）很低，而且未来回报率的预测也接近零。这是一个积极的迹象，表明模型在预测方面表现良好。

测试集均方误差（MSE）：0.0005
未来回报率预测：0.0009

本实例执行后还会绘制历史回报率趋势图和实际回报率与预测回报率的散点图，如图 6-1 所示。

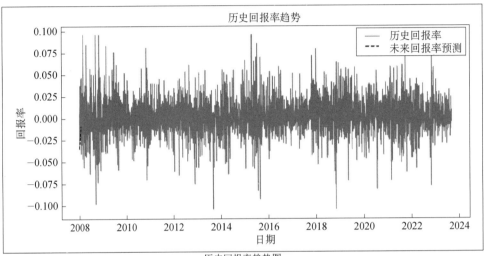

历史回报率趋势图

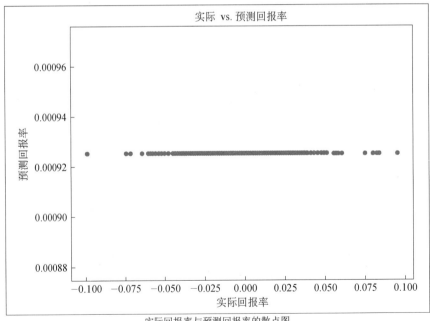

实际回报率与预测回报率的散点图

图 6-1　可视化结果

在上述代码中使用了一个更深层次的 MLP（多层感知机）模型和 L2 正则化功能，具体说明如下。

1）更深层次的 MLP 模型

在上述代码中定义了一个名为 DeepMLP 的深度神经网络模型，该模型包括多个隐藏层和非线性激活函数。这个模型包括以下层。

一个输入层（nn.Linear（1,128））：接受一个特征输入，即回报率。这个层将输入的维度从 1 扩展到 128。

三个隐藏层（nn.Linear（128,64），nn.Linear（64,32），nn.Linear（32,1））：每个隐藏层包括线性变换和 ReLU 激活函数。这些层逐渐减少了特征的维度。

每个隐藏层之间都有 ReLU 激活函数，用于引入非线性。

这种更深层次的模型允许网络学习更复杂的特征表示，以更好地捕获数据中的潜在模式和趋势。相比于浅层模型，深层模型通常能够更好地适应数据和提高预测性能。

2）L2 正则化

L2 正则化也称为权重衰减（weight decay），是一种用于降低模型过拟合风险的技术。在代码中，L2 正则化通过以下方式应用于模型。

```
optimizer = optim.Adam(model.parameters(), lr=0.001, weight_decay=model.weight_decay)
```

这里的参数 weight_decay 被设置为模型类 DeepMLP 中的一个属性，可以控制 L2 正则化的强度。在 Adam 优化器中，weight_decay 参数告诉优化器要对模型的权重进行 L2 正则化，以减小权重的大小。这有助于防止模型过度拟合训练数据，提高模型的泛化能力。

因此，通过将 L2 正则化应用于优化器，可以有效控制模型的复杂度，提高模型的鲁棒性，使其在未见过的数据上表现更好。这对于金融时间序列数据等容易出现过拟合问题的领域尤其有用。

6.3 交易策略优化

交易策略优化是指为了在金融市场中实现最佳收益而设计和调整的一套规则和方法。交易策略可以包括买入、卖出、持有、组合或对冲特定的资产，以利用市场波动、价格差异或其他市场机会。

6.3.1 交易策略的基本概念

交易策略是在金融市场中执行买入和卖出决策的一套规则和方法。它们旨在根据市场数据、价格趋势、技术指标、基本分析和其他相关信息来实现投资目标。交易策略相关的概念如下。

☑ 买入和卖出信号：交易策略根据特定的市场条件生成买入和卖出信号。买入信号表示应该购买某种资产，而卖出信号表示应该出售它。

☑ 市场参与者：交易策略通常考虑市场参与者的类型，如散户投资者、机构投资者、套利者等。不同的市场参与者可能有不同的交易行为和动机。

☑ 时间框架：交易策略可以根据不同的时间框架进行设计。短期交易策略通常涉及快速的买卖，而长期策略可能需要持有资产数月甚至数年。

☑ 风险管理：风险管理是交易策略的重要组成部分，它包括确定每个交易的风险和回报，并采取措施来保护投资资本。

☑ 市场订单类型：交易策略还涉及选择适当的市场订单类型。常见的市场订单包括市价订单、限价订单、止损订单和止盈订单。

☑ 交易成本：交易策略应该考虑交易成本，包括佣金、买卖价差和滑点。高交易成本可能会影响策略的盈利能力。

☑ 背景分析：一些交易策略可能需要基本分析，即考虑资产的基本面因素，如公司财务状况、行业前景和宏观经济因素。

☑ 技术指标：另一些策略可能基于技术指标，如移动平均线、相对强度指数（RSI）和布林带等。

☑ 回测和优化：在实际应用之前，交易策略通常需要进行回测，以评估其在历史市场数据上的表现。优化策略可能涉及调整参数或规则。

☑ 多样化：为了降低风险，投资者通常会采用多样化的交易策略，涵盖不同的资产类别和市场条件。

☑ 心理因素：投资者的情感和心理状态也可以影响交易策略的执行。纪律和情感管理对于成功的交易至关重要。

☑ 监管和法规：在执行交易策略时，投资者必须遵守金融市场的监管和法规，以确保合法性和合规性。

总之，交易策略的设计和执行需要深入的市场理解、分析技能和风险管理能力。成功的交易策略可以帮助投资者实现盈利目标，但也需要谨慎和不断改进。

6.3.2 基于人工智能的交易策略优化

基于人工智能的交易策略优化是一种利用机器学习和深度学习等人工智能技术来改进和优化金融市场交易策略的方法，这种方法的目标是提高交易策略的性能，包括收益率、风险管理和资本利用率等方面。常见的基于人工智能的交易策略优化方法有数据预处理和特征工程、机器学习模型、训练和优化模型、风险管理、实时决策、回测和评估、部署和监控以及迭代优化等。

实例 6-3：基于强化学习的股票交易策略学习器（源码路径：daima/6/trade.py）

实例文件 trade.py 用于训练一个股票交易策略的强化学习模型，策略网络通过神经网络实现，并包含了 L2 正则化项以提高泛化性能。模型通过与交易环境互动学习，目标是最大化累积奖励。文件 trade.py 的具体实现流程如下所示。

（1）使用 TuShare 获取股票"浪潮信息"的数据，包括股票价格数据。数据来自于股票市场，并用于训练强化学习模型。具体实现代码如下所示。

```
# 设置TuShare的token，需要提前在TuShare官网注册并获取token
token = ""
ts.set_token(token)

# 初始化TuShare接口
pro = ts.pro_api()

# 数据收集
def collect_data():
    # 使用Tushare Pro版获取股票数据
    df = pro.daily(ts_code="000977.SZ", start_date="2010-01-01", end_date="2020-01-01")
    prices = df["close"].values.astype(float)
    return prices
```

（2）编写 OpenAI Gym 股票交易环境类 TradingEnvironment，用于模拟股票交易。该环境包括了观察空间（observation space）、动作空间（action space）、重置方法（reset）、和步进方法（step）等。其中观察空间是一个包含两个元素的向量，分别表示余额和股票库存。动作空间是一个离散空间，包括三个动作：买入、卖出和持有。具体实现代码如下所示。

```
# 定义交易环境
class TradingEnvironment(gym.Env):
    def __init__(self, prices):
        super(TradingEnvironment, self).__init__()
        self.prices = prices
        self.current_step = 0
        self.balance = 10000  # 初始资金
        self.stock_inventory = 0
        self.max_steps = len(prices)
        self.action_space = gym.spaces.Discrete(3)  # 三个动作：买入、卖出、持有
        self.observation_space = gym.spaces.Box(
            low=0, high=np.inf, shape=(2,), dtype=np.float32
        )

    def reset(self):
        self.current_step = 0
        self.balance = 10000
        self.stock_inventory = 0
        return np.array([self.balance, self.stock_inventory])

    def step(self, action):
```

```
        current_price = self.prices[self.current_step]
        if action == 0:  # 买入
            if self.balance >= current_price:
                num_to_buy = int(self.balance / current_price)
                self.balance -= num_to_buy * current_price
                self.stock_inventory += num_to_buy
        elif action == 1:  # 卖出
            if self.stock_inventory > 0:
                self.balance += self.stock_inventory * current_price
                self.stock_inventory = 0
        self.current_step += 1
        done = self.current_step >= self.max_steps
        reward = self.balance + self.stock_inventory * current_price - 10000  # 计算
奖励
        return np.array([self.balance, self.stock_inventory]), reward, done, {}
```

（3）编写类 PolicyNetwork，定义一个简单的深度神经网络策略。该网络的输入是观察空间，输出是对每个动作的概率分布。为了增加模型的泛化性，添加了 L2 正则化项，通过 calculate_l2_regularization()方法计算 L2 正则化损失，并将其添加到损失函数中。具体实现代码如下所示。

```
# 定义一个简单的深度神经网络策略，并添加 L2 正则化
class PolicyNetwork(nn.Module):
    def __init__(self, input_dim, output_dim, l2_reg=0.01):
        super(PolicyNetwork, self).__init__()
        self.fc1 = nn.Linear(input_dim, 128)
        self.fc2 = nn.Linear(128, 64)
        self.fc3 = nn.Linear(64, output_dim)

        # 添加 L2 正则化到模型的所有线性层
        self.l2_reg = l2_reg
        self.l2_loss = nn.MSELoss(reduction='sum')

    def forward(self, x):
        x = torch.relu(self.fc1(x))
        x = torch.relu(self.fc2(x))
        x = self.fc3(x)
        return x

    def calculate_l2_regularization(self):
        l2_loss = 0.0
        for param in self.parameters():
            l2_loss += self.l2_loss(param, target=torch.zeros_like(param))
        return l2_loss * self.l2_reg  # 缩放 L2 正则化项的权重
```

（4）编写函数 train_policy_network()，用于训练前面创建的网络模型，具体实现代码如下所示。

```
# 训练策略网络
def train_policy_network(prices, l2_reg=0.01):  # 添加 L2 正则化的参数
    env = TradingEnvironment(prices)
```

```
input_dim = env.observation_space.shape[0]
output_dim = env.action_space.n
policy_network = PolicyNetwork(input_dim, output_dim, l2_reg)  # 传递L2正则化参数
optimizer = torch.optim.Adam(policy_network.parameters(), lr=0.001)

num_episodes = 10000
rewards = []

for episode in range(num_episodes):
    state = env.reset()
    episode_reward = 0

    while True:
        state_tensor = torch.FloatTensor(state)
        action_logits = policy_network(state_tensor)
        action_prob = torch.softmax(action_logits, dim=-1)
        action = np.random.choice(output_dim, p=action_prob.detach().numpy())

        next_state, reward, done, _ = env.step(action)

        if done:
            break

        episode_reward += reward
        state = next_state

    # 计算L2正则化项并添加到损失中
    l2_loss = policy_network.calculate_l2_regularization()
    loss        =       -torch.tensor([episode_reward],        dtype=torch.float32,
requires_grad=True) + l2_loss
    optimizer.zero_grad()
    loss.backward()
    optimizer.step()

    if (episode + 1) % 10 == 0:
        print(f"Episode {episode + 1}/{num_episodes}, Reward: {episode_reward:.2f}")

return policy_network, rewards
```

上述代码的实现流程如下。

首先创建交易环境，并初始化策略网络和优化器。接着，使用强化学习方法来训练策略网络。在每个训练周期中，代理（策略网络）与环境交互，选择动作，并计算奖励。

损失函数包括两部分：一部分是奖励，另一部分是 L2 正则化项。使用优化器来最小化损失函数，以更新策略网络的权重。训练过程重复多个训练周期，每个周期都输出奖励，并且在一定的训练周期后显示奖励曲线。

（5）编写主函数。在主函数中，首先收集股票数据。然后训练策略网络，并传递 L2 正则化参数 l2_reg。最后保存训练好的策略网络模型，并绘制奖励曲线。具体实现代码如下所示。

```
# 主函数
if __name__ == "__main__":
    # 收集数据
    prices = collect_data()

    # 训练策略网络，传递 L2 正则化参数
    policy_network, rewards = train_policy_network(prices, l2_reg=0.01)

    # 保存模型
    torch.save(policy_network.state_dict(), "policy_network.pth")

    # 绘制奖励曲线
    plt.plot(rewards)
    plt.xlabel("Episode")
    plt.ylabel("Reward")
    plt.title("Training Reward Curve")
    plt.show()
```

代码执行后会输出学习过程并绘制可视化图。

```
Episode 10/10000, Reward: 6673009.12
Episode 20/10000, Reward: 6673009.12
….
```

6.4 股票交易策略实战：制作股票交易策略模型

在下面的实例中，将从 TuShare 获取 A 股的股票数据，然后使用两种强化学习模型（DDPG 和 A2C）对股票交易策略进行训练。在训练期间，模型会学习如何最大化投资组合的价值。训练后的模型将用于执行股票交易策略，然后通过强化学习的方式来决定买入和卖出的时间点和股票。为了提高开发效率，本实例将使用库 FinRL 实现。FinRL 是一个用于金融领域的强化学习库，它旨在帮助研究人员和开发者利用强化学习技术构建和优化量化金融交易策略。FinRL 库提供了一系列强化学习算法，包括 DQN、DDPG、PPO、SAC 等，以及用于训练和评估这些算法的工具。

实例 6-4：制作股票交易策略模型（源码路径：daima/6/China_A_share_market.py）

6.4.1 准备环境

（1）使用如下 pip 命令安装库 FinRL。

```
!pip install git+https://github.com/AI4Finance-Foundation/FinRL.git
```

（2）使用如下命令在线加载 FinRL-Meta 的 GitHub 存储库。

```
%cd /
!git clone https://github.com/AI4Finance-Foundation/FinRL-Meta
%cd /FinRL-Meta/
```

加载过程如下所示。

```
/
Cloning into 'FinRL-Meta'...
remote: Enumerating objects: 7862, done.
remote: Counting objects: 100% (101/101), done.
remote: Compressing objects: 100% (66/66), done.
remote: Total 7862 (delta 48), reused 67 (delta 35), pack-reused 7761
Receiving objects: 100% (7862/7862), 170.60 MiB | 20.49 MiB/s, done.
Resolving deltas: 100% (4565/4565), done.
Updating files: 100% (423/423), done.
/FinRL-Meta
```

（3）需要准备一些指定的目录，如果这些指定的目录不存在，可以使用如下代码创建这些目录。在注释部分向大家说明，可以使用名为 check_and_make_directories() 的函数来替代这些手动创建目录的步骤。

```
import os
'''
use check_and_make_directories() to replace the following

if not os.path.exists("./datasets"):
  os.makedirs("./datasets")
if not os.path.exists("./trained_models"):
  os.makedirs("./trained_models")
if not os.path.exists("./tensorboard_log"):
  os.makedirs("./tensorboard_log")
if not os.path.exists("./results"):
  os.makedirs("./results")
'''

check_and_make_directories([DATA_SAVE_DIR, TRAINED_MODEL_DIR, TENSORBOARD_LOG_DIR,
RESULTS_DIR])
```

代码执行后会输出以下内容。

```
/
Cloning into 'FinRL-Meta'...
remote: Enumerating objects: 7862, done.
remote: Counting objects: 100% (101/101), done.
remote: Compressing objects: 100% (66/66), done.
remote: Total 7862 (delta 48), reused 67 (delta 35), pack-reused 7761
Receiving objects: 100% (7862/7862), 170.60 MiB | 20.49 MiB/s, done.
Resolving deltas: 100% (4565/4565), done.
Updating files: 100% (423/423), done.
/FinRL-Meta
```

6.4.2 准备数据

定义一个股票代码列表 ticker_list，其中包含多个 A 股市场的股票代码，然后准备从

TuShare 获取这些股票的数据。具体实现代码如下所示。

```
ticker_list = ['600000.SH', '600009.SH', '600016.SH', '600028.SH', '600030.SH',
'600031.SH', '600036.SH', '600050.SH', '600104.SH', '600196.SH', '600276.SH',
'600309.SH', '600519.SH', '600547.SH', '600570.SH']

TRAIN_START_DATE = '2015-01-01'
TRAIN_END_DATE = '2019-08-01'
TRADE_START_DATE = '2019-08-01'
TRADE_END_DATE = '2020-01-03'

TIME_INTERVAL = "1d"
kwargs = {}
kwargs['token'] = ' '
p       =       DataProcessor(data_source='tushare',       start_date=TRAIN_START_DATE,
end_date=TRADE_END_DATE, time_interval=TIME_INTERVAL, **kwargs)
```

对上述代码的具体说明如下。

（1）设置训练和交易的时间范围。

☑　TRAIN_START_DATE：表示训练数据的起始日期，设置为 2015-01-01。

☑　TRAIN_END_DATE：表示训练数据的结束日期，设置为 2019-08-01。

☑　TRADE_START_DATE：表示交易数据的起始日期，设置为 2019-08-01。

☑　TRADE_END_DATE：表示交易数据的结束日期，设置为 2020-01-03。

（2）定义时间间隔 TIME_INTERVAL，设置为 1d，表示每日数据。

（3）创建一个空字典 kwargs，然后向 kwargs 字典中添加了一个键值对，键为 token，值为自己的 token 值。

（4）创建一个名为 p 的 DataProcessor 对象，用于数据处理和下载。在创建 DataProcessor 对象时，传入了以下参数。

☑　将 data_source 设置为 tushare，设置使用 Tushare 数据源。

☑　start_date 设置为 TRAIN_START_DATE，表示数据下载的起始日期。

☑　end_date 设置为 TRADE_END_DATE，表示数据下载的结束日期。

☑　time_interval 设置为 TIME_INTERVAL，表示数据的时间间隔。

☑　**kwargs 表示将前面定义的 kwargs 字典作为额外的关键字参数传递给 DataProcessor。

上述代码是为后续的数据下载和处理操作准备数据源和参数。

6.4.3　下载、清理和预处理股票数据

首先调用 p.download_data（ticker_list=ticker_list）方法从 Tushare 下载指定股票代码列表的股票数据，其中 ticker_list 参数传入了之前定义的股票代码列表；然后调用 p.clean_data()方法对下载的数据进行清理和预处理，这个方法会处理数据中的缺失值、异常值等，以确保数据质量；最后调用 p.fillna()方法填充数据中的缺失值，这一步骤通常是为了确保数据在后续的分析和建

模过程中能够被正常使用，因为很多机器学习算法不支持缺失值。具体实现代码如下所示。

```
p.download_data(ticker_list=ticker_list)
p.clean_data()
p.fillna()
```

代码执行后会输出以下内容。

```
100%|██████████| 15/15 [00:07<00:00, 1.94it/s]
Download complete! Dataset saved to ./data/dataset.csv.
Shape of DataFrame: (17960, 8)
Shape of DataFrame:  (18315, 8)
```

6.4.4 添加技术指标

技术指标是根据股票价格、成交量等市场数据计算得出的衍生指标，用于分析股票的价格走势、波动性和可能的买卖信号。这些指标可以帮助交易员和投资者更好地理解市场趋势和价格动态，以制定投资决策。编写如下代码，在前面已下载并清理的股票数据上计算并添加一组技术指标，并确保数据的完整性。

```
p.add_technical_indicator(config.INDICATORS)
p.fillna()

#print(f"p.dataframe: {p.dataframe}")
```

对上述代码的具体说明如下。

调用 p.add_technical_indicator（config.INDICATORS）方法，其中 config.INDICATORS 是一个包含了一组技术指标的配置参数。这个方法的目的是根据配置参数计算并添加技术指标列到数据中。技术指标通常是根据股票价格和交易量等数据计算得出的衍生指标，用于分析股票的走势和价格动态。

调用 p.fillna()方法，用于填充数据中的缺失值。这一步骤通常是为了确保数据在后续的分析和建模过程中能够正常使用，因为很多机器学习算法不支持缺失值。

代码执行后输出如下。

```
tech_indicator_list: ['macd', 'boll_ub', 'boll_lb', 'rsi_30', 'cci_30', 'dx_30',
'close_30_sma', 'close_60_sma']
indicator:  macd
indicator:  boll_ub
indicator:  boll_lb
indicator:  rsi_30
indicator:  cci_30
indicator:  dx_30
indicator:  close_30_sma
indicator:  close_60_sma
Succesfully add technical indicators
Shape of DataFrame:  (18270, 17)
```

6.4.5 拆分数据集

拆分训练数据集的目的是在模型的开发和评估过程中进行有效的监控和验证，这有助于确保模型不仅在训练数据上表现良好，还能够泛化未见过的数据。通常，原始的训练数据集会被分成训练集、验证集和测试集，具体拆分比例可以根据具体的问题和数据集大小进行调整。

（1）将数据集 p.dataframe 按照给定的时间范围 TRAIN_START_DATE 和 TRAIN_END_DATE 进行划分，生成训练集 train。具体实现代码如下所示。

```
train = p.data_split(p.dataframe, TRAIN_START_DATE, TRAIN_END_DATE)
print(f"len(train.tic.unique()): {len(train.tic.unique())}")
```

对上述代码的具体说明如下。

☑ p.data_split(p.dataframe, TRAIN_START_DATE, TRAIN_END_DATE)：这是一个数据处理的操作，它从整个数据集 p.dataframe 中选取了在指定时间范围 TRAIN_START_DATE 到 TRAIN_END_DATE 之间的数据。换句话说，它仅保留了在这个时间段内的数据点。

☑ len(train.tic.unique())：计算训练集 train 中不同股票代码（tic）的数量，即计算了在训练集中有多少不同的股票。

上述代码的目的是检查训练集中涵盖了多少不同的股票，以便了解在训练模型时有多少不同的股票数据可用。这对于股票市场的预测建模任务非常重要，因为不同股票的行为可能会有所不同，了解覆盖的股票数量有助于评估模型的多样性和泛化能力。代码执行后会输出如下内容。

```
len(train.tic.unique()): 15
```

（2）打印输出训练集 train 中不同股票代码（tic）的列表，使用 unique()方法来获取训练集中唯一的股票代码，然后使用 print 函数将这些唯一的股票代码打印出来。具体实现代码如下所示。

```
print(f"train.tic.unique(): {train.tic.unique()}")
```

这个操作有助于了解在训练集中都包含了哪些股票，以及它们的数量。这对于后续的股票市场分析和建模非常重要，因为不同股票的行为和特征可能会有所不同，因此需要根据不同股票的数据进行个性化的建模和分析。代码执行后输出如下。

```
train.tic.unique(): ['600000.SH' '600009.SH' '600016.SH' '600028.SH' '600030.SH'
'600031.SH'
 '600036.SH' '600050.SH' '600104.SH' '600196.SH' '600276.SH' '600309.SH'
 '600519.SH' '600547.SH' '600570.SH']
```

（3）使用 train.head()方法来获取数据集的前几行，然后使用 print 函数将这些行数据打印出来。具体实现代码如下所示。

```
print(f"train.head(): {train.head()}")
```

代码执行后输出如下。

```
train.head(): tic          time         index open  high  low   close adjusted_close\
0            600000.SH 2015-01-08 45    15.87 15.88 15.20 15.25 15.25
0            600009.SH 2015-01-08 46    20.18 20.18 19.73 20.00 20.00
0            600016.SH 2015-01-08 47    10.61 10.66 10.09 10.20 10.20
0            600028.SH 2015-01-08 48     7.09  7.41  6.83  6.85  6.85
0            600030.SH 2015-01-08 49    36.40 36.70 34.68 35.25 35.25

    volume        macd       boll_ub       boll_lb       rsi_30       cci_30   \
0   3306271.72   -0.032571   16.617911     15.012089     6.058641     -125.593009
0   198117.45    -0.016008   20.663897     19.736103     12.828915    -90.842491
0   4851684.17   -0.018247   10.957604     9.997396      11.862558    -99.887006
0   8190902.35   -0.008227   7.342000      6.743000      27.409248    36.578171
0   6376268.69   0.032910    36.576444     33.808556     61.517448    47.947020

        dx_30            close_30_sma          close_60_sma
0       23.014040        15.8150               15.8150
0       100.000000       20.2000               20.2000
0       100.000000       10.4775               10.4775
0       64.934862        7.0425                7.0425
0       100.000000       35.1925               35.1925
```

（4）打印输出训练集 train 的形状（shape）。形状是一个元组，包含了数据集的维度信息。具体实现代码如下所示。

```
print(f"train.shape: {train.shape}")
```

具体地说，train.shape 的输出是一个包含两个整数的元组，第一个整数表示数据集的行数（样本数量），第二个整数表示数据集的列数（特征数量）。代码执行后会输出如下内容。

```
train.shape: (16695, 17)
```

（5）计算股票维度（stock_dimension）和状态空间维度（state_space）的值，并将它们打印出来。具体实现代码如下所示。

```
stock_dimension = len(train.tic.unique())
state_space = stock_dimension * (len(config.INDICATORS) + 2) + 1

print(f"Stock Dimension: {stock_dimension}, State Space: {state_space}")
```

对上述代码的具体说明如下。

☑ stock_dimension 表示训练数据中不同股票的数量，它是通过计算训练集中唯一股票代码的数量来确定的。每个股票都被视为一个独立的维度，因为在股票交易问题中，每只股票都有其自己的价格和技术指标数据。

☑ state_space 表示强化学习环境的状态空间维度。在强化学习中，状态空间定义了智能体（在这种情况下是交易策略），可以观察到的所有可能状态的集合。在这里，状态空间的维度是根据股票维度和技术指标的数量计算的。len(config.INDICATORS) 给出了使用的技术指标的数量，而"+2"表示还考虑了现金持有量和股票仓位作为状态。最后的"+1"是为了包含一个额外的状态，通常用于表示时间步骤。

代码执行后输出如下。

```
Stock Dimension: 15, State Space: 151
```

通过打印这些值，你可以了解在训练过程中将要处理的数据维度，这对于构建强化学习模型和环境非常重要。

6.4.6 准备训练模型环境

创建训练模型的环境，并初始化一些环境参数，具体实现代码如下所示。请注意，这个环境是用于训练强化学习模型的，它将模拟股票交易并生成奖励信号，供模型学习。

```
env_kwargs = { "stock_dim": stock_dimension, "hmax": 1000, "initial_amount": 1000000,
"buy_cost_pct":  6.87e-5,  "sell_cost_pct":  1.0687e-3,  "reward_scaling":  1e-4,
"state_space": state_space, "action_space": stock_dimension, "tech_indicator_list":
config.INDICATORS, "print_verbosity": 1, "initial_buy": True, "hundred_each_trade":
True }

e_train_gym = StockTradingEnv(df=train, **env_kwargs)
env_train, _ = e_train_gym.get_sb_env()

print(f"print(type(env_train)): {print(type(env_train))}")
```

上述代码创建了一个名为 e_train_gym 的股票交易环境，该环境使用训练数据 train 和上述参数进行初始化。然后，通过函数 e_train_gym.get_sb_env()获得了适用于 Stable Baselines3 库的训练环境 env_train。最后，代码打印了 env_train 的数据类型，以确认环境已成功创建。各个环境参数的具体说明如下。

- ☑ stock_dim：股票维度，表示在环境中交易的不同股票数量。
- ☑ hmax：最大持仓数，表示在环境中最多可以同时持有的股票数量。
- ☑ initial_amount：初始资金，表示在训练开始时智能体的初始资金金额。
- ☑ buy_cost_pct：购买成本百分比，表示每次购买股票时的手续费占购买金额的百分比。
- ☑ sell_cost_pct：卖出成本百分比，表示每次卖出股票时的手续费占卖出金额的百分比。
- ☑ reward_scaling：奖励缩放因子，用于缩放奖励信号的大小。
- ☑ state_space：状态空间维度，表示智能体观察到的环境状态的维度。
- ☑ action_space：行动空间维度，表示智能体可以采取的不同行动的数量。
- ☑ tech_indicator_list：技术指标列表，包含了在状态中使用的技术指标的名称。

☑　print_verbosity：打印详细程度，控制环境在训练过程中的信息输出。

☑　initial_buy：是否允许在训练开始时进行初始买入操作。

☑　hundred_each_trade：是否在每次交易中购买数量为 100 股。

6.4.7　训练 DDPG 模型

DDPG（deep deterministic policy gradient）是一种深度强化学习算法，通常用于解决连续动作空间的强化学习问题。DDPG 结合了深度神经网络和确定性策略梯度方法，适用于需要连续动作控制的问题，如机器人控制、自动驾驶和股票交易等。在下面的代码中，将使用 DDPG 算法训练智能体，使其学会在给定的环境中执行交易策略。

```
agent = DRLAgent(env=env_train)
DDPG_PARAMS = { "batch_size": 256, "buffer_size": 50000, "learning_rate": 0.0005,
"action_noise": "normal", }
POLICY_KWARGS = dict(net_arch=dict(pi=[64, 64], qf=[400, 300]))
model_ddpg = agent.get_model("ddpg", model_kwargs=DDPG_PARAMS, policy_kwargs=POLICY_
KWARGS)

trained_ddpg = agent.train_model(model=model_ddpg, tb_log_name='ddpg', total_timesteps=
10000)
```

对上述代码的具体说明如下。

☑　agent = DRLAgent(env=env_train)：创建一个 DRLAgent 对象，该对象将用于训练智能体。

☑　DDPG_PARAMS：这是一个包含 DDPG 算法的超参数配置的字典。它指定了批处理大小（batch_size）、经验回放缓冲区大小（buffer_size）、学习率（learning_rate）和动作噪声类型（action_noise）。DDPG 是一种带有经验回放和探索策略的算法，这些参数用于配置其训练方式。

☑　POLICY_KWARGS：用于配置策略网络的关键字参数字典。在 DDPG 中，有两个网络，一个是用于生成动作的策略网络（pi），另一个是用于估计状态值的值函数网络（qf）。net_arch 参数指定了这两个网络的结构，这里指定了它们的隐藏层结构。

☑　model_ddpg = agent.get_model("ddpg", model_kwargs=DDPG_PARAMS, policy_kwargs=POLICY_KWARGS)：创建了一个 DDPG 模型对象，使用上述定义的超参数和策略网络配置。模型对象将用于训练智能体。

☑　trained_ddpg = agent.train_model(model=model_ddpg, tb_log_name='ddpg', total_timesteps=10000)：这是训练 DDPG 模型的代码。train_model 方法接受模型对象和其他参数，包括总训练时间步数（total_timesteps），以确定训练的时长。在这里，模型将训练一万个时间步数。

总之，上述代码用于训练一个 DDPG 强化学习模型，该模型将学会在给定的股票交易环境中执行动作以最大化累积奖励。通过调整超参数和策略网络配置，可以改变模型的行为和性能。代码执行后输出如下。

```
{'batch_size': 256, 'buffer_size': 50000, 'learning_rate': 0.0005, 'action_noise':
NormalActionNoise(mu=[0. 0. 0. 0. 0. 0. 0. 0. 0. 0. 0. 0. 0. 0. 0.], sigma=[0.1
0.1 0.1 0.1 0.1 0.1 0.1 0.1 0.1 0.1 0.1 0.1 0.1 0.1])}
Using cpu device
Logging to tensorboard_log/ddpg/ddpg_1
Episode: 2
day: 1112, episode: 2
begin_total_asset: 1000000.00
end_total_asset: 2109049.67
total_reward: 1109049.67
total_cost: 12151.48
total_trades: 16679
Sharpe: 0.726
================================
Episode: 3
day: 1112, episode: 3
begin_total_asset: 1000000.00
end_total_asset: 1873632.31
total_reward: 873632.31
total_cost: 620.69
total_trades: 16680
Sharpe: 0.650
================================
Episode: 4
day: 1112, episode: 4
begin_total_asset: 1000000.00
end_total_asset: 1480411.95
total_reward: 480411.95
total_cost: 488.05
total_trades: 16680
Sharpe: 0.471
================================
Episode: 5
day: 1112, episode: 5
begin_total_asset: 1000000.00
end_total_asset: 1473792.94
total_reward: 473792.94
total_cost: 488.06
total_trades: 16680
Sharpe: 0.467
================================
--------------------------------
| time/            |        |
|    episodes      | 4      |
|    fps           | 26     |
|    time_elapsed  | 170    |
|    total_timesteps | 4452 |
| train/           |        |
|    actor_loss    | -670   |
```

```
|    critic_loss          | 1.54e+03   |
|    learning_rate        | 0.0005     |
|    n_updates            | 3339       |
|    reward               | -1.7532761 |
----------------------------------
Episode: 6
day: 1112, episode: 6
begin_total_asset: 1000000.00
end_total_asset: 1459229.94
total_reward: 459229.94
total_cost: 488.06
total_trades: 16680
Sharpe: 0.456
================================
Episode: 7
day: 1112, episode: 7
begin_total_asset: 1000000.00
end_total_asset: 1479962.94
total_reward: 479962.94
total_cost: 488.06
total_trades: 16680
Sharpe: 0.471
================================
Episode: 8
day: 1112, episode: 8
begin_total_asset: 1000000.00
end_total_asset: 1485250.97
total_reward: 485250.97
total_cost: 488.03
total_trades: 16680
Sharpe: 0.474
================================
Episode: 9
day: 1112, episode: 9
begin_total_asset: 1000000.00
end_total_asset: 1493105.94
total_reward: 493105.94
total_cost: 488.06
total_trades: 16680
Sharpe: 0.480
================================
----------------------------------
| time/                   |          |
|    episodes             | 8        |
|    fps                  | 24       |
|    time_elapsed         | 369      |
|    total_timesteps      | 8904     |
| train/                  |          |
|    actor_loss           | -806     |
|    critic_loss          | 323      |
|    learning_rate        | 0.0005   |
|    n_updates            | 7791     |
|    reward               | -1.8583821 |
```

```
----------------------------------
Episode: 10
day: 1112, episode: 10
begin_total_asset: 1000000.00
end_total_asset: 1474497.96
total_reward: 474497.96
total_cost: 488.04
total_trades: 16680
Sharpe: 0.466
==================================
```

上面的输出是在 DDPG 算法训练过程中产生的日志和统计信息,下面是对一些关键信息的解释说明。

- ☑ DDPG_PARAMS:是 DDPG 算法的超参数,它们在训练过程中保持不变。这些参数包括批处理大小、经验回放缓冲区大小、学习率和动作噪声类型。
- ☑ Using cpu device:指示模型正在使用 CPU 设备进行训练。在这里,模型没有使用 GPU 加速。
- ☑ Episode:每个 Episode 代表了一次完整的训练周期,也就是一次从开始到结束的模拟交易过程。
- ☑ begin_total_asset 和 end_total_asset:表示每个 Episode 的初始总资产和结束总资产。这些数字反映了在训练过程中智能体的投资表现。
- ☑ total_reward:每个 Episode 的累积奖励,表示在整个 Episode 中智能体获得的回报。奖励通常是智能体目标的度量,训练的目标是最大化奖励。
- ☑ total_cost:每个 Episode 中的交易产生的总成本,成本包括买入和卖出股票的交易费用。
- ☑ total_trades:每个 Episode 中执行的总交易数量。
- ☑ Sharpe:夏普比率,表示每个 Episode 的夏普比率,是一种衡量投资组合回报与风险之间权衡的指标。
- ☑ time_elapsed:训练的时间经过了多少秒。

上述输出信息有助于监视和评估 DDPG 模型的训练进展和性能。在每个 Episode 之后,可以看到模型的投资表现、奖励和交易成本等指标的变化。训练的目标是通过不断调整模型的参数,使其在交易任务中表现良好。

6.4.8 训练 A2C 模型

A2C(advantage actor-critic)是一种深度强化学习算法,它结合了演员-评论家(actor-critic)方法和优势函数(advantage function)的概念,用于解决连续动作空间的强化学习问题。A2C 是一种策略梯度方法,旨在训练一个模型来学习在与环境的交互中获得最大奖励的策略。请看下面的代码,功能是使用 FinRL 库中的类 DRLAgent 训练一个 A2C 强化学习模型。

```
agent = DRLAgent(env=env_train)
model_a2c = agent.get_model("a2c")

trained_a2c = agent.train_model(model=model_a2c, tb_log_name='a2c', total_timesteps=
50000)
```

对上述代码的具体说明如下。

第 1 行：创建一个 DRLAgent 对象，将训练环境 env_train 作为参数传递给该对象。DRLAgent 是 FinRL 库中用于管理和训练强化学习模型的类。

第 2 行：通过 DRLAgent 对象的 get_model 方法，获取 A2C 模型。A2C 是一种基于 actor-critic 框架的强化学习算法，用于学习策略（actor）和值函数（critic）。

第 3 行：使用训练数据和 A2C 模型来进行模型训练。total_timesteps 参数指定了训练的总步数，这里是 50000 步。在训练过程中，模型将与环境交互，学习最优的策略。在训练完成后，训练好的模型将存储在 trained_a2c 变量中。

总之，上述代码使用 A2C 算法对给定的训练环境进行训练，并将训练好的模型保存在 trained_a2c 中，以供后续使用。这个模型可以用于执行股票交易策略。代码执行后会输出如下内容。

```
{'n_steps': 5, 'ent_coef': 0.01, 'learning_rate': 0.0007}
Using cpu device
Logging to tensorboard_log/a2c/a2c_1
------------------------------------
| time/               |            |
|    fps              | 251        |
|    iterations       | 100        |
|    time_elapsed     | 1          |
|    total_timesteps  | 500        |
| train/              |            |
|    entropy_loss     | -21.3      |
|    explained_variance | -0.0322  |
|    learning_rate    | 0.0007     |
|    n_updates        | 99         |
|    policy_loss      | -2.66      |
|    reward           | -0.5146969 |
|    std              | 1          |
|    value_loss       | 2.24       |
------------------------------------
------------------------------------
| time/               |            |
|    fps              | 248        |
|    iterations       | 200        |
###省略部分结果
------------------------------------
------------------------------------
| time/               |            |
|    fps              | 241        |
|    iterations       | 10000      |
```

```
|   time_elapsed          | 206       |
|   total_timesteps       | 50000     |
| train/                  |           |
|   entropy_loss          | -22.3     |
|   explained_variance    | 0.056     |
|   learning_rate         | 0.0007    |
|   n_updates             | 9999      |
|   policy_loss           | 25.9      |
|   reward                | -12.614292 |
|   std                   | 1.07      |
|   value_loss            | 4.95      |
--------------------------------------
```

6.4.9　测试模型

创建一个用于模拟股票交易的测试环境（e_trade_gym），以便在该环境中测试之前训练的交易策略模型。具体实现代码如下所示。

```
trade = p.data_split(p.dataframe, TRADE_START_DATE, TRADE_END_DATE)
env_kwargs = { "stock_dim": stock_dimension, "hmax": 1000, "initial_amount": 1000000,
"buy_cost_pct": 6.87e-5, "sell_cost_pct": 1.0687e-3, "reward_scaling": 1e-4, "state_
space": state_space, "action_space": stock_dimension, "tech_indicator_list": config.
INDICATORS, "print_verbosity": 1, "initial_buy": False, "hundred_each_trade": True }
e_trade_gym = StockTradingEnv(df=trade, **env_kwargs)
df_account_value, df_actions = DRLAgent.DRL_prediction(model=trained_ddpg, environment=
e_trade_gym)

df_account_value, df_actions = DRLAgent.DRL_prediction(model=trained_ddpg, environment=
e_trade_gym)
```

对上述代码的具体说明如下。

（1）trade＝p.data_split（p.dataframe，TRADE_START_DATE，TRADE_END_DATE）：从之前下载、清理和特征工程处理过的数据中选择指定日期范围内的数据，用于模拟交易。这个数据集将在测试环境中使用。

（2）env_kwargs：这是一个包含了测试环境参数的字典，包括如下参数。

☑　stock_dim：股票维度，即股票数量。

☑　hmax：最大交易持仓周期，这里设置为1000。

☑　initial_amount：初始资金，这里设置为1000000（100万美元）。

☑　buy_cost_pct 和 sell_cost_pct：买入和卖出交易成本的百分比，用于考虑交易手续费。

☑　reward_scaling：奖励缩放因子，用于缩放奖励信号。

☑　state_space 和 action_space：状态空间和动作空间的维度，根据之前计算得到。

☑　tech_indicator_list：技术指标列表，包含了一些常见的技术指标，用于表示股票的特征。

　　☑　print_verbosity：打印详细程度，这里设置为 1。

　　☑　initial_buy：是否初始时购买股票，这里设置为 False，表示初始时不购买。

　　☑　hundred_each_trade：是否每次交易购买或卖出 100 股股票。

　　（3）e_trade_gym = StockTradingEnv（df=trade, **env_kwargs）：使用上述参数创建股票交易环境。该环境将使用测试数据集 trade，并应用上述参数配置。这个测试环境将用于在实际市场上模拟执行交易策略，并评估其性能。

　　（4）最后一行：将训练好的 DDPG 模型应用于测试环境中，模拟了在真实市场上执行交易策略的过程，并记录了投资组合价值和交易决策，以便后续的回测和性能评估。具体来说，执行了以下操作。

　　☑　DRL_prediction(model=trained_ddpg, environment=e_trade_gym)：使用训练好的 DDPG 模型（trained_ddpg）和测试环境（e_trade_gym），执行交易策略的预测和模拟交易。

　　☑　预测：模型根据当前的市场状态（包括技术指标等）进行预测，并生成交易决策。这些决策包括买入、卖出或持有某只股票。

　　☑　模拟交易：根据模型的交易决策，在模拟环境中执行相应的买入和卖出操作，并根据模拟交易的结果更新投资组合价值。这里的 df_account_value 存储了模拟交易期间的投资组合价值随时间的变化信息，而 df_actions 存储了模型在每个交易日的决策。

　　总之，上述代码用于配置和创建一个用于测试交易策略的股票交易环境，然后将训练好的 DDPG 模型应用于测试环境中，模拟了在真实市场上执行交易策略的过程，并记录了投资组合价值和交易决策，以便后续的回测和性能评估。代码执行后会输出如下内容。

```
Episode: 2
day: 103, episode: 2
begin_total_asset: 1000000.00
end_total_asset: 952511.32
total_reward: -47488.68
total_cost: 68.68
total_trades: 608
Sharpe: -0.366
===============================
hit end!
```

6.4.10　保存交易决策数据

　　编写如下所示的代码，使用 df_actions.to_csv（"action.csv", index=False）将模型在测试期间生成的交易决策数据保存到名为 action.csv 的 CSV 文件中，同时不包括行索引。使用代码 print（f"df_actions: {df_actions}"）打印输出模型在每个交易日生成的交易决策数据，这些决策数据包括哪些股票买入、卖出或持有，以及交易数量等信息。

```
df_actions.to_csv("action.csv", index=False)
print(f"df_actions: {df_actions}")
```

通过保存这些数据到 CSV 文件并打印输出，我们可以进一步分析模型的交易决策，以便进行回测和性能评估。代码执行后会输出如下内容。

```
df_actions:    600000.SH  600009.SH  600016.SH  600028.SH  600030.SH  600031.SH  \
date
2019-08-01         0          0       1000       1000          0       1000
2019-08-02         0          0       1000       1000          0       1000
2019-08-05         0          0       1000       1000          0       1000
2019-08-06         0          0       1000       1000          0       1000
2019-08-07         0          0       1000       1000          0       1000
...              ...        ...        ...        ...        ...        ...
2019-12-25         0          0          0          0          0          0
2019-12-26         0          0          0          0          0          0
2019-12-27         0          0          0          0          0          0
2019-12-30         0          0          0          0          0          0
2019-12-31         0          0          0          0          0          0

             600036.SH  600050.SH  600104.SH  600196.SH  600276.SH  600309.SH  \
date
2019-08-01       1000          0          0          0          0          0
2019-08-02       1000          0          0          0          0          0
2019-08-05       1000          0          0          0          0          0
2019-08-06       1000          0          0          0          0          0
2019-08-07       1000          0          0          0          0          0
...               ...        ...        ...        ...        ...        ...
2019-12-25          0          0          0          0          0          0
2019-12-26          0          0          0          0          0          0
2019-12-27          0          0          0          0          0          0
2019-12-30          0          0          0          0          0          0
2019-12-31          0          0          0          0          0          0
             600519.SH  600547.SH  600570.SH
date
2019-08-01          0       1000          0
2019-08-02          0       1000          0
2019-08-05          0       1000          0
2019-08-06          0       1000          0
2019-08-07          0       1000          0
...               ...        ...        ...
2019-12-25          0          0          0
2019-12-26          0          0          0
2019-12-27          0          0          0
2019-12-30          0          0          0
2019-12-31          0          0          0

[103 rows x 15 columns]
```

上述输出结果显示了一个 DataFrame，其中包含模型在不同日期下的交易决策数据。DataFrame 的列对应不同的股票，而行对应不同的日期。每一列中的值表示在相应日期是否进行了买入、卖出或持有操作，以及买入或卖出的股票数量。

例如，第一列 600000.SH 对应股票 600000.SH，在日期 2019-08-01 下的值为 0，表示不进行买入操作；在日期 2019-08-01 下的值为 1000，表示进行了卖出操作，并且卖出了 1000 股 600000.SH 的股票。这些数据可以用于分析模型的交易策略和绩效评估。

6.4.11　对交易策略进行模拟测试

编写如下代码进行策略性能分析，比较两个不同策略的表现，一个是交易策略（DRL Strategy），另一个是基准策略（baseline strategy，通常是市场指数）。

```
baseline_df = plotter.get_baseline("399300")
daily_return = plotter.get_return(df_account_value)
daily_return_base = plotter.get_return(baseline_df, value_col_name="close")

perf_func = timeseries.perf_stats
perf_stats_all = perf_func(returns=daily_return, factor_returns=daily_return_base,
positions=None, transactions=None, turnover_denom="AGB")
print("==============DRL Strategy Stats===========")
print(f"perf_stats_all: {perf_stats_all}")
daily_return = plotter.get_return(df_account_value)
daily_return_base = plotter.get_return(baseline_df, value_col_name="close")

perf_func = timeseries.perf_stats
perf_stats_all = perf_func(returns=daily_return_base, factor_returns=daily_return_
base, positions=None, transactions=None, turnover_denom="AGB")

print("=============Baseline Strategy Stats==========")

print(f"perf_stats_all: {perf_stats_all}")
```

对上述代码的具体说明如下。

☑ baseline_df = plotter.get_baseline("399300")：获取基准策略的数据，这里的基准策略使用了上证综合指数（399300）作为参考指数。

☑ daily_return = plotter.get_return(df_account_value)：计算交易策略的每日收益率，df_account_value 包含了交易策略的账户价值数据。

☑ daily_return_base = plotter.get_return(baseline_df, value_col_name="close")：计算基准策略的每日收益率，基准策略的数据来自基准策略的 DataFrame baseline_df，并且使用了 close 列作为收益率的计算依据。

☑ perf_func = timeseries.perf_stats：设置性能统计函数，这里使用了 PyFolio 库提供的性能统计函数。

☑ perf_stats_all = perf_func(returns=daily_return, factor_returns=daily_return_base, positions=None, transactions=None, turnover_denom="AGB")：计算交易策略的性能

统计数据，包括夏普比率、年化收益率、最大回撤等，并将结果存储在 perf_stats_all 变量中。

☑ print(f"perf_stats_all: {perf_stats_all}")：将交易策略的性能统计数据打印到控制台，包括各种性能指标的数值。

6.5　股票交易策略实战：制作美股交易策略模型

在下面的实例项目中，通过对谷歌、苹果、Facebook、亚马逊、微软等科技巨头股票以及标准普尔 500 指数的股市数据进行全面分析，揭示各股票的波动性、相关性和风险调整回报等关键指标。通过可视化展示股价走势、计算波动性、绘制回报密度图以及分析夏普比率，全面评估了这些公司的风险与回报关系。在此基础上，使用有效前沿理论进行投资组合优化，考虑股票权重调配，展示了在不同目标回报率下的最优投资组合。最后，通过对最大夏普比率和最小方差投资组合的权重分析，提供了投资者在追求高风险调整回报和最小风险之间的权衡选择。通过这个项目，投资者可以更全面地了解这些公司的股票表现，做出更明智的投资决策。

实例 6-5：制作美股交易策略模型（源码路径：daima/6/portfolio-management.ipynb）

6.5.1　项目介绍

本项目的目标是研究构建一个由谷歌、苹果、Facebook、亚马逊以及 S&P500 指数组成的投资组合，它们均在纽约证券交易所上市。通过使用投资组合管理技术，旨在最小化与这个投资组合相关的风险。本项目将使用 Python 语言实现，特别是 Jupyter Notebook，它提供了用于财务分析和投资组合管理的各种工具和库。利用 Python 语言，可以执行波动率、协方差和投资组合优化计算，找到最小化风险的最优组合。

投资组合管理的重要性在于找到预期回报和风险之间的平衡。在金融市场中，通常用来衡量投资风险的指标是波动率。波动率是资产回报的离散程度的度量，它反映了资产价格或投资组合价值在一段时间内的波动幅度。高波动率意味着资产价格波动较大，而低波动率则表示较为稳定。投资者经常将波动率作为评估风险和制定投资策略的重要工具，因为它能够提供关于市场波动性和潜在风险的信息。另一方面，预期回报代表一个资产的平均预期回报。分析波动率和预期回报之间的关系将有助于改进我们的投资绩效。

在这个背景下，我们将检验不同的投资组合构成，调整每个资产的投资比例。目标是找到最优组合，即最小化投资组合的整体风险并最大化预期回报的组合。本项目将使用协方差和资产回报之间的相关系数等概念来实现这一目标。我们将特别关注资产回报之间的相关性对投资组合风险水平的影响，通过相关系数反映资产回报移动的程度。在本项目中，将研究所选股票与 S&P500 指数之间的相关性如何影响投资组合的整体风险。

总的来说，这个项目将通过研究由五只纽交所股票和一个股指组成的投资组合的构建，来让我们探索投资组合管理的基本概念。将使用定量分析和优化技术来最小化风险，同时最大化预期回报。分析所选股票与 S&P500 指数之间的相关性效应将使我们更好地理解分散投资对投资组合风险水平的影响。

6.5.2　准备环境

本项目将使用一个名为 yfinance 的包（版本为 0.2.3）实现，它包含了来自 Yahoo! Finance 的主要股票市场数据。

（1）使用 import 导入所需的库和模块，设置绘图环境，并进行一些配置。具体功能如下。

☑　分别导入系统（os）、NumPy（np）、Pandas（pd）、Matplotlib（pyplot 和 plt）、Pandas Datareader（web 和 data）、SciPy 中的优化模块（sco 和 stats）、Seaborn、Datetime 等必要的库。

☑　配置绘图环境，设置图形的尺寸。

☑　使用随机种子确保结果的可重复性。

总体而言，这些设置和导入的库旨在为后续基于 yfinance 数据的金融分析和投资组合管理提供必要的环境和工具。

（2）如果你还没有安装 yfinance 库，可以通过以下命令使用 pip 命令进行安装。

```
pip install yfinance==0.2.3
```

本项目建议安装 yfinance 库的指定版本（0.2.3）。

6.5.3　准备数据

在这个项目中，我们选择了五只美股股票（谷歌、苹果、Facebook、亚马逊、微软），它们都在纽约证券交易所上市，以及一个市场指数（S&P500）。

（1）使用 yfinance 库下载指定股票（Google、Apple、Facebook、Amazon、Microsoft）以及 S&P 500 指数的历史数据，并打印各自的数据形状。在这里，我们选择了特定的时间范围（从 2012 年 5 月 18 日到 2023 年 1 月 1 日）。

```
import pandas as pd
from yahoofinancials import YahooFinancials
import yfinance as yf
# 下载谷歌（Google）股票的历史数据
GOOG = yf.download("GOOG", start="2012-05-18", end="2023-01-01", group_by="ticker")
```

```
# 下载苹果（Apple）股票的历史数据
AAPL = yf.download("AAPL", start="2012-05-18", end="2023-01-01", group_by="ticker")
# 下载Facebook（Meta）股票的历史数据
META = yf.download("META", start="2012-05-18", end="2023-01-01", group_by="ticker")
# 下载亚马逊（Amazon）股票的历史数据
AMZN = yf.download("AMZN", start="2012-05-18", end="2023-01-01", group_by="ticker")
# 下载微软（Microsoft）股票的历史数据
MSFT = yf.download("MSFT", start="2012-05-18", end="2023-01-01", group_by="ticker")
# 下载S&P 500指数的历史数据
GSPC = yf.download("^GSPC", start="2012-05-18", end="2023-01-01",
group_by="ticker")
# 打印各数据的形状（行数，列数）
print(GOOG.shape, AAPL.shape, META.shape, AMZN.shape, MSFT.shape, GSPC.shape)
```

代码执行后会输出如下内容。

```
[*********************100%%***********************]  1 of 1 completed
[*********************100%%***********************]  1 of 1 completed
[*********************100%%***********************]  1 of 1 completed
[*********************100%%***********************]  1 of 1 completed
[*********************100%%***********************]  1 of 1 completed
[*********************100%%***********************]  1 of 1 completed
(2673, 6) (2673, 6) (2673, 6) (2673, 6) (2673, 6) (2673, 6)
```

由此可见，股票数据的大小为 2673 个观察值和 6 个变量。

（2）通过如下代码可以查看 GOOG 股票数据的头部（前几行）和尾部（后几行）的数据信息。

```
GOOG
```

代码执行后会输出如下内容。

```
            Open        High        Low         Close       Adj Close   Volume
Date
2012-05-18  15.569143   15.751460   14.861794   14.953949   14.953949   239835606
2012-05-21  14.956689   15.334772   14.943986   15.295419   15.295419   123477094
2012-05-22  15.278732   15.287947   14.844360   14.963912   14.963912   122533571
2012-05-23  14.985082   15.183090   14.872255   15.179603   15.179603   127600492
2012-05-24  15.172131   15.240873   14.915842   15.035145   15.035145   75935562
...         ...         ...         ...         ...         ...         ...
2022-12-23  87.620003   90.099998   87.620003   89.809998   89.809998   17815000
2022-12-27  89.309998   89.500000   87.535004   87.930000   87.930000   15470900
2022-12-28  87.500000   86.519997   86.370003   86.459999   86.459999   17879600
2022-12-29  87.029999   89.364998   86.989998   88.949997   88.949997   18280700
2022-12-30  87.364998   88.830002   87.029999   88.730003   88.730003   19190300
2673 rows × 6 columns
```

以上输出内容显示了 GOOG 股票的历史数据，包括开盘价（Open）、最高价（High）、最低价（Low）、收盘价（Close）、调整后收盘价（Adj Close）和交易量（Volume）。由于数据较长，只显示了头部和尾部的部分数据。

（3）同样道理，通过如下代码可以查看苹果（Apple）股票数据的头部（前几行）和尾部（后几行）的数据信息。

```
AAPL
```

代码执行后会输出如下内容。

```
                Open         High         Low          Close        Adj Close    Volume
Date
2012-05-18      19.070000    19.407499    18.649286    18.942142    16.078030    732292400
2012-05-21      19.089287    20.055000    19.073214    20.045713    17.014729    631106000
2012-05-22      20.341070    20.495714    19.735001    19.891787    16.884079    694870400
2012-05-23      19.910713    20.457144    19.758215    20.377144    17.296047    584897600
2012-05-24      20.566786    20.589287    20.043928    20.190001    17.137203    496230000
...             ...          ...          ...          ...          ...          ...
2022-12-23      130.919998   132.419998   129.639999   131.860001   131.299820   63814900
2022-12-27      131.380005   131.410004   128.720001   130.029999   129.477585   69007800
2022-12-28      129.669998   131.029999   125.870003   126.040001   125.504547   85438400
2022-12-29      127.989998   130.479996   127.730003   129.610001   129.059372   75703700
2022-12-30      126.410004   129.949997   127.430001   129.929993   129.378006   77034200
2673 rows × 6 columns
```

（4）通过如下代码可以查看 Facebook（Meta）股票数据的头部（前几行）和尾部（后几行）的数据信息。

```
META
```

代码执行后会输出如下内容。

```
                Open         High         Low          Close        Adj Close    Volume
Date
2012-05-18      42.049999    45.000000    38.000000    36.230000    36.230000    573576400
2012-05-21      36.529999    36.660000    33.000000    34.029999    34.029999    168192700
2012-05-22      32.610001    33.590000    30.940001    31.000000    31.000000    101786600
2012-05-23      31.370001    32.500000    31.360001    32.000000    32.000000    73600000
2012-05-24      32.950001    33.209999    31.770000    33.029999    33.029999    50237200
...             ...          ...          ...          ...          ...          ...
2022-12-23      116.029999   118.180000   115.540001   118.040001   118.040001   17796600
2022-12-27      117.930000   116.599998   116.050003   116.879997   116.879997   21392300
2022-12-28      116.250000   118.150002   115.510002   115.620003   115.620003   19612500
2022-12-29      116.400002   121.029999   115.769997   120.260002   120.260002   22366200
2022-12-30      118.160004   120.419998   117.739998   120.339996   120.339996   19583800
2673 rows × 6 columns
```

（5）通过如下代码可以查看亚马逊（Amazon）股票数据的头部（前几行）和尾部（后几行）的数据信息。

```
AMZN
```

代码执行后会输出如下内容。

	Open	High	Low	Close	Adj Close	Volume
Date						
2012-05-18	10.970500	10.981500	10.640500	10.692500	10.692500	104634000
2012-05-21	10.701500	10.999000	10.641000	10.905500	10.905500	71596000
2012-05-22	10.915500	10.943500	10.698000	10.766500	10.766500	74662000
2012-05-23	10.735500	10.877500	10.559000	10.864000	10.864000	84876000
2012-05-24	10.849000	10.883000	10.635000	10.762000	10.762000	62822000
...	...	...	...	...	...	...
2022-12-23	83.250000	85.779999	82.930000	85.250000	85.250000	57433700
2022-12-27	84.970001	85.349998	83.000000	83.040001	83.040001	57284000
2022-12-28	82.800003	83.480003	81.690002	81.820000	81.820000	58228600
2022-12-29	82.870003	84.550003	82.550003	84.180000	84.180000	54995900
2022-12-30	83.120003	84.050003	82.470001	84.000000	84.000000	62401200

2673 rows × 6 columns

（6）通过如下代码可以查看微软（Microsoft）股票数据的头部（前几行）和尾部（后几行）的数据信息。

```
MSFT
```

代码执行后会输出如下内容。

	Open	High	Low	Close	Adj Close	Volume
Date						
2012-05-18	29.790001	29.809999	29.170000	29.270000	23.619812	56205300
2012-05-21	29.100000	29.790001	29.059999	29.750000	24.007160	38787900
2012-05-22	29.690001	29.879999	29.500000	29.760000	24.015221	39504900
2012-05-23	29.350000	29.400000	28.639999	29.110001	23.490700	65171000
2012-05-24	29.160000	29.299999	28.760000	29.070000	23.458416	52575000
...	...	...	...	...	...	...
2022-12-23	236.110001	238.869995	233.940002	238.729996	237.112076	21207000
2022-12-27	238.699997	238.929993	235.830002	236.960007	235.354080	16688600
2022-12-28	236.889999	239.720001	234.169998	234.529999	232.940552	17457100
2022-12-29	235.649994	241.919998	235.649994	241.009995	239.376648	19770700
2022-12-30	236.210007	239.960007	236.660004	239.820007	238.194702	21938500

2673 rows × 6 columns

（7）通过如下代码可以查看S&P 500指数数据的头部（前几行）和尾部（后几行）的数据信息。

```
GSPC
```

代码执行后会输出如下内容。

	Open	High	Low	Close	Adj Close	Volume
Date						
2012-05-18	1305.050049	1312.239990	1291.979980	1295.219971	1295.219971	4512470000
2012-05-21	1295.729980	1316.390015	1295.729980	1315.989990	1315.989990	3786750000
2012-05-22	1316.089966	1326.489990	1310.040039	1316.630005	1316.630005	4123680000
2012-05-23	1316.020020	1320.709961	1296.530029	1318.859985	1318.859985	4108330000
2012-05-24	1318.719971	1324.140015	1310.500000	1320.680054	1320.680054	3937670000

```
...          ...          ...          ...          ...          ...          ...
2022-12-23   3815.110107  3845.800049  3797.010010  3844.820068  3844.820068  2819280000
2022-12-27   3843.340088  3846.649902  3813.219971  3829.250000  3829.250000  3030300000
2022-12-28   3829.560059  3846.320068  3780.780029  3783.219971  3783.219971  3083520000
2022-12-29   3805.449951  3858.189941  3805.449951  3849.280029  3849.280029  3003680000
2022-12-30   3829.060059  3839.850098  3800.340088  3839.500000  3839.500000  2979870000
2673 rows × 6 columns
```

6.5.4 探索性数据分析

探索性数据分析（exploratory data analysis，EDA）是一种数据分析方法，主要用于初步了解数据集的特征、结构和潜在模式。EDA 的目标是通过图表、统计和可视化等手段，揭示数据中的规律、异常和趋势，以帮助分析人员更好地理解数据，提出假设，并为进一步的分析和建模做准备。

（1）我们从对每家公司的 Open、High、Low、Close、Adj Close 和 Volume 等变量进行描述性统计开始。如下代码返回每个变量在 GOOG 数据集中的缺失值数量，这可以用来检查每个变量中的缺失情况。

```
GOOG.isnull().sum()
```

代码执行后会输出如下内容。

```
Open         0
High         0
Low          0
Close        0
Adj Close    0
Volume       0
dtype: int64
```

上面的输出结果表明，在 GOOG 数据集中，每个变量（Open、High、Low、Close、Adj Close 和 Volume）都没有缺失值，因为每个变量的缺失值数量都为 0。这意味着数据集是完整的，没有缺失的数据点。

（2）同样道理，如下代码可以返回每个变量在 AAPL 数据集中的缺失值数量。

```
AAPL.isnull().sum()
```

代码执行后会输出如下内容。

```
Open         0
High         0
Low          0
Close        0
Adj Close    0
Volume       0
dtype: int64
```

（3）如下代码可以返回每个变量在 META 数据集中的缺失值数量。

```
META.isnull().sum()
```

代码执行后会输出如下内容。

```
Open          0
High          0
Low           0
Close         0
Adj Close     0
Volume        0
dtype: int64
```

（4）如下代码可以返回每个变量在 AMZN 数据集中的缺失值数量。

```
AMZN.isnull().sum()
```

代码执行后会输出如下内容。

```
Open          0
High          0
Low           0
Close         0
Adj Close     0
Volume        0
dtype: int64
```

（5）如下代码可以返回每个变量在 MSFT 数据集中的缺失值数量。

```
MSFT.isnull().sum()
```

代码执行后会输出如下内容。

```
Open          0
High          0
Low           0
Close         0
Adj Close     0
Volume        0
dtype: int64
```

（6）如下代码可以返回每个变量在 GSPC 数据集中的缺失值数量。

```
GSPC.isnull().sum()
```

代码执行后会输出如下内容。

```
Open          0
High          0
Low           0
Close         0
Adj Close     0
Volume        0
```

```
dtype: int64
```

综上所述，谷歌、苹果、Facebook、亚马逊、微软以及 S&P500 指数这 6 个数据集都是完整的，没有缺失的数据点。

注意：确保每只股票数据集中没有缺失值是一个必要条件，这表明我们拥有完整且可靠的分析数据。这使得我们能够对股票的各个方面进行准确评估，简化数据准备过程，并确保进行更为健壮和可信的研究。

（7）通过函数 concat 将各只股票（GOOG、AAPL、META、AMZN、MSFT、GSPC）的收盘价数据合并到一个数据框中，然后修改列名，并显示数据框的头部。这样可以方便地进行对比和分析不同股票的收盘价走势。

```
# 合并各股票的收盘价数据到一个数据框
dataset = pd.concat([GOOG.Close, AAPL.Close, META.Close, AMZN.Close, MSFT.Close,
GSPC.Close], axis=1)
# 更改列名
dataset.columns = ['GOOG', 'AAPL', 'META', 'AMZN', 'MSFT', 'GSPC']
# 显示数据框的头部
dataset.head()
```

代码执行后会输出如下内容。

```
                 GOOG         AAPL         META        AMZN       MSFT         GSPC
Date
2012-05-18   14.953949    18.942142    36.230000    10.6925    29.270000    1295.219971
2012-05-21   15.295419    20.045713    34.029999    10.9055    29.750000    1315.989990
2012-05-22   14.963912    19.891787    31.000000    10.7665    29.760000    1316.630005
2012-05-23   15.179603    20.377144    32.000000    10.8640    29.110001    1318.859985
2012-05-24   15.035145    20.190001    33.029999    10.7620    29.070000    1320.680054
```

（8）打印输出合并后的数据框 dataset 的形状（行数和列数）。

```
print('Shape of data',dataset.shape)
```

代码执行后会输出下面的结果，这说明我们的数据集共有 2673 个观察值（day）和 6 个变量。

```
Shape of data (2673, 6)
```

（9）使用 fivethirtyeight 风格绘制各股票（Google、Apple、Facebook、Amazon、Microsoft）的收盘价箱线图，并设置相应的标题。这个箱线图可以用来比较股票价格的分布和离群值情况。

```
# 使用fivethirtyeight风格绘制各股票收盘价的箱线图
plt.style.use("fivethirtyeight")
dataset[['GOOG', 'AAPL', 'META', 'AMZN', 'MSFT']].boxplot()
# 设置图表标题
plt.title("各股票收盘价箱线图 (Google, Apple, Facebook, Amazon, Microsoft)")
```

```
# 显示图表
plt.show()
```

代码执行效果如图 6-2 所示。这个箱线图揭示了 Facebook、Apple 和 Google 股票价格中存在离群值，表明它们与总体模式存在显著偏差。这些离群值暗示发生了显著事件或市场条件，影响了这些公司的股票价格。需要进一步的分析来了解影响这些离群值的因素以及它们对投资决策的影响。

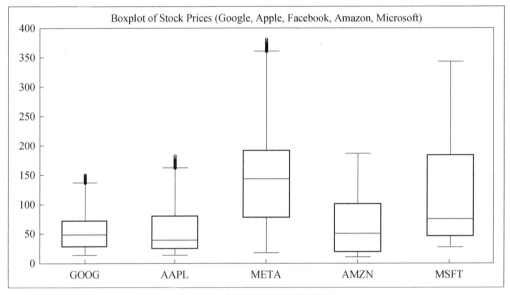

图 6-2　各股票收盘价箱线图

（10）绘制各只股票（Google、Apple、Facebook、Amazon、Microsoft）的散点矩阵图，用于展示它们之间的两两关系，这有助于观察它们之间的相关性和趋势。

```
# 绘制各股票的散点矩阵图
pd.plotting.scatter_matrix(dataset[['GOOG', 'AAPL', 'META', 'AMZN', 'MSFT']],
figsize=(10, 10))
# 显示图表
plt.show()
```

代码执行效果如图 6-3 所示，可以看出 Facebook、Apple 和 Google 的股票市场分布呈现出正确的偏斜模式，表明数据中存在潜在的离群值或极端值。这种偏斜可能反映了一些特殊事件或市场条件对这些公司股价的影响。深入研究这些偏斜可以为研究人员提供更多关于市场行为的见解。

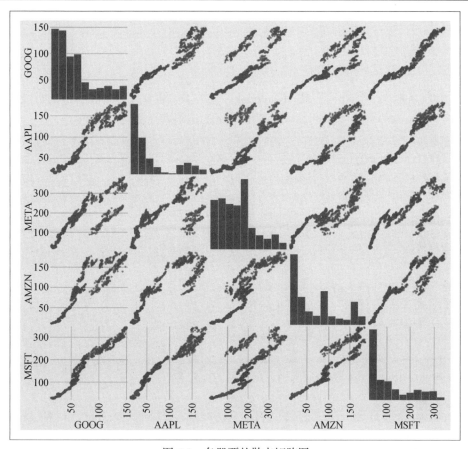

图 6-3　各股票的散点矩阵图

6.5.5　收盘价可视化

（1）下面代码设置了在 Jupyter Notebook 中显示 Matplotlib 图形的样式，提高了图形的显示质量。同时使用 Seaborn 设置了图形的样式、调色板、大小，并指定了随机种子以确保可重复性。

```
# 设置matplotlib在notebook中内联显示图形
%matplotlib inline
# 设置图形格式为retina，提高图形显示质量
%config InlineBackend.figure_format='retina'
# 设置Seaborn样式和调色板
sns.set(style='whitegrid', palette='muted', font_scale=1.2)
# 定义自定义调色板
HAPPY_COLORS_PALETTE = ["#01BEFE", "#FFDD00", "#FF7D00", "#FF006D", "#93D30C",
"#8F00FF"]
sns.set_palette(sns.color_palette(HAPPY_COLORS_PALETTE))
```

```
# 设置图形大小
rcParams['figure.figsize'] = 18, 10
# 设置随机种子以保证结果的可重复性
RANDOM_SEED = 42
np.random.seed(RANDOM_SEED)
```

（2）绘制各股票（谷歌、苹果、Facebook、亚马逊、微软）每日收盘价的折线图，通过设置图形大小、添加网格线和标签等，使图形更加清晰和可读。

```
# 设置图形大小为（20，8）
plt.figure(figsize=(20, 8))

# 添加网格线
plt.grid(True)

# 设置图形标题、横轴和纵轴标签
plt.title('Daily Close Prices of GAFAM')
plt.xlabel('Date: May 18th, 2012 - Dec. 30th, 2022')
plt.ylabel('Values')

# 绘制各公司的收盘价曲线，并指定颜色和标签
plt.plot(dataset['GOOG'], 'red', label='Google')
plt.plot(dataset['AAPL'], 'black', label='Apple')
plt.plot(dataset['META'], 'blue', label='Facebook')
plt.plot(dataset['AMZN'], 'orange', label='Amazon')
plt.plot(dataset['MSFT'], 'green', label='Microsoft')
# 添加图例
plt.legend()

# 显示图表
plt.show()
```

代码执行效果如图 6-4 所示。

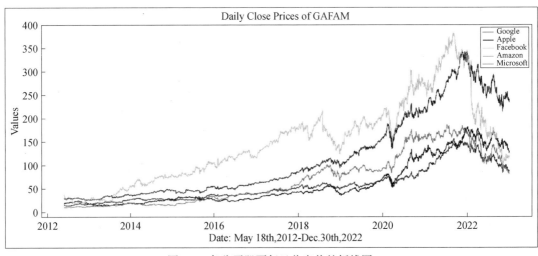

图 6-4　各公司股票每日收盘价的折线图

（3）绘制 S&P 500 指数每日收盘价的折线图，通过设置图形大小、添加网格线和标签等，使图形更加清晰和可读。

```
plt.figure(figsize=(20,8)) # Increases the Plot Size
plt.grid(True)
plt.title('Daily Close Prices of S&P 500')
plt.xlabel('Date: May 18th, 2012 - Dec. 30th, 2022')
plt.ylabel('Values')
plt.plot(dataset['GSPC'], 'grey', label=' S&P 500')
plt.legend()
plt.show()
```

代码执行效果如图 6-5 所示。

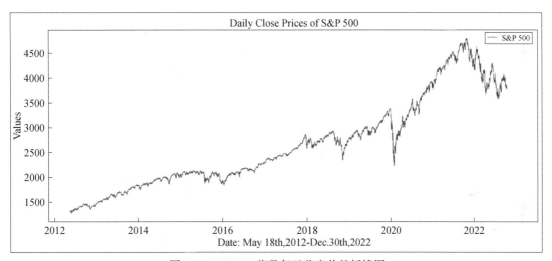

图 6-5　S&P 500 指数每日收盘价的折线图

可以看出，这个时间段内，五家公司（谷歌、苹果、Facebook、亚马逊和微软）的股价在 2020 年初的 COVID-19 危机之前一直上涨，随后经历了一轮复苏和后续的波动。值得注意的是，Facebook 在这一时期经历了股价的显著下跌。

6.5.6　波动性（收益率）分析

波动性是一种标准的风险度量，经常用于评估金融资产的价格波动和稳定性。在金融市场中，谷歌、苹果、Facebook、亚马逊和微软公司的股价以其动态和经常波动的特性而闻名，受到快速技术进步和市场扰动的推动，这种较高的波动性反映了投资于这些公司所带来的风险。另一方面，S&P 500 是代表 500 家大型美国公司的广泛市场指数，由于其多元化的特性，通常经历较低的波动性。然而，在市场动荡期间，S&P 500 也可能表现出增加的波动性。对于投资者来说，了解和考虑波动性对于投资者评估风险并做出明智的投资决策至关重要。

接下来我们将在数据集中创建一个新的列 Returns，用于表示波动性（收益率）。我们使用简单的收益计算公式来表示波动性（收益率），用于衡量投资价值在一定期间内的百分比变化。

$$r_t = \frac{P_t - P_{t-1}}{P_{t-1}}$$

（1）为每家公司创建新的列 Return，表示每日简单收益率。这样，在数据集中就包含了每个公司和 S&P 500 的简单收益率列。

```
# 为每家公司创建新列Return，表示每日简单收益率
dataset['R_GOOG'] = dataset[['GOOG']].pct_change(1)
dataset['R_AAPL'] = dataset[['AAPL']].pct_change(1)
dataset['R_META'] = dataset[['META']].pct_change(1)
dataset['R_AMZN'] = dataset[['AMZN']].pct_change(1)
dataset['R_MSFT'] = dataset[['MSFT']].pct_change(1)
dataset['R_GSPC'] = dataset[['GSPC']].pct_change(1)

# 打印数据框头部
print(dataset.head())
```

代码执行后会输出如下内容。

```
<bound method NDFrame.head of     GOOG        AAPL        META        AMZN       MSFT  \
Date
2012-05-18          14.953949  18.942142  36.230000  10.692500  29.270000
2012-05-21          15.295419  20.045713  34.029999  10.905500  29.750000
2012-05-22          14.963912  19.891787  31.000000  10.766500  29.760000
2012-05-23          15.179603  20.377144  32.000000  10.864000  29.110001
2012-05-24          15.035145  20.190001  33.029999  10.762000  29.070000
...                 ...        ...        ...        ...        ...
2022-12-23          89.809998  131.860001 118.040001 85.250000  238.729996
2022-12-27          87.930000  130.029999 116.879997 83.040001  236.960007
2022-12-28          86.459999  126.040001 115.620003 81.820000  234.529999
2022-12-29          88.949997  129.610001 120.260002 84.180000  241.009995
2022-12-30          88.730003  129.929993 120.339996 84.000000  239.820007

                 GSPC       R_GOOG     R_AAPL     R_META     R_AMZN     R_MSFT  \
Date
2012-05-18 1295.219971  NaN        NaN        NaN        NaN        NaN
2012-05-21 1315.989990  0.022835   0.058260   -0.109861  0.019921   0.016399
2012-05-22 1316.630005  -0.021674  -0.007679  -0.089039  -0.012746  0.000336
2012-05-23 1318.859985  0.014414   0.024400   0.032258   0.009056   -0.021841
2012-05-24 1320.680054  -0.009517  -0.009184  0.032187   -0.009389  -0.001374
...        ...          ...        ...        ...        ...        ...
2022-12-23 3844.820068  0.017562   -0.002798  0.007855   0.017425   0.002267
2022-12-27 3829.250000  -0.020933  -0.013878  -0.009827  -0.025924  -0.007414
2022-12-28 3783.219971  -0.016718  -0.030685  -0.010780  -0.014692  -0.010255
2022-12-29 3849.280029  0.028799   0.028324   0.040131   0.028844   0.027630
```

```
2022-12-30  3839.500000  -0.002473  0.002469  0.000665  -0.002138  -0.004938

            R_GSPC
Date
2012-05-18       NaN
2012-05-21  0.016036
2012-05-22  0.000486
2012-05-23  0.001694
2012-05-24  0.001380
...              ...
2022-12-23  0.005868
2022-12-27 -0.004050
2022-12-28 -0.012021
2022-12-29  0.017461
2022-12-30 -0.002541

[2673 rows x 12 columns]>
```

（2）使用函数 describe()打印输出数据集中的描述性统计信息，包括均值、标准差、最小值、25th 百分位数、中位数（50th 百分位数）、75th 百分位数和最大值等。这可以帮助我们了解每个变量的分布和整体数据的特征。

```
# 打印数据集的描述性统计信息
dataset.describe()
```

代码执行后会输出如下内容。

	GOOG	AAPL	META	AMZN	MSFT	GSPC R_GOOG
	R_AAPL R_META	R_AMZN	R_MSFT	R_GSPC		
count	2673.000000	2673.000000	2673.000000	2673.000000	2673.000000	2673.000000
	2672.000000	2672.000000	2672.000000	2672.000000	2672.000000	2672.000000
mean	56.827974	60.044056	147.991912	70.188333	116.448706	2664.394164
	0.000809	0.000889	0.000751	0.000978	0.000930	0.000467
std	35.578551	46.235577	86.999128	53.709630	89.866126	904.069600
	0.016898	0.018314	0.025274	0.020336	0.016856	0.010953
min	13.924059	13.947500	17.730000	10.411000	26.370001	1278.040039
	-0.111008	-0.128647	-0.263901	-0.140494	-0.147390	-0.119841
25%	26.241163	24.965000	77.830002	18.938499	44.830002	1989.569946
	-0.006764	-0.007677	-0.010112	-0.008609	-0.006850	-0.003640
50%	47.955502	38.867500	142.279999	49.758499	74.190002	2473.449951
	0.000688	0.000671	0.000870	0.000916	0.000681	0.000594
75%	71.591003	79.722504	191.289993	100.495003	183.429993	3197.520020
	0.008903	0.010434	0.012629	0.011109	0.009257	0.005426
max	150.709000	182.009995	382.179993	186.570496	343.109985	4796.560059
	0.160524	0.119808	0.296115	0.141311	0.142169	0.093828

（3）计算每只股票和 S&P 500 指数的每日简单收益率的标准差，即每日波动率。这里我们使用函数 std()来计算标准差，返回的结果以百分比形式表示。

```
# 计算每支股票的每日波动率（以百分比表示）
dataset[['R_GOOG', 'R_AAPL', 'R_META', 'R_AMZN', 'R_MSFT', 'R_GSPC']].std()
```

代码执行后会输出如下内容。

```
R_GOOG    0.016898
R_AAPL    0.018314
R_META    0.025274
R_AMZN    0.020336
R_MSFT    0.016856
R_GSPC    0.010953
dtype: float64
```

上面的输出结果提供了针对每只股票风险水平的统计信息，结果通过标准差来表示。在所分析的股票中，Facebook 展现出最高的风险水平，标准差为 2.52%，表明其价格波动较大，存在潜在的波动性。其次是亚马逊，其风险水平较低，但仍然显著，标准差为 2.03%。

相比之下，与 S&P 500 市场相关的风险相对较低，其标准差为 1.09%。这表明，平均而言，Facebook 和亚马逊的个别股票承载的风险要高于由 S&P 500 代表的整个市场。这些发现强调了投资者在做出投资决策时考虑风险因素的重要性。投资者可能会选择根据其风险偏好配置投资组合，考虑到与特定股票（如 Facebook 和亚马逊）相比整体市场较高的风险水平。

（4）使用 Seaborn 和 Matplotlib 绘制 Google 和 Apple 的每日收益率的时序图和密度分布图，这些图形有助于了解股票收益率的分布和走势。

```python
from scipy import stats

# 使用白色网格风格，创建2x2子图，设置图形大小
with sns.axes_style("whitegrid"):
    fig, axes = plt.subplots(nrows=2, ncols=2, figsize=(18,12))

    axes[0][0].plot(dataset['R_GOOG'], color='red')
    axes[0][0].set_title('Daily Returns  of Google ')

    sns.distplot(dataset['R_GOOG'], norm_hist=True, fit=stats.norm, color='red',
            bins=50, ax=axes[0][1])
    axes[0][1].set_title('Density of Google daily returns')

    axes[1][0].plot(dataset['R_AAPL'], color='black')
    axes[1][0].set_title('Daily Returns  of Apple')

    sns.distplot(dataset['R_AAPL'], norm_hist=True, fit=stats.norm, color='black',
            bins=50, ax=axes[1][1])
    axes[1][1].set_title('Density of Apple daily returns')
    plt.tight_layout()
    fig.show();
```

代码执行效果如图 6-6 所示。

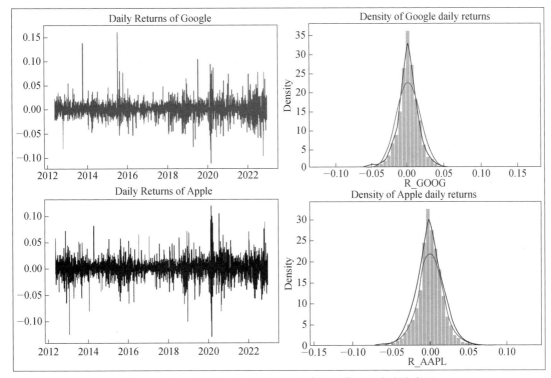

图 6-6　Google 和 Apple 的每日收益率的时序图和密度分布图

（5）使用 Seaborn 和 Matplotlib 分别绘制 Facebook 和 Amazon 每日收益率的时序图和密度分布图，这有助于观察这两只股票的收益率走势和分布情况，为投资者提供了对股价变动的直观认识。

```python
from scipy import stats
with sns.axes_style("whitegrid"):
    fig, axes = plt.subplots(nrows=2, ncols=2, figsize=(18,12))

    axes[0][0].plot(dataset['R_META'], color='blue')
    axes[0][0].set_title('Daily Returns of Facebook ')

    sns.distplot(dataset['R_META'], norm_hist=True, fit=stats.norm, color='blue',
            bins=50, ax=axes[0][1])
    axes[0][1].set_title('Density of Facebook daily returns')

    axes[1][0].plot(dataset['R_AMZN'], color='orange')
    axes[1][0].set_title('Daily Returns of Amazon')

    sns.distplot(dataset['R_AMZN'], norm_hist=True, fit=stats.norm, color='orange',
            bins=50, ax=axes[1][1])
    axes[1][1].set_title('Density of Amazon daily returns')
    plt.tight_layout()
```

```
        fig.show();
```

代码执行效果如图 6-7 所示。

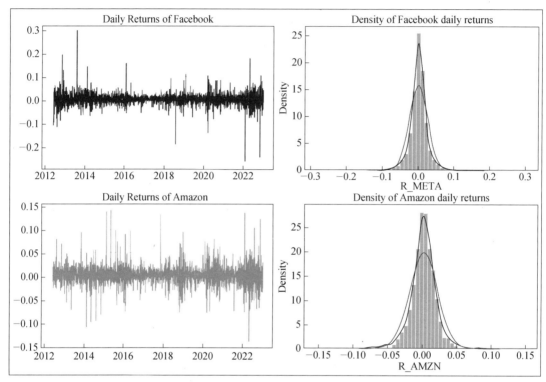

图 6-7   Facebook 和 Amazon 每日收益率的时序图和密度分布图

（6）使用 Seaborn 和 Matplotlib 分别绘制 Microsoft 和 S&P 500 每日收益率的时序图和密度分布图，这有助于观察这两个资产的收益率走势和分布情况，为投资者提供对市场整体和特定资产的风险认识。

```
from scipy import stats
with sns.axes_style("whitegrid"):
    fig, axes = plt.subplots(nrows=2, ncols=2, figsize=(18,12))

    axes[0][0].plot(dataset['R_MSFT'], color='green')
    axes[0][0].set_title('Daily Returns of Microsoft')

    sns.distplot(dataset['R_MSFT'], norm_hist=True, fit=stats.norm, color='green',
            bins=50, ax=axes[0][1])
    axes[0][1].set_title('Density of Microsoft daily returns')

    axes[1][0].plot(dataset['R_GSPC'], color='grey')
    axes[1][0].set_title('Daily Returns of S & P 500')
```

```
sns.distplot(dataset['R_GSPC'], norm_hist=True, fit=stats.norm, color='grey',
            bins=50, ax=axes[1][1])
axes[1][1].set_title('Density of S & P 500 daily returns')
plt.tight_layout()
fig.show();
```

代码执行效果如图 6-8 所示。

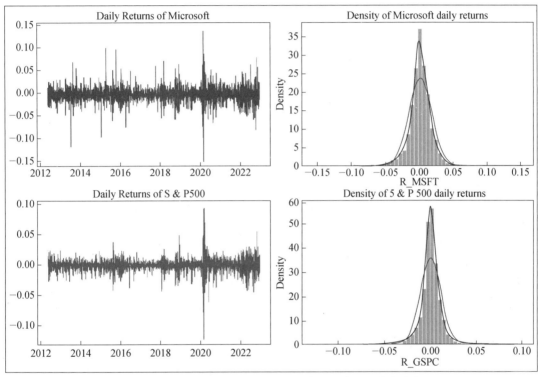

图 6-8 Microsoft 和 S&P 500 每日收益率的时序图和密度分布图

通过上面绘制的可视化收益率图可以看出，Microsoft、Apple、Google 和 S&P 500 在 2020 年初特别是由于 COVID-19 危机而经历了高波动性的时期。在这段时间内，股票收益率经历了显著的波动，反映了大流行对市场不确定性和经济的影响。

除了这些波动期外，每家公司的收益率密度似乎围绕原点对称，表明正负收益的分布相对平衡。此外，每家公司的收益率呈现出与正态分布紧密相似的模式。这意味着平均而言，这些股票的收益率倾向于聚集在均值附近，极端异常值较少。

了解收益率的波动性和分布对投资者至关重要，因为它提供了有关在这些公司投资可能面临的潜在风险和回报的见解。收益率的波动性使投资者能够评估历史绩效，并基于风险偏好和回报期望做出明智的决策。

6.5.7 使用有效前沿技术优化投资组合

在金融市场中,一种比较流行的做法是利用有效前沿技术来优化投资组合。有效前沿是一种图形表示技术,展示了在不同投资组合配置下风险和回报之间的权衡关系。通过分析这些股票的历史数据和预期收益以及它们之间的相关性,投资组合优化技术可以帮助投资者找到在给定风险水平下最大化回报或在期望回报水平下最小化风险的资产最优组合。这种方法使投资者能够做出明智的决策,实现投资多样化,并在管理风险的同时潜在地实现更高的回报,尤其是在一些重要的科技公司和由 S&P 500 代表的更广泛市场的背景下。

1. 分析公司收盘价之间的相关系数

通过了解谷歌、苹果、Facebook、亚马逊、微软和 S&P 500 的收盘价之间的相关系数,可以为我们提供关于个别股票价格与整体市场之间线性关系程度的见解。这些系数量化了这种关系的强度和方向,可以帮助投资者了解这些公司股票与更广泛市场之间的同步或分歧水平。

(1)计算五家公司(谷歌、苹果、Facebook、亚马逊和微软)和 S&P 500 的收盘价之间的相关系数,并使用热力图可视化展示这些相关系数。

```python
# 计算公司和S&P 500的收盘价之间的相关系数
corr = dataset[['GOOG', 'AAPL', 'META', 'AMZN', 'MSFT', 'GSPC']].corr()

# 使用热力图可视化相关系数
sns.heatmap(corr,                               xticklabels=corr.columns.values,
yticklabels=corr.columns.values, annot=True, annot_kws={'size': 12})

# 调整图形大小和字体大小
heat_map = plt.gcf()
heat_map.set_size_inches(10, 6)
plt.xticks(fontsize=14)
plt.yticks(fontsize=14)

# 显示图形
plt.show()
```

代码执行效果如图 6-9 所示,热力图中的颜色表示相关性的强弱,图中的注释显示了具体的相关系数值。这有助于投资者了解不同股票之间的关联程度,为投资决策提供参考。

每日股价的相关性热力图显示了 S&P 500 与 Microsoft、Amazon 与 Microsoft 之间以及 Microsoft 与 Google、Google 与 Apple、Amazon 与 Microsoft 之间的强正相关性。这些相关性表明这些公司的股价有向相似方向运动的倾向,突显了潜在的相互关联,为投资组合多样化策略提供了见解。

(2)通过分析 Google、Apple、Facebook、Amazon、Microsoft 和 S&P 500 的收益率之间的相关系数,可以为投资者提供一种衡量这些公司收益率与更广泛市场之间相互依赖或独立关系的方式，这能够帮助投资者评估将这些股票纳入其投资组合时的多样化潜力和相关风险。

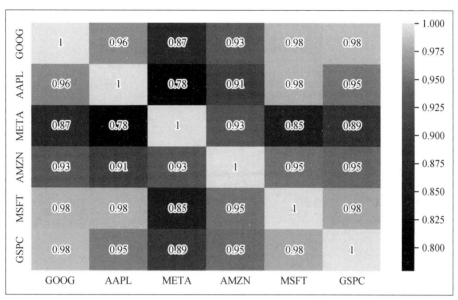

图 6-9　五家公司每日股价的相关性热力图

下面代码将计算五家公司（谷歌、苹果、Facebook、亚马逊和微软）和 S&P 500 的收益率之间的相关系数，并使用热力图可视化展示这些相关系数。

```
# 计算公司和S&P 500的收益率之间的相关系数
corr = dataset[['R_GOOG', 'R_AAPL', 'R_META', 'R_AMZN', 'R_MSFT', 'R_GSPC']].corr()

# 使用热力图可视化相关系数，设置x轴和y轴标签以及注释显示
sns.heatmap(corr,                                    xticklabels=corr.columns.values,
yticklabels=corr.columns.values, annot=True, annot_kws={'size': 12})

# 调整图形大小和字体大小，显示热力图
heat_map = plt.gcf()
heat_map.set_size_inches(10, 6)
plt.xticks(fontsize=14)
plt.yticks(fontsize=14)

# 显示图形
plt.show()
```

代码执行效果如图 6-10 所示。热力图中的颜色表示相关性的强弱，图中的注释显示具体的相关系数数值。这有助于投资者了解不同股票之间的收益率关联程度，为投资组合的多样化和风险评估提供参考。

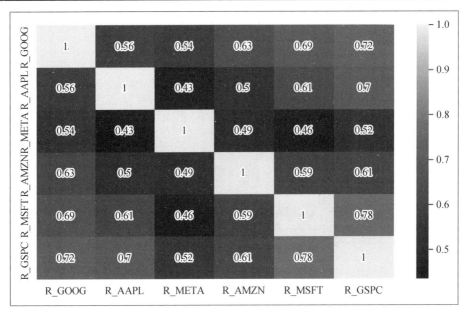

图 6-10　Returns 价格的相关性热力图

Returns 价格的相关性热力图显示了 S&P 500 的收益与 Microsoft 的收益之间强烈的正相关性。这表明它们有相似方向的运动趋势，暗示着整体市场表现的变化会影响到 Microsoft 的股票收益。下面是计算年化波动率和月度波动率的公式。

年化波动率=每日波动率$_i×\sqrt{252}$=收益率$_i×\sqrt{252}$，

i={GOOG，AAPL，META，AMZN，MSFT，GSPC}

月度波动率=每日波动率$_i×\sqrt{21}$=收益率$_i×\sqrt{21}$

i={GOOG，AAPL，META，AMZN，MSFT，GSPC}

在上面的计算公式中，年化波动率是通过将每日波动率乘以 252 的平方根来计算的，其中 252 表示一年中的交易日数量。这是因为一年中通常有 252 个交易日。而月度波动率则是通过将每日波动率乘以 21 的平方根来计算的，其中 21 表示一个月中的交易日数量。这些计算适用于不同的资产，包括 GOOG、AAPL、META、AMZN、MSFT 以及整体市场的代表 S&P 500。通过这些波动率计算有助于投资者更好地了解资产的风险水平。

注意：美股通常每年有 252 个交易日，每个月有 21 个交易日。

（3）计算每支股票的年化波动率，并以百分比形式输出结果。其中，使用 252 个交易日作为年度的计算基准。

```
returns = dataset[['R_GOOG','R_AAPL','R_META','R_AMZN','R_MSFT', 'R_GSPC']]
n_days = 252
for col in returns.columns:
```

```
print("The        volatility        of        the        stock        of",        col,
"=",round(returns[col].std()*np.sqrt(n_days)*100,2), '% per year')
```

代码执行后会输出如下内容。

```
The volatility of the stock of R_GOOG = 26.82 % per year
The volatility of the stock of R_AAPL = 29.07 % per year
The volatility of the stock of R_META = 40.12 % per year
The volatility of the stock of R_AMZN = 32.28 % per year
The volatility of the stock of R_MSFT = 26.76 % per year
The volatility of the stock of R_GSPC = 17.39 % per year
```

我们可以看到，这期间 Meta 的年化波动率（40.12%）要高于其他股票。

（4）计算每支股票的月度波动率，并以百分比形式输出结果。其中，使用了 21 个交易日作为月度的计算基准。

```
returns = dataset[['R_GOOG','R_AAPL','R_META','R_AMZN','R_MSFT', 'R_GSPC']]
n_days = 21
for col in returns.columns:
    print("The  volatility  of  the  stock  of", col,  "=",round(returns[col].
std()*np.sqrt(n_days)*100,2), '% per month')
```

代码执行后会输出如下内容。

```
The volatility of the stock of R_GOOG = 7.74 % per month
The volatility of the stock of R_AAPL = 6.39 % per month
The volatility of the stock of R_META = 11.58 % per month
The volatility of the stock of R_AMZN = 9.32 % per month
The volatility of the stock of R_MSFT = 7.72 % per month
The volatility of the stock of R_GSPC = 5.02 % per month
```

我们可以看到，这期间 Meta 的月度波动率（11.58%）仍然高于其他股票。这说明 Meta 表现出更高的年化波动率（40.12%）比其他股票更高，表明其价格波动更为显著，潜在风险更大。甚至在每个月，Meta 的波动性（11.58%）仍然高于其他股票，表明其价格波动较大。

2. 夏普比率

在金融市场中，夏普比率能够衡量类似 Google、Apple、Facebook、Amazon、Microsoft 和 S&P 500 这样的公司的风险调整回报。通过比较它们各自的夏普比率，我们可以评估每项投资在相对风险水平产生回报方面的效率。较高的夏普比率表示更好的风险调整表现，意味着该投资在承担风险的同时提供了更高的回报。分析这些公司的夏普比率并将其与 S&P 500 进行比较，有助于投资者评估在平衡风险和回报方面，每个投资选项的相对吸引力。

计算夏普比率的公式如下。

$$夏普比率 = \frac{R_P - R_f}{\sigma_P}$$

☑　R_p：投资组合的回报。

☑ R_f：无风险利率。

☑ σ_p：投资组合超额回报的标准差。

下面代码定义了一个计算夏普比率的函数 sharpe_ratio，该函数接收某只股票或投资组合的每日收益率序列以及无风险投资的年回报率（默认为 0.025），计算并返回夏普比率。

```
n_days = 252

def sharpe_ratio(serie, rf=0.025):
    '''
    serie：某只股票或投资组合的每日收益率序列
    rf: 无风险投资的年回报率（默认rf=0.025）
    '''
    # 年化平均收益率
    rp = serie.mean() * n_days
    # 年度波动率
    volatility = serie.std() * np.sqrt(n_days)
    # 夏普比率
    sharpe = (rp - rf) / volatility
    return sharpe
```

计算每只股票的夏普比率，假设无风险投资的年回报率为 2.5%。

```
# 假设无风险投资的年回报率为2.5%
# 计算每只股票的夏普比率
for col in returns.columns:
    print("The Sharpe ratio of,", col,"=", round(sharpe_ratio(returns[col]),2 ))
```

代码执行后会输出如下内容。

```
The Sharpe ratio of, R_GOOG = 0.67
The Sharpe ratio of, R_AAPL = 0.68
The Sharpe ratio of, R_META = 0.41
The Sharpe ratio of, R_AMZN = 0.69
The Sharpe ratio of, R_MSFT = 0.78
The Sharpe ratio of, R_GSPC = 0.53
```

夏普比率用于表示每单位风险的股票（或投资组合）的超额回报。在上面的输出结果中，S&P 500 的夏普比率等于 0.53，这表示在给定单位风险的情况下，与年回报率为 2.5% 的无风险投资相比，S&P 500 的超额年回报率为 53%。对于相同单位风险，微软的年度超额回报为 78%。在这些条件下，最佳股票是微软，因为它具有最高的夏普比率。

夏普比率是评估股票或投资组合风险调整绩效的有价值的指标。对于 S&P 500，其夏普比率被计算为 0.53。这意味着对于给定单位的风险，与年回报率为 2.5% 的无风险投资相比，S&P 500 生成了 53% 的超额年回报。对于微软，其夏普比率表明，在相同水平的风险下，年度超额回报率为 78%。这意味着与 S&P 500 相比，微软有潜力生成更高的回报。

基于这些发现，我们可以得出结论：微软在所分析的股票中表现出最高的夏普比率。这表明对于给定的风险水平，微软有潜力提供最佳的风险调整回报。因此，在夏普比率方面，微软是考虑的选项中最有利的股票选择。

3. Beta 系数

Beta（贝塔）系数简称 Beta，是衡量给定证券相对于市场（如 S&P 500）表现的指标，Beta 传达以下信息。

☑　β=0：表示与市场（即 S&P 500）无关。

☑　β=1：表示与市场表现相同。

☑　β<1：表示在经济衰退中损失较少，在经济繁荣时获利较少。

☑　β>1：表示在经济衰退中损失较多，在经济繁荣时获利较多。

☑　β<0：表示与与市场呈负相关。也就是说，如果市场上涨，证券（与股票可互换使用）下跌，反之亦然。例如，黄金、白银、贵金属等。

接下来我们将尝试为 Google、Apple、Facebook、Amazon、Microsoft 和 S&P 500 找到 Beta 值。为了计算 Beta 值，通常考虑过去 5 年的数据，以每月为周期。计算公式如下。

$$\beta = \frac{Cov(Stock_i, S\&P)}{Var(S\&P)}$$

其中，i=GOOG，AAPL，META，AMZN，MSFT。

（1）通过下面代码计算投资组合中每两个资产之间的协方差矩阵，并通过乘以 12 将月协方差年化。这个协方差矩阵在资产组合优化中用于计算风险。

```
cov = returns.cov() * 12 # annualized
cov
```

代码执行后会输出如下内容。

```
        R_GOOG   R_AAPL   R_META   R_AMZN   R_MSFT   R_GSPC
R_GOOG  0.003426 0.002098 0.002770 0.002577 0.002345 0.001607
R_AAPL  0.002098 0.004025 0.002415 0.002237 0.002270 0.001689
R_META  0.002770 0.002415 0.007665 0.003033 0.002361 0.001728
R_AMZN  0.002577 0.002237 0.003033 0.004962 0.002432 0.001623
R_MSFT  0.002345 0.002270 0.002361 0.002432 0.003410 0.001719
R_GSPC  0.001607 0.001689 0.001728 0.001623 0.001719 0.001440
```

（2）下面代码分别计算了 Google、Apple 和 Facebook 相对于 S&P 500 的 Beta 系数。

```
beta_GOOG = cov.iloc[0,5] / cov.iloc[5,5]
print(f'Beta (10Y period) of Google is : {beta_GOOG}')

beta_AAPL = cov.iloc[1,5] / cov.iloc[5,5]
print(f'Beta (10Y period) of Apple is : {beta_AAPL}')

beta_META = cov.iloc[2,5] / cov.iloc[5,5]
print(f'Beta (10Y period) of Facebook is : {beta_META}')
```

代码执行后会输出如下内容。

```
Beta (10Y period) of Google is : 1.1160956781111853
Beta (10Y period) of Apple is : 1.1730606352218889
Beta (10Y period) of Facebook is : 1.200017516496074
```

Beta 系数是衡量一个资产相对于市场波动的指标，上面的代码计算了这些公司过去 10 年的 Beta 系数，Google 约为 1.12，Apple 约为 1.17，Facebook 约为 1.20。这些值表明这些公司的股价相对于整个市场有较强的正相关性，即它们在市场上的波动程度相对较高。

（3）下面代码分别计算了 Amazon 和 Microsoft 相对于 S&P 500 的 Beta 系数，以及 S&P 500 自身的 Beta 系数。Beta 系数是衡量一个资产相对于市场波动的指标，这里 S&P 500 的 Beta 系数通常被定义为 1。

```
beta_AMZN = cov.iloc[3,5] / cov.iloc[5,5]
print(f'Beta (10Y period) of Amazon is : {beta_AMZN}')

Beta (10Y period) of Amazon is : 1.127099926299393
beta_MSFT = cov.iloc[4,5] / cov.iloc[5,5]
print(f'Beta (10Y period) of Microsoft is : {beta_MSFT}')

beta_GSPC = cov.iloc[5,5] / cov.iloc[5,5]
print(f'Beta (10Y period) of S&P 500 is : {beta_GSPC}')
```

代码执行后会输出如下内容。

```
Beta (10Y period) of Microsoft is : 1.1941011901897405
Beta (10Y period) of S&P 500 is : 1.0
Beta (10Y period) of Amazon is : 1.13
```

上面的代码分别计算了过去 10 年的 Beta 系数，Amazon 的 Beta 系数约为 1.13，Microsoft 的 Beta 系数约为 1.19，而 S&P 500 的 Beta 系数为 1.0。这些值表明 Amazon 和 Microsoft 的股价相对于整个市场有较强的正相关性，而 S&P 500 的 Beta 系数符合市场平均水平。

6.5.8 投资组合模拟

在本项目中，使用 Google、Apple、Facebook、Amazon 以及 S&P 500 市场指数进行投资组合模拟，本项目使用了 Python 的 Scipy.optimize 包实现模拟功能。通过调整资产配置，我们将生成 2673 个投资组合。在本模拟中考虑了历史收益、波动性和相关性，以构建有效的投资组合。在 0%的无风险利率下，我们将评估这些投资组合相对于无风险投资的表现。本项目旨在了解多元化的好处和如何降低风险，为构建与投资者风险承受能力和回报目标相符的良好多元化投资组合提供见解。

（1）下面这段代码是进行投资组合模拟，通过使用 SciPy 库中的 minimize 函数实现。在生成 2673 个投资组合时，对每个投资组合进行权重的分配，其中使用了 Dirichlet 分布。通过计算每个投资组合的预期收益、预期波动性和夏普比率，以及考虑了无风险利率，从

174

而得到投资组合的性能指标。这有助于理解多元化的效果、风险和回报之间的权衡，并提供构建优化投资组合的信息。

```python
from scipy.optimize import minimize
# 投资组合模拟
portfolio         = 2673  # generation of a portfolio
n_assets          = returns.shape[1]
weights           = np.random.dirichlet(np.full(n_assets,0.05),portfolio)
mean_returns      = returns.mean()
sigma             = returns.cov()
expected_returns  = np.zeros(portfolio)
expected_vol      = np.zeros(portfolio)
sharpe_ratio      = np.zeros(portfolio)
rf_rate           = 0.0                          # 无风险利率

for i in range(portfolio):
    w                    = weights[i,:]
    expected_returns[i]  = np.sum(mean_returns @ w)*252
    expected_vol[i]      = np.sqrt(np.dot(w.T,sigma @ w))*np.sqrt(252)
    sharpe_ratio[i]      = (expected_returns[i]-rf_rate)/expected_vol[i]
```

（2）定义三个函数，这三个函数将在后续的投资组合优化中使用。

☑ portfolio_volatility(weight)：用于计算投资组合的波动性，接收权重向量作为参数。

☑ portfolio_return(weight)：用于计算投资组合的预期收益，同样接收权重向量作为参数。

☑ portfolio_performance(weight)：用于计算投资组合的收益和波动性，返回一个元组包含两个值，分别是预期收益和波动性。同样，接收权重向量作为参数。

```python
def portfolio_volatility(weight):
    return np.sqrt(np.dot(weight.T,
                  np.dot(sigma,weight)))*np.sqrt(252)

def portfolio_return(weight):

    return np.sum(mean_returns*weight)*252

def portfolio_performance(weight):
    return_p = portfolio_return(weight)
    vol_p    = portfolio_volatility(weight)
    return return_p, vol_p
```

（3）下面的这两个函数定义了投资组合优化的目标和优化过程，这两个函数是投资组合优化中关键的部分。

☑ negativeSR(weight)：用于计算投资组合的负夏普比率。在优化时，我们希望最大化夏普比率，但 minimize 函数实际上是一个最小化问题，所以我们取负夏普比率进行最小化。函数返回的值是 -(return_p - rf_rate)/vol_p，其中 return_p 是投资组合的预期收益，vol_p 是波动性，rf_rate 是无风险利率。

☑ max_sharpe_ratio()：用于执行实际的优化过程。在内部定义了一个辅助函数 sum_one，用于确保权重总和为 1。然后，通过使用 minimize 函数，基于定义的 negativeSR 函数进行夏普比率的最大化。最终 max_sharpe_ratio() 返回的是最优权重的结果。

```
def negativeSR(weight):
    return_p, vol_p = portfolio_performance(weight)
    rf_rate       = 0.025
    return -(return_p - rf_rate)/vol_p

def max_sharpe_ratio():

    def sum_one(weight):
        w= weight
        return np.sum(weight)-1

    n_assets           = returns.shape[1]
    weight_constraints = ({'type':'eq','fun': sum_one})
    w0                 = np.random.dirichlet(np.full(n_assets,0.05)).tolist()    # w0
is an initila guess

    return minimize(negativeSR,w0,method='SLSQP',
                    bounds =((0,1),)*n_assets,
                constraints = weight_constraints)
```

（4）函数 min_vol()的功能是最小化投资组合波动率。该函数使用 minimize 函数，并基于定义的 portfolio_volatility 函数，执行投资组合波动率的最小化，并返回最优权重的结果。这个函数在构建有效前沿（Efficient Frontier）时是非常关键的。其中 n_assets 是资产数量；weight_constraints 定义了一个等式约束，以确保所有权重的总和等于 1；w0 是初始权重的猜测；bounds 是权重的边界，确保它们在[0，1]的范围内。

```
def min_vol():

    n_assets           = returns.shape[1]
    weight_constraints = ({'type':'eq','fun': lambda x: np.sum(x)-1})
    w0                 = np.random.dirichlet(np.full(n_assets,0.05)).tolist()
    bounds             = ((0,1),)*n_assets

    return minimize(portfolio_volatility,w0,method='SLSQP',
            bounds     = bounds,
            constraints = weight_constraints)
```

（5）函数 efficient_portfolio_target（target）用于找到给定目标收益率下的有效投资组合，以下是对关键信息的说明。

target 是目标收益率。constraints 包括两个等式约束，一个确保投资组合的预期收益率等于目标，另一个确保所有权重的总和等于 1。w0 是初始权重的猜测。bounds 是权重的边界，确保它们在 [0, 1] 的范围内。

```
def efficient_portfolio_target(target):
    constraints = ({'type':'eq','fun': lambda x: portfolio_return(x)- target},
                   {'type' :'eq','fun': lambda x: np.sum(x)-1})
    w0          = np.random.dirichlet(np.full(n_assets,0.05)).tolist()
    bounds      = ((0,1),)*n_assets

    return minimize(portfolio_volatility,w0, method = 'SLSQP',
                    bounds      = bounds,
                    constraints = constraints)
```

在上述代码中，函数使用 minimize 函数，基于定义的 portfolio_volatility 函数，执行在给定目标收益率下最小化投资组合波动率，并返回最优权重的结果。这对于构建有效前沿（Efficient Frontier）和制定风险和收益平衡的投资策略非常有用。

（6）函数 efficient_frontier（return_range）用于生成在给定一系列目标收益率下的有效投资组合。参数 return_range 是一个列表，包含多个目标收益率。函数 efficient_frontier（return_range）使用列表推导来创建一个由每个目标收益率生成的有效投资组合列表，每个目标收益率都被传递给 efficient_portfolio_target 函数，以找到相应目标下的最优权重。

```
def efficient_frontier(return_range):
    return [efficient_portfolio_target(ret) for ret in return_range]
```

通过调用这个函数，可以得到有效前沿上的一组投资组合，每个投资组合都在给定目标收益率下最小化了投资组合的波动率。这有助于投资者在不同风险和收益水平下做出明智的投资决策。

6.5.9　投资组合可视化

（1）下面代码实现了投资组合的优化可视化，通过使用 Python 中的库 Scipy.optimize 进行投资组合模拟。通过生成大量权重分配来构建投资组合，考虑历史收益、波动性和相关性，以生成有效投资组合。在考虑风险无息率为 0 的情况下，通过评估各个投资组合的性能相对于无风险投资，分析了投资组合的多样化效益和风险降低。绘制了投资组合的散点图和有效前沿图，展示了投资组合的风险和收益之间的权衡关系，强调了夏普比率最大和波动率最小的投资组合。这有助于投资者在不同的风险水平下做出明智的投资决策。

```
sharpe_maximum       = max_sharpe_ratio()
return_p,vol_p       = portfolio_performance(sharpe_maximum['x'])
min_volatility       = min_vol()
return_min,vol_min   = portfolio_performance(min_volatility['x'])


plt.figure(figsize =(15,10))
plt.style.use('ggplot')
plt.scatter(expected_vol,expected_returns, c = sharpe_ratio)
# plt.colorbar.sel(label = 'Sharpe Ratio',size=20)
```

```
plt.colorbar().set_label('Sharpe Ratio', size= 20, color = 'g', family='serif',
weight='bold')
target              = np.linspace(return_min,1.02,100)
efficient_portfolios = efficient_frontier(target)
plt.plot([i.fun for i in efficient_portfolios], target, linestyle ='dashdot', color
='black',
        label='Efficient Frontier')
plt.scatter(vol_p,return_p, c = 'r', marker='*', s = 500, label = 'Maximum Sharpe
Ratio')
plt.scatter(vol_min,return_min, c = 'g',  marker ='*', s = 500, label='Minimum
Volatility Portfolio')

font1 = {'family':'serif','color':'darkred','size':20,'weight':'bold'}
font2 = {'family':'serif','color':'darkred','size':20,'weight':'bold'}
plt.title('Portfolio Optimization based on Efficient Frontier',fontdict=font1)
plt.xlabel('Annualised Volatility',fontdict=font2)
plt.ylabel('Annualised Returns',fontdict=font2)
plt.legend(labelspacing=0.8)
```

代码执行后会绘制投资组合的散点图和有效前沿，效果如图6-11所示，具体说明如下。

图6-11中展示了2673个不同权重下的投资组合，其中横轴表示年化波动率，纵轴表示年化收益率，散点的颜色表示夏普比率，越深的颜色表示夏普比率越高。

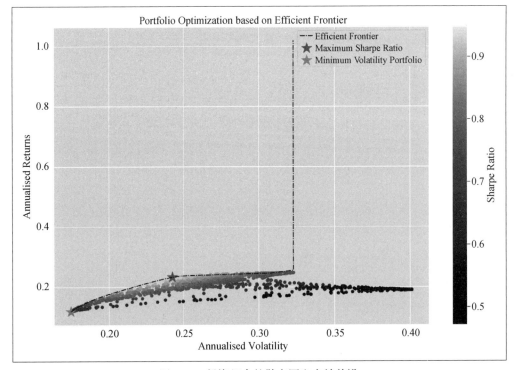

图 6-11　投资组合的散点图和有效前沿

有效前沿（Efficient Frontier）是一条用虚线标识的曲线，表示在给定风险水平下，投资组合可以实现的最大收益。这是通过尝试不同目标收益率来生成的。

最大夏普比率的投资组合用红色星星标识，最小波动率的投资组合用绿色星星标识。这两个投资组合代表了夏普比率最大和波动率最小的极端情况。

整体来说，这张图可以帮助投资者在风险和收益之间找到平衡点，从而通过选择适当的投资组合权重来实现其投资目标。

（2）现在，我们可以查看 GAFAM 投资组合中各资产的权重。通过如下代码查看有最高夏普比率的投资组合。当投资回报低于风险无风险利率时，夏普比率可能为负。

```
max_sharpe_port.to_frame().T
```

代码执行后会输出如下内容。

```
ret stdev    sharpe      GOOG AAPL META AMZN MSFT GSPC
3270 0.231556 0.24312   0.849603 0.011955 0.269486 0.034679 0.209609 0.469536
      0.004734
```

（3）下面的 min_vol_port.to_frame().T 是一个 DataFrame，其中包含最低方差投资组合的权重。

```
min_vol_port.to_frame().T
```

代码执行后会输出如下内容。

```
      ret stdev    sharpe      GOOG AAPL META AMZN MSFT GSPC
2695 0.152335 0.189673 0.67134  0.129409 0.07794  0.052775 0.016958 0.079501
      0.643417
```

查看具有最高夏普比率的投资组合权重表时，通过上面的输出结果可以看到，微软的权重比其他公司更高。相比之下，在最小方差投资组合中，Facebook 的权重较低。我们可以得出结论：在这两种权重中，风险较高的那个投资组合更好。如果我们考虑风险调整后的收益，这个投资组合的夏普比率最高（0.953%），相比之下，最小方差投资组合的夏普比率较低，这意味着投资者将获得相对较高的超额收益，以换取额外的风险。

6.5.10　结论

综合而言，本项目对谷歌、苹果、Facebook、亚马逊、微软以及标准普尔 500 指数等公司的股市数据进行了如下有价值的分析。

☑　波动性：对年度和月度波动性的研究显示，Meta 在所有股票中表现出最高的波动性，表明其价格波动较大，存在潜在风险。这些信息有助于投资者理解这些股票的风险特征，从而做出明智的投资决策。

☑　相关性：相关性分析显示标普 500 指数与微软、亚马逊之间以及微软与谷歌、谷歌与苹果、亚马逊与微软之间存在强烈的正相关。这些相关性表明可能存在相互依赖关系，并可以指导投资组合多元化策略。

☑ 风险调整回报：对夏普比率的评估提供了对股票风险调整绩效的见解。微软脱颖而出，成为夏普比率最高的股票，表明相较于其他股票和无风险投资，它具有更好的风险调整回报潜力。

总的来说，这些发现突显了在分析和选择股票进行投资时考虑波动性、相关性和风险调整回报等因素的重要性。通过充分考虑这些关键指标，投资者可以做出更为明智的决策，有效管理风险，并可能优化他们的投资组合。

第7章
金融市场情绪分析

金融市场情绪分析是一种通过研究和评估市场参与者的情感和情绪，以预测或解释金融市场行为的方法。市场情绪可以对股票、债券、外汇、商品和其他金融资产的价格和波动产生重要影响，会影响金融市场的走势。在本章的内容中，将详细讲解使用深度学习技术实现金融市场情绪分析的知识，并通过具体实例来讲解各个知识点的用法。

7.1 情绪分析的概念与方法

情绪分析，也称为情感分析，是一种自然语言处理（NLP）技术，旨在识别和理解文本或语音中包含的情感、情绪和情感倾向。情绪分析的目标是确定文本或语音中的情感是积极、消极还是中性，并可以进一步细化为更多的情感类别。

7.1.1 情绪分析的基本概念

以下是情绪分析的基本概念。

（1）情感分类：情感分析的主要任务之一是将文本或语音中的情感分为不同的类别。最常见的情感包括以下三类。

☑ 积极情感（positive emotion）：包括喜悦、满足、兴奋等积极的情感状态。

☑ 消极情感（negative emotion）：包括愤怒、沮丧、焦虑等消极的情感状态。

☑ 中性情感（neutral emotion）：表示文本或语音中没有明显的情感表达。

（2）情感极性：除了将情感分类为积极、消极和中性外，情感分析还可以测量情感的强度或极性。例如，积极情感可以是高兴和兴奋，消极情感可以是悲伤和愤怒，它们可以有不同的强度。

（3）情感词汇：情感分析依赖于情感词汇，这些词汇是与情感相关的单词或短语。情感词汇通常被用于确定文本中的情感表达。

（4）语境理解：情感分析不仅要考虑情感词汇，还要考虑它们在文本中的上下文。同样的词汇在不同的上下文中可能具有不同的情感含义。

（5）机器学习和深度学习：情感分析通常使用机器学习和深度学习技术来自动识别和分类情感。这包括使用已标记的训练数据来训练情感分类模型。

（6）应用领域：情感分析在各种应用领域中都有广泛的用途，包括社交媒体监测、产品评论分析、市场研究、情感智能助手、客户服务反馈分析等。

（7）情感分析工具和API：有许多情感分析工具和API可供使用，它们可以帮助分析文本或语音的情感。这些工具通常使用预训练的模型和情感词汇库来进行情感分析。

情感分析的应用场景广泛，可以帮助组织更好地理解他们的用户或客户的情感和情感反馈，以做出更明智的决策和改进产品及服务。此外，情感分析也在监测舆情、社交媒体分析和自然语言处理领域发挥着关键作用。

7.1.2　金融市场情绪的重要性

金融市场情绪能够对市场行为和资产价格波动产生深远的影响，以下几个方面展示了金融市场情绪的重要性。

- ☑ 价格波动：市场情绪可以导致资产价格的剧烈波动。积极情绪可能会推高资产价格，而消极情绪可能会导致价格下跌。这种价格波动可能给投资者和交易者带来巨大的风险或机会。
- ☑ 投资者行为：金融市场情绪对投资者的决策和行为会产生深远影响。情绪可以影响投资者的风险偏好，决定他们是买入还是卖出资产。例如，恐慌情绪可能导致抛售，而乐观情绪可能推高市场。
- ☑ 泡沫和崩盘：市场情绪可以导致资产价格产生泡沫，即价格远高于其内在价值。当情绪逆转时，泡沫可能会破裂，导致市场崩溃。这种情况下，情绪的失衡可能导致系统性风险。
- ☑ 市场动态：情绪可以在短期内推动市场，远离基本面的价值。这意味着投资者需要密切关注市场情绪，以及它是否与基本面相一致，以更好地管理风险。
- ☑ 舆情影响：媒体、社交媒体和舆论可以迅速传播情绪。市场参与者可能会受到新闻报道、社交媒体评论和专家观点的影响，从而改变他们的投资决策。
- ☑ 政策和法规：政府和监管机构也受到市场情绪的影响。情绪可能会推动政策和法规的变化，影响金融市场的运作和稳定性。
- ☑ 投资策略：一些投资策略和交易策略以市场情绪为基础。例如，一些投资者使用情感分析工具来识别市场情绪的变化，以辅助他们的交易决策。

因此，理解金融市场情绪对投资者、交易者、机构和政策制定者都至关重要。市场情绪不仅是市场行为的重要驱动因素，还可以提供关于市场走向和潜在风险的有用见解。然而，情绪分析应谨慎进行，因为它可能受到噪声和误导信息的影响，而且市场情绪本身也容易波动。因此，应将它与其他分析方法和基本面分析相结合，以制定更全面和明智的投资决策。

7.1.3　情绪分析的方法

情绪分析是一种通过自然语言处理技术来识别和理解文本或语音中包含的情感、情绪和情感倾向的方法，常用的情感分析方法如下。

1. 基于规则的方法

☑　情感词汇词典：构建包含情感词汇的词汇表，每个词汇都分配一个情感极性（例如，积极、消极或中性）。在分析文本时，计算文本中包含的情感词汇的数量和情感极性，以确定文本的情感。

☑　规则引擎：制定一组规则和模式，以检测情感表达方式，如否定语、程度副词等，然后根据这些规则来评估文本的情感。

2. 机器学习方法

☑　有监督学习：使用带有情感标签的训练数据来训练情感分类模型，如朴素贝叶斯、支持向量机、随机森林等。模型学习文本中的模式并用于情感分类。

☑　无监督学习：使用无标签的数据，如情感词汇或词向量，通过聚类或降维技术来识别文本中的情感模式。主题建模方法如 latent dirichlet allocation（LDA）也可用于情感分析。

3. 深度学习方法

☑　循环神经网络（RNN）：使用 RNN 或其变种，如长短时记忆网络（LSTM）或门控循环单元（GRU），来处理文本数据的时序信息，以捕获文本中的情感信息。

☑　卷积神经网络（CNN）：使用 CNN 来捕获文本中的局部模式，尤其是在文本分类任务中，CNN 在情感分析中也有应用。

☑　预训练模型：使用大规模的文本数据对预训练的深度学习模型（如 BERT、GPT 等）进行微调，以执行情感分析任务。

4. 混合方法

将基于规则的方法和机器学习或深度学习方法结合使用，以提高情感分析的准确性和稳定性。例如，可以使用规则引擎来处理一些明显的情感信号，然后使用机器学习模型进一步分析文本。

5. 情感词汇库

使用情感词汇库，其中包含带有情感标签的词汇，以帮助识别文本中的情感。情感得分可以通过计算文本中情感词汇的权重和数量来生成。

6. 特征工程

在机器学习方法中，可以使用各种特征提取技术，如词袋模型（bag of words model）、TF-IDF（term frequency-inverse document frequency）和词嵌入（word embeddings）等，来表示文本数据以供模型使用。

请看下面的实例，功能是使用 TextBlob（情感分析库）分析同花顺新闻快讯的舆情是否积极、消极或中性。TextBlob 是一个 Python 库，用于自然语言处理任务，包括文本情感分析、文本分类、词性标注、命名实体识别、翻译等。TextBlob 构建在 NLTK（自然语言工具包）和 Pattern 库的基础上，提供了一个更简单和更高级的 API，使 NLP 任务更容易实现。

实例 7-1：获取同花顺新闻快讯的舆情信息（源码路径：daima/7/zhuacsv.py 和 new01.py）

（1）实例文件 zhuacsv.py 的功能是获取 TuShare 中指定日期范围内来自同花顺的新闻快讯信息，然后将获取的新闻信息保存到 CSV 文件中。具体实现代码如下所示。

```python
import pandas as pd
import tushare as ts
import re  # 导入正则表达式模块

def save_news_to_csv(start_date, end_date):
    pro = ts.pro_api()
    df = pro.news(src='10jqka', start_date=start_date, end_date=end_date)

    if df.empty:
        print("没有找到新闻信息.")
        return

    # 使用正则表达式替换不允许的字符
    valid_start_date = re.sub(r'[^\w]', '_', start_date)
    valid_end_date = re.sub(r'[^\w]', '_', end_date)

    # 指定保存的文件名
    file_name = f"news_{valid_start_date}_{valid_end_date}.csv"

    # 保存为CSV文件
    df.to_csv(file_name, index=False, encoding='utf-8')
    print(f"新闻信息已保存到 {file_name}")

# 指定时间范围
start_date = '2023-01-11 09:00:00'
end_date = '2023-08-22 10:10:00'

# 调用函数保存新闻信息到CSV文件
save_news_to_csv(start_date, end_date)
```

在上述代码中，获取了指定时间范围内的同花顺新闻快讯信息，然后保存到 CSV 文件

中。因为在 Windows 系统中，文件名中不能包含以下字符之一：\ / : * ? " < > |，所以使用正则表达式对文件名进行了处理。为了便于后面的编程处理，代码执行后得到的 CSV 文件将被重新命名为 news_10jqka.csv，文件中的内容如下所示。

```
datetime,content,title
2023-08-22 10:09:00,天眼查App显示，近日，百度在线网络技术（北京）有限公司申请注册多个"灵境造
极""灵境奇点""灵境矩阵""灵境回声"商标，国际分类为网站服务、科学仪器，当前商标状态均为申请中。,
百度申请灵境系列商标
2023-08-22 10:08:00,在全球利率上行压力的背景下，日本10年期政府债券收益率周二创下九年来新高。
该收益率升至0.66%，为2014年以来的最高水平。这增加了日本央行可能进入市场进行计划外购债操作以减缓
涨势的可能性。,日本10年期国债收益率创九年来新高
2023-08-22 10:07:00,在全球利率上行压力的背景下，日本10年期政府债券收益率周二创下九年来新高。
该收益率升至0.66%，为2014年以来的最高水平。,日本10年期国债收益率创九年来新高
2023-08-22 10:07:00,光伏概念震荡走低，隆基股份跌超5%，精工科技、阿特斯、固德威、晶澳科技等纷纷
跟跌。,光伏概念震荡走低 隆基股份跌超5%
2023-08-22 10:02:00,据工信部网站，8月21日，第29次亚太经合组织（APEC）中小企业部长会议在美国
西雅图举行。会议主题是"为所有人创造有韧性和可持续的未来"。工业和信息化部副部长徐晓兰率团出席会议
并围绕"通过数字化工具和技术为全球市场中的中小微企业赋能"...,工信部副部长徐晓兰率团出席第29次
APEC中小企业部长会议
2023-08-22 09:59:00,传媒板块异动拉升，中国科传涨停，中原传媒、中国出版、南方传媒、浙数文化等纷
纷跟涨。,传媒板块异动拉升 中国科传涨停
2023-08-22 09:58:00,企查查APP显示，近日，北京永辉超市有限公司、北京永辉商业有限公司新增一则被
执行人信息，执行标的1028万余元，执行法院为北京市石景山区人民法院。企查查信息显示，北京永辉超市有
限公司成立于2008年10月，注册资本6亿人民币，法定代表人为彭...,北京永辉超市被强执1028万
2023-08-22 09:57:00,据沈阳晚报，2023年铁西区（经开区、中德园）房交会于近日启动，在房交会期间，
购买参展企业新建商品住房且完成登记备案的市民，都能享受契税补贴、金融、教育、优惠、"拼房团购"多重优
惠政策：商品住房契税补贴50%，享有优质的教育资源及入学...,沈阳铁西区房交会：契税可享补贴50%，团购
5套以上再享9.5...
2023-08-22 09:56:00,据国家统计局网站，为动态监测我国经济发展新动能变动情况，国家统计局统计科学
研究所基于《新产业新业态新商业模式统计监测制度》和经济发展新动能统计指标体系，采用定基指数方法测算
了2022年我国经济发展新动能指数，并修订了历史指数数据。...,国家统计局：2022年我国经济发展新动能
指数比上年增长28.4%
2023-08-22 09:56:00,根据CINNO Research统计数据显示，2023年1-6月中国半导体项目投资金额约
8553亿人民币，同比下滑22.7%，全球半导体产业仍处于去库存阶段。,机构：上半年中国半导体产业投资金额
同比下滑22.7%
2023-08-22 09:53:00,中国建设银行发布关于调整银行承兑汇票承兑手续费收费标准的公告。自2023年9
月1日起，将调整银行承兑汇票承兑手续费收费标准为按银行承兑汇票票面金额的0.05%收取。此前的原收费标
准：期限3个月（含）以内，按票面金额的0.05%收取；期限3-6月...,建行下调银行承兑汇票承兑手续费
2023-08-22 09:52:00,A股三大指数集体翻绿，两市超3000只个股下跌。,A股三大指数集体翻绿
2023-08-22 09:51:00,据央视新闻，记者从中国国家铁路集团有限公司获悉，全国铁路暑运客流持续保持高
位运行，7月1日至8月21日，已累计发送旅客7.01亿人次，其中，8月19日发送旅客1568.6万人次，再次
刷新暑运单日旅客发送量历史新高。全国铁路日均开行旅客列车达10444...,全国铁路暑运发送旅客已突破七
亿人次
2023-08-22 09:50:00,"国防军工板块异动拉升，捷强装备涨超12%，观想科技涨超10%，恒宇信通、纵横
股份、中航沈飞等跟涨。
####省略后面的内容
```

（2）编写实例文件 new01.py，功能是对文件 news_10jqka.csv 中的前 10 条数据的标题进行情感分析，并输出每个标题的情感极性（积极、消极或中性）。具体实现代码如下所示。

```python
import pandas as pd
from textblob import TextBlob
import tushare as ts

# 使用tushare获取特定股票的新闻标题
def get_stock_news(stock_code, start_date, end_date):
    pro = ts.pro_api()
    # 设置数据源为同时获取sina、同花顺和东方财富的新闻
    df_sina = pro.news(src='sina', start_date=start_date, end_date=end_date, codes=
stock_code)
    df_ths = pro.news(src='ths', start_date=start_date, end_date=end_date, codes=
stock_code)
    df_eastmoney = pro.news(src='eastmoney', start_date=start_date, end_date= end_date,
codes=stock_code)

    # 合并不同数据源的新闻标题
    news_headlines = pd.concat([df_sina['title'], df_ths['title'], df_eastmoney['title']],
ignore_index=True)

    return news_headlines

# 使用TextBlob进行情感分析
def analyze_sentiment(text):
    analysis = TextBlob(text)
    if analysis.sentiment.polarity > 0:
        return "积极"
    elif analysis.sentiment.polarity < 0:
        return "消极"
    else:
        return "中性"

# 主函数
def main():
    # 指定宁德时代的股票代码和日期范围
    stock_code = "300750"  # 宁德时代的股票代码
    start_date = "2023-01-01"
    end_date = "2023-09-30"

    # 获取股票新闻标题
    news_headlines = get_stock_news(stock_code, start_date, end_date)

    # 进行情感分析并将结果添加到DataFrame中
    sentiment_results = []
    for headline in news_headlines:
        sentiment = analyze_sentiment(headline)
        sentiment_results.append(sentiment)

    # 创建DataFrame来存储新闻标题和情感分析结果
    df = pd.DataFrame({"Headline": news_headlines, "Sentiment": sentiment_results})

    # 输出情感分析结果
    print(df.head(10))  # 输出前10个新闻标题的情感分析结果
```

```
if __name__ == "__main__":
    main()
```

代码执行后会输出如下内容。

```
标题：百度申请灵境系列商标
情感：中性

标题：日本10年期国债收益率创九年来新高
情感：中性

标题：日本10年期国债收益率创九年来新高
情感：中性

标题：光伏概念震荡走低 隆基股份跌超5%
情感：中性

标题：工信部副部长徐晓兰率团出席第29次APEC中小企业部长会议
情感：中性

标题：传媒板块异动拉升 中国科传涨停
情感：中性

标题：北京永辉超市被强执1028万
情感：中性

标题：沈阳铁西区房交会：契税可享补贴50%，团购5套以上再享9.5...
情感：中性

标题：国家统计局：2022年我国经济发展新动能指数比上年增长28.4%
情感：中性

标题：机构：上半年中国半导体产业投资金额同比下滑22.7%
情感：中性
```

情感分析的结果可能受到多个因素的影响，包括文本数据的质量、模型的训练数据以及情感分析算法本身。例如，在本实例中，对新闻标题进行情感分析后得到的结果都是中性，这是因为TextBlob是一个基于规则和情感词典的简单情感分析工具，它可能对一些特定的文本有限制，因此在处理金融领域的文本时，可能无法准确捕捉文本的情感。通常，金融领域的情感分析需要更复杂的模型，以考虑上下文和特定领域的词汇。

为了改进情感分析的结果，可以考虑以下措施。

（1）使用更大规模的数据集。更多的数据可能有助于提高模型的性能，尤其是在特定领域或行业中。

（2）自定义情感词汇库。你可以构建或扩展情感词汇库，以更好地匹配特定行业或领域的情感表达方式。

（3）调整模型架构和参数。尝试不同的情感分析模型、算法或参数，以找到最适合宁德时代新闻标题的模型。

（4）使用金融领域的模型。金融领域的情感分析模型更具有针对性，分析结果更加准确。

情感分析在各种应用领域中都有广泛的用途，包括社交媒体监测、产品评论分析、市场研究、舆情分析、客户服务反馈分析等。选择适当的方法取决于数据的性质、任务的复杂性以及可用的计算资源。通常，使用大规模的、有标签的训练数据可以提高情感分析模型的性能，这一点将在本章后面的内容中进行讲解。

7.2　基于人工智能的金融市场情绪分析

基于人工智能的金融市场情绪分析模型使用机器学习和自然语言处理技术，旨在从大量文本数据中自动识别和分析市场参与者的情感和情绪。

7.2.1　传统情绪分析方法的局限性

传统情绪分析方法在处理文本数据中的情感时存在一些局限性，这些局限性包括以下内容。

- ☑ 单一的情感分类：传统情感分析方法通常将情感分类为积极、消极和中性三个类别，或者更少的类别。这种粗粒度的分类不能捕捉到情感的复杂性和多样性，例如，无法分辨愤怒和焦虑之间的差异。

- ☑ 上下文考虑不足：传统方法通常基于词汇的情感极性来判断情感，而没有充分考虑上下文。同样的词汇在不同上下文中可能具有不同的情感含义，这可能导致情感分析的不准确性。

- ☑ 情感表达多样性：人们在表达情感时会使用多种方式，包括隐喻、比喻、幽默和反讽等。传统情感分析方法难以处理这种多样性，因为它们通常依赖于情感词汇的匹配。

- ☑ 领域差异：情感分析模型通常需要在特定领域或语境中进行训练。这意味着在不同领域或行业中，情感分析的性能可能会下降，因为模型无法捕捉到领域特定的情感表达方式。

- ☑ 情感标注数据的稀缺性：构建情感分析模型需要大量的标注数据，特别是对于深度学习方法。然而，获取高质量的标注数据是昂贵且耗时的，因此在某些领域和语言中可能缺乏足够的训练数据。

- ☑ 情感混合：有时在文本中会包含多种情感，而传统方法难以有效处理这种情况。例如，一篇评论可能同时包含积极和消极的情感，传统方法可能只选择其中一个情感类别。

☑ 语言变化和流行度：情感词汇和表达方式随着时间的推移和文化的变化而变化，传统情感分析方法可能无法跟上这种变化，特别是在快速演变的社交媒体环境中。

为了克服传统情感分析方法的这些局限性，市场研究人员和开发工程师开始采用深度学习方法，如循环神经网络（RNN）、卷积神经网络（CNN）和预训练的语言模型（如BERT），这些方法可以更好地捕捉文本中的情感信息，以提高情感分析的准确性和效率。此外，研究人员还在探索多模态情感分析，将文本与图像、音频等其他模态的数据结合起来，以更全面地理解情感。

7.2.2　机器学习与情绪分析

机器学习是一种用于情绪分析的强大工具，它可以帮助自动识别、理解和分类文本或语音中包含的情感、情绪和情感倾向。机器学习在情绪分析中的主要应用和作用如下。

☑ 情感分类：机器学习模型可以用于执行情感分类任务，将文本或语音分为积极、消极、中性等情感类别。这些模型使用已标记的训练数据来学习情感模式，并在新数据上进行情感分类。

☑ 情感极性分析：机器学习可以帮助分析文本或语音中的情感极性，即情感的强度和方向。例如，确定文本中的情感是强烈的积极情感还是轻微的消极情感。

☑ 特征工程：在情感分析中，机器学习可以用于提取文本或语音数据的相关特征，如词频、TF-IDF、词嵌入等。这些特征可以用于训练情感分类模型。

☑ 模型选择：机器学习提供了多种可用于情感分析的模型，包括朴素贝叶斯、支持向量机、决策树、随机森林、深度神经网络等。选择合适的模型取决于任务的复杂性和数据的性质。

☑ 训练和调优：机器学习模型需要在带有情感标签的训练数据上进行训练，然后使用交叉验证等技术进行性能评估和超参数调优，以提高模型的准确性和泛化能力。

☑ 多语言支持：机器学习方法可以用于多语言情感分析，使其适用于不同语言的文本和语音数据。

☑ 实时情感分析：机器学习模型可以部署为实时情感分析系统，可以实时监测社交媒体、新闻流、客户服务反馈等数据源中的情感信息。

☑ 自动情感标签生成：机器学习方法还可以用于生成情感标签，如使用情感词汇库和上下文信息来标记文本中的情感。

注意：虽然机器学习在情感分析中表现出色，但它仍然面临一些挑战。例如，需要大量的标记数据来训练模型，标签数据的质量可能会影响模型性能。此外，机器学习模型通常需要大量计算资源和时间来进行训练和调优。近年来，预训练的语言模型（例如BERT、GPT）已经在情感分析中取得了显著的突破，提高了情感分析的准确性和效率。

7.3 预训练模型：BERT

预训练模型（pretrained models）是通过在大规模文本数据上进行自监督学习训练的深度学习模型。这些模型通过学习通用的语言表示，可以在各种 NLP 任务中提供出色的性能。在市场中有很多和金融情绪预测相关的预训练模型，如 BERT 和 FinBERT 等。

7.3.1 BERT 模型介绍

BERT 是一种预训练的 Transformer 模型，它通过在大规模文本数据上进行自监督学习来学习通用的语言表示。BERT 可以理解文本中的上下文信息，并生成文本的上下文相关表示。在使用 BERT 进行情感分析任务时，通常会将其用作特征提取器，然后将提取的特征输入分类器中进行情感分类。BERT 需要进一步微调以适应特定的情感分析任务。使用 BERT 的基本流程如下。

（1）选择深度学习框架。需要选择一个深度学习框架，如 TensorFlow 或 PyTorch，将其作为实际加载和使用 BERT 模型的工具。这些框架提供了用于加载和操作预训练模型的 API。

（2）下载预训练模型权重。BERT 的预训练权重通常可以从 Hugging Face Transformers 库（https://huggingface.co/models）或官方发布的源获取。你可以选择下载适合你任务的特定版本的 BERT 模型权重。

（3）加载模型权重。使用所选的深度学习框架，加载下载的 BERT 模型权重。在 TensorFlow 中，你可以使用 TensorFlow Hub 或 TensorFlow 的 Keras 模型加载 BERT。在 PyTorch 中，你可以使用 Hugging Face Transformers 库加载 BERT。

（4）使用模型。一旦加载了 BERT 模型权重，就可以使用它来进行文本编码、特征提取或执行各种 NLP 任务，如情感分析、文本分类等。

请看下面的实例，功能是使用预训练的 BERT 模型对同花顺中的新闻快讯标题进行情感分析。在使用预训练的 BERT 模型之前，需要先登录其官方网站下载，本实例使用的是 chinese_wwm_ext_pytorch 简约版。下载成功后将其保存到 path 目录。

实例 7-2：使用 BERT 获取同花顺新闻快讯的舆情信息（源码路径：daima/7/new02.py）
实例文件 new02.py 的具体实现代码如下所示。

```python
import torch
from transformers import BertTokenizer, BertForSequenceClassification
import pandas as pd

# 定义模型和tokenizer的文件路径
model_path = "path"  # 替换为你的模型路径
tokenizer_path = "path"  # 替换为你的tokenizer路径

# 加载BERT tokenizer和模型
```

```
tokenizer = BertTokenizer.from_pretrained(tokenizer_path)
model = BertForSequenceClassification.from_pretrained(model_path)

# 读取CSV文件
df = pd.read_csv("news_10jqka.csv")

# 取前10条数据
df = df.head(10)

# 遍历每条数据的title列进行情感分析
for index, row in df.iterrows():
    text = row["title"]

    # 使用tokenizer将文本编码成模型可接受的格式
    input_ids = tokenizer.encode(text, add_special_tokens=True, max_length=128,
padding="max_length", truncation=True,
                                 return_tensors="pt")

    # 使用模型进行情感分析
    with torch.no_grad():
        outputs = model(input_ids)
        logits = outputs.logits

    # 获取情感分析的结果（这里假设你的模型是二分类，积极/消极）
    predicted_class = torch.argmax(logits, dim=1).item()
    sentiment = "积极" if predicted_class == 1 else "消极" if predicted_class == 0
else "中性"

    # 打印情感分析结果
    print(f"标题: {text}")
    print(f"情感: {sentiment}")
```

在上述代码中，首先读取 CSV 文件的内容，然后遍历前 10 条数据的标题。然后使用 BERT 模型进行情感分析，并将结果存储在 sentiment 列表中。最后，将情感分析结果添加到原始 DataFrame 中，并打印出来。代码执行后会输出如下内容。

```
标题: 百度申请灵境系列商标
情感: 积极
标题: 日本10年期国债收益率创九年来新高
情感: 积极
标题: 日本10年期国债收益率创九年来新高
情感: 积极
标题: 光伏概念震荡走低 隆基股份跌超5%
情感: 积极
标题: 工信部副部长徐晓兰率团出席第29次APEC中小企业部长会议
情感: 积极
标题: 传媒板块异动拉升 中国科传涨停
情感: 积极
标题: 北京永辉超市被强执1028万
情感: 积极
标题: 沈阳铁西区房交会: 契税可享补贴50%，团购5套以上再享9.5...
```

```
情感：积极
标题：国家统计局：2022年我国经济发展新动能指数比上年增长28.4%
情感：积极
标题：机构：上半年中国半导体产业投资金额同比下滑22.7%
情感：积极
```

7.3.2 情感关键字

在前面的实例 7-2 的输出结果中，所有的标题都被分类为"积极"情感，这可能是因为使用的预训练模型在情感分析任务上并没有很好地适应数据，或者数据集中的标题文本在情感上确实偏向积极。接下来需要改进实例，例如，根据标题中包含的特定关键字来进行情感分类，将包含 negative_keywords = ["利空", "下跌", "跌幅", "亏损", "超跌", "下滑", "强执", "跌超"]的标题分类为消极情感，将包含 positive_keywords = ["利好", "增长", "涨幅", "上涨", "涨停"]]的标题分类为积极情感，下面的实例演示了这一功能。

实例 7-3：添加情感关键字（源码路径：daima/7/new03.py）

实例文件 new03.py 的具体实现代码如下所示。

```python
import torch
from transformers import BertTokenizer, BertForSequenceClassification
import pandas as pd

# 加载预训练的BERT模型和tokenizer
model_path = "path"  # 替换为你的预训练模型路径
tokenizer_path = "path"  # 替换为你的预训练tokenizer路径
tokenizer = BertTokenizer.from_pretrained(tokenizer_path)
model = BertForSequenceClassification.from_pretrained(model_path)

# 读取新闻数据
df = pd.read_csv("news_10jqka.csv")
titles = df["title"][:10]  # 选择前10条标题进行情感分析

# 定义情感关键字
positive_keywords = ["利好", "增长", "涨幅", "上涨", "涨停"]
negative_keywords = ["利空", "下跌", "跌幅", "亏损", "超跌", "下滑", "强执", "跌超"]

# 遍历标题并进行情感分析
for title in titles:
    # 使用tokenizer将文本编码成模型可接受的格式
    input_ids = tokenizer.encode(title, add_special_tokens=True, max_length=128,
padding="max_length", truncation=True,
                        return_tensors="pt")

    # 检查标题是否包含消极关键字，如果包含则将情感类别设置为消极
    contains_negative_keyword = any(keyword in title for keyword in
negative_keywords)

    # 检查标题是否包含积极关键字，如果包含则将情感类别设置为积极
```

```
        contains_positive_keyword  =  any(keyword  in  title  for  keyword  in
positive_keywords)

    # 使用模型进行情感分析
    with torch.no_grad():
        outputs = model(input_ids)
        logits = outputs.logits

    # 获取情感分析的结果
    predicted_class = torch.argmax(logits, dim=1).item()

    if contains_negative_keyword:
        sentiment = "消极"
    elif contains_positive_keyword:
        sentiment = "积极"
    else:
        if predicted_class == 1:
            sentiment = "积极"
        elif predicted_class == 0:
            sentiment = "消极"
        else:
            sentiment = "中性"

    # 打印情感分析结果
    print(f"标题：{title}")
    print(f"情感：{sentiment}")
    print()
```

上述代码的实现流程如下。

（1）导入必要的库，包括 PyTorch、Hugging Face Transformers 库和 Pandas。

（2）定义预训练模型和 tokenizer 的文件路径，你需要将其替换为实际的路径。这些路径指向了已经下载的 BERT 模型和 tokenizer。

（3）加载 BERT tokenizer 和模型。从预训练文件夹中加载预训练的 BERT 模型和 tokenizer。

（4）定义情感关键字，包括 negative_keywords 和 positive_keywords，用于后处理。

（5）读取包含新闻标题的 CSV 文件（假设文件名为 news_10jqka.csv），并将其存储在 DataFrame 中。

（6）对前 10 条数据进行情感分析，遍历 DataFrame 的前 10 行数据。对每个新闻标题进行情感分析的主要步骤如下。

☑　使用 tokenizer 将标题文本编码为模型可接受的格式。

☑　使用模型进行情感分析，并获取模型的输出。

☑　根据输出的结果，判断标题的情感是积极、消极还是中性。

☑　通过检查标题中是否包含情感关键字，进行后处理以更改情感标签。

（7）打印输出每个标题的情感分析结果，包括标题文本和情感标签。

执行后会输出如下内容。

标题：百度申请灵境系列商标
情感：积极

标题：日本10年期国债收益率创九年来新高
情感：积极

标题：日本10年期国债收益率创九年来新高
情感：积极

标题：光伏概念震荡走低　隆基股份跌超5%
情感：消极

标题：工信部副部长徐晓兰率团出席第29次APEC中小企业部长会议
情感：积极

标题：传媒板块异动拉升　中国科传涨停
情感：积极

标题：北京永辉超市被强执1028万
情感：消极

标题：沈阳铁西区房交会：契税可享补贴50%，团购5套以上再享9.5...
情感：积极

标题：国家统计局：2022年我国经济发展新动能指数比上年增长28.4%
情感：积极

标题：机构：上半年中国半导体产业投资金额同比下滑22.7%
情感：消极

　　虽然上面代码的识别结果符合我们的预期，但是在上面的代码中添加的情感关键字 negative_keywords 和 positive_keywords 与大模型完全无关，也不是预训练模型的参数，它们只是在代码中定义的两个列表，用于指定哪些关键字应该被视为负面情感和正面情感的指示标志。

　　预训练模型（如 BERT）本身并不包含关于具体情感词汇的信息，它是根据大规模文本数据进行预训练的，可以理解为它具备了一定的语言理解能力，但不具备特定情感的识别能力。因此，为了对特定情感进行分类，我们需要自行定义这些情感关键字，并根据它们在文本中的出现来进行分类。

　　在上述代码中，negative_keywords 和 positive_keywords 用于识别标题中是否包含特定情感相关的关键字，以决定将标题分类为消极情感还是积极情感。这些关键字是你自己定义的，不是预训练模型的一部分。

7.3.3　模型微调

　　模型微调（fine-tuning）是深度学习中一种常见的训练策略，它通常指的是在预训练模

194

型的基础上，通过在特定任务的数据集上进行额外的训练来适应特定任务。微调的核心思想是利用已经在大规模数据上预训练好的模型的知识，然后通过在任务相关的数据上进行有监督的训练，进一步优化模型的性能。

例如，在前面的实例中，情感关键字 negative_keywords 和 positive_keywords 通常不会直接添加到预训练模型中，因为预训练模型的参数是通过大规模文本数据进行学习的，而不是通过手动添加特定的关键字。这些关键字可以在微调阶段或应用阶段的代码中使用，以帮助模型对特定情感或主题进行分类。

在情感分析任务中，通常的做法是将情感关键字用于后续的数据预处理或后处理步骤，具体如下。

☑ 数据预处理：在训练数据中，可以根据这些关键字标记文本样本的标签，使模型在训练过程中了解这些情感关键字与标签之间的关系。

☑ 后处理：在模型输出的预测结果中，你可以根据这些关键字对预测结果进行调整，以提高情感分析的准确性。例如，如果输出结果包含"利好"或"增长"等关键字，你可以将其分类为积极情感。

实例 7-4：为预训练模型添加情感关键字（源码路径：daima/7/wei.py）

实例文件 wei.py 的具体实现代码如下所示。

```python
import torch
import torch.nn as nn
from transformers import BertTokenizer, BertForSequenceClassification
from torch.utils.data import DataLoader, TensorDataset
import pandas as pd

# 加载预训练的BERT模型和tokenizer
model_path = "path"  # 替换为你的预训练模型路径
tokenizer_path = "path"  # 替换为你的tokenizer路径
tokenizer = BertTokenizer.from_pretrained(tokenizer_path)
model = BertForSequenceClassification.from_pretrained(model_path, num_labels=3)  # 假设有3个情感类别

# 读取带有情感标签的CSV文件
df = pd.read_csv("news_with_sentiment.csv")
texts = df["title"]
label_mapping = {"消极": 0, "积极": 1, "中性": 2}  # 情感标签到数值的映射
label_values = df["qinggan"].map(label_mapping)  # 将字符串标签映射为数值标签

# 数据预处理
tokenized_texts = tokenizer(texts.tolist(), padding=True, truncation=True,
return_tensors="pt")
input_ids = tokenized_texts["input_ids"]
attention_mask = tokenized_texts["attention_mask"]

# 创建数据加载器
dataset = TensorDataset(input_ids, attention_mask, torch.tensor(label_values))  # 修改此处为torch.tensor(label_values)
```

```
batch_size = 2
dataloader = DataLoader(dataset, batch_size=batch_size, shuffle=True)

# 定义损失函数和优化器
criterion = nn.CrossEntropyLoss()
optimizer = torch.optim.AdamW(model.parameters(), lr=1e-5)

# 微调模型
num_epochs = 3
for epoch in range(num_epochs):
    for batch in dataloader:
        input_ids, attention_mask, labels = batch
        outputs = model(input_ids, attention_mask=attention_mask, labels=labels)
        loss = outputs.loss
        optimizer.zero_grad()
        loss.backward()
        optimizer.step()

# 保存微调后的模型
model.save_pretrained("fine_tuned_model")
```

上述代码的实现流程如下。

（1）加载预训练 BERT 模型和 tokenizer。

model_path 和 tokenizer_path 分别是预训练模型和 tokenizer 的路径。BertTokenizer. from_pretrained（tokenizer_path）用于加载 BERT 模型的 tokenizer。BertForSequence Classification. from_pretrained（model_path，num_labels=3）用于加载 BERT 模型，num_labels 设置为 3，表示假设有 3 个情感类别。

（2）读取带有情感标签的 CSV 文件。

使用 pd.read_csv（"news_with_sentiment.csv"）读取包含标题和情感标签的 CSV 文件。变量 texts 包含 CSV 文件中的标题数据。label_mapping 是从情感标签到数值的映射，例如，"消极" 映射为 0，"积极" 映射为 1，"中性" 映射为 2。label_values 通过将字符串标签映射为数值标签创建了一个新的标签列。

（3）数据预处理。

使用 tokenizer 将文本数据编码为模型可接受的格式，包括标记化（tokenization）、填充（padding）和截断（truncation）等操作。创建了 input_ids 和 attention_mask 以准备输入到模型中。

（4）创建数据加载器。

TensorDataset 用于将输入数据、注意力掩码和标签封装成 PyTorch 数据集。batch_size 指定了每个训练批次的大小。DataLoader 用于生成批次数据以供模型训练。

（5）定义损失函数和优化器。

使用 nn.CrossEntropyLoss() 定义了交叉熵损失函数，用于多类别分类任务。使用 torch.optim.AdamW 定义了 AdamW 优化器。

（6）微调模型。

使用嵌套的循环进行微调，外层循环控制训练的轮数，内层循环用于逐批次处理训练数据。在每个批次中，将输入数据和标签传递给模型，并计算损失。然后通过反向传播（backward()）和优化器来更新模型的权重。这个过程会在多个轮次中重复，以提高模型性能。

（7）保存微调后的模型：使用 model.save_pretrained（"fine_tuned_model"）保存微调后的模型，可以后续用于推断任务。

7.4　预训练模型：FinBERT

FinBERT 是基于 BERT 的模型，但经过了针对金融领域的预训练和微调。使用了金融领域的大量文本数据进行预训练，从而使其在金融文本分类和情感分析等任务中表现出色。

7.4.1　FinBERT 模型介绍

FinBERT 模型的官方地址是 https://github.com/ProsusAI/finBERT，大家可以使用如下 git 命令将 FinBERT 下载到你的本地计算机，或者直接从 GitHub 页面下载 ZIP 文件。

```
git clone https://github.com/yiyanghkust/FinBERT.git
```

在网络结构上，FinBERT 采用了与 Google 发布的原生 BERT 相同的架构，包含了 FinBERT-Base 和 FinBERT-Large 两个版本，其中前者采用了 12 层 Transformer 结构，后者采用了 24 层 Transformer 结构。FinBERT 采用两大类预训练任务，分别是字词级别的预训练和任务级别的预训练。其中，在任务级别的预训练上，为了让模型更好地学习语义层的金融领域知识，更全面地学习金融领域词句的特征分布，我们同时引入了两类有监督学习任务，分别是研报行业分类和财经新闻的金融实体识别任务，具体说明如下。

（1）研报行业分类。

对于公司点评、行业点评类的研报，天然具有很好的行业属性，因此我们利用这类研报自动生成了大量带有行业标签的语料。并据此构建了行业分类的文档级有监督任务，各行业类别语料在 5k~20k 之间，共计约 40 万条文档级语料。

（2）财经新闻的金融实体识别。

与研报行业分类任务类似，利用已有的企业工商信息库以及公开可查的上市公司董监高信息，基于金融财经新闻构建了命名实体识别类的任务语料，共包含有 50 万条的有监督语料。

7.4.2　基于 FinBERT 模型的市场情感分析系统

请看下面的实例，演示了使用预训练的深度学习模型 FinBERT 进行金融情感分类任务的过程，包括数据处理、模型微调、性能评估和预测。这有助于金融领域中对新闻标题等文本数据进行情感分析和情感预测。

实例 7-5：金融市场情感分析（源码路径：**daima/7/financial-classification.ipynb**）

概括来说，本实例实现了以下功能。

☑　加载预训练的金融情感分类模型（FinBERT）。

☑　对金融新闻标题进行数据预处理，包括分词、编码、数据拆分等。

☑　使用训练数据对模型进行微调（fine-tuning）以适应金融情感分类任务。

☑　通过训练和验证过程，监测模型性能并选择最佳模型。

☑　加载最佳模型，并使用其进行情感分类预测。

☑　计算并打印模型在验证集上的准确率和每个情感类别的准确率。

☑　提供了一种在金融领域进行情感分类任务的示例，可以用于预测金融新闻标题的情感倾向。

本实例的具体实现流程如下所示。

（1）函数 show_headline_distribution（sequence_lengths，figsize=（15，8））用于分析新闻标题长度的分布情况，通过可视化直方图展示新闻标题长度的分布，以便了解标题长度的数据分布特征。它还计算了长度大于 512 的标题所占的百分比，提供了对极长标题的信息息。具体实现代码如下所示。

```python
# 显示新闻标题长度的分布
def show_headline_distribution(sequence_lengths, figsize=(15, 8)):
    # 获取长度大于512的新闻标题所占的百分比
    len_512_plus = [rev_len for rev_len in sequence_lengths if rev_len > 512]
    percent = (len(len_512_plus) / len(sequence_lengths)) * 100

    print("最大序列长度为 {}".format(max(sequence_lengths)))

    # 配置图表大小
    plt.figure(figsize=figsize)

    sns.set(style='darkgrid')

    # 增加图表上的信息
    sns.set(font_scale=1.3)

    # 绘制结果
    sns.distplot(sequence_lengths, kde=False, rug=False)
    plt.title('新闻标题长度分布')

    plt.xlabel('新闻标题长度')
    plt.ylabel('新闻标题数量')
```

（2）函数 show_random_headlines（total_number，df）用于随机选择指定数量的新闻标题，并打印它们的情感标签和标题文本。这有助于查看数据集中的随机样本，以了解情感标签和标题之间的关系。具体实现代码如下所示。

```
# 显示随机新闻标题
def show_random_headlines(total_number, df):
    # 随机抽取一定数量的新闻标题
    n_reviews = df.sample(total_number)

    # 打印每个新闻标题
    for val in list(n_reviews.index):
        print("新闻 #{}".format(val))
        print(" - 情感: {}".format(df.iloc[val]["sentiment"]))
        print(" - 新闻标题: {}".format(df.iloc[val]["NewsHeadline"]))
        print("")
```

（3）函数 get_headlines_len（df）的主要功能是计算每个新闻标题的长度，并返回一个包含所有标题长度的列表。它通过对新闻标题进行编码来实现，以便后续的情感分析任务可以使用这些编码后的数据。具体实现代码如下所示。

```
# 获取新闻标题的长度
def get_headlines_len(df):
    headlines_sequence_lengths = []
    print("编码中...")
    for headline in tqdm(df.NewsHeadline):
        encoded_headline = finbert_tokenizer.encode(headline, add_special_tokens=
True)

        # 记录编码后的新闻标题长度
        headlines_sequence_lengths.append(len(encoded_headline))
    print("任务结束.")

    return headlines_sequence_lengths
```

（4）函数 encode_sentiments_values（df）用于将情感标签（如"positive"、"negative"）编码为数字，以便在深度学习模型中进行处理。它创建一个情感标签到数字编码的映射，并将数据集中的情感标签替换为相应的数字。具体实现代码如下所示。

```
# 编码情感值
def encode_sentiments_values(df):
    possible_sentiments = df.sentiment.unique()
    sentiment_dict = {}

    for index, possible_sentiment in enumerate(possible_sentiments):
        sentiment_dict[possible_sentiment] = index

    # 编码所有情感值
    df['label'] = df.sentiment.replace(sentiment_dict)

    return df, sentiment_dict
```

（5）函数 f1_score_func（preds，labels）的功能是计算 F1 得分，用于评估模型在情感分类任务中的性能。它通过比较模型的预测结果和真实标签来计算 F1 得分，考虑了精确度和召回率。具体实现代码如下所示。

```
# F1得分函数
def f1_score_func(preds, labels):
    preds_flat = np.argmax(preds, axis=1).flatten()
    labels_flat = labels.flatten()
    return f1_score(labels_flat, preds_flat, average='weighted')
```

（6）函数 accuracy_per_class（preds，labels）：用于计算每个情感类别的分类准确度。它将模型的预测结果与真实标签进行比较，并为每个情感类别计算准确度，以评估模型在不同情感类别上的性能。具体实现代码如下所示。

```
# 每个类别的准确度
def accuracy_per_class(preds, labels):
    label_dict_inverse = {v: k for k, v in sentiment_dict.items()}

    preds_flat = np.argmax(preds, axis=1).flatten()
    labels_flat = labels.flatten()

    for label in np.unique(labels_flat):
        y_preds = preds_flat[labels_flat==label]
        y_true = labels_flat[labels_flat==label]
        print(f'类别: {label_dict_inverse[label]}')
        print(f'准确度: {len(y_preds[y_preds==label])}/{len(y_true)}\n')
```

（7）函数 evaluate（dataloader_val）用于评估模型的性能，包括计算验证集上的损失和生成预测结果。它在模型训练过程中用于监测模型的性能，并返回损失值、预测结果和真实标签，以便进一步的分析和评估。具体实现代码如下所示。

```
# 评估函数
def evaluate(dataloader_val):
    model.eval()

    loss_val_total = 0
    predictions, true_vals = [], []

    for batch in dataloader_val:
        batch = tuple(b.to(device) for b in batch)

        inputs = {'input_ids':      batch[0],
                  'attention_mask': batch[1],
                  'labels':         batch[2],
                 }

        with torch.no_grad():
            outputs = model(**inputs)

        loss = outputs[0]
        logits = outputs[1]
        loss_val_total += loss.item()
```

```
    logits = logits.detach().cpu().numpy()
    label_ids = inputs['labels'].cpu().numpy()
    predictions.append(logits)
    true_vals.append(label_ids)

loss_val_avg = loss_val_total/len(dataloader_val)

predictions = np.concatenate(predictions, axis=0)
true_vals = np.concatenate(true_vals, axis=0)
return loss_val_avg, predictions, true_vals
```

（8）使用库 Pandas 从指定路径加载 CSV 文件，并将其存储在名为 financial_data 的 DataFrame 中。具体实现代码如下所示。

```
path_to_file = "../input/financialnewsheadline/FinancialNewsHeadline.csv"
financial_data = pd.read_csv(path_to_file, encoding='latin-1', names=['sentiment', 'NewsHeadline'])

financial_data.head()
```

在文件 FinancialNewsHeadline.csv 中包含了多个新闻标题及其情感标签，每个新闻标题都附带一个情感标签，标记了新闻标题的情感极性，包括 neutral（中性）、negative（负面）和 positive（正面）。这些数据可以用于情感分析或其他自然语言处理任务的训练和分析。代码执行后会输出如下内容。

```
        sentiment   NewsHeadline
0    neutral  According to Gran , the company has no plans t...
1    neutral  Technopolis plans to develop in stages an area...
2    negative The international electronic industry company ...
3    positive With the new production plant the company woul...
4    positive According to the company 's updated strategy f...
```

（9）打印输出关数据集的一些基本信息，包括数据的形状和情感标签的分布。具体实现代码如下所示。

```
print("Data shape: {}".format(financial_data.shape))
print("\nSentiment distribution: {}".format(financial_data.sentiment.value_counts()))
```

对上述代码的具体说明如下。

☑　print("Data shape: {}".format(financial_data.shape))：打印数据集的形状，即行数和列数。这将显示数据集中有多少行和多少列。

☑　print("\nSentiment distribution: {}".format(financial_data.sentiment.value_counts()))：打印情感标签的分布情况。value_counts()函数用于计算每个不同情感标签的出现次数，以便了解数据集中每个情感标签的样本数量。在打印之前，通过\n 添加一个换行符，以使输出内容更易读。

执行后会输出如下内容。

```
Data shape: (4846, 2)

Sentiment distribution: neutral     2879
positive    1363
negative     604
Name: sentiment, dtype: int64
```

（10）绘制情感标签的分布情况图表，以可视化展示数据集中每个情感标签的样本数量。具体实现代码如下所示。

```
plt.figure(figsize = (15,8))

sns.set(style='darkgrid')

sns.set(font_scale=1.3)
sns.countplot(x='sentiment', data = financial_data)
plt.title('News Sentiment Distribution')
plt.xlabel('News Polarity')
plt.ylabel('Number of News')
```

代码执行后会生成一个柱状图，如图 7-1 所示。这样就直观地展示了每种情感标签在数据集中的分布情况，有助于研究人员了解数据集中不同情感标签的相对频率。这对于数据的初步探索性分析（EDA）非常有用。

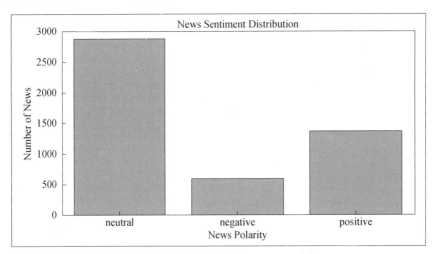

图 7-1　每种情感标签在数据集中的分布情况

（11）调用之前定义的 show_random_headlines 函数，以显示随机选择的 5 个新闻标题以及它们的情感标签。具体实现代码如下所示。

```
show_random_headlines(5, financial_data)
```

代码执行后将随机选择 5 个样本，并打印每个样本的情感标签和新闻标题文本，以便我们查看这些数据的样本内容和情感标签。

（12）调用前面定义的 encode_sentiments_values 函数，将其返回的结果存储在名为 financial_data 的 DataFrame 中，并获得了情感标签到数字编码的映射 sentiment_dict。具体实现代码如下所示。

```
financial_data, sentiment_dict = encode_sentiments_values(financial_data)
financial_data.head()
```

代码执行后会显示经编码后的数据集的前几行，以便我们查看情感标签已经以数字形式表示的数据。这有助于后续的建模和分析工作，因为模型通常需要处理数字形式的标签而不是文本标签。

（13）使用函数 train_test_split 从数据集中划分训练集（X_train 和 y_train）和验证集（X_val 和 y_val）。这些数据集可以用于模型的训练和验证，以评估模型的性能。具体实现代码如下所示。

```
X_train, X_val, y_train, y_val = train_test_split(financial_data.index.values,
                                    financial_data.label.values,
                                    test_size = 0.15,
                                    random_state = 2022,
                                    stratify = financial_data.label.values)
```

（14）在 financial_data DataFrame 中为训练集（X_train）和验证集（X_val）的样本添加一个名为 data_type 的新列，并设置其值为 train 和 val，以表示每个样本属于训练集或验证集。然后，计算每种情感标签在不同数据类型（训练集或验证集）中的出现次数。具体实现代码如下所示。

```
financial_data.loc[X_train, 'data_type'] = 'train'
financial_data.loc[X_val, 'data_type'] = 'val'
financial_data.groupby(['sentiment', 'label', 'data_type']).count()
```

代码执行后会输出如下内容。

```
                NewsHeadline
sentiment       label    data_type
negative 1      train     513
val 91
neutral  0      train     2447
val 432
positive 2      train     1159
                 val      204
```

通过执行上述代码，可以查看不同情感标签在训练集和验证集中的分布情况，以确保数据在不同数据类型之间的分布是合理的。这有助于了解数据集的分层情况，以便进行合理的模型训练和验证。

（15）开始查看新闻标题长度的分布，以确定在进行数据编码时需要设定的最大长度。首先使用库 Hugging Face Transformers 中的 BertTokenizer 类，从预训练模型 ProsusAI/finbert 中加载一个金融领域的文本分词器（Tokenizer）。具体实现代码如下所示。

```
finbert_tokenizer = BertTokenizer.from_pretrained("ProsusAI/finbert", do_lower_case=True)
```

代码执行后会输出如下内容。

```
Downloading: 100%|████████████|226k/226k [00:00<00:00, 807kB/s]
Downloading: 100%|████████████|112/112 [00:00<00:00, 4.33kB/s]
Downloading: 100%|████████████|252/252 [00:00<00:00, 10.1kB/s]
Downloading: 100%|████████████|758/758 [00:00<00:00, 11.3kB/s]
```

（16）调用函数 get_headlines_len 计算数据集中每个新闻标题的长度，并将结果存储在名为 headlines_sequence_lengths 的列表中。具体实现代码如下所示。

```
headlines_sequence_lengths = get_headlines_len(financial_data)
```

代码执行后会输出如下内容。

```
Encoding in progress...
100%|████████████| 4846/4846 [00:04<00:00, 1136.56it/s]
End of Task.
```

这个列表可以用于分析新闻标题长度的分布情况，也可以用于确定在进行文本编码时需要设置的最大序列长度，以便在模型训练中进行适当的填充或截断操作。

（17）调用之前定义的 show_headline_distribution 函数，用于显示新闻标题长度的分布情况。具体实现代码如下所示。

```
show_headline_distribution(headlines_sequence_lengths)
```

代码执行后的效果如图 7-2 所示。这个直方图有助于可视化新闻标题长度的分布，从而让我们更好地了解新闻标题的长度范围和分布情况。

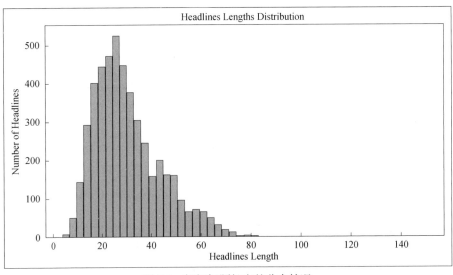

图 7-2　新闻标题长度的分布情况

（18）对训练集和验证集的新闻标题数据进行编码和处理，以准备用于金融情感分类模型的训练和验证，以便进行后续的模型训练和评估。具体实现代码如下所示。

```
encoded_data_train = finbert_tokenizer.batch_encode_plus(
    financial_data[financial_data.data_type=='train'].NewsHeadline.values,
    return_tensors='pt',
    add_special_tokens=True,
    return_attention_mask=True,
    pad_to_max_length=True,
    max_length=150 # the maximum lenght observed in the headlines
)
encoded_data_val = finbert_tokenizer.batch_encode_plus(
    financial_data[financial_data.data_type=='val'].NewsHeadline.values,
    return_tensors='pt',
    add_special_tokens=True,
    return_attention_mask=True,
    pad_to_max_length=True,
    max_length=150 # the maximum lenght observed in the headlines
)


input_ids_train = encoded_data_train['input_ids']
attention_masks_train = encoded_data_train['attention_mask']
labels_train = torch.tensor(financial_data[financial_data.data_type=='train'].label.
values)

input_ids_val = encoded_data_val['input_ids']
attention_masks_val = encoded_data_val['attention_mask']
sentiments_val = torch.tensor(financial_data[financial_data.data_type=='val'].label.
values)


dataset_train = TensorDataset(input_ids_train, attention_masks_train, labels_train)
dataset_val = TensorDataset(input_ids_val, attention_masks_val, sentiments_val)

len(sentiment_dict)
```

代码执行后会输出如下内容。

```
Truncation was not explicitly activated but `max_length` is provided a specific
value, please use `truncation=True` to explicitly truncate examples to max length.
Defaulting to 'longest_first' truncation strategy. If you encode pairs of sequences
(GLUE-style) with the tokenizer you can select this strategy more precisely by
providing a specific strategy to `truncation`.

3
```

（19）使用库 Hugging Face Transformers 中的类 AutoModelForSequenceClassification，从预训练模型 ProsusAI/finbert 中加载一个用于序列分类（Sequence Classification）任务的模型。具体实现代码如下所示。

```
model = AutoModelForSequenceClassification.from_pretrained("ProsusAI/finbert",
                                        num_labels=len(sentiment_dict),
                                        output_attentions=False,
                                        output_hidden_states=False)
```

代码执行后会输出如下内容。

```
Downloading: 100%|████████████|418M/418M [00:19<00:00, 23.5MB/s]
```

通过加载这个模型，可以将其应用于金融情感分类任务，模型已经包含了预训练的权重和结构，只需要进行微调（fine-tuning）以适应特定的任务即可。模型的输出将包括情感分类的预测结果。

（20）创建训练集和验证集的数据加载器（DataLoader），以便在模型训练和验证过程中批量加载数据，并在模型训练和验证过程中加载数据批次以进行前向传播和反向传播。具体实现代码如下所示。

```
batch_size = 5
dataloader_train = DataLoader(dataset_train,
                        sampler=RandomSampler(dataset_train),
                        batch_size=batch_size)

dataloader_validation = DataLoader(dataset_val,
                            sampler=SequentialSampler(dataset_val),
                            batch_size=batch_size)
```

（21）设置优化器和学习率调度器，以及指定训练的总周期数（epochs）。通过这些设置，可以在训练模型时使用 AdamW 优化器，并在每个训练周期结束后，根据学习率调度器动态调整学习率。具体实现代码如下所示。

```
optimizer = AdamW(model.parameters(),
            lr=1e-5,
            eps=1e-8)
epochs = 2
scheduler = get_linear_schedule_with_warmup(optimizer,
                                num_warmup_steps=0,
num_training_steps=len(dataloader_train)*epochs)
```

（22）开始训练金融情感分类模型，整个训练过程包括多个训练周期。在每个训练周期内，模型在训练数据上进行前向传播、损失计算和反向传播，然后更新模型参数。同时，会计算并打印训练损失、验证损失和 F1 分数，以监测模型的性能。模型的参数在每个训练周期结束后被保存，以便后续的使用。具体实现代码如下所示。

```
seed_val = 2022
random.seed(seed_val)
np.random.seed(seed_val)
torch.manual_seed(seed_val)
torch.cuda.manual_seed_all(seed_val)
```

```
device = torch.device('cuda' if torch.cuda.is_available() else 'cpu')
model.to(device)

for epoch in tqdm(range(1, epochs+1)):
    model.train()
    loss_train_total = 0
    progress_bar = tqdm(dataloader_train, desc='Epoch {:1d}'.format(epoch),
leave=False, disable=False)
    for batch in progress_bar:
        model.zero_grad()
        batch = tuple(b.to(device) for b in batch)
        inputs = {'input_ids':      batch[0],
                  'attention_mask': batch[1],
                  'labels':         batch[2],
                 }

        outputs = model(**inputs)
        loss = outputs[0]
        loss_train_total += loss.item()
        loss.backward()
        torch.nn.utils.clip_grad_norm_(model.parameters(), 1.0)
        optimizer.step()
        scheduler.step()
        progress_bar.set_postfix({'training_loss':
'{:.3f}'.format(loss.item()/len(batch))})
    torch.save(model.state_dict(), f'finetuned_finBERT_epoch_{epoch}.model')
    tqdm.write(f'\nEpoch {epoch}')

    loss_train_avg = loss_train_total/len(dataloader_train)
    tqdm.write(f'Training loss: {loss_train_avg}')
    val_loss, predictions, true_vals = evaluate(dataloader_validation)
    val_f1 = f1_score_func(predictions, true_vals)
    tqdm.write(f'Validation loss: {val_loss}')
    tqdm.write(f'F1 Score (Weighted): {val_f1}')
```

代码执行后会输出显示训练过程。

```
  0%|          | 0/2 [00:00<?, ?it/s]
Epoch 1:   0%|          | 0/824 [00:00<?, ?it/s]
Epoch 1:   0%|          | 0/824 [00:01<?, ?it/s, training_loss=1.028]
Epoch 1:   0%|          | 1/824 [00:01<13:58, 1.02s/it, training_loss=1.028]
Epoch 1:   0%|          | 1/824 [00:01<13:58, 1.02s/it, training_loss=0.840]
Epoch 1:   0%|          | 2/824 [00:01<06:44, 2.03it/s, training_loss=0.840]
Epoch 1:   0%|          | 2/824 [00:01<06:44, 2.03it/s, training_loss=0.459]
Epoch 1:   0%|          | 3/824 [00:01<04:24, 3.10it/s, training_loss=0.459]
Epoch 1:   0%|          | 3/824 [00:01<04:24, 3.10it/s, training_loss=0.382]
Epoch 1:   0%|          | 4/824 [00:01<03:18, 4.13it/s, training_loss=0.382]
Epoch 1:   0%|          | 4/824 [00:01<03:18, 4.13it/s, training_loss=0.300]
######省略部分过程
Epoch  1: 100%|██████████████████| 824/824 [01:39<00:00,    8.74it/s,
training_loss=0.006]
  0%|          | 0/2 [01:40<?, ?it/s]
```

```
Epoch 1
Training loss: 0.4581567718019004
######省略部分过程
 50%|██████        | 1/2 [01:44<01:44, 104.72s/it]
Validation loss: 0.3778555450533606
F1 Score (Weighted): 0.8753212258177056
Epoch 2:   0%|          | 0/824 [00:00<?, ?it/s]
Epoch 2:   0%|          | 0/824 [00:00<?, ?it/s, training_loss=0.004]
Epoch 2:   0%|          | 1/824 [00:00<01:32,  8.87it/s, training_loss=0.004]
Epoch 2:   0%|          | 1/824 [00:00<01:32,  8.87it/s, training_loss=0.005]
######省略部分过程
Epoch  2:  100%|██████████████| 821/824 [01:38<00:00,      8.36it/s,
training_loss=0.299]
Epoch  2:  100%|██████████████| 821/824 [01:38<00:00,      8.36it/s,
training_loss=0.003]
Epoch  2:  100%|██████████████| 822/824 [01:38<00:00,      8.41it/s,
training_loss=0.003]
Epoch  2:  100%|██████████████| 822/824 [01:38<00:00,      8.41it/s,
training_loss=0.002]
Epoch  2:  100%|██████████████| 823/824 [01:38<00:00,      8.51it/s,
training_loss=0.002]
Epoch  2:  100%|██████████████| 823/824 [01:38<00:00,      8.51it/s,
training_loss=0.003]
Epoch  2:  100%|██████████████| 824/824 [01:38<00:00,      8.74it/s,
training_loss=0.003]
 50%|██████        | 1/2 [03:24<01:44, 104.72s/it]
Epoch 2
Training loss: 0.2466177608593462
100%|██████████████| 2/2 [03:28<00:00, 104.14s/it]
Validation loss: 0.43929754253413067
F1 Score (Weighted): 0.8823813944083021

Epoch 1
Training loss: 0.4581567718019004
Validation loss: 0.3778555450533606
F1 Score (Weighted): 0.8753212258177056

Epoch 2
Training loss: 0.2466177608593462
Validation loss: 0.43929754253413067
F1 Score (Weighted): 0.8823813944083021
```

上述输出结果中，在第一个训练周期后，训练损失持续减小，而验证损失持续增加。这表明模型从第二个周期开始出现过拟合（overfitting）的情况，因此在这种情况下，正确的做法是在第一个周期后停止训练。

过拟合是指模型在训练数据上表现良好，但在未见过的验证数据上表现较差的情况。因为模型在第一个周期已经开始出现过拟合迹象，继续训练可能会导致模型在验证集上的性能下降。停止训练以防止过拟合是一个明智的决策，可以保持模型在验证数据上的泛化性能。此外，可以通过其他技术如早停止（early stopping）来进一步优化模型的训练，以在适当的时机停止训练并保存性能最佳的模型。

（23）根据前面的输出结果可知，最佳模型是在第一个训练周期（epoch 1）结束时的模型。要加载这个最佳模型以进行预测，可以执行以下操作。

```
model = AutoModelForSequenceClassification.from_pretrained("ProsusAI/finbert",
                                        num_labels=len(sentiment_dict),
                                        output_attentions=False,
                                        output_hidden_states=False)

model.to(device)
model.load_state_dict(torch.load('./finetuned_finBERT_epoch_1.model',
map_location=torch.device('cpu')))
_, predictions, true_vals = evaluate(dataloader_validation)

accuracy_per_class(predictions, true_vals)
```

上述代码加载了之前保存的第一个周期的最佳模型，并对验证集进行情感分类预测。然后，计算并打印了每个情感类别的准确率（accuracy）。代码执行后会输出如下内容。

```
Class: neutral
Accuracy: 385/432

Class: negative
Accuracy: 81/91

Class: positive
Accuracy: 170/204
```

通过执行这段代码，可以获取模型在不同情感类别上的准确率，从而评估模型的性能和情感分类能力，这有助于了解模型在各个类别上的表现如何。

第8章
区块链与金融科技创新

区块链技术与金融科技（FinTech）创新之间存在深刻的关联，它们相互促进，共同推动着金融行业的变革。区块链技术和人工智能是两个具有革命性潜力的领域，它们可以相互结合，产生协同效应，带来许多创新和改进。在本章的内容中，将详细讲解区块链与金融科技创新的知识，并讲解人工智能大模型在区块链方面的应用。

8.1　区块链技术的概念与原理

区块链技术是一种分布式数据库技术，用于记录交易和信息的不可篡改的、安全的方式。它的核心原理包括分布式账本、加密技术和共识算法。

8.1.1　区块链的背景和意义

区块链作为一种革命性的技术，有潜力彻底改变传统的中心化交易和数据管理方式，具有重要的优势，提供了许多解决方案。区块链的背景主要和比特币的诞生、金融危机的影响有关。

区块链技术最早是为比特币(一种加密数字货币)而创建的，比特币是由中本聪（Satoshi Nakamoto）于 2008 年提出，并在 2009 年首次实现。比特币的目标是创建一个去中心化的数字货币系统，消除了传统银行和政府的中介角色。

2008 年全球金融危机引发了对金融体系的不信任，并促使业界对替代性金融体系的探索。区块链技术出现在这个背景下，提供了一种去中心化、透明且不易被篡改的交易记录方式。

下面是区块链的意义。

☑　去中心化：区块链技术消除了中心化中介机构的需求，如银行、支付处理商和清算所。这使得交易可以直接在参与者之间进行，进而减少了交易的复杂性和成本。

☑　安全性和不可篡改性：区块链使用加密技术和共识算法来确保数据的安全性和不可篡改性。一旦数据被写入区块链，几乎不可能被修改或删除，从而提高了交易的安全性和可信度。

☑　透明性和可追溯性：区块链是一个公开的账本，可以被任何人查看。这增加了交易的透明度，使所有参与者都能够追溯和验证交易的历史记录。

☑　金融创新：区块链技术推动了金融领域的创新，包括数字货币、智能合同和供应链金融等。它改变了传统的金融服务方式，提供了更快速、更便宜和更包容的解决方案。

☑　供应链管理：区块链可以用于跟踪商品的供应链，从生产到配送的每个环节都可以被记录和监测。这提高了供应链的透明度、可追溯性和反欺诈能力。

☑　不动产登记：区块链可以用于不动产登记，确保地产交易的透明性和安全性。这减少了不动产欺诈的风险。

☑　投票系统：区块链可以提供安全、透明和可信的投票系统，从而减少了选举舞弊的可能性。

总的来说，区块链技术具有革命性的潜力，不仅在金融领域，还在供应链、物联网、政府和社会等各个领域具有广泛的应用前景。它改变了数据管理和交易方式，提供了更安全、更透明和更高效的解决方案，有望推动社会和经济的进步。当然，同时也需要解决技术、法规和隐私等方面的挑战，以实现其潜在的全部价值。

8.1.2　区块链的基本概念

区块链是一种分布式数据库技术，它以链式方式连接并记录一系列数据块（blocks）。下面展示了区块链的基本概念。

☑　分布式账本（distributed ledger）：区块链是一种分布式账本，也就是说，交易数据不存储在单一的中心化数据库中，而是分散存储在网络上的多个计算机节点中。每个节点都包含了整个账本的副本。

☑　区块（block）：区块是区块链的基本单位。它包含一定数量的交易数据和元数据，如时间戳和前一个区块的引用。交易数据被打包成区块，然后添加到区块链的末尾。

☑　链（chain）：区块链是由一系列区块构成的链式结构，每个区块都包含了前一个区块的哈希值（hash）。这样的链接创建了一个不断增长的数据链，确保了交易的时间顺序和完整性。

☑　加密技术：区块链使用密码学技术来确保数据的安全性和隐私性。交易数据和区块的内容通常是加密的，只有具有相应私钥的用户才能解密和访问这些数据。这种加密技术保护了区块链中的交易免受未经授权的访问和篡改。

☑ 去中心化：区块链是去中心化的，没有单一的中央控制机构。数据存储和验证由网络上的多个节点执行，而不是依赖于中心化中介机构。这提高了系统的透明性、抗攻击性和可用性。

☑ 共识算法：区块链网络的节点需要达成一致，以确定哪个区块将被添加到链的末尾。共识算法是用于解决这个问题的关键部分。不同的区块链可以使用不同的共识算法，如工作量证明（proof of work，PoW）和权益证明（proof of stake，PoS）。这些算法通过要求节点执行计算任务或抵押代币来确保网络的安全性和一致性。

☑ 不可篡改性：一旦数据被添加到区块链上，通常情况下几乎不可能被修改或删除。这是因为每个区块都包含了前一个区块的哈希值，改变一个区块的内容也需要改变其后续区块的内容，这几乎是不可能的任务，因为它需要占据网络的大多数算力或代币。这个特性确保了数据的完整性和安全性。

☑ 智能合同：区块链可以支持智能合同，这是一种自动化执行的合同，无需中介。智能合同基于事先定义的规则自动执行，通常使用智能合同平台（如以太坊）编写和部署。

区块链技术被广泛应用于多个领域，包括金融、供应链管理、不动产、医疗保健、投票系统等。它的核心概念包括去中心化、分布式账本、不可篡改性和安全性，这些特性使得区块链成为一种革命性的技术，有潜力改变许多行业的运行方式。

8.2　人工智能与区块链的结合应用

利用 AI 的智能分析和区块链的去中心化、安全性以及不可篡改性，人工智能和区块链技术的结合可以在多个领域产生创新的应用。

8.2.1　人工智能与区块链的融合

在区块链应用中，结合人工智能技术可以提供更多安全性、可信度和智能性，同时也带来了许多新的商业机会。具体来说，人工智能与区块链结合应用的典型场景如下。

☑ 智能合同和自动执行：区块链可以用于创建智能合同，这些合同基于事先定义的规则自动执行，无需中介。结合 AI，智能合同可以根据大量数据和条件进行自动化决策，如在金融合同、保险索赔、供应链管理和不动产交易中。

☑ 身份验证和 KYC（了解您的客户）：区块链可以用于安全地存储和管理个人身份信息，同时保护隐私。AI 可以用于检测异常活动，帮助识别潜在的身份盗窃和欺诈。

☑ 供应链管理：区块链和 AI 可以结合用于优化供应链管理。AI 可以分析大量的供应链数据，提供实时的预测和建议，以帮助提高供应链的效率和可见性。区块链则可确保供应链数据的透明性和不可篡改性。

☑ 医疗保健：结合区块链和 AI 可以改善医疗保健领域的数据管理和患者隐私管理。患者的医疗记录可以存储在区块链上，同时 AI 可以用于分析这些记录以提供个性化的医疗建议和预测疾病。

☑ 金融预测和交易：AI 可以分析市场数据以进行金融预测，而区块链可以记录和验证交易。这两者的结合可以帮助投资者更好地理解市场趋势，并提供更可靠的交易平台。

☑ 知识产权和版权保护：区块链可以用于建立知识产权的不可篡改证明。AI 可以用于监测互联网上的内容，以识别侵犯版权的行为，并记录相关证据。

☑ 能源管理：区块链和 AI 结合可用于智能电网管理。AI 可以分析能源消耗数据，帮助优化能源分配；而区块链可以记录能源生产和消耗的信息，以确保信息的透明性和不可篡改性。

☑ 投票系统：区块链和 AI 可以创建安全的、不可篡改的在线投票系统。AI 可以用于识别潜在的投票欺诈和异常行为。

☑ 物联网安全：区块链可以增强物联网设备的安全性，以确保设备之间的信任和身份验证。AI 可以监测设备行为，检测异常活动。

8.2.2　区块链和大模型

虽然区块链和大模型（例如，深度学习神经网络）是两个不同领域的技术，但是它们可以在某些方面相互关联或相互影响。在区块链应用中使用大模型技术的常见场景如下。

☑ 数据隐私和保护：大模型需要大量的数据进行训练，这可能涉及个人隐私信息。区块链可以提供一种去中心化的、安全的数据存储方式，用于存储和共享这些敏感数据，从而提高数据的隐私和安全性。

☑ 分布式 AI 计算：区块链可以用于管理和分发大模型的计算任务。通过将任务分解成小块，不同节点可以共同完成模型训练或推理任务，从而提高计算效率和速度。

☑ 数据市场和交易：区块链可以支持数据市场，使数据拥有者能够以安全和可控的方式出售其数据，而大模型的训练者可以使用这些数据来提高模型性能。智能合同可以用于自动化数据交易和支付。

☑ 验证和信任：区块链的不可篡改性和透明性可以用于验证大模型的训练过程和结果。这可以增加行业对模型的信任，尤其是在敏感领域，如医疗保健和金融中。

☑ 共识算法：区块链的共识算法可以用于解决大模型在训练过程中的一致性问题。不同节点之间可以达成共识，确保模型的参数在分布式环境中得到正确更新。

☑ 去中心化应用（DApps）：基于区块链的去中心化应用可以集成大模型，以提供各种智能服务，如自然语言处理、计算机视觉和自动化决策。这些应用可以在去中心化的环境中运行，不依赖于单一的中心化服务器。

总之，区块链和大模型的结合可以在一些应用中具有独特的优势，但它们的有效融合需要综合考虑多个技术和业务因素。随着两个领域的不断发展，我们可以期待看到更多有趣的交叉应用出现。

注意：尽管区块链和大模型之间存在一些潜在的互补性，但也需要解决许多技术和性能挑战。例如，大模型通常需要大量的计算资源，而区块链的计算能力有限，因此需要仔细规划和优化。此外，数据隐私、安全性、可扩展性和合规性等问题也需要仔细考虑。

8.3　检测以太坊区块链中的非法账户

以太坊（Ethereum）是一种基于区块链技术的开源平台和加密货币，它于 2013 年由 Vitalik Buterin 和 Gavin Wood 等开发者创建，并成为比特币之后最受欢迎的加密货币之一。以太坊不仅支持加密货币交易，还为开发者和企业提供了构建去中心化应用程序的强大工具。在本节的内容中，将实现一个完整的机器学习模型项目，智能检测出以太坊区块链中的非法账户。从问题定义到模型建立和评估，再到最终的总结和建议。本实例突出了处理类别不平衡问题的重要性，并展示了如何使用多种机器学习算法来解决实际问题。此外，通过数据可视化和性能指标的使用，使得结果更具可解释性和可操作性。

实例 8-1：使用模型检测以太坊区块链中的非法账户（源码路径：daima/8/illicit-account-detection.ipynb）

8.3.1　数据集介绍

本项目所使用的数据集主要用于以太坊区块链上的欺诈检测研究，在这个数据集中包含了已知的欺诈交易和有效交易的记录，可以用于数据分析、机器学习和欺诈检测算法的开发和测试，下面是对该数据集的具体说明。

该数据集的来源是以太坊区块链，其中包含了一系列与以太坊账户和交易相关的信息。数据集是为研究人员和数据科学家提供的一个用于欺诈检测的样本数据集。研究人员可以使用这些数据来训练机器学习模型，以识别潜在的欺诈性交易。

数据集包含了多个列，其中包括账户地址、交易类型、交易时间间隔、交易数量、以太币价值等信息。还有一个 FLAG 列，用于指示交易是否为欺诈。这个数据集可以用于开展欺诈检测、数据挖掘、特征工程等与以太坊区块链上的交易行为相关的分析和研究。

8.3.2　数据预处理

（1）读取名为 transaction_dataset.csv 的数据文件，并显示数据集的前几行内容以便进行初步了解。具体实现代码如下。

```
dataset=pd.read_csv("../input/ethereum-frauddetection-
dataset/transaction_dataset.csv")
dataset.head()
```

代码执行后会输出如下内容。

```
    Unnamed: 0    Index    Address  FLAG Avg min between sent tnx  Avg min between
received tnx Time Diff between first and last (Mins) Sent tnx Received Tnx Number
of Created Contracts  ...  ERC20 min val sent   ERC20 max val sent    ERC20    avg
val sent ERC20 min val sent contract    ERC20 max val sent contract    ERC20    avg
val sent contract ERC20 uniq sent token name ERC20 uniq rec token name ERC20  most
sent token type  ERC20_most_rec_token_type
0    0    1    0x00009277775ac7d0d59eaad8fee3d10ac6c805e8  0    844.26    1093.71
    704785.63    721 89    0    ... 0.000000 1.683100e+07 271779.9200000.0 0.0
    0.0 39.0 57.0 Cofoundit      Numeraire
1    1    2    0x0002b44ddb1476db43c868bd494422ee4c136fed  0    12709.07 2958.44
    1218216.73    94  8    0    ... 2.260809 2.260809e+00 2.260809 0.0 0.0 0.0
    1.0 7.0 Livepeer Token    Livepeer Token
2    2    3    0x0002bda54cb772d040f779e88eb453cac0daa244  0    246194.54
    2434.02 516729.30    2    10    0    ... 0.000000 0.000000e+00 0.000000 0.0
    0.0 0.0 0.0 8.0 None XENON
3    3    4    0x00038e6ba2fd5c09aedb96697c8d7b8fa6632e5e  0    10219.60 15785.09
    397555.90    25  9    0    ... 100.000000    9.029231e+03 3804.076893  0.0
    0.0 0.0 1.0 8.0 Raiden    XENON
4    4    5    0x00062d1dd1afb6fb02540ddad9cdebfe568e0d89  0    36.61    10707.77
    382472.42    4598 20    1    ... 0.000000 4.500000e+04 13726.659220 0.0 0.0
    0.0 6.0 27.0 StatusNetworkEOS
```

（2）获取数据集维度（行数和列数），在这种情况下，如果执行 dataset.shape 命令，它将返回一个包含两个值的元组，第一个值表示数据集的行数，第二个值表示数据集的列数。例如，如果返回的元组是（1000,20），那么意味着数据集有 1000 行和 20 列。具体实现代码如下所示。

```
dataset.shape
```

代码执行后会输出如下内容。

```
(9841, 51)
```

（3）获取数据集的详细信息，这个命令对于快速了解数据集的结构和数据类型非常有用，以及检查是否存在缺失值。具体实现代码如下。

```
dataset.info()
```

执行这行代码后，将会输出有关数据集的以下信息。

☑ 数据集中每列的名称（列名）。

☑ 每列非缺失值的数量。

☑ 每列的数据类型（例如，整数、浮点数、对象等）。

☑ 数据集中的总行数。

代码执行后会输出如下内容。

```
<class 'pandas.core.frame.DataFrame'>
RangeIndex: 9841 entries, 0 to 9840
Data columns (total 51 columns):
 #   Column                          Non-Null    Count      Dtype
---  ------                          --------------------
 0   Unnamed: 0                      9841        non-null   int64
 1   Index                           9841        non-null   int64
 2   Address                         9841        non-null   object
 3   FLAG                            9841        non-null   int64
 4   Avg min between sent tnx        9841        non-nul
########省略部分内容
 46  ERC20 avg val sent contract     9012        non-null   float64
 47  ERC20 uniq sent token name      9012        non-null   float64
 48  ERC20 uniq rec token name       9012        non-null   float64
 49  ERC20 most sent token type      9000        non-null   object
 50  ERC20_most_rec_token_type       8990        non-null   object
dtypes: float64(39), int64(9), object(3)
memory usage: 3.8+ MB
```

（4）检查数据集中的重复行并删除它们，然后删除一个名为"Unnamed: 0"的列，因为它不需要用于进一步的分析。最后，输出处理后的数据集的维度。具体实现代码如下。

```
# 检查并删除重复行
dataset.drop_duplicates(subset=None, inplace=True)

# 删除 "Unnamed: 0" 列（因为它不需要用于进一步的分析）
dataset.drop(['Unnamed: 0'], axis=1, inplace=True)

# 获取处理后的数据集的维度
数据集维度 = dataset.shape
```

代码执行后会输出如下内容。

```
(9841, 50)
```

（5）生成数据集的描述性统计信息，包括数据集中数值列的统计汇总，如均值、标准差、最小值、25%分位数、中位数（50%分位数）、75%分位数和最大值。这些统计信息对于初步了解数据的分布和特征非常有用。具体实现代码如下。

```
dataset.describe()
```

代码执行后会输出如下内容。

```
     Index    FLAG Avg min between sent tnx  Avg min between received tnx    Time
Diff between first and last (Mins) Sent tnx Received Tnx Number   of   Created
Contracts    Unique Received From Addresses Unique Sent To Addresses  ...  ERC20
max val rec  ERC20 avg val rec ERC20 min val sent    ERC20 max val sent     ERC20
```

```
avg val sent ERC20 min val sent contract    ERC20 max val sent contract    ERC20
avg val sent contract ERC20 uniq sent token nameERC20 uniq rec token name
count   9841.000000  9841.000000  9841.000000  9841.000000  9.841000e+03
    9841.000000  9841.000000  9841.000000  9841.000000  9841.000000  ...
    9.012000e+03 9.012000e+03 9.012000e+03 9.012000e+03 9.012000e+03 9012.0
    9012.0   9012.0   9012.000000  9012.000000
mean1815.049893  0.221421 5086.878721   8004.851184  2.183333e+05 115.931714
    163.700945   3.729702 30.360939    25.840159    ... 1.252524e+08
    4.346203e+06 1.174126e+04 1.303594e+07 6.318389e+06 0.0 0.0 0.0 1.384931
    4.826676
std 1222.621830  0.415224 21486.549974 23081.714801 3.229379e+05 757.226361
    940.836550   141.445583  298.621112   263.820410   ... 1.053741e+10
    2.141192e+08 1.053567e+06 1.179905e+09 5.914764e+08 0.0 0.0 0.0 6.735121
    16.678607
min 1.000000 0.000000 0.000000  0.000000  0.000000e+00  0.000000  0.000000
    0.000000  0.000000 ...  0.000000e+00  0.000000e+00  0.000000e+00 0.000000e+00
    0.000000e+00 0.0  0.0  0.0  0.000000  0.000000
25% 821.000000    0.000000 0.000000 0.000000  3.169300e+02 1.000000 1.000000
    0.000000 1.000000  1.000000 ...  0.000000e+00 0.000000e+00 0.000000e+00
    0.000000e+00 0.000000e+00  0.0  0.0  0.0  0.000000  0.000000
50% 1641.000000    0.000000 17.340000    509.770000    4.663703e+04 3.000000
    4.000000 0.000000 2.000000 2.000000 ...  0.000000e+00 0.000000e+00
    0.000000e+00 0.000000e+00 0.000000e+00  0.0  0.0  0.0  0.000000 1.000000
75% 2601.000000    0.000000 565.470000    5480.390000   3.040710e+05 8.000000
    27.000000    0.000000 5.000000 3.000000 ...  9.900000e+01 2.946467e+01
    0.000000e+00 0.000000e+00 0.000000e+00  0.0  0.0  0.0  0.000000 2.000000
max 4729.000000   1.000000 430287.670000482175.4900001.954861e+06 10000.000000
    10000.000000 9995.000000   9999.000000   9287.000000   ... 1.000000e+12
    1.724181e+10 1.000000e+08 1.120000e+11 5.614756e+10 0.0 0.0 0.0 213.000000
    737.000000
```

（6）获取数据集中的列名，即数据集中包含的所有列的名称。获取列名是为了更好地了解数据集的结构和标识不同的特征或属性。具体实现代码如下。

```
# 获取数据集中的列名
column=dataset.columns
column
```

代码执行后会输出如下内容。

```
Index(['Index', 'Address', 'FLAG', 'Avg min between sent tnx',
    'Avg min between received tnx',
    'Time Diff between first and last (Mins)', 'Sent tnx', 'Received Tnx',
    'Number of Created Contracts', 'Unique Received From Addresses',
    'Unique Sent To Addresses', 'min value received', 'max value received ',
    'avg val received', 'min val sent', 'max val sent', 'avg val sent',
    'min value sent to contract', 'max val sent to contract',
    'avg value sent to contract',
    'total transactions (including tnx to create contract',
    'total Ether sent', 'total ether received',
    'total ether sent contracts', 'total ether balance',
    ' Total ERC20 tnxs', ' ERC20 total Ether received',
    ' ERC20 total ether sent', ' ERC20 total Ether sent contract',
```

```
        ' ERC20 uniq sent addr', ' ERC20 uniq rec addr',
        ' ERC20 uniq sent addr.1', ' ERC20 uniq rec contract addr',
        ' ERC20 avg time between sent tnx', ' ERC20 avg time between rec tnx',
        ' ERC20 avg time between rec 2 tnx',
        ' ERC20 avg time between contract tnx', ' ERC20 min val rec',
        ' ERC20 max val rec', ' ERC20 avg val rec', ' ERC20 min val sent',
        ' ERC20 max val sent', ' ERC20 avg val sent',
        ' ERC20 min val sent contract', ' ERC20 max val sent contract',
        ' ERC20 avg val sent contract', ' ERC20 uniq sent token name',
        ' ERC20 uniq rec token name', ' ERC20 most sent token type',
        ' ERC20_most_rec_token_type'],
      dtype='object')
```

（7）检查数据集中的缺失值，并计算每列中的缺失值数量。具体实现代码如下所示。

```
dataset.isnull().sum()
```

代码执行后会输出如下内容。

```
Index                                          0
Address                                        0
FLAG                                           0
Avg min between sent tnx                       0
Avg min between received tnx                   0
Time Diff between first and last (Mins)        0
#####省略部分输出
 ERC20 avg val sent contract                  829
 ERC20 uniq sent token name                   829
 ERC20 uniq rec token name                    829
 ERC20 most sent token type                   841
 ERC20_most_rec_token_type                    851
dtype: int64
```

（8）再次显示数据集的前几行，以便初步了解数据集的内容和结构。具体实现代码如下。

```
dataset.head()
```

代码执行后会输出如下内容。

```
    Index   Address FLAG Avg min between sent tnx  Avg min between received tnx
    Time Diff between first and last (Mins) Sent tnx Received Tnx Number of
Created Contracts Unique Received From Addresses ... ERC20 min val sent    ERC20
max val sent ERC20 avg val sent   ERC20 min val sent contract   ERC20   val
sent contractERC20 avg val sent contract   ERC20 uniq sent token nameERC20  uniq
rec token name   ERC20 most sent token typeERC20_most_rec_token_type
0    1   0x00009277775ac7d0d59eaad8fee3d10ac6c805e8  0    844.26   1093.71
    704785.63    721 89  0    40   ... 0.000000 1.683100e+07 271779.9200000.0
    0.0 0.0 39.0 57.0Cofoundit      Numeraire
1    2   0x0002b44ddb1476db43c868bd494422ee4c136fed  0    12709.07 2958.44
    1218216.73    94 8   0    5    ... 2.260809 2.260809e+00 2.260809 0.0 0.0
    0.0 1.0 7.0 Livepeer Token     Livepeer Token
2    3   0x0002bda54cb772d040f779e88eb453cac0daa244  0    246194.54     2434.02
    516729.30    2  10  0    10   ... 0.000000 0.000000e+00 0.000000 0.0 0.0
    0.0 0.0 8.0 None XENON
```

```
3    4    0x00038e6ba2fd5c09aedb96697c8d7b8fa6632e5e  0    10219.60 15785.09
     397555.90    25  9   0    7    ... 100.000000    9.029231e+03 3804.076893
     0.0 0.0 0.0 1.0 8.0 Raiden    XENON
4    5    0x00062d1dd1afb6fb02540ddad9cdebfe568e0d89  0    36.61     10707.77
     382472.42    4598 20  1    7    ... 0.000000 4.500000e+04 13726.659220 0.0
     0.0 0.0 6.0 27.0 StatusNetworkEOS
```

（9）获取数据集的列名，然后计算名为 ERC20 most sent token type 的列中各个值的数量。这对于了解特定列中不同值的分布情况非常有用。具体实现代码如下所示。

```
column=dataset.columns
column

dataset[' ERC20 most sent token type'].value_counts()
```

代码执行后会输出如下内容。

```
0                                                        4399
None                                                     1856
                                                         1191
EOS                                                      138
OmiseGO                                                  137
                                                         ...
Arcona Distribution Contract                             1
HeroCoin                                                 1
Cindicator                                               1
UnlimitedIP Token                                        1
eosDAC Community Owned EOS Block Producer ERC20 Tokens   1
Name: ERC20 most sent token type, Length: 305, dtype: int64
```

（10）遍历数据集的每一列，然后计算每列中不同值的数量。具体实现代码如下所示。

```
# 遍历数据集的每一列并计算各个值的数量
for col in column:
    print(dataset[col].value_counts())
```

上述代码有助于了解每个特征或属性的分布情况，代码执行后会输出如下内容。

```
1       3
1458    3
1452    3
1453    3
1454    3
        ..
3527    1
3526    1
3525    1
3524    1
4729    1
Name: Index, Length: 4729, dtype: int64
0x4cd526aa2db72eb1fd557b37c6b0394acd35b212    2
0x4cd3bb2110eda1805dc63abc1959a5ee2d386e9f    2
0x4c1da8781f6ca312bc11217b3f61e5dfdf428de1    2
```

```
0x4c24af967901ec87a6644eb1ef42b680f58e67f5        2
0x4c268c7b1d51b369153d6f1f28c61b15f0e17746        2
                                        ..
0x57b417366e5681ad493a03492d9b61ecd0d3d247        1
0x57bb2d6426fed243c633d0b16d4297d12bc20638        1
0x57c0cf70020f0af5073c24cb272e93e7529c6a40        1
0x57ccf2b7ffe5e4497a7e04ac174646f5f16e24ce        1
0xd624d046edbdef805c5e4140dce5fb5ec1b39a3c        1
Name: Address, Length: 9816, dtype: int64
0    7662
1    2179
Name: FLAG, dtype: int64
0.00        3522
2.11        14
##########省略部分输出结果
Blockwell say NOTSAFU        779
DATAcoin                     358
Livepeer Token               207
                             ...
BCDN                         1
Egretia                      1
UG Coin                      1
Yun Planet                   1
INS Promo1                   1
Name: ERC20_most_rec_token_type, Length: 467, dtype: int64
```

8.3.3　数据分析

（1）检查目标列（FLAG）的分布，其中 0 表示非欺诈交易，1 表示欺诈交易。计算并显示了每个类别的数量，以帮助了解数据中欺诈和非欺诈交易的分布情况。具体实现代码如下。

```
dataset['FLAG'].value_counts()
```

代码执行后会输出如下内容。

```
0    7662
1    2179
Name: FLAG, dtype: int64
```

（2）创建一个饼图，显示欺诈和非欺诈交易的分布情况。饼图中的百分比表示每个类别的相对比例。具体实现代码如下。

```
round(100*dataset['FLAG'].value_counts(normalize=True),2).plot(kind='pie',explode
=[0.02]*2, figsize=(6, 6), autopct='%1.2f%%')
plt.title("Fraudulent and Non-Fraudulent Distribution")
plt.legend(["Non-Fraud", "Fraud"])
plt.show()
```

代码执行后会绘制欺诈和非欺诈交易的分布情况饼形图，如图 8-1 所示。

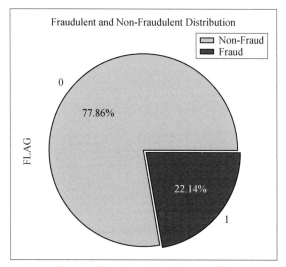

图 8-1 欺诈和非欺诈交易分布情况

（3）计算数据集中每列中的非空值（不缺失值）的数量，以便了解哪些列具有缺失数据。具体实现代码如下。

```
# 检查每列中的非空值数量
dataset.isnull().sum()
```

代码执行后会输出如下内容。

```
Index                                          0
Address                                        0
FLAG                                           0
Avg min between sent tnx                       0
Avg min between received tnx                   0
Time Diff between first and last (Mins)        0
Sent tnx                                       0
Received Tnx                                   0
Number of Created Contracts                    0
#####省略部分输出结果
 ERC20 uniq rec token name                   829
 ERC20 most sent token type                  841
 ERC20_most_rec_token_type                   851
dtype: int64
```

（4）实现数据的预处理。首先使用中位数替换数值变量中的缺失值。然后清理分类特征中的 0 值，将它们更改为 null 值，因为 0 在分类特征中通常没有实际意义。最后计算每列中缺失值的百分比，以帮助了解数据集中缺失数据的情况。具体实现代码如下。

```
# 使用中位数替换数值变量中的缺失值
dataset.fillna(dataset.median(), inplace=True)
```

```
# 清理分类特征 - 将0值更改为null，因为在分类特征中0值没有意义
dataset[' ERC20_most_rec_token_type'].replace({'0': np.NaN}, inplace=True)
dataset[' ERC20 most sent token type'].replace({'0': np.NaN}, inplace=True)

# 计算每列中缺失值的百分比
round((dataset.isnull().sum() / len(dataset.index)) * 100, 2)
```

代码执行后会输出如下内容。

```
Index                                             0.00
Address                                           0.00
FLAG                                              0.00
Avg min between sent tnx                          0.00
Avg min between received tnx                      0.00
Time Diff between first and last (Mins)           0.00
Sent tnx                                          0.00
####省略部分输出结果
 ERC20 uniq rec token name                        0.00
 ERC20 most sent token type                       53.25
 ERC20_most_rec_token_type                        53.35
dtype: float64
```

（5）识别数据集中具有对象类型（通常是文本或字符串）值的列，并将这些列的名称存储在变量 object_columns 中。具体实现代码如下所示。

```
# 获取具有对象类型值的列
object_columns = (dataset.select_dtypes(include=['object'])).columns
object_columns
```

代码执行后会输出如下内容。

```
Index(['Address', ' ERC20 most sent token type', ' ERC20_most_rec_token_type'],
dtype='object')
```

（6）计算名为 ERC20_most_rec_token_type 的列中各个值的数量，这对于了解这一列中不同代币类型的分布情况非常有用。具体实现代码如下所示。

```
# 计算' ERC20_most_rec_token_type'列中各个值的数量
dataset[' ERC20_most_rec_token_type'].value_counts()
```

代码执行后会输出如下内容。

```
OmiseGO                    873
Blockwell say NOTSAFU      779
DATAcoin                   358
Livepeer Token             207
EOS                        161
                           ...
BCDN                       1
Egretia                    1
UG Coin                    1
Yun Planet                 1
INS Promo1                 1
```

```
Name: ERC20_most_rec_token_type, Length: 466, dtype: int64
```

（7）计算名为 ERC20 most sent token type 的列中各个值的数量，具体实现代码如下所示。

```
# 计算' ERC20 most sent token type' 列中各个值的数量
dataset[' ERC20 most sent token type'].value_counts()
```

代码执行后会输出如下内容。

```
None                                                         1856
                                                             1191
EOS                                                          138
OmiseGO                                                      137
Golem                                                        130
                                                             ...
BlockchainPoland                                             1
Covalent Token                                               1
Nebula AI Token                                              1
Blocktix                                                     1
eosDAC Community Owned EOS Block Producer ERC20 Tokens       1
Name: ERC20 most sent token type, Length: 304, dtype: int64
```

（8）实现数据清理工作并计算相关性矩阵。首先删除具有大量 null、0 或 None 值的列，这些列是 Index、ERC20_most_rec_token_type 和 ERC20 most sent token type。然后，删除没有实际值的列。最后，计算数据集的相关性矩阵，以分析不同列之间的相关性。具体实现代码如下所示。

```
# 删除具有许多null、0或None值的列
dataset.drop(['Index', ' ERC20_most_rec_token_type', ' ERC20 most sent token type'],
axis=1, inplace=True)
# 删除没有值的列
dataset.drop([' ERC20 avg time between sent tnx', ' ERC20 avg time between rec
tnx', ' ERC20 avg time between rec 2 tnx', ' ERC20 avg time between contract tnx',
' ERC20 min val sent contract', ' ERC20 max val sent contract', ' ERC20 avg val
sent contract'], axis=1, inplace=True)
# 计算相关性矩阵
corr = dataset.corr()
corr
```

代码执行后会输出如下内容。

```
    FLAG Avg min between sent tnx  Avg min between received tnx   Time Diff
between first and last (Mins)  Sent tnx Received Tnx  Number of Created Contracts
    Unique Received From Addresses Unique Sent To Addresses  min value received
    ... ERC20 uniq sent addr.1    ERC20 uniq rec contract addr  ERC20  min  val
rec ERC20 max val rec ERC20 avg val rec ERC20 min val sent    ERC20  max  val sent
    ERC20 avg val sent    ERC20 uniq sent token name ERC20 uniq rec token name
FLAG 1.000000  -0.029754   -0.118533   -0.269354   -0.078006  -0.079316 -0.013711
    -0.031941 -0.045584  -0.021641   ...          -0.011148  -0.052473
```

```
        0.004434    -0.005510    0.003132    0.019023    0.018770    0.018835    -0.026290
        -0.052603
Avg min between sent tnx    -0.029754    1.000000    0.060979    0.214722    -0.032289

-0.035735        -0.006186    -0.015912    -0.017688    -0.014886    ...        -0.011862
0.047946        0.004998    -0.002260    -0.002829    -0.001511    -0.001841    -0.001792
0.003310        0.049548
Avg min between received tnx            -0.118533    0.060979    1.000000    0.303897
-0.040419    -0.053478    -0.008378    -0.029571    -0.025747    -0.045753    ...
-0.013750    -0.011693    -0.007794    -0.003326    -0.005241    -0.003545
-0.003568    -0.003521    -0.016831    -0.011684
###########省略部分输出结果
ERC20 uniq sent token name -0.026290    0.003310    -0.016831    0.269025    0.082239
        0.045475    0.006475    0.042108    0.086414    -0.026315    ...        -0.005837
        0.787943    -0.002288    0.017746    0.013764    -0.000440    0.001276    -0.000332
        1.000000    0.789220
ERC20 uniq rec token name   -0.052603    0.049548    -0.011684    0.329237    0.222945
        0.205219    0.030527    0.150158    0.238798    -0.000335    ...        0.032573
        0.999643    -0.006013    0.028497    0.022273    -0.002144    -0.000625    -0.001906
        0.789220    1.000000
```

（9）提取相关性矩阵的上三角部分，这部分包含相关性系数的唯一值，而下三角部分包含对称的冗余信息。具体实现代码如下所示。

```
# 计算相关性矩阵的上三角部分
upper = corr.where(np.triu(np.ones(corr.shape), k=1).astype(np.bool))
upper.head()
```

上述提取操作通常用于减少冗余信息并更清晰地可视化相关性，代码执行后会输出如下内容。

```
        FLAG Avg min between sent tnx   Avg min between received tnx    Time Diff
between first and last (Mins) Sent tnx Received Tnx Number  of  Created  Contracts
    Unique Received From Addresses Unique Sent To Addresses   min  value  received
    ... ERC20 uniq sent addr.1     ERC20 uniq rec contract addr    ERC20   min   val
rec ERC20 max val rec ERC20 avg val rec ERC20 min val sent        ERC20 max val sent
    ERC20 avg val sent      ERC20 uniq sent token name ERC20 uniq rec token name
FLAG NaN -0.029754      -0.118533      -0.269354      -0.078006      -0.079316
-0.013711      -0.031941      -0.045584      -0.021641    ... -0.011148      -0.052473
    0.004434 -0.005510      0.003132 0.019023 0.018770 0.018835 -0.026290
-0.052603
Avg min between sent tnx    NaN NaN 0.060979 0.214722 -0.032289      -0.035735
-0.006186      -0.015912      -0.017688      -0.014886    ... -0.011862      0.047946
    0.004998 -0.002260      -0.002829      -0.001511      -0.001841      -0.001792
    0.003310 0.049548
Avg min between received tnx    NaN NaN NaN 0.303897 -0.040419      -0.053478
-0.008378      -0.029571      -0.025747      -0.045753      ... -0.013750      -0.011693
    -0.007794      -0.003326      -0.005241      -0.003545      -0.003568      -0.003521
    -0.016831      -0.011684
Time Diff between first and last (Mins) NaN NaN NaN NaN 0.154480 0.148376
-0.003881      0.037043 0.071140 -0.084996      ... 0.022216 0.324088 -0.008921
    0.046278 0.049160 -0.006174      -0.005606      -0.006148      0.269025 0.329237
```

```
Sent tnx NaN  NaN  NaN  NaN  NaN  0.198455 0.320603 0.130064 0.670014 0.024015 ...
-0.007671    0.221971 -0.003480    0.004445 0.009104 -0.001407    -0.000870
-0.001271    0.082239 0.222945
```

（10）绘制多个散点图，用不同颜色的点表示不同类别（欺诈和非欺诈），以比较不同属性之间的关系。每个散点图比较数据集中的两个属性，并根据目标标志列 FLAG 进行着色，以帮助可视化数据的分布和关联性。具体实现代码如下所示。

```
# 创建散点图，比较不同属性之间的关系
plt.subplots(figsize=(8, 6))
sns.set(style='darkgrid')
sns.scatterplot(data=dataset, x='Unique Received From Addresses', y='Received Tnx',
hue='FLAG')
plt.show()

plt.subplots(figsize=(8, 6))
sns.set(style='whitegrid')
sns.scatterplot(data=dataset, x='Unique Sent To Addresses', y='Sent tnx',
hue='FLAG')
plt.show()

plt.subplots(figsize=(8, 6))
sns.scatterplot(data=dataset, x=' ERC20 uniq sent addr', y=' Total ERC20 tnxs',
hue='FLAG')
plt.show()

plt.subplots(figsize=(8, 6))
sns.scatterplot(data=dataset, x='Unique Received From Addresses', y='Received Tnx',
hue='FLAG')
plt.show()

plt.subplots(figsize=(8, 6))
sns.scatterplot(data=dataset, x='Sent tnx', y='Unique Sent To Addresses',
hue='FLAG')
plt.show()

plt.subplots(figsize=(8, 6))
sns.scatterplot(data=dataset, x=' ERC20 uniq rec addr', y=' Total ERC20 tnxs',
hue='FLAG')
plt.show()

plt.subplots(figsize=(8, 6))
sns.scatterplot(data=dataset, x='total transactions (including tnx to create
contract', y='Received Tnx', hue='FLAG')
plt.show()
```

上述代码绘制了如下 7 个散点图。

第 1 个图比较 Unique Received From Addresses 和 Received Tnx 的关系。

第 2 个图比较 Unique Sent To Addresses 和 Sent tnx 的关系。

第 3 个图比较 ERC20 uniq sent addr 和 Total ERC20 tnxs 的关系。

第 4 个图再次比较 Unique Received From Addresses 和 Received Tnx 的关系（与第一个图相同）。

第 5 个图比较 Sent tnx 和 Unique Sent To Addresses 的关系。

第 6 个图比较 ERC20 uniq rec addr 和 Total ERC20 tnxs 的关系。

第 7 个图比较 total transactions（including tnx to create contract 和 Received Tnx 的关系。

这 7 个图用不同颜色的点表示不同类别（欺诈和非欺诈），以帮助可视化数据之间的关联性，如第 1 个图 Unique Received From Addresses 和 Received Tnx 关系的散点效果如图 8-2 所示。

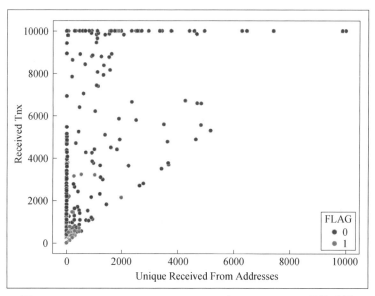

图 8-2　Unique Received From Addresses 和 Received Tnx 的关系图

（11）再次获取数据集的列名，具体实现代码如下所示。

```
dataset.columns
```

代码执行后将返回一个包含数据集所有列名的列表。

```
Index(['Address', 'FLAG', 'Avg min between sent tnx',
      'Avg min between received tnx',
      'Time Diff between first and last (Mins)', 'Sent tnx', 'Received Tnx',
      'Number of Created Contracts', 'Unique Received From Addresses',
      'Unique Sent To Addresses', 'min value received', 'max value received ',
      'avg val received', 'min val sent', 'max val sent', 'avg val sent',
      'min value sent to contract', 'max val sent to contract',
      'avg value sent to contract',
      'total transactions (including tnx to create contract',
      'total Ether sent', 'total ether received',
```

```
    'total ether sent contracts', 'total ether balance',
    ' Total ERC20 tnxs', ' ERC20 total Ether received',
    ' ERC20 total ether sent', ' ERC20 total Ether sent contract',
    ' ERC20 uniq sent addr', ' ERC20 uniq rec addr',
    ' ERC20 uniq sent addr.1', ' ERC20 uniq rec contract addr',
    ' ERC20 min val rec', ' ERC20 max val rec', ' ERC20 avg val re
c',
    ' ERC20 min val sent', ' ERC20 max val sent', ' ERC20 avg val sent',
    ' ERC20 uniq sent token name', ' ERC20 uniq rec token name'],
    dtype='object')
```

（12）根据指定的相关性阈值（0.7），选择相关性超过阈值的列，并将这些列的名称存储在 to_drop 列表中。最后，打印输出需要删除的列数。具体实现代码如下所示。

```
# 阈值设置为0.7
threshold = 0.7

# 选择相关性超过阈值的列
to_drop = [column for column in upper.columns if (any(upper[column] > threshold)
or any(upper[column] < -(threshold)))]

# 打印要删除的列数
print('有 %d列需要删除。' % (len(to_drop)))
```

代码执行后会输出如下内容。

```
There are 13 columns to remove.
```

（13）列表 to_drop 包含了根据相关性阈值需要删除的列的名称，可以通过输出 to_drop 列表来查看这些列的名称。具体实现代码如下所示。

```
to_drop
```

代码执行后将输出显示需要删除的列的名称。

```
['avg value sent to contract',
 'total transactions (including tnx to create contract',
 'total ether received',
 'total ether sent contracts',
 ' ERC20 uniq sent addr',
 ' ERC20 uniq rec addr',
 ' ERC20 max val rec',
 ' ERC20 avg val rec',
 ' ERC20 min val sent',
 ' ERC20 max val sent',
 ' ERC20 avg val sent',
 ' ERC20 uniq sent token name',
 ' ERC20 uniq rec token name']
```

（14）创建数值的热图，以可视化数据集中各个数值列之间的相关性。热图使用不同的颜色表示相关性的强度，正相关和负相关分别以不同的颜色显示，并在热图上标注相关性系数的数值。具体实现代码如下所示。

```
# 创建数值的热图
# 创建一个与相关性矩阵相同大小的全零矩阵，并在上三角部分设置为True，以遮盖下三角部分
mask = np.zeros_like(corr)
mask[np.triu_indices_from(mask)] = True

# 使用白色背景风格创建图形
with sns.axes_style('white'):
    # 创建图形和轴对象
    fig, ax = plt.subplots(figsize=(30, 20))
    # 生成热图，显示相关性矩阵，使用RdYlGn颜色图，以0为中心，方形显示，标注数值
    sns.heatmap(corr, mask=mask, annot=True, cmap='RdYlGn', center=0, square=True,
fmt='.2g')
```

代码执行后会绘制相关性矩阵的热图（heatmap），如图 8-3 所示。这种图以矩阵的形式展示各个数值列之间的相关性，使用不同颜色表示相关性的强度，正相关和负相关分别以不同的颜色显示。这种图表有助于可视化数据集中各个数值属性之间的关系，特别是相关性的强弱和方向。通过热图，可以快速识别哪些属性之间存在强相关性，从而帮助进一步的数据分析和建模工作。

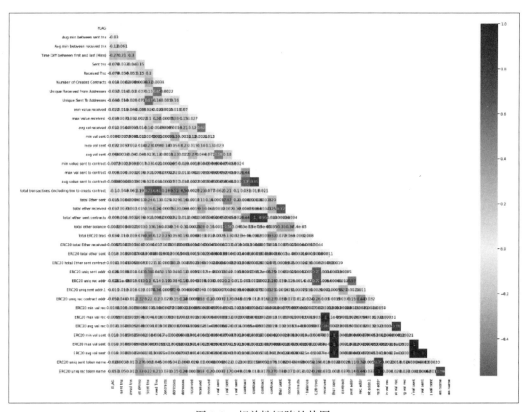

图 8-3　相关性矩阵的热图

（15）根据 to_drop 列表删除指定的列，并通过输出 dataset.columns 来显示删除列后列表中剩下的列名，被删除的列将不再包含在数据集中。具体实现代码如下所示。

```
# 要删除的列
drop = ['total transactions (including tnx to create contract','max val sent to
contract',' ERC20 avg val rec',' ERC20 max val rec', ' ERC20 avg val sent', ' ERC20
min val sent', ' ERC20 max val sent',' ERC20 uniq sent token name',' ERC20 uniq
sent token name',' ERC20 uniq rec token name','max val sent to contract','avg value
sent to contract']
# 删除指定的列
dataset.drop(to_drop, axis=1, inplace=True)
# 显示删除列后列表中的列名
dataset.columns
```

代码执行后会输出如下内容。

```
Index(['Address', 'FLAG', 'Avg min between sent tnx',
       'Avg min between received tnx',
       'Time Diff between first and last (Mins)', 'Sent tnx', 'Received Tnx',
       'Number of Created Contracts', 'Unique Received From Addresses',
       'Unique Sent To Addresses', 'min value received', 'max value received ',
       'avg val received', 'min val sent', 'max val sent', 'avg val sent',
       'min value sent to contract', 'max val sent to contract',
       'total Ether sent', 'total ether balance', ' Total ERC20 tnxs',
       ' ERC20 total Ether received', ' ERC20 total ether sent',
       ' ERC20 total Ether sent contract', ' ERC20 uniq sent addr.1',
       ' ERC20 uniq rec contract addr', ' ERC20 min val rec'],
      dtype='object')
```

（16）在删除指定的列后，数据集中的列数将发生变化，接下来可以使用以下代码来获取删除列后的列数：

```
len(dataset.columns)
```

代码执行后会输出如下内容。

```
27
```

（17）绘制相关性矩阵的热图，用不同颜色表示不同属性之间的相关性强度。正相关和负相关分别以不同颜色显示，而且相关系数的数值也被标注在热图上，以帮助更好地理解数据属性之间的关系。具体实现代码如下所示。

```
# 计算数值列之间的相关性矩阵
corr = dataset.corr()

# 创建一个与相关性矩阵相同大小的全零矩阵，并在上三角部分设置为True，以遮盖下三角部分
mask = np.zeros_like(corr)
mask[np.triu_indices_from(mask)] = True

# 使用白色背景风格创建图形
with sns.axes_style('white'):
```

```
# 创建图形和轴对象
fig, ax = plt.subplots(figsize=(30, 20))
# 生成热图，显示相关性矩阵，使用RdYlGn颜色图，以0为中心，方形显示，标注数值
sns.heatmap(corr, mask=mask, annot=True, cmap='RdYlGn', center=0, square=True,
fmt='.2g')
```

代码执行后会绘制数值属性相关性热图，如图 8-4 所示。

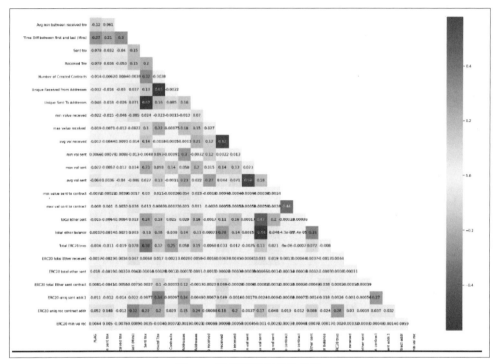

图 8-4　数值属性相关性热图

（18）可以分别绘制变量的箱线图以及带有 FLAG 对比的变量的箱线图。函数中的参数 variable 是要绘制箱线图的变量名称。此外，通过 columns 变量获取数据集的列名。最后，获取数据集中从第三列开始（索引为 2）的所有列名。具体实现代码如下所示。

```
# 绘制变量的箱线图
def box_plot(variable):
  plt.figure(figsize=(6,4))
  sns.boxplot(y=dataset[variable])
  plt.title("Boxplot for {}".format(variable))
  plt.show()

# 绘制带有FLAG对比的变量的箱线图
def box_plot_y(variable):
  plt.figure(figsize=(6,4))
  sns.boxplot(y=dataset[variable], x=dataset['FLAG'])
```

```
    plt.title("Boxplot for {} wrt Flag".format(variable))
    plt.show()

# 获取数据集的列名
columns = dataset.columns
columns

columns[2:]
```

代码执行后会输出如下内容。

```
Index(['Address', 'FLAG', 'Avg min between sent tnx',
       'Avg min between received tnx',
       'Time Diff between first and last (Mins)', 'Sent tnx', 'Received Tnx',
       'Number of Created Contracts', 'Unique Received From Addresses',
       'Unique Sent To Addresses', 'min value received', 'max value received ',
       'avg val received', 'min val sent', 'max val sent', 'avg val sent',
       'min value sent to contract', 'max val sent to contract',
       'total Ether sent', 'total ether balance', ' Total ERC20 tnxs',
       ' ERC20 total Ether received', ' ERC20 total ether sent',
       ' ERC20 total Ether sent contract', ' ERC20 uniq sent addr.1',
       ' ERC20 uniq rec contract addr', ' ERC20 min val rec'],
    dtype='object')
```

（19）针对数据集中每个数值列绘制箱线图，进行单变量分析。具体实现代码如下所示。

```
# 单变量分析 - 绘制每个数值列的箱线图
for col in columns[2:]:
    box_plot(col)
```

上述代码通过循环遍历数据集中从第三列开始的每个数值列，并为每个列绘制了一个箱线图，如列"Sent_tnx"的箱线图效果如图 8-5 所示。箱线图有助于显示数据的分布、中位数、上下四分位数以及异常值的情况，从而帮助了解每个变量的统计特性。

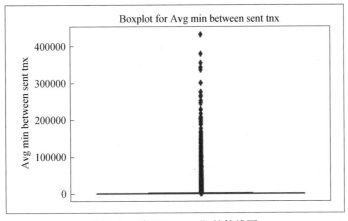

图 8-5　列"Sent_tnx"的箱线图

（20）执行了带有 FLAG 对比的箱线图绘制，为数据集中从第三列开始的每个数值列绘制箱线图。具体实现代码如下所示。

```
for col in columns[2:]:
  box_plot_y(col)
```

代码执行后会绘制与数据集中每个数值列相关的箱线图，并将它们与 FLAG 列进行了对比。具体绘制了多少个箱线图取决于数据集中数值列的数量，如列"Sent_tnx"的带有 FLAG 对比的箱线图效果如图 8-6 所示。这些箱线图可以帮助您了解每个数值列在欺诈和非欺诈交易之间的分布情况和差异。

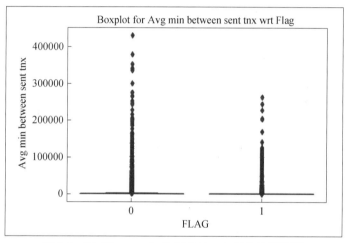

图 8-6　列"Sent_tnx"的带有 FLAG 对比的箱线图

（21）计算训练数据集中 FLAG 列值为 1 的占比，即欺诈交易的百分比。具体计算方式是将 FLAG 列中值为 1 的行数除以总行数，然后将结果乘以 100，得到百分比。具体实现代码如下所示。

```
fraud = (sum(dataset['FLAG'])/len(dataset['FLAG'].index))*100
fraud
```

在上述代码中，将计算的结果存储在变量 fraud 中，然后使用第 2 行代码查看欺诈交易的百分比。代码执行后会输出如下内容。

```
22.14205873386851
```

8.3.4　拆分数据集

Train-Test Split 是机器学习和数据分析中常用的一种数据集拆分方法，用于评估模型的性能和泛化能力。Train-Test Split 的主要目的是将原始数据集划分为两个互斥的子集：训练集（Training Set）和测试集（Test Set）。

（1）导入了 sklearn（Scikit-Learn）库中的 train_test_split 函数，并展示数据集的前几行。train_test_split 函数是用于将数据集划分为训练集和测试集的常用工具。它可以将数据集按照一定的比例分割成训练集和测试集，以便进行机器学习模型的训练和评估。具体实现代码如下所示。

```
from sklearn.model_selection import train_test_split
dataset.head()
```

代码执行后会输出如下内容。

```
    Address  FLAG Avg min between sent tnx  Avg min between received tnx  Time
Diff between first and last (Mins)  Sent tnx Received Tnx Number    of    Created
ContractsUnique Received From Addresses  Unique Sent To Addresses  ... max val sent
to contract   total Ether sent   total ether balance    Total ERC20 tnxs  ERC20  total
Ether received     ERC20 total ether sent ERC20 total Ether sent contract ERC20   uniq
sent addr.1   ERC20 uniq rec contract addr    ERC20 min val rec
0   0x00009277775ac7d0d59eaad8fee3d10ac6c805e8 0   844.26    1093.71   704785.63
    721 89  0    40    118  ... 865.691093   -279.224419   265.0
    3.558854e+07 3.560317e+07 0.0 0.0 58.0 0.0
1   0x0002b44ddb1476db43c868bd494422ee4c136fed 0    12709.07 2958.44 1218216.73
    94  8   0    5    14  ... 0.0 3.087297 -0.001819     8.0 4.034283e+02
    2.260809e+00 0.0 0.0 7.0 0.0
2   0x0002bda54cb772d040f779e88eb453cac0daa244 0   246194.54    2434.02
    516729.30    2    10   0    10   2   ... 0.0 3.588616 0.000441 8.0
    5.215121e+02 0.000000e+00 0.0 0.0 8.0 0.0
3   0x00038e6ba2fd5c09aedb96697c8d7b8fa6632e5e 0    10219.60 15785.09 397555.90
    25  9   0    7    13  ... 0.0 1750.045862   -854.646303   14.0 1.711105e+04
    1.141223e+04 0.0 0.0 8.0 0.0
4   0x00062d1dd1afb6fb02540ddad9cdebfe568e0d89 0    36.61    10707.77 382472.42
    4598 20  1    7    19  ... 0.0 104.318883   -50.896986    42.0 1.628297e+05
    1.235399e+05 0.0 0.0 27.0 0.0
```

（2）将目标变量（响应变量）存储在 y 变量中，特征变量存储在 X 变量中。同时，将 FLAG 列和 Address 列从特征中移除。然后，定义一个名为 train_val_test_split 的函数，用于将数据集拆分为训练集、验证集和测试集。这个函数使用 train_test_split 函数来进行拆分。最后，使用 train_val_test_split 函数将数据集拆分为训练集（80%）、验证集（10%）和测试集（10%），并分别存储在 X_train、X_val、X_test、y_train、y_val 和 y_test 变量中。具体实现代码如下所示。

```
# 将响应变量放入 y，将特征变量放入 X
y = dataset['FLAG']
X = dataset.drop(['FLAG', 'Address'], axis=1)

# 定义一个用于划分数据集的函数
def train_val_test_split(X, y, train_size, val_size, test_size):
    X_train_val, X_test, y_train_val, y_test = train_test_split(X, y, test_size=
test_size)
```

```
    relative_train_size = train_size / (val_size + train_size)
    X_train, X_val, y_train, y_val = train_test_split(X_train_val, y_train_val,
                                        train_size=relative_train_size,
test_size=1-relative_train_size)
    return X_train, X_val, X_test, y_train, y_val, y_test

# 将数据集划分为训练集、验证集和测试集
X_train, X_val, X_test, y_train, y_val, y_test = train_val_test_split(X, y, 0.8,
0.1, 0.1)
X_train.shape, y_train.shape, X_test.shape, y_test.shape,X_val.shape,y_val.shape
```

代码执行后将输出训练集、测试集和验证集的形状（shape）。

```
((7872, 25), (7872,), (985, 25), (985,), (984, 25), (984,))
```

这些形状信息可以用于确保数据集的维度正确，并且可以作为训练、测试和验证过程中的参考。

（3）获取训练集 X_train 的列名，具体实现代码如下所示。

```
X_train.columns
```

代码执行后将返回训练集中的特征列（不包括目标列）的列名列表。

```
Index(['Avg min between sent tnx', 'Avg min between received tnx',
       'Time Diff between first and last (Mins)', 'Sent tnx', 'Received Tnx',
       'Number of Created Contracts', 'Unique Received From Addresses',
       'Unique Sent To Addresses', 'min value received', 'max value received ',
       'avg val received', 'min val sent', 'max val sent', 'avg val sent',
       'min value sent to contract', 'max val sent to contract',
       'total Ether sent', 'total ether balance', ' Total ERC20 tnxs',
       ' ERC20 total Ether received', ' ERC20 total ether sent',
       ' ERC20 total Ether sent contract', ' ERC20 uniq sent addr.1',
       ' ERC20 uniq rec contract addr', ' ERC20 min val rec'],
      dtype='object')
```

（4）通过交互信息评估每个特征对目标的重要性，并可视化显示前 18 个具有最大信息增益的特征的重要性。具体实现代码如下所示。

```
!pip install skfeature-chappers
from sklearn.feature_selection import mutual_info_classif
importance=mutual_info_classif(X_train,y_train)
feat_importances=pd.Series(importance,X_train.columns[0:len(X_train.columns)])
plt.figure(figsize=[30,15])

feat_importances.nlargest(18).plot(kind='barh',color='teal',)
plt.show()
```

（5）获取具有最大信息增益的前 18 个重要特征的列名，这些列名被存储在名为 col_x 的变量中。具体实现代码如下所示。

```
col_x=feat_importances.nlargest(18).index
col_x
```

代码执行后将获得这些重要特征的列名列表，这些列名代表了对目标变量具有较高影响的特征。

```
Index([' Total ERC20 tnxs', ' ERC20 uniq rec contract addr',
    'total ether balance', 'Time Diff between first and last (Mins)',
    'max value received ', 'avg val received',
    ' ERC20 total Ether received', ' ERC20 min val rec',
    'Unique Received From Addresses', 'Received Tnx',
    'Avg min between received tnx', 'min value received',
    'Avg min between sent tnx', 'total Ether sent', 'avg val sent',
    'max val sent', 'Sent tnx', 'Unique Sent To Addresses'],
    dtype='object')
```

（6）从训练集 X_train、验证集 X_val 和测试集 X_test 中选择具有最大信息增益的前 18 个重要特征，并将这些特征存储在相应的数据集中。具体实现代码如下所示。

```
X_train=X_train[col_x]
X_val=X_val[col_x]
X_test=X_test[col_x]
feat_importances
```

代码执行后会输出如下内容。

```
Avg min between sent tnx                   0.096649
Avg min between received tnx               0.102166
Time Diff between first and last (Mins)    0.237711
Sent tnx                                   0.068052
Received Tnx                               0.109679
#######省略部分输出结果
 ERC20 total Ether sent contract           0.005287
 ERC20 uniq sent addr.1                    0.001419
 ERC20 uniq rec contract addr             0.254201
 ERC20 min val rec                        0.141128
dtype: float64
```

8.3.5　特征缩放

（1）使用 PowerTransformer 和 MinMaxScaler 对训练集数据进行预处理，具体实现代码如下所示。

```
from sklearn.preprocessing import PowerTransformer
from sklearn.preprocessing import MinMaxScaler
X_train.info()
```

通过上述代码进行了幂变换和归一化的训练数据 X_train_scaled，可用于进一步的机器学习建模。同样，也可以对验证集和测试集进行相同的转换，以保持数据的一致性。

（2）遍历训练集 X_train 中的列，并为每列打印其在原始数据集 dataset 中的值计数（value counts）。具体实现代码如下所示。

```
col_x=X_train.columns
for col in col_x:
    print(dataset[col].value_counts())
```

（3）对训练集、验证集和测试集中的特征进行幂变换处理，从而准备好用于机器学习模型的训练和评估。具体实现代码如下所示。

```
#Function for plotting box plot on  variable
def box_plot_trans(variable):
  plt.figure(figsize=(6,4))
  sns.boxplot(y=X_train[variable])
  plt.title("Boxplot for {}".format(variable))
  plt.show()

#Function for plotting box plot on  variable wrt to FLAG
def box_plot__trans_y(variable):
  plt.figure(figsize=(6,4))
  sns.boxplot(y=X_train[variable],x=X_train['FLAG'])
  plt.title("Boxplot for {} wrt Flag".format(variable))
  plt.show()

#Normalisation using power transformer
scaler = PowerTransformer()

X_train[col_x] = scaler.fit_transform(X_train[col_x])
X_val[col_x] = scaler.transform(X_val[col_x])
X_test[col_x] = scaler.transform(X_test[col_x])
X_train.head()
```

对上述代码的具体说明如下。

定义了两个函数 box_plot_trans 和 box_plot__trans_y，用于绘制特征的箱线图以及特征与目标变量之间的箱线图。箱线图用于可视化数据的分布和异常值。

使用 PowerTransformer 对训练集 X_train 中的特征进行幂变换，以更好地符合正态分布。幂变换有助于改善某些模型的性能，尤其是对输入数据分布敏感的模型。

将幂变换后的数据应用到验证集 X_val 和测试集 X_test 中的相同特征上，以确保数据的一致性。

代码执行后会输出如下内容。

```
    Total ERC20 tnxs ERC20 uniq rec contract addr  total ether balance   Time
Diff between first and last (Mins) max value received   avg val received ERC20
total Ether received ERC20 min val rec Unique Received From Addresses Received
Tnx Avg min between received tnx  min value received   Avg min between sent tnx
   total Ether sent avg val sent max val sent Sent tnx Unique Sent To Addresses
9160  0.156836    0.253302   -0.004841   -0.257548    -0.255588    -0.160985
     -0.737624   -0.494535   -0.201329   -0.610881     0.700299    -0.716981
     -1.102188   -0.393199    0.288551   -0.141591    -0.595852    -0.344938
2417  0.156836    0.253302    0.005482    0.511018     1.473530     1.458423
      0.215653    2.351705    0.441626    0.830246     0.808477    -0.781587
     -1.102188   -1.255535   -1.138122   -1.209347    -1.400413    -1.501993
```

4450	−0.974022	−0.986343	−0.004841	−0.887848	1.072604	1.265252
	−0.737624	−0.494535	−0.201329	−0.610881	−1.044357	1.334157
	0.634390	0.782560	1.327028	1.103944	−0.210153	0.171779
8960	0.156836	0.253302	−0.004841	0.679893	−1.402214	−1.277771
	−0.737624	−0.494535	0.441626	0.229734	1.246705	−0.781587
	−1.102188	−1.255535	−1.138122	−1.209347	−1.400413	−1.501993
2533	0.608090	0.727532	−0.004770	0.725983	−1.143728	−1.069924
	−0.182755	0.753744	0.180006	1.326268	0.630172	−0.781587
	−1.102188	−1.255535	−1.138122	−1.209347	−1.400413	−1.501993

（4）遍历训练集 X_train 中的每个特征列，并为每个特征列绘制箱线图，以可视化其数据分布和异常值情况。具体实现代码如下所示。

```
columns=X_train.columns
columns
for col in columns[:]:
  box_plot_trans(col)
```

在上述代码中，为训练集 X_train 中的每个特征列绘制箱线图。如果训练集 X_train 具有 n 个特征列，那么将绘制 n 个箱线图，每个箱线图对应一个特征列。如 ERC20 tnxs 的箱线图效果如图 8-7 所示。

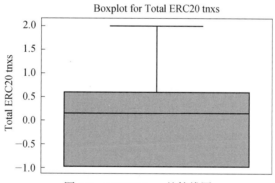

图 8-7　ERC20 tnxs 的箱线图

（5）绘制经过幂变换后的训练集 X_train 中各个特征的直方图，直方图用于可视化数据的分布情况，通过绘制不同数值范围的条形来表示数据的分布。具体实现代码如下所示。

```
X_train.hist(figsize=(30,25))
```

8.3.6　构建模型和超参数调优

（1）使用不同的技术来处理数据集中的不平衡问题，包括随机欠采样、随机过采样、SMOTE 和 ADASYN。这些技术旨在使不同类别的样本数量更加平衡，以改善机器学习模型的性能和稳定性。通过这些技术，可以创建一个更平衡的训练数据集，以用于后续的模型构建和调优。具体实现代码如下所示。

```
# 使用欠采样处理数据不平衡
from imblearn import under_sampling
us          =          under_sampling.RandomUnderSampler(sampling_strategy='majority',
random_state=100)
X_train_us, y_train_us = us.fit_resample(X_train, y_train)
print(X_train_us.shape)
print(y_train_us.shape)
print(y_train_us.value_counts())

# 使用过采样处理数据不平衡
from imblearn import over_sampling
ro          =          over_sampling.RandomOverSampler(sampling_strategy='minority',
random_state=100)
X_train_ro, y_train_ro = ro.fit_resample(X_train, y_train)
print(X_train_ro.shape)
print(y_train_ro.shape)
print(y_train_ro.value_counts())

# 使用SMOTE处理数据不平衡
from imblearn.over_sampling import SMOTE
sm = SMOTE(sampling_strategy='minority', random_state=100)
X_train_smote, y_train_smote = sm.fit_resample(X_train, y_train)
print(X_train_smote.shape)
print(y_train_smote.shape)
print(y_train_smote.value_counts())

# 使用ADASYN处理数据不平衡
from imblearn.over_sampling import ADASYN
ada = ADASYN(sampling_strategy='minority', random_state=100)
X_train_ada, y_train_ada = ada.fit_resample(X_train, y_train)
print(X_train_ada.shape)
print(y_train_ada.shape)
print(y_train_ada.value_counts())
```

代码执行后会输出如下内容。

```
(3500, 18)
(3500,)
0    1750
1    1750
Name: FLAG, dtype: int64
(12244, 18)
(12244,)
1    6122
0    6122
Name: FLAG, dtype: int64
(12244, 18)
(12244,)
1    6122
0    6122
Name: FLAG, dtype: int64
(12190, 18)
```

```
(12190,)
0    6122
1    6068
Name: FLAG, dtype: int64
```

（2）定义两个函数，一个用于绘制 ROC 曲线，另一个用于计算和显示模型的各种标准性能度量，包括准确度、敏感性、特异性、精确度、召回率、F1 分数和混淆矩阵。这些度量可用于评估分类模型的性能。具体实现代码如下所示。

```python
# 绘制ROC曲线的函数
from sklearn import metrics
from     sklearn.metrics     import     precision_recall_curve,     confusion_matrix,
accuracy_score

def draw_roc(actual, probs):
    fpr, tpr, thresholds = metrics.roc_curve(actual, probs, drop_intermediate=False)
    auc_score = metrics.roc_auc_score(actual, probs)
    plt.figure(figsize=(5, 5))
    plt.plot(fpr, tpr, label='ROC curve (area = %0.2f)' % auc_score)
    plt.plot([0, 1], [0, 1], 'k--')
    plt.xlim([0.0, 1.0])
    plt.ylim([0.0, 1.05])
    plt.xlabel('False Positive Rate or [1 - True Negative Rate]')
    plt.ylabel('True Positive Rate')
    plt.title('Receiver operating characteristic example')
    plt.legend(loc="lower right")
    plt.show()

    return None

from sklearn.metrics import confusion_matrix, ConfusionMatrixDisplay

# 返回模型的各种标准度量的函数
def model_metrics(r, actual, predicted):
    confusion = confusion_matrix(actual, predicted)
    TP = confusion[1, 1]  # 真正例
    TN = confusion[0, 0]  # 真负例
    FP = confusion[0, 1]  # 假正例
    FN = confusion[1, 0]  # 假负例

    print('Accuracy    : ', metrics.accuracy_score(actual, predicted))
    print('Sensitivity : ', TP / float(TP + FN))
    print('Specificity : ', TN / float(TN + FP))
    print('Precision   : ', TP / float(TP + FP))
    print('Recall      : ', TP / float(TP + FN))
    print('F1_score    : ', metrics.f1_score(actual, predicted))
    print(confusion)

    disp            =            ConfusionMatrixDisplay(confusion_matrix=confusion,
display_labels=r.classes_)
    disp.plot()
    plt.grid(False)
```

```
    plt.show()

    return None
#%%
```

（3）定义各种机器学习算法的超参数范围，我们可以使用这些参数进行随机搜索或网格搜索以优化模型的性能。每个算法都有不同的参数，我们可以根据具体的问题和数据集来选择合适的参数组合。具体实现代码如下所示。

```python
from sklearn.linear_model import LogisticRegression
from sklearn.model_selection import RandomizedSearchCV
from sklearn.tree import DecisionTreeClassifier
from sklearn.ensemble import RandomForestClassifier

# 逻辑回归参数
params_LR = {'C': np.logspace(-1, 5, 10), 'class_weight': [None, 'balanced'],
'penalty': ['l1', 'l2']}

# 决策树参数
params_DT = {
    'max_depth': [10, 20, 50, 100, 200],
    'min_samples_leaf': [10, 20, 50, 100, 200],
    'min_samples_split': [10, 20, 50, 100, 200],
    'criterion': ["gini", "entropy"]
}

# 随机森林参数
params_RF = {
    'n_estimators': [10, 12, 15],
    'max_features': ['sqrt', 0.3],
    'max_depth': [10, 50],
    'min_samples_leaf': [50, 200],
    'min_samples_split': [50, 100],
    'criterion': ["gini"]
}

# XGBoost参数
params_XGB = {
    'learning_rate': [0.01, 0.1, 0.3, 0.5, 0.7],
    'max_depth': [2, 3, 4, 10],
    'n_estimators': [10, 15, 20, 50, 100, 200],
    'subsample': [0.3, 0.5, 0.9],
    'colsample_bytree': [0.3, 0.5, 0.7],
    'max_features': [8, 10, 14, 16]
}

# Adaboost参数
params_ada = {
    'learning_rate': [0.0001, 0.01, 0.1, 1.0, 1.1, 1.2, 0.3, 0.5, 0.7],
    'n_estimators': [2, 5, 8, 10, 15, 20, 50]
}
```

```
# Gradient boosting参数
params_gb = {
    'learning_rate': [0.0001, 0.01, 0.1, 1.0, 1.1, 1.2, 0.3, 0.5, 0.7],
    'n_estimators': [2, 5, 8, 10, 15, 20, 50, 100]
}

# Light Gradient boosting参数
params_lgbm = {
    'boosting_type': ['gbdt', 'dart', 'rf'],
    'learning_rate': [0.0001, 0.01, 0.1, 1.0, 1.1, 1.2, 0.3, 0.5, 0.7],
    'n_estimators': [2, 5, 8, 10, 15, 20, 50, 100, 200],
    'subsample': [0.3, 0.5, 0.9],
    'max_depth': [-1, 2, 3, 4, 5, 10],
    'colsample_bytree': [0.3, 0.5, 0.7, 1.]
}

# Catboost参数
params_cat = {
    'boosting_type': ["Ordered", "Plain"],
    'iterations': [100, 200],
    'learning_rate': [0.0001, 0.01, 0.1, 1.0, 1.1, 1.2, 0.3, 0.5, 0.7],
    'loss_function': ['RMSE', 'Logloss', 'MAE', 'CrossEntropy', 'MAPE'],
    'subsample': [0.3, 0.5, 0.9],
    'depth': [-1, 2, 3, 4, 5, 10]
}

# SVM参数
params_svc = {'C': [i for i in range(1, 10, 1)], 'kernel': ['linear', 'rbf',
'poly']}

# KNN参数
params_knn = {'n_neighbors': [i for i in range(1, 25, 1)], 'algorithm': ['kd_tree',
'auto'], 'n_jobs': [-1]}
# 朴素贝叶斯参数
params_gnb = {}
```

上述代码段中涵盖的几种机器学习算法的参数范围：逻辑回归（logistic regression）、决策树（decision tree）、随机森林（random forest）、XGBoost、Adaboost、Gradient Boosting、Light Gradient Boosting（LightGBM）、Catboost、支持向量机（SVM）、最近邻居（k-nearest neighbors，KNN）。

这些算法可以用于分类和回归问题，并在各种应用中得到广泛使用。通过调整这些算法的超参数，可以根据数据和任务的特点来优化模型的性能。

（4）初始化各种机器学习算法的模型，这些模型将用于建立机器学习分类器，以根据给定的数据进行分类任务。每个模型都可以通过训练数据来学习，并根据超参数调整进行调优，以提高其性能。具体实现代码如下所示。

```
# 逻辑回归模型
model_LR = LogisticRegression()
```

```
# 决策树模型
model_DT = DecisionTreeClassifier(random_state=23)

# 随机森林模型
model_RF = RandomForestClassifier(oob_score=True, random_state=23)

# 导入XGBoost库并创建XGBoost模型
!pip install xgboost
import xgboost as xgb
model_xgb = xgb.XGBClassifier()

# 导入AdaBoost库并创建AdaBoost模型
from sklearn.ensemble import AdaBoostClassifier
model_ada = AdaBoostClassifier()

# 导入Gradient Boosting库并创建Gradient Boosting模型
from sklearn.ensemble import GradientBoostingClassifier
model_GB = GradientBoostingClassifier()

# 导入LightGBM库并创建LightGBM模型
from lightgbm import LGBMClassifier
model_LGBM = LGBMClassifier()

# 导入CatBoost库并创建CatBoost模型
!pip install catboost
from catboost import CatBoostClassifier, Pool
model_cat = CatBoostClassifier()

# 导入SVM库并创建SVM模型
from sklearn.svm import SVC
model_svc = SVC()

# 导入KNN库并创建KNN模型
from sklearn.neighbors import KNeighborsClassifier
# 使用k个邻居设置KNN分类器
model_knn = KNeighborsClassifier()

# 导入高斯朴素贝叶斯库并创建Gaussian Naive Bayes模型
from sklearn.naive_bayes import GaussianNB
model_gnb = GaussianNB()
```

（5）定义用于模型训练和评估的函数 model_fit_evaluation()，它采用了模型、参数、训练集和验证集，并使用随机搜索交叉验证（RandomizedSearchCV）来搜索最佳超参数。然后，输出最佳模型的性能指标，包括 AUC 和混淆矩阵。这个函数还可以输出运行时间，并绘制 ROC 曲线以可视化模型性能。具体实现代码如下所示。

```
import time

def model_fit_evaluation(model_model, params, X_train, y_train, X_val, y_val,
algo=None, sampling=None):
```

```
    start_time = time.time()
    rcv  =  RandomizedSearchCV(model_model,  params,  cv=10,  scoring='roc_auc',
n_jobs=-1, verbose=1, random_state=23)
    rcv.fit(X_train, y_train)

    print('\n')
    print('best estimator : ', rcv.best_estimator_)
    print('best parameters: ', rcv.best_params_)
    print('best score: ', rcv.best_score_)
    print('\n')
    y_train_pred= (rcv.best_estimator_).predict(X_train)
    y_val_pred= (rcv.best_estimator_).predict(X_val)
    print("--- %s seconds ---" % (time.time() - start_time))
    draw_roc(y_train, y_train_pred)
    print("Training set metrics")
    print ('AUC for the {} Model {} sampling technique'.format(algo,sampling),
metrics.roc_auc_score( y_train, y_train_pred))
    model_metrics(rcv,y_train, y_train_pred)
    print('*'*50)
    print("Validation set metrics")
    draw_roc(y_val, y_val_pred)
    print ('AUC for the {} Model {} sampling technique'.format(algo,sampling),
metrics.roc_auc_score( y_val, y_val_pred))
    model_metrics(rcv,y_val, y_val_pred)

!jupyter --version
```

（6）构建不同的机器学习模型和超参数调优，通过不同的机器学习算法和采样技术寻找最佳的模型和参数组合，以解决数据不平衡的分类问题，并评估每个模型的性能。具体实现代码如下所示。

```
# 使用过采样的Logistic Regression
model_fit_evaluation(model_LR, params_LR, X_train_ro, y_train_ro, X_val, y_val,
'Logistic Regression', '过采样')

# 使用SMOTE的Logistic Regression
model_fit_evaluation(model_LR,  params_LR,  X_train_smote,  y_train_smote,  X_val,
y_val, 'Logistic Regression', 'SMOTE')

# 使用ADASYN的Logistic Regression
model_fit_evaluation(model_LR, params_LR, X_train_ada, y_train_ada, X_val, y_val,
'Logistic Regression', 'ADASYN')

# 使用过采样的Decision Tree
model_fit_evaluation(model_DT, params_DT, X_train_ro, y_train_ro, X_val, y_val,
'Decision Tree', '过采样')

# 使用SMOTE的Decision Tree
model_fit_evaluation(model_DT,  params_DT,  X_train_smote,  y_train_smote,  X_val,
y_val, 'Decision Tree', 'SMOTE')

# 使用ADASYN的Decision Tree
```

```
model_fit_evaluation(model_DT, params_DT, X_train_ada, y_train_ada, X_val, y_val,
'Decision Tree', 'ADASYN')

# 使用过采样的Random Forest
model_fit_evaluation(model_RF, params_RF, X_train_ro, y_train_ro, X_val, y_val,
'Random Forest', '过采样')

# 使用SMOTE的Random Forest
model_fit_evaluation(model_RF, params_RF, X_train_smote, y_train_smote, X_val,
y_val, 'Random Forest', 'SMOTE')

# 使用ADASYN的Random Forest
model_fit_evaluation(model_RF, params_RF, X_train_ada, y_train_ada, X_val, y_val,
'Random Forest', 'ADASYN')

# 使用过采样的XGBoost
model_fit_evaluation(model_xgb, params_XGB, X_train_ro, y_train_ro, X_val, y_val,
'Xgboost', '过采样')

# 使用SMOTE的XGBoost
model_fit_evaluation(model_xgb, params_XGB, X_train_smote, y_train_smote, X_val,
y_val, 'Xgboost', 'SMOTE')

# 使用ADA的XGBoost
model_fit_evaluation(model_xgb, params_XGB, X_train_ada, y_train_ada, X_val, y_val,
'Xgboost', 'ADA')

# 使用ADA的Adaboost
model_fit_evaluation(model_ada, params_ada, X_train_ada, y_train_ada, X_val, y_val,
'Adaboost', 'ADA')

# 使用SMOTE的Adaboost
model_fit_evaluation(model_ada, params_ada, X_train_smote, y_train_smote, X_val,
y_val, 'Adaboost', 'SMOTE')

# 使用过采样的Adaboost
model_fit_evaluation(model_ada, params_ada, X_train_ro, y_train_ro, X_val, y_val,
'Adaboost', '过采样')

# 使用过采样的Gradient Boosting
model_fit_evaluation(model_GB, params_gb, X_train_ro, y_train_ro, X_val, y_val,
'Gradient Boosting', '过采样')

# 使用ADASYN的Gradient Boosting
model_fit_evaluation(model_GB, params_gb, X_train_ada, y_train_ada, X_val, y_val,
'Gradient Boosting', 'ADASYN')

# 使用SMOTE的Gradient Boosting
model_fit_evaluation(model_GB, params_gb, X_train_smote, y_train_smote, X_val,
y_val, 'Gradient Boosting', 'SMOTE')

# 使用SMOTE的Light Gradient Boosting
```

```
model_fit_evaluation(model_LGBM, params_lgbm, X_train_smote, y_train_smote, X_val,
y_val, 'Light Gradient Boosting', 'SMOTE')

# 使用ADASYN的Light Gradient Boosting
model_fit_evaluation(model_LGBM, params_lgbm, X_train_ada, y_train_ada, X_val,
y_val, 'Light Gradient Boosting', 'ADASYN')

# 使用过采样的Light Gradient Boosting
model_fit_evaluation(model_LGBM, params_lgbm, X_train_ro, y_train_ro, X_val, y_val,
'Light Gradient Boosting', '过采样')

# 不进行采样的Light Gradient Boosting
model_fit_evaluation(model_LGBM, params_lgbm, X_train, y_train, X_val, y_val,
'Light Gradient Boosting', '无采样')

# 使用SMOTE的Cat Boosting
model_fit_evaluation(model_cat, params_cat, X_train_smote, y_train_smote, X_val,
y_val, 'Cat Boosting', 'SMOTE')

# 使用过采样的Cat Boosting
model_fit_evaluation(model_cat, params_cat, X_train_ro, y_train_ro, X_val, y_val,
'Cat Boosting', '过采样')

# 使用ADASYN的Cat Boosting
model_fit_evaluation(model_cat, params_cat, X_train_ada, y_train_ada, X_val, y_val,
'Cat Boosting', 'ADASYN')

# 使用SMOTE的SVM
model_fit_evaluation(model_svc, params_svc, X_train_smote, y_train_smote, X_val,
y_val, 'SVM', 'SMOTE')

# 使用过采样的SVM
model_fit_evaluation(model_svc, params_svc, X_train_ro, y_train_ro, X_val, y_val,
'SVM', '过采样')

# 使用ADASYN的SVM
model_fit_evaluation(model_svc, params_svc, X_train_ada, y_train_ada, X_val, y_val,
'SVM', 'ADASYN')

# 使用SMOTE的KNN
model_fit_evaluation(model_knn, params_knn, X_train_smote, y_train_smote, X_val,
y_val, 'KNN', 'SMOTE')

# 使用ADASYN的KNN
model_fit_evaluation(model_knn, params_knn, X_train_ada, y_train_ada, X_val, y_val,
'KNN', 'ADASYN')

# 使用过采样的KNN
model_fit_evaluation(model_knn, params_knn, X_train_ro, y_train_ro, X_val, y_val,
'KNN', '过采样')

# 使用SMOTE的Naive Bayes
```

```
model_fit_evaluation(model_gnb, params_gnb, X_train_smote, y_train_smote, X_val,
y_val, 'Naive Bayes', 'SMOTE')

# 使用ADASYN的Naive Bayes
model_fit_evaluation(model_gnb, params_gnb, X_train_ada, y_train_ada, X_val, y_val,
'Naive Bayes', 'ADASYN')

# 使用过采样的Naive Bayes
model_fit_evaluation(model_gnb, params_gnb, X_train_ro, y_train_ro, X_val, y_val,
'Naive Bayes', '过采样')
```

上面的代码绘制了多张 ROC 曲线图和混淆矩阵图，具体数量取决于模型和采样技术的组合。一共绘制了 34 张图，每个组合对应一张 ROC 曲线图和一张混淆矩阵图，具体说明如下。

- ☑ 过采样后的 Logistic 回归的 ROC 曲线和混淆矩阵。
- ☑ SMOTE 采样后的 Logistic 回归的 ROC 曲线和混淆矩阵。
- ☑ ADASYN 采样后的 Logistic 回归的 ROC 曲线和混淆矩阵。
- ☑ 过采样后的决策树的 ROC 曲线和混淆矩阵。
- ☑ SMOTE 采样后的决策树的 ROC 曲线和混淆矩阵。
- ☑ ADASYN 采样后的决策树的 ROC 曲线和混淆矩阵。
- ☑ 过采样后的随机森林的 ROC 曲线和混淆矩阵。
- ☑ SMOTE 采样后的随机森林的 ROC 曲线和混淆矩阵。
- ☑ ADASYN 采样后的随机森林的 ROC 曲线和混淆矩阵。
- ☑ 过采样后的 XGBoost 的 ROC 曲线和混淆矩阵。
- ☑ SMOTE 采样后的 XGBoost 的 ROC 曲线和混淆矩阵。
- ☑ ADASYN 采样后的 XGBoost 的 ROC 曲线和混淆矩阵。
- ☑ ADASYN 采样后的 AdaBoost 的 ROC 曲线和混淆矩阵。
- ☑ SMOTE 采样后的 AdaBoost 的 ROC 曲线和混淆矩阵。
- ☑ 过采样后的 AdaBoost 的 ROC 曲线和混淆矩阵。
- ☑ 过采样后的梯度提升的 ROC 曲线和混淆矩阵。
- ☑ ADASYN 采样后的梯度提升的 ROC 曲线和混淆矩阵。
- ☑ SMOTE 采样后的梯度提升的 ROC 曲线和混淆矩阵。
- ☑ SMOTE 采样后的 Light Gradient Boosting 的 ROC 曲线和混淆矩阵。
- ☑ ADASYN 采样后的 Light Gradient Boosting 的 ROC 曲线和混淆矩阵。
- ☑ 过采样后的 Light Gradient Boosting 的 ROC 曲线和混淆矩阵。
- ☑ 无采样的 Light Gradient Boosting 的 ROC 曲线和混淆矩阵。
- ☑ SMOTE 采样后的 Cat Boosting 的 ROC 曲线和混淆矩阵。
- ☑ 过采样后的 Cat Boosting 的 ROC 曲线和混淆矩阵。

☑ ADASYN 采样后的 Cat Boosting 的 ROC 曲线和混淆矩阵。

☑ SMOTE 采样后的 SVM 的 ROC 曲线和混淆矩阵。

☑ 过采样后的 SVM 的 ROC 曲线和混淆矩阵。

☑ ADASYN 采样后的 SVM 的 ROC 曲线和混淆矩阵。

☑ SMOTE 采样后的 KNN 的 ROC 曲线和混淆矩阵。

☑ ADASYN 采样后的 KNN 的 ROC 曲线和混淆矩阵。

☑ 过采样后的 KNN 的 ROC 曲线和混淆矩阵。

☑ SMOTE 采样后的朴素贝叶斯的 ROC 曲线和混淆矩阵。

☑ ADASYN 采样后的朴素贝叶斯的 ROC 曲线和混淆矩阵。

☑ 过采样后的朴素贝叶斯的 ROC 曲线和混淆矩阵。

8.3.7　模型评估

模型评估（model evaluation）是机器学习和统计建模的重要步骤，用于评估构建的模型的性能和有效性。它涉及使用不同的指标和技巧来量化模型在处理数据和进行预测时的表现，并帮助确定模型是否足够好以满足特定任务的需求。

（1）对模型进行全面评估，包括在训练集和测试集上的性能评估，并绘制了精确度-召回率曲线，以更全面地了解模型的性能和潜在问题。具体实现代码如下所示。

```
def model_fit_evaluation2(model_model, params, X_train, y_train, X_val, y_val,
algo=None, sampling=None):
    start_time = time.time()
    rcv = RandomizedSearchCV(model_model, params, cv=10, scoring='roc_auc',
n_jobs=-1, verbose=1, random_state=23)
    rcv.fit(X_train, y_train)

    print('\n')
    print('best estimator : ', rcv.best_estimator_)
    print('best parameters: ', rcv.best_params_)
    print('best score: ', rcv.best_score_)
    print('\n')
    y_train_pred= (rcv.best_estimator_).predict(X_train)
    y_test_prob1=(rcv.best_estimator_).predict_proba(X_test)[:,1]
    y_test_pred= (rcv.best_estimator_).predict(X_test)
    print("--- %s seconds ---" % (time.time() - start_time))
    draw_roc(y_train, y_train_pred)
    print("Training set metrics")
    print ('AUC for the {} Model {} sampling technique'.format(algo,sampling),
metrics.roc_auc_score( y_train, y_train_pred))
    model_metrics(rcv,y_train, y_train_pred)
    print('*'*50)
    print("Test set metrics")
    draw_roc(y_test, y_test_pred)
    print ('AUC for the {} Model {} sampling technique'.format(algo,sampling),
metrics.roc_auc_score(y_test, y_test_pred))
```

```
model_metrics(rcv,y_test, y_test_pred)
precision, recall, thresholds = precision_recall_curve(y_test, y_test_prob1)
plt.fill_between(recall, precision, step='post', alpha=0.2,
          color='#F59B00')
plt.ylabel("Precision")
plt.xlabel("Recall")
plt.title("Test Precision-Recall curve");

model_fit_evaluation2(model_GB, params_gb, X_train_ro, y_train_ro, X_test, y_test,
'GradientBoosting', 'oversampling')
```

在上述代码中，使用测试数据集 X_test 和 y_test 来评估模型的性能，而不仅是训练和验证数据集。具体来说，上述代码包括如下功能。

☑ 使用 RandomizedSearchCV 对指定的机器学习模型（model_model）进行超参数调优。超参数在 params 中定义，并通过交叉验证来选择最佳的超参数组合。

☑ 输出最佳模型的估计器（best_estimator_）、最佳超参数（best_params_）和最佳得分（best_score_）。

☑ 使用最佳模型对训练数据集 X_train 进行预测，得到预测结果 y_train_pred。

☑ 使用最佳模型对测试数据集 X_test 进行预测，得到预测结果 y_test_pred 和类别概率预测 y_test_prob1。

☑ 绘制训练集和测试集的 ROC 曲线，并计算 AUC（area under the curve，ROC 曲线下面积）以评估模型性能。

☑ 输出训练集和测试集的性能指标，包括 AUC、准确率、召回率、精确度、F1 分数、混淆矩阵等。

☑ 绘制测试集的精确度-召回率曲线（precision-recall curve）。

代码执行后输出使用交叉验证（十折交叉验证）选择最佳超参数的过程及相应的结果。

```
Fitting 10 folds for each of 10 candidates, totalling 100 fits

best estimator :  GradientBoostingClassifier(learning_rate=0.5, n_estimators=50)
best parameters:  {'n_estimators': 50, 'learning_rate': 0.5}
best score: 0.9993991240384741

--- 72.88349509239197 seconds ---
```

上面的输出包括训练集和测试集上的性能指标以及精确度-召回率曲线。总的来说，这个模型在训练集和测试集上都表现出色，但需要注意过拟合的可能性，因为训练集上的性能远远高于测试集。

上面的代码执行后还会绘制"精确度-召回率"曲线，如图 8-8 所示。这是测试集上模型性能的可视化指标之一，这个曲线用于可视化模型在不同召回率和精确度下的表现，有助于我们更全面地评估模型的性能。

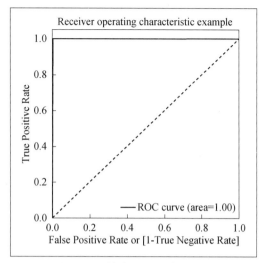

图 8-8　"精确度-召回率"曲线

（2）在下面的代码中，每一行代码都执行了不同模型的评估，使用不同的采样技术（oversampling 或 SMOTE）以及不同的超参数进行配置。

```
model_fit_evaluation2(model_GB, params_gb, X_train_smote, y_train_smote, X_test, y_
test, 'GradientBoosting', 'smote')

model_fit_evaluation2(model_LGBM, params_lgbm, X_train_ro, y_train_ro, X_test,
y_test, 'LightGradientBoosting', 'Over smapling')

model_fit_evaluation2(model_LGBM, params_lgbm, X_train_smote, y_train_smote,
X_test, y_test, 'LightGradientBoosting', 'smote')

model_fit_evaluation2(model_cat, params_cat, X_train_ro, y_train_ro, X_test,
y_test, 'Cat Boosting', 'Over sampling')

model_fit_evaluation2(model_cat, params_cat, X_train_smote, y_train_smote, X_test,
y_test, 'Cat Boosting', 'SMOTE')
```

上面一共 5 行代码，具体说明如下。

第 1 行评估了 GradientBoosting 模型，采样技术为 SMOTE，输出了模型的性能指标以及 Precision-Recall 曲线。

第 2 行评估了 LightGradientBoosting 模型，采样技术为 Over sampling，输出了模型的性能指标以及 Precision-Recall 曲线。

第 3 行评估了 LightGradientBoosting 模型，采样技术为 SMOTE，输出了模型的性能指标以及 Precision-Recall 曲线。

第 4 行评估了 Cat Boosting 模型，采样技术为 Over sampling，输出了模型的性能指标以及 Precision-Recall 曲线。

第 5 行评估了 Cat Boosting 模型，采样技术为 SMOTE，输出了模型的性能指标以及 Precision-Recall 曲线。

上面的每个评估都采用了相同的评估步骤，包括超参数调优、性能指标计算和绘制 Precision-Recall 曲线。评估的目的是确定每个模型在不同采样技术下的性能表现，以及它们是否适用于测试数据集。例如，第 5 行代码输出下面的内容。

```
AUC for the Cat Boosting Model SMOTE sampling technique 0.9802106230517987
Accuracy    : 0.9827411167512691
Sensitivity : 0.9758454106280193
Specificity : 0.9845758354755784
Precision   : 0.9439252336448598
Recall      : 0.9758454106280193
F1_score: 0.9596199524940617
[[766  12]
 [  5 202]]
```

上面输出的是 Cat Boosting 模型在 SMOTE 采样技术下的性能评估结果，其中 AUC 为 0.9802，这是 ROC 曲线下的面积，用于衡量模型的分类性能。AUC 越接近 1，模型性能越好。混淆矩阵中的各项指标如下。

- ☑ 准确度（accuracy）为 0.9827，表示模型正确分类的样本比例为 98.27%。
- ☑ 敏感度（sensitivity）为 0.9758，也称为真正例率（true positive rate），表示模型正确预测正例的比例。
- ☑ 特异度（specificity）为 0.9846，也称为真负例率（true negative rate），表示模型正确预测负例的比例。
- ☑ 精确度（precision）为 0.9439，表示模型在预测为正例的样本中，实际为正例的比例。
- ☑ 召回率（recall）为 0.9758，与敏感度相同，表示模型正确预测正例的比例。
- ☑ F1 分数（F1 score）为 0.9596，综合考虑了精确度和召回率，是一个综合性能指标。

最后，混淆矩阵显示了模型的分类结果。其中，766 个样本被正确分类为负例（真负例），202 个样本被正确分类为正例（真正例），12 个样本被错误分类为正例（假正例），5 个样本被错误分类为负例（假负例）。

综合来看，我们的模型在 SMOTE 采样技术下表现良好，具有较高的准确度、敏感度和特异度，适合应对类别不同的数据集。

另外，上面的 5 行代码还会为每个评估绘制可视化图，其中包括 ROC 曲线和 Precision-Recall 曲线，例如，第 5 行代码的绘图如图 8-9 所示。这些图有助于可视化模型在不同采样技术下的性能表现，以及模型在测试数据集上的性能。这些图有助于我们更好地理解模型的性能，并进行比较和分析。

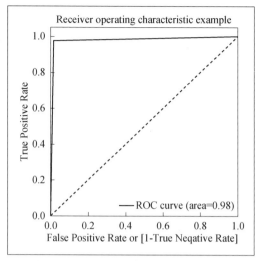

图 8-9　Cat Boosting 模型的 ROC 曲线图

8.4　比特币价格预测系统

比特币（฿）是一种分散式的数字货币，可以在点对点比特币网络上从用户发送到用户，无需中间人的参与。比特币的交易通过密码学被网络结点验证，并记录在一个名为区块链的公共分布式账本中。这个加密货币于 2008 年由一个化名为 Satoshi Nakamoto 的未知个人或一组人发明。

实例 8-2：使用 GreyKite 和 LSTM 制作模型实现比特币价格预测系统（源码路径：daima/8/bitcoin-greykite-lstm.ipynb）

8.4.1　GreyKite 介绍

GreyKite 是一种用于时间序列预测的 Python 库，由 LinkedIn 开发，旨在提供强大的工具，以帮助数据科学家和分析师更轻松地进行时间序列数据的预测和分析。GreyKite 库的主要特点和功能如下所示。

☑　Silverkite 预测算法：GreyKite 的核心是名为 Silverkite 的预测算法。这个算法被设计成快速、准确和直观，使其适用于各种时间序列预测任务。

☑　交互式和自动化预测：GreyKite 可以用于交互式预测，允许用户通过可视化界面进行实时调整和分析预测结果。同时，GreyKite 也支持自动化预测，用户可以批量处理大规模时间序列数据。

☑　应用广泛：GreyKite 可以应用于多种领域，包括金融、销售、供应链管理、天气预测、能源消耗预测等，它适用于处理各种业务和领域的时间序列问题。

☑ 特征工程支持：GreyKite 提供了丰富的特征工程支持，可以帮助用户从原始时间序列数据中提取有用的特征，以提高预测性能。

☑ 模型解释性：GreyKite 提供了模型解释性的功能，可以帮助用户理解模型如何做出预测，以及哪些特征对预测结果的影响最大。

☑ 可视化工具：GreyKite 包括多种可视化工具，用于展示时间序列数据、预测结果和模型性能，使用户能够更好地理解数据和模型的行为。

☑ 开源：GreyKite 是开源的，因此可以免费使用和定制，同时也受到社区的支持。

总之，GreyKite 是一个功能强大且灵活的时间序列预测库，旨在帮助数据科学家和分析师更好地理解和预测时间序列数据，从而支持数据驱动的决策和规划。它的 Silverkite 算法以及丰富的功能使其成为处理时间序列问题的有力工具。在使用 GreyKite 之前需要先通过如下命令进行安装。

```
pip install greykite
```

8.4.2　数据预处理

（1）列出指定目录中的所有文件名，对于每个找到的文件，使用 os.path.join 将目录名和文件名组合成完整的文件路径，并打印出来。具体实现代码如下所示。

```
# 导入必要的库
import numpy as np  # 导入numpy库，用于处理数值数据
import pandas as pd  # 导入pandas库，用于数据处理和CSV文件的输入/输出

# 输入数据文件位于只读的 "../input/" 目录下
# 例如，运行此代码（通过单击运行或按Shift+Enter）将列出输入目录下的所有文件

import os  # 导入os库，用于操作文件和目录

# 使用os.walk遍历指定目录中的文件
for dirname, _, filenames in os.walk('input'):
    for filename in filenames:
        # 打印每个文件的完整路径
        print(os.path.join(dirname, filename))
```

代码执行后会输出如下内容。

```
input/bitcoin-historical-data/bitstampUSD_1-min_data_2012-01-01_to_2021-03-31.csv
```

（2）使用 IPython 中的 HTML 工具来插入自定义的 HTML 样式，以更改文本标题的样式。具体实现代码如下所示。

```
from IPython.display import HTML  # 导入IPython中的HTML工具，用于在Jupyter Notebook
中插入HTML内容
```

```
# 使用HTML标签定义一些自定义的样式，这些样式将应用于h1、h2和h3标题标签
HTML("""
<style>
h1,h2,h3 {
    margin: 1em 0 0.5em 0;
    font-weight: 600;
    font-family: 'Titillium Web', sans-serif;
    position: relative;
    font-size: 36px;
    line-height: 40px;
    padding: 15px 15px 15px 2.5%;
    color: #13003A;
    box-shadow:
        inset 0 0 0 1px rgba(53,86,129, 1),
        inset 0 0 5px rgba(53,86,129, 1),
        inset -285px 0 35px white;
    border-radius: 0 10px 0 15px;
    background: #fff;
}
</style>
""")
```

上述代码演示了如何使用 HTML 和 IPython 来自定义文档的外观，这需要在 Jupyter
Notebook 环境中运行，以便查看 HTML 样式在文档中的效果。

（3）使用 Pandas 库对比特币历史数据进行预处理和聚合操作，最终 Price 包含了按日
期聚合的每日平均加权价格，可以用于进一步的分析和可视化。这是数据预处理和聚合的
一种示例，用于处理时间序列数据。具体实现代码如下所示。

```
import pandas as pd  # 导入pandas库，用于数据处理
import numpy as np  # 导入numpy库，用于数值计算
# 读取比特币历史数据的CSV文件
df  =  pd.read_csv('../input/bitcoin-historical-data/bitstampUSD_1-min_data_2012-
01-01_to_2021-03-31.csv')
# 将时间戳列转换为日期列
df['date'] = pd.to_datetime(df['Timestamp'], unit='s').dt.date
# 根据日期进行分组
group = df.groupby('date')
# 计算每日加权平均价格（Weighted_Price）的均值
Price = group['Weighted_Price'].mean()
```

（4）对前面计算的每日平均加权价格数据进行了一系列操作，包括重塑数据框架、筛
选数据和重新设置索引。具体实现代码如下所示。

```
# 将每日平均价格数据转换为DataFrame，并保留日期信息
df_price_zz = Price.to_frame()
df_price_zz['Timestamp'] = df_price_zz.index
df_price_zz['Timestamp'] = pd.to_datetime(df_price_zz['Timestamp'])

# 重置索引，删除原有索引列
df_price_zz.reset_index(drop=True, inplace=True)
```

```
# 过滤数据，仅保留从2017年及以后的数据
df_price_include_zz = df_price_zz[df_price_zz['Timestamp'].dt.year >= 2017]

# 再次重置索引，删除原有索引列
df_price_include_zz.reset_index(drop=True, inplace=True)

# 将Timestamp列设置为DataFrame的索引
df_price_include_zz.set_index("Timestamp", inplace=True)
```

最终的 DataFrame df_price_include_zz 包含了从 2017 年开始的每日平均加权价格数据，代码执行后会输出如下内容。

```
Weighted_Price
Timestamp
2017-01-01    981.637688
2017-01-02   1013.199484
2017-01-03   1019.992995
2017-01-04   1079.434027
2017-01-05   1039.655397
...   ...
2021-03-27  55193.357260
2021-03-28  55832.958824
2021-03-29  56913.993819
2021-03-30  58346.912268
2021-03-31  58764.349363
1551 rows × 1 columns
```

（5）继续处理时间序列数据，包括将数据转换为 NumPy 数组、筛选数据以及划分训练集和测试集。具体实现代码如下所示。

```
# 将每日平均价格数据转换为NumPy数组
Price_array = Price.to_numpy()

# 将每日平均价格数据转换为DataFrame，并保留日期信息
df_price = Price.to_frame()
df_price['Timestamp'] = df_price.index
df_price['Timestamp'] = pd.to_datetime(df_price['Timestamp'])

# 重置索引，删除原有索引列
df_price.reset_index(drop=True, inplace=True)

# 过滤数据，仅保留从2017年及以后的数据
df_price_include = df_price[df_price['Timestamp'].dt.year >= 2017]

# 再次重置索引，删除原有索引列
df_price_include.reset_index(drop=True, inplace=True)

# 设置预测的天数
prediction_days = 50

# 划分训练集和测试集
```

```
# 训练集包含除了最后prediction_days天的数据
df_train = df_price_include[:len(df_price_include) - prediction_days]
```

```
# 测试集包含最后prediction_days天的数据
df_test = df_price_include[len(df_price_include) - prediction_days:]
```

这样将得到一个用于训练和测试时间序列预测模型的数据集，其中训练集包含历史数据，而测试集包含将用于未来预测的数据。

8.4.3　创建预测

在本项目中，只需几行代码即可创建预测。首先，指定数据集信息，将时间列参数设置为 Timestamp，将值列参数设置为 Weighted_Price。在频率（freq）中，将值设置为 D，表示从起始日期开始的每日数据。之后，使用 GreyKite 中的类 Forecaster 创建一个预测器。run_forecast_config()输出的将是一个字典，其中包含未来预测值、原始时间序列和历史预测性能。

（1）使用 GreyKite 创建时间序列预测。首先创建一个元数据参数对象（metadata），用于指定数据集的信息，包括时间列名称（Timestamp）、值列名称（Weighted_Price）以及时间序列的频率（W，表示每周）。然后，创建一个时间序列预测器对象（forecaster）。具体实现代码如下所示。

```
# 创建元数据参数对象，用于指定数据集信息
metadata = MetadataParam(
    time_col="Timestamp",    # 指定时间列的名称
    value_col="Weighted_Price",  # 指定值列的名称
    freq="W"  # 指定时间序列的频率，这里设置为每周（"W"）
)

# 创建一个时间序列预测器对象
forecaster = Forecaster()

# 运行预测配置
result = forecaster.run_forecast_config(
    df=df_price_include, # 使用包含数据的DataFrame
    config=ForecastConfig(
        model_template=ModelTemplateEnum.SILVERKITE.name,  # 使用Silverkite模型模板
        forecast_horizon=30,  # 预测未来的时间步数，这里设置为30步
        coverage=0.95,  # 设置预测的置信水平为95%
        metadata_param=metadata  # 使用之前创建的元数据参数
    )
)
```

在上述代码中，使用 run_forecast_config 方法运行预测配置，其中包括以下配置项。

☑　model_template：使用 Silverkite 模型模板来进行预测。

☑　forecast_horizon：设置预测未来的时间步数，这里设置为 30 步。

☑　coverage：设置预测的置信水平为 95%。

☑　metadata_param：使用之前创建的元数据参数，指定数据集的信息。

最终，result 包含了预测结果，包括未来预测值、原始时间序列数据以及历史预测性能。这个代码片段演示了如何使用 GreyKite 包创建时间序列预测模型并运行预测配置。代码执行后会输出如下内容。

```
Fitting 3 folds for each of 1 candidates, totalling 3 fits
```

（2）绘制时间序列预测结果，具体实现代码如下所示。

```
fig = result.timeseries.plot()
fig.show()
```

代码执行后会绘制时间序列预测结果图，如图 8-10 所示。

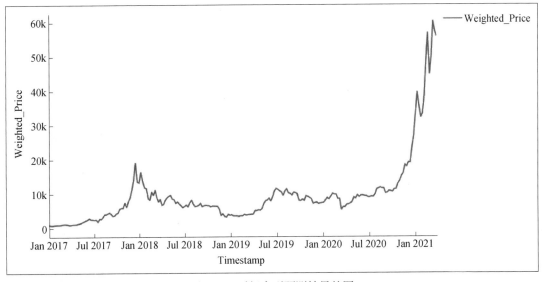

图 8-10　时间序列预测结果的图

8.4.4　交叉验证

当运行 run_forecast_config 时，通常会提供历史评估结果，这些结果被存储在 grid_search（交叉验证部分）和 backtest（留存测试集）中，这样可以查看我们的预测在过去数据上的表现。编写代码用于汇总和显示交叉验证结果。具体实现代码如下所示。

```
# 获取grid_search对象，其中包含交叉验证的结果
grid_search = result.grid_search

# 汇总交叉验证结果
cv_results = summarize_grid_search_results(
```

```
    grid_search=grid_search,
    decimals=2,
    # 以下参数用于节省打印输出中的空间，可以将其删除以显示所有可用的指标和列。
    cv_report_metrics=None,
    column_order=["rank", "mean_test", "split_test", "mean_train", "split_train",
"mean_fit_time", "mean_score_time", "params"]
)

# 转置表格以节省打印输出中的空间
cv_results["params"] = cv_results["params"].astype(str)
cv_results.set_index("params", drop=True, inplace=True)
cv_results.transpose()
```

对上述代码的具体说明如下。

获取包含交叉验证结果的 grid_search 对象，该对象包含了不同模型配置的性能评估信息。

使用 summarize_grid_search_results 函数汇总交叉验证结果，包括排名、平均测试分数、测试分数的方差、平均训练分数、训练分数的方差、平均拟合时间和平均评分时间等信息。这些信息用于评估不同模型配置的性能。

使用 transpose()方法将结果表格进行转置以节省打印输出的空间，以便更清晰地查看各项性能指标和模型配置。

最终，cv_results 包含了交叉验证的汇总结果，可用于比较不同模型配置的性能。代码执行后会输出如下内容。

```
params     []
rank_test_MAPE    1
mean_test_MAPE    60.13
split_test_MAPE   (116.93, 34.5, 28.96)
mean_train_MAPE   73.62
split_train_MAPE  (23.55, 101.05, 96.27)
mean_fit_time12.56
mean_score_time   0.86
```

8.4.5　后测试

后测试（backtest）是一种评估模型性能的方法，特别是在时间序列预测中。后测试的目的是使用模型来估计过去时间点的预测结果，然后将这些预测结果与实际观测值进行比较，以评估模型在历史数据上的准确性和效果。通过使用后测试方法，可以帮助我们确定模型在过去的数据上是否具有足够的准确性，以便将其应用于未来的数据。

（1）可视化后测试结果。首先获取后测试结果对象，这个对象包含模型在留存测试集上的性能评估和预测结果。然后使用 backtest.plot()绘制后测试结果的图表。最后使用 fig.show()显示图表，以便查看后测试结果。具体实现代码如下所示。

```
# 获取后测试结果对象
```

```
backtest = result.backtest

# 绘制后测试结果的图表并显示
fig = backtest.plot()
fig.show()
```

代码执行后显示后测试效果图，如图 8-11 所示，这有助于我们了解模型在留存测试集上的表现以及预测与实际数据的差异。

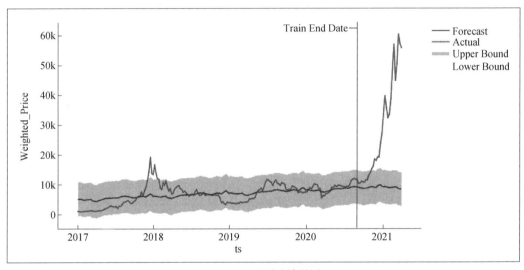

图 8-11　后测试效果图

（2）从后测试结果中提取性能指标并将其组织成一个数据框（dataFrame），以便进行比较。具体实现代码如下所示。

```
# 创建一个默认字典，用于存储后测试的性能指标
backtest_eval = defaultdict(list)
# 遍历后测试中的性能指标
for metric, value in backtest.train_evaluation.items():
    # 将训练和测试集的性能指标值分别添加到列表中
    backtest_eval[metric].append(value)
    backtest_eval[metric].append(backtest.test_evaluation[metric])

# 创建一个数据框（DataFrame），将性能指标按训练集和测试集组织，并设置指标名称为索引
metrics = pd.DataFrame(backtest_eval, index=["train", "test"]).T
```

对上述代码的具体说明如下。

创建一个默认字典（defaultdict），用于存储后测试中的性能指标。默认字典允许按指标名称组织值列表。

使用循环遍历后测试中的性能指标，将每个指标在训练集和测试集上的值分别添加到列表中。

创建一个数据框，其中行表示性能指标的名称，列表示训练集和测试集的性能值。数据框的索引被设置为指标名称。

最终，metrics 包含了后测试的性能指标，分别对应于训练集和测试集。这个数据框可用于比较模型在不同数据集上的性能表现。执行后会输出如下内容。

```
          train      test
CORR 0.594112 -0.213172
R2   0.289701 -1.358174
MSE  8227240.311111      651879964.932465
RMSE 2868.316634   25531.940093
MAE  2218.435046   19313.942228
MedAE    2001.118287   11810.323572
MAPE     66.153838     54.906148
MedAPE   24.928294     55.241113
sMAPE    19.924326     41.864244
Q80  1109.217523   15451.153782
Q95  1109.217523   18348.245116
Q99  1109.217523   19120.802806
OutsideTolerance1p    0.958333 1.0
OutsideTolerance2p    0.942708 1.0
OutsideTolerance3p    0.927083 1.0
OutsideTolerance4p    0.90625 1.0
OutsideTolerance5p    0.890625 1.0
Outside Tolerance (fraction)   None None
R2_null_model_score   None None
Prediction Band Width (%) 274.634786    57.20467
Prediction Band Coverage (fraction)    0.958333 0.3
Coverage: Lower Band 0.510417 0.0
Coverage: Upper Band 0.447917 0.3
Coverage Diff: Actual_Coverage - Intended_Coverage   0.008333 -0.65
```

8.4.6　预测

（1）绘制时间序列预测结果可视化图。首先获取预测结果对象，然后使用 forecast.plot() 绘制可视化图。具体实现代码如下所示。

```
forecast = result.forecast
fig = forecast.plot().show()
```

代码执行后会绘制时间序列预测结果的可视化图，如图 8-12 所示。

（2）显示时间序列预测结果的前几行数据并将数据保留两位小数，这是一种查看预测结果数据的方式。具体实现代码如下所示。

```
forecast_data = forecast.df.head().round(2)
```

对上述代码的具体说明如下。

使用 forecast.df 获取时间序列预测结果的数据框。使用.head()方法显示数据框的前几行，默认是前 5 行。使用.round（2）方法将数据中的数值保留两位小数，以提高数据的可读性。

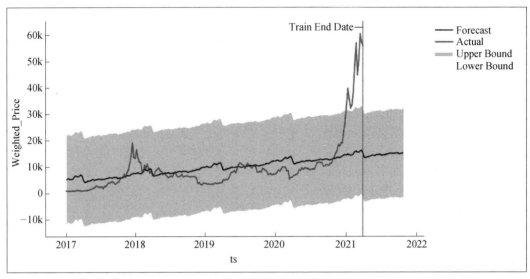

图 8-12 时间序列预测结果可视化图

forecast_data 包含了时间序列预测结果的前几行数据，每个数值都保留了两位小数。这可用于查看预测结果的初始部分以及其数值精度。代码执行后会输出如下内容。

```
        Timestamp      actual     forecast   forecast_lower   forecast_upper
0      2017-01-01      981.64     5156.59     -11442.45         21755.63
1      2017-01-08      915.21     5586.52     -11012.52         22185.55
2      2017-01-15      817.05     5660.79     -10938.25         22259.83
3      2017-01-22      921.00     5321.86     -11277.17         21920.90
4      2017-01-29      916.47     5372.30     -11226.74         21971.33
```

8.4.7 模型诊断

（1）绘制时间序列预测结果的可视化图，以可视化模型中的趋势、季节性和其他组成部分。具体实现代码如下所示。

```
fig = forecast.plot_components().show()
```

代码执行效果如图 8-13 所示，展示模型处理数据集的趋势、事件/假期和季节性模式，这个图可以帮助我们了解模型是如何捕捉和解释数据中的这些特征的。通常，这样的诊断图可以帮助我们评估模型是否适合数据，并帮助我们识别模型中可能存在的问题或可改进的机会。这有助于确保模型对数据的拟合和预测是准确和可靠的。

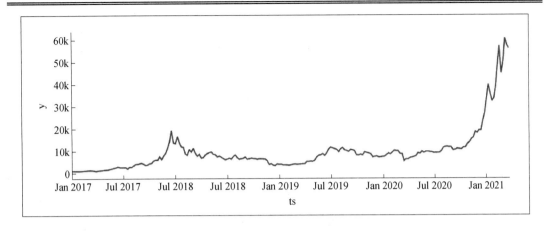

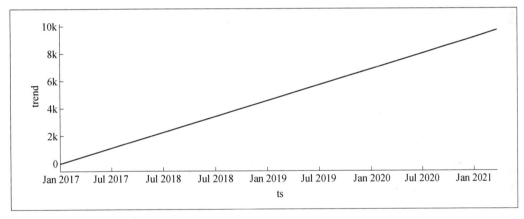

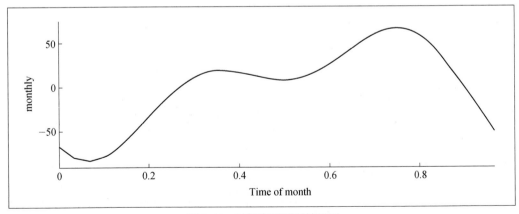

图 8-13　时间序列预测结果图

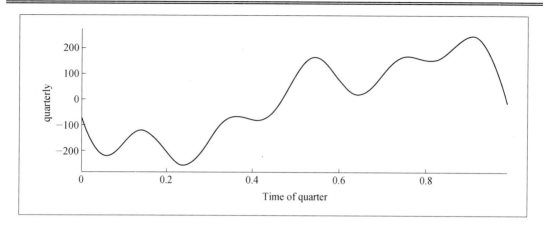

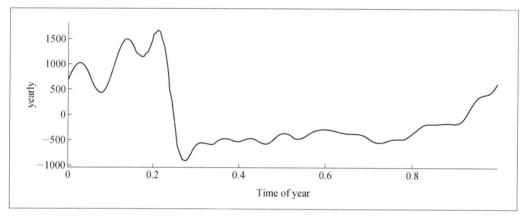

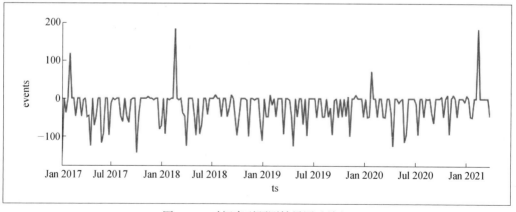

图 8-13　时间序列预测结果图（续）

（2）获取时间序列预测模型的摘要信息并打印输出。模型摘要信息对于模型诊断和进一步改进模型的决策非常有用，通过分析模型摘要，可以获得有关模型的深入理解，包括哪些模型项对响应变量的解释最重要，哪些可能不显著，以及模型的整体质量如何。具体实现代码如下所示。

```
# 获取时间序列预测模型的摘要信息
summary = result.model[-1].summary()

# 打印摘要信息
print(summary)
```

对上述代码的具体说明如下。

使用 result.model[-1] 获取时间序列预测模型的最后一个（通常是最终训练好的）估算器（estimator）。在机器学习管道中，通常会使用多个估算器进行数据预处理、特征工程和建模，[-1] 用于获取最后一个估算器。

使用 .summary() 方法获取估算器的摘要信息，该信息通常包括模型参数估计值、显著性检验结果、置信区间等。使用 print() 函数将摘要信息打印到控制台，以便查看模型的详细信息和参数估计结果。

代码执行后会输出如下内容。

```
=============================== Model Summary ===============================

Number of observations: 222,   Number of features: 96
Method: Ridge regression
Number of nonzero features: 73
Regularization parameter: 376.5

Residuals:
       Min         1Q      Median        3Q         Max
    -8482.0     -3713.0     -2063.0     -26.97    4.445e+04


        Pred_col Estimate Std. Err Pr(>)_boot sig. code       95%CI
         Intercept   4771.0    347.8    <2e-16     ***   (4240.0, 5638.0)
events_C...New Year    69.68    79.29    0.476          (-38.83, 249.6)
events_C...w Year-1   -21.77    14.17    0.080      .    (-52.78, 0.)
events_C...w Year-2   -17.31    16.17    0.144          (-56.96, 0.)
events_C...w Year+1    69.68    79.29    0.476          (-38.83, 249.6)
events_C...w Year+2    91.45    77.53    0.098      .    (0., 268.5)
###############省略部分结果
   cos12_ct1_yearly   -54.11    118.3    0.642          (-266.9, 182.9)
   sin13_ct1_yearly   -42.9     162.3    0.788          (-351.1, 257.9)
   cos13_ct1_yearly    9.533    163.5    0.952          (-288.9, 360.8)
   sin14_ct1_yearly    33.4     171.3    0.848          (-285.5, 354.5)
   cos14_ct1_yearly    25.63    169.6    0.906          (-313.3, 340.0)
   sin15_ct1_yearly    31.38    169.0    0.856          (-270.8, 377.3)
```

```
    cos15_ct1_yearly  -29.14   179.6     0.880           (-390.0, 318.4)
Signif. Code: 0 '***' 0.001 '**' 0.01 '*' 0.05 '.' 0.1 ' ' 1

Multiple R-squared: 0.2944,   Adjusted R-squared: 0.2626
F-statistic: 2.7048 on 9 and 211 DF,   p-value: 0.004473
Model AIC: 5235.1,   model BIC: 5270.9
```

上述操作通常用于检查模型的性能、参数估计值的显著性，以及了解模型是如何拟合数据的。

（3）将时间序列预测模型保存在名为 model 的变量中，变量 model 包含了经过训练和配置的时间序列预测模型的信息，可以用于进一步的分析、评估和应用模型进行预测。具体实现代码如下所示。

```
model = result.model
model
```

代码执行后会输出如下内容。

```
Pipeline(steps=[
    ('input',
        PandasFeatureUnion(transformer_list=[
        ('date',
            Pipeline(steps=[
                ('select_date', ColumnSelector(column_names=['ts']))
            ])
        ),
        ('response',
            Pipeline(steps=[
                ('select_val', ColumnSelector(column_names=['y'])),
                ('outlier', ZscoreOutlierTransformer()),
                ('null', NullTransformer(impute_algorithm='interpolate', impute_
params={'axis': 0, 'limit_direction': 'both'})),
                ('apply_scaling', StandardScaler())
            ])
        )
    ])
),
('model',
    SimpleSilverkiteEstimator(
        fit_algorithm_dict={
            'fit_algorithm': 'ridge',
            'fit_algorithm_params': None
        },
        forecast_horizon=12,
        coverage=0.95,
          freq='W',
        time_properties={
```

264

```
            'simple_freq': SimpleTimeFrequencyEnum.WEEK,
            'start_year': 2017
        },
        uncertainty_dict={
            'params': {
                'conditional_cols': None,
                'quantile_estimation_method': 'normal_fit',
                'quantiles': [0.025, 0.975],
                'sample_size_thresh': 5,
                'small_sample_size_method': 'std_quantiles',
                'small_sample_size_quantile': 0.98
            },
            'uncertainty_method': 'simple_conditional_residuals'
        }
    )
)
])
```

（4）创建一个包含未来时间点的数据框，以便用于进行未来时间点的预测。具体实现代码如下所示。

```
# 创建未来时间点的数据框
future_df = result.timeseries.make_future_dataframe(
    periods=4,   # 要创建的未来时间点的数量
    include_history=False   # 是否包含历史数据中的时间点
)
```

在上述代码中，方法 make_future_dataframe() 接受以下两个参数。

☑　periods：要创建的未来时间点的数量。在这个示例中，设置为 4，表示要创建未来 4 个时间点的数据。

☑　include_history：指定是否包含历史数据中的时间点。如果设置为 False，则只创建未来时间点；如果设置为 True，则包括历史数据中的时间点。

最终，future_df 数据框包含了未来时间点的日期时间信息，可以用于进行模型的未来预测。这对于生成模型的预测结果以及评估模型在未来数据上的性能非常有用。代码执行后会输出如下内容。

```
            ts  y
2021-04-04  2021-04-04  NaN
2021-04-11  2021-04-11  NaN
2021-04-18  2021-04-18  NaN
2021-04-25  2021-04-25  NaN
```

（5）使用已训练的时间序列预测模型对未来时间点进行预测。这个操作可以生成模型对未来数据的预测值，以便进行未来事件的估计。具体实现代码如下所示。

```
model.predict(future_df)
```

代码执行后会输出如下内容。

```
     ts   forecast  forecast_lower   forecast_upper    y_quantile_summaryerr_std
0    2021-04-04  13684.712459  -2914.324065  30283.748984  (-2914.3240651010674,
30283.748983712296)   8469.051807
1    2021-04-11  13486.453986  -3112.582538  30085.490511  (-3112.582538268998,
30085.490510544365)   8469.051807
2    2021-04-18  13719.761027  -2879.275498  30318.797551  (-2879.2754975017633,
30318.7975513116) 8469.051807
3    2021-04-25  13901.315286  -2697.721238  30500.351811  (-2697.721238111364,
30500.351810702) 8469.051807
```

这些预测值可以用于分析未来趋势、制定决策、规划资源等，具体取决于我们的应用场景。请注意，预测的准确性将取决于模型的质量和数据的特性，因此建议在使用预测结果时进行适当的评估和验证。

8.4.8 使用 LSTM 训练模型

LSTM（长短时记忆网络）是一种深度学习模型，特别是用于处理序列数据，尤其是时间序列数据。它是循环神经网络（RNN）的一种变种，旨在解决传统 RNN 在处理长序列时出现的梯度消失和梯度爆炸等问题。使用 LSTM 来处理时间序列数据是一种常见的方法，特别适用于具有长期依赖关系的数据。

（1）将原始时间序列数据设置成适合 LSTM 模型训练的格式，包括归一化数据和形状重塑。接下来，可以将 X_train 和 y_train 用于 LSTM 模型的训练。具体实现代码如下所示。

```
training_set = df_train.values
training_set = np.reshape(training_set, (len(training_set), 1))
from sklearn.preprocessing import MinMaxScaler
sc = MinMaxScaler()
training_set = sc.fit_transform(training_set)
X_train = training_set[0:len(training_set)-1]
y_train = training_set[1:len(training_set)]
X_train = np.reshape(X_train, (len(X_train), 1, 1))
```

对上述代码的具体说明如下。

☑ training_set = df_train.values：将训练集数据从 Pandas DataFrame 转换为 NumPy 数组。

☑ training_set = np.reshape(training_set, (len(training_set), 1))：对训练集数据进行形状重塑，将其从一维数组变成二维数组，其中每个数据点都是一个单独的行。

☑ from sklearn.preprocessing import MinMaxScaler：导入 MinMaxScaler，这是一个用于归一化（将数据缩放到 0～1）的工具。

☑ sc = MinMaxScaler()：创建 MinMaxScaler 对象，用于对数据进行归一化。

☑ training_set = sc.fit_transform(training_set)：使用 MinMaxScaler 对训练集数据进行归一化，确保数据位于 0～1 范围内。

☑ X_train = training_set[0:len(training_set)-1]：创建 X_train，这是训练集的输入特征。它包含了前一个时间点的归一化价格数据。

☑ y_train = training_set[1:len(training_set)]：创建 y_train，这是训练集的目标值。它包含了当前时间点的归一化价格数据。

☑ X_train = np.reshape(X_train, (len(X_train), 1, 1))：对 X_train 进行形状重塑，以便适应 LSTM 模型的输入要求。LSTM 模型通常期望输入是三维的，其中第一维表示样本数量，第二维表示时间步长（序列长度），第三维表示特征数量。在这里，每个样本都是一个时间点，所以时间步长为 1，特征数量也为 1。

（2）使用 Keras 库构建一个简单的 LSTM 模型，用于时间序列预测。我们可以根据需要添加更多的 LSTM 层或调整其他超参数来改进模型性能。接下来，可以使用准备好的训练数据 X_train 和 y_train 来训练这个模型。具体实现代码如下所示。

```
model1 = Sequential()
model1.add(LSTM(10,activation="sigmoid",return_sequences  =  True,input_shape  =
(None, 1)))
# model1.add(Dropout(0.2))
# model1.add(LSTM(64,return_sequences = True))
# model1.add(Dropout(0.2))
# model1.add(LSTM(10))
# model1.add(Dropout(0.2))

model1.add(Dense(1))
model1.compile(loss='mean_squared_error', optimizer='adam')

model1.summary()
```

代码执行后会输出如下内容。

```
Model: "sequential"

Layer (type)              Output Shape          Param #
=================================================================
lstm (LSTM)               (None, None, 10)      480

dense (Dense)             (None, None, 1)       11
=================================================================
Total params: 491
Trainable params: 491
Non-trainable params: 0
```

（3）训练构建的 LSTM 模型（model1），并将训练的历史记录存储在 history 变量中。具体实现代码如下所示。

```
history=model1.fit(X_train, y_train, batch_size = 5, epochs = 20)
```

在训练函数 model1.fit()中，参数 X_train 是训练集的输入特征，包含时间序列数据的前一个时间点的归一化价格数据。参数 y_train 是训练集的目标值，包含时间序列数据的当前时间点的归一化价格数据。参数 batch_size 用于指定每个小批次的样本数量，这里设置为 5。参数 epochs 用于指定训练的轮数，这里设置为 20。在训练过程中，会使用优化器（在此处是 Adam 优化器）最小化损失函数（均方误差）。模型会反复迭代训练数据集，并不断调整模型参数以逐渐提高模型的预测性能。代码执行后会输出训练过程。

```
Epoch 1/20
300/300 [==============================] - 2s 1ms/step - loss: 0.2960
Epoch 2/20
300/300 [==============================] - 0s 1ms/step - loss: 0.0153
Epoch 3/20
300/300 [==============================] - 0s 1ms/step - loss: 0.0134
Epoch 4/20
300/300 [==============================] - 0s 1ms/step - loss: 0.0123
Epoch 5/20
300/300 [==============================] - 0s 1ms/step - loss: 0.0099
Epoch 6/20
300/300 [==============================] - 0s 1ms/step - loss: 0.0095
Epoch 7/20
300/300 [==============================] - 0s 1ms/step - loss: 0.0073
Epoch 8/20
300/300 [==============================] - 0s 1ms/step - loss: 0.0049
Epoch 9/20
300/300 [==============================] - 0s 1ms/step - loss: 0.0048
Epoch 10/20
300/300 [==============================] - 0s 1ms/step - loss: 0.0030
Epoch 11/20
300/300 [==============================] - 0s 1ms/step - loss: 0.0018
Epoch 12/20
300/300 [==============================] - 0s 1ms/step - loss: 0.0011
Epoch 13/20
300/300 [==============================] - 0s 1ms/step - loss: 6.5369e-04
Epoch 14/20
300/300 [==============================] - 0s 1ms/step - loss: 2.6755e-04
Epoch 15/20
300/300 [==============================] - 0s 1ms/step - loss: 2.2276e-04
Epoch 16/20
300/300 [==============================] - 0s 1ms/step - loss: 1.7363e-04
Epoch 17/20
300/300 [==============================] - 0s 1ms/step - loss: 1.4839e-04
Epoch 18/20
```

```
300/300 [==============================] - 0s 1ms/step - loss: 1.5048e-04
Epoch 19/20
300/300 [==============================] - 0s 1ms/step - loss: 1.0066e-04
Epoch 20/20
300/300 [==============================] - 0s 1ms/step - loss: 1.1933e-04
```

通过上述训练过程，模型将逐渐学习如何根据过去的时间点预测未来的时间点。可以使用变量 history 中的信息来可视化训练过程中损失的变化，并评估模型的性能。这对于确定模型是否过拟合或欠拟合以及是否需要进一步调整超参数非常有帮助。

8.4.9　模型性能可视化

（1）使用 Matplotlib 库绘制模型的训练损失曲线，用于评估模型的性能。具体实现代码如下所示。

```
%matplotlib inline
plt.figure(figsize=(15,5))
plt.plot(history.history['loss'])
plt.title("The model's evaluation", fontsize=14)
plt.xlabel('Epoch')
plt.ylabel('Loss')
plt.show()
```

代码执行后会绘制可视化图，展示模型在训练过程中损失的变化情况，如图 8-14 所示。通过观察损失曲线，我们可以了解模型在训练过程中是否逐渐收敛，以及是否存在过拟合或欠拟合等问题。通常随着训练轮次的增加，损失应该逐渐减小，但如果出现损失突然上升的情况，可能表示模型在训练数据上过拟合。这有助于我们评估模型的性能并作出进一步的改进决策。

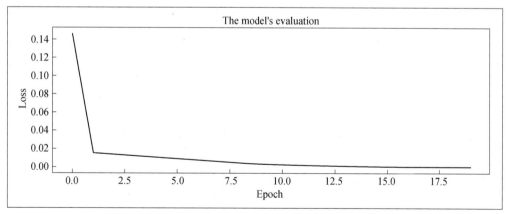

图 8-14　模型在训练过程中的损失曲线图

（2）使用 Keras 中的函数 plot_model 可视化展示前面构建的 LSTM 模型的架构，并将可视化结果保存为一个名为 model_plot.png 的图像文件。具体实现代码如下所示。

```
from keras.utils.vis_utils import plot_model
plot_model(model1,          to_file='model_plot.png',          show_shapes=True,
show_layer_names=True, expand_nested=False)
```

执行这段代码后，在当前工作目录下将生成一个名为 model_plot.png 的图像文件，其中包含了 LSTM 模型的架构图，如图 8-15 所示。这个图像可以帮助我们更好地理解模型的结构，包括层之间的连接和数据流，这对于模型调试和可视化非常有用。

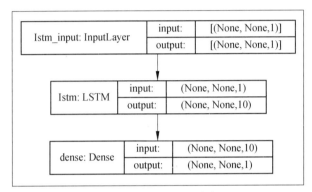

图 8-15　LSTM 模型的架构图

（3）使用训练的 LSTM 模型对 BTC 价格进行预测，并可视化展示 BTC 的真实价格与模型预测价格之间的对比。具体实现代码如下所示。

```
test_set = df_test.values
inputs = np.reshape(test_set, (len(test_set), 1))
inputs = sc.transform(inputs)
inputs = np.reshape(inputs, (len(inputs), 1, 1))
predicted_BTC_price = model1.predict(inputs)
predicted_BTC_price=predicted_BTC_price.reshape(-1,1)
predicted_BTC_price = sc.inverse_transform(predicted_BTC_price)


%matplotlib inline
plt.figure(figsize=(15,8))
plt.plot(test_set, color = "red", label = "Real Stock Price")
plt.plot(predicted_BTC_price, color = "black", label = "Predict Stock Price")
plt.title("BTC Price Prediction")
plt.xlabel("Time")
plt.ylabel("BTC Price(USD)")
plt.legend()
plt.show()
```

代码执行后会绘制 BTC 的真实价格与模型预测价格曲线图，如图 8-16 所示。通过比较真实价格和模型预测的价格，可以评估模型的准确性和泛化能力。

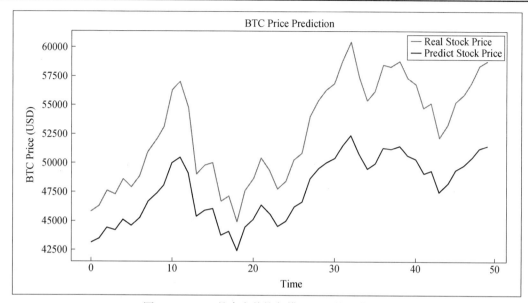

图 8-16　BTC 的真实价格与模型预测价格曲线图

第9章
基于深度强化学习的量化
交易系统

在本章的内容中，实现了一个基于深度强化学习（DRL）的金融交易策略实现与评估系统，通过使用库 FinRL、DRL 和 PyPortfolioOpt，提供了对各种经典 DRL 算法（如 A2C、PPO、SAC、TD3 等）的集成和使用过程的讲解，并结合股票投资环境进行模型训练和回测。本系统支持用户根据需要调整参数、选择算法，通过库 Pyfolio 进行绩效评估工作，最终可视化展示不同策略在累积收益上的表现，为量化金融领域提供了一个全面而灵活的工具。

9.1　背景介绍

一直以来，金融市场都是一个信息量巨大、高度复杂且动态变化的领域。随着科技的不断发展，量化交易作为一种基于数据分析和数学模型的交易方式变得日益重要。传统的人工决策面临着市场波动、信息滞后等问题，而量化交易通过算法和模型，能够更迅速、精确地应对市场变化，为投资者提供更可靠的交易策略。

在这个背景下，本项目引入了 DRL 算法，结合了 OpenAI Baselines 和 Stable Baselines 等开源库，为金融领域提供了一套强大的工具。通过实现和优化标准的 DRL 算法，如 DQN、DDPG、PPO 等，以及允许用户自定义的算法，该项目为量化交易提供了灵活性和效果上的保证。

本项目的关键亮点在于整合了 FinRL 库，该库集成了多种 DRL 算法，包括 A2C、SAC、TD3 等，并提供了训练和回测的全套流程。通过应用这些算法，投资者可以更好地制定交易策略，实现更稳健和智能的金融决策。整个项目旨在推动金融领域的技术创新，使量化交易更加可行和普及。

9.2 项 目 介 绍

本项目的目标是设计一个用于投资组合分配的自动化交易解决方案,将股票交易过程建模为马尔可夫决策过程(Markov decision process,MDP),然后将交易目标制定为一个最大化问题。

9.2.1 项目目标

本项目使用 DRL 算法进行训练,整个强化学习环境包括以下组件。

☑ 动作:动作空间描述了代理与环境交互的允许动作,通常,a∈A 表示投资组合中某支股票的权重:a ∈ (-1, 1)。假设我们的股票池包括 N 支股票,我们可以使用列表 [a1, a2, ... , aN] 来确定投资组合中每支股票的权重,其中 ai ∈ (-1, 1),a1+a2+...+aN=1。例如,"投资组合中苹果公司(AAPL)的权重为 10%。"表示为 [0.1 , ...]。

☑ 奖励函数:r(s, a, s′) 是代理学习更好动作的激励机制。在状态 s 采取动作 a 并到达新状态 s' 时,即 r(s, a, s′)=v′ −v,其中 v′ 和 v 分别表示状态为 s' 和 s 时的投资组合价值的变化。

☑ 状态:状态空间描述了代理从环境中接收的观察值。正如人类交易员在执行交易之前需要分析各种信息一样,我们的交易代理观察许多不同的特征以便更好地在交互式环境中学习。

☑ 环境:道·琼斯指数成分股。

本项目使用的股票数据是从 Yahoo Finance API 获取的,包含了每只股票的开盘价、最高价、最低价、收盘价和成交量。

9.2.2 模块架构

1. 数据预处理模块

从金融市场获取原始交易数据,包括股票价格、成交量等信息。对原始数据进行清洗和处理,包括去除异常值、处理缺失值、调整时间戳等。构建适用于强化学习的特征,如技术指标、移动平均线等。

2. 环境定义模块

基于预处理后的数据,构建强化学习的交易环境,定义状态、动作和奖励等。利用 Stable-Baselines3 库实现向量化环境,提高训练效率。

3. 强化学习算法模块

DRL 算法实现,基于 OpenAI Baselines 和 Stable Baselines 等库,实现和优化多种深度

强化学习算法，如 A2C、PPO、SAC 等。利用实现的算法对定义的交易环境进行训练，学习有效的交易策略。

4. 回测和评估模块

利用训练好的模型在历史数据上进行回测，评估交易策略的绩效。使用 Pyfolio 等工具对策略的年化收益、波动率、夏普比率等指标进行评估。

5. 可视化模块

使用 Plotly 等工具绘制交易策略在不同时间段的累积收益曲线，与基准策略进行对比。使回测结果可视化，绘制回测结果的各项指标，方便用户直观了解策略性能。

6. 最小方差投资组合模块

投资组合计算，使用 PyPortfolioOpt 等库计算最小方差投资组合的权重。在历史数据上进行最小方差投资组合的回测，评估其绩效。

9.3　准　备　工　作

在开发项目之前需要先准备好开发环境和需要的数据集，在本节的内容中，将详细讲解实现本项目所需要做的准备工作。

9.3.1　准备强化学习库 FinRL

本项目通过 FinRL 库实现，这是一个专注于金融领域的强化学习库，旨在为研究人员和开发者提供一个便捷的工具，用于开发、训练和评估金融交易策略。FinRL 库建立在强化学习的理论基础之上，通过提供易用的接口和实用的功能，帮助用户在金融市场中应用深度强化学习算法。

FinRL 库的主要特点和组件如下所示。

- ☑ 强化学习环境：FinRL 提供了金融领域特定的强化学习环境，使用户能够模拟和测试交易策略。这包括定义动作、状态、奖励函数等。
- ☑ 集成的数据处理工具：FinRL 库包括用于金融数据处理的工具，简化了从不同数据源获取、清理和准备数据的过程。
- ☑ DRL 算法实现：FinRL 实现了多种深度强化学习算法，如基于 Actor-Critic 的算法、proximal policy optimization（PPO）等，使用户能够选择适合其需求的算法。
- ☑ 性能评估工具：为了方便用户评估他们的交易策略，FinRL 提供了性能评估工具，包括回测统计和可视化。
- ☑ 案例：FinRL 提供了丰富的例子，可帮助用户更好地理解如何使用库中的功能，并为他们的特定问题定制解决方案。

总体而言，FinRL 是一个为金融领域设计的强化学习库，为开发者提供了一套完整的工具和资源，以便用户在金融市场中应用深度强化学习技术。

在使用 FinRL 库之前，建议通过 FinRL 安装本项目所需的软件包，安装命令如下所示。

```
pip install git+https://github.com/AI4Finance-LLC/FinRL-Library.git
```

上述命令将直接从 FinRL 库的 GitHub 存储库安装，还将自动安装 FinRL 所需的任何依赖项。安装完成后，能够在 Python 环境中使用 FinRL 库实现自动交易程序。

9.3.2　导入包

（1）导入用于金融强化学习的必要库和 FinRL 框架，通过 Stable-Baselines3 库的强化学习代理进行投资组合配置策略的训练。然后通过绘图和回测工具，对策略进行可视化和绩效评估。sys.path.append（"FinRL-Library"）添加了 FinRL 库的相对路径，以确保脚本可以访问该库。

```
import pandas as pd
import numpy as np
import matplotlib
import matplotlib.pyplot as plt
matplotlib.use('Agg')
%matplotlib inline
import datetime

from finrl import config
from finrl import config_tickers
from finrl.meta.preprocessor.yahoodownloader import YahooDownloader
from finrl.meta.preprocessor.preprocessors import FeatureEngineer, data_split
from finrl.meta.env_portfolio_allocation.env_portfolio import StockPortfolioEnv
from finrl.agents.stablebaselines3.models import DRLAgent
from finrl.plot import backtest_stats, backtest_plot, get_daily_return,
get_baseline,convert_daily_return_to_pyfolio_ts
from finrl.meta.data_processor import DataProcessor
from finrl.meta.data_processors.processor_yahoofinance import YahooFinanceProcessor
import sys
sys.path.append("../FinRL-Library")
```

（2）检查并创建与 FinRL 框架相关的四个子目录，包括数据保存目录、训练模型保存目录、TensorBoard 日志目录以及结果保存目录。这确保了在当前工作目录下存在必要的目录结构，以便存储和组织金融数据、训练模型、TensorBoard 日志和交易策略结果。

```
import os
if not os.path.exists("./" + config.DATA_SAVE_DIR):
    os.makedirs("./" + config.DATA_SAVE_DIR)
if not os.path.exists("./" + config.TRAINED_MODEL_DIR):
```

```
    os.makedirs("./" + config.TRAINED_MODEL_DIR)
if not os.path.exists("./" + config.TENSORBOARD_LOG_DIR):
    os.makedirs("./" + config.TENSORBOARD_LOG_DIR)
if not os.path.exists("./" + config.RESULTS_DIR):
    os.makedirs("./" + config.RESULTS_DIR)
```

9.3.3 下载金融数据

Yahoo Finance 是一个提供股票数据、财经新闻、财报等信息的网站，并且提供的数据是免费的。在 FinRL 中，使用类 YahooDownloader 从 Yahoo Finance API 获取数据。在使用 Yahoo Finance 的公共 API（无需提供用户身份验证）时，每个 IP 地址在一个小时内最多可以发送 2,000 次请求，或者每天最多可以发送 48,000 次请求。这是 Yahoo Finance 对于公共 API 使用的一种限制，旨在控制对其服务的访问频率，以维持平稳的服务运行。如果超过这个限制，可能会导致请求被拒绝或服务暂时不可用。因此，在使用 Yahoo Finance API 时，需要注意并遵循其调用限制。

（1）使用 print 语句打印输出 config_tickers.DOW_30_TICKER 的值，该变量是 FinRL 库中预定义的标志着道·琼斯指数成分股的股票代码列表。

```
print(config_tickers.DOW_30_TICKER)
```

代码执行后将显示以下 Dow Jones Industrial Average 指数的成分股票的代码。

```
['AXP', 'AMGN', 'AAPL', 'BA', 'CAT', 'CSCO', 'CVX', 'GS', 'HD', 'HON', 'IBM',
'INTC', 'JNJ', 'KO', 'JPM', 'MCD', 'MMM', 'MRK', 'MSFT', 'NKE', 'PG', 'TRV', 'UNH',
'CRM', 'VZ', 'V', 'WBA', 'WMT', 'DIS', 'DOW']
```

（2）开始准备金融数据，以供后续的强化学习模型训练和分析使用。下面的代码将创建一个 YahooFinanceProcessor 的实例对象 dp，然后使用该对象的 download_data 方法下载指定时间范围内（从 2008 年 1 月 1 日到 2021 年 10 月 31 日）Dow Jones Industrial Average 指数成分股的每日股票数据。下载的数据被存储在 DataFrame 对象 df 中。

```
dp = YahooFinanceProcessor()
df = dp.download_data(start_date = '2008-01-01',
                end_date = '2021-10-31',
                ticker_list = config_tickers.DOW_30_TICKER, time_interval='1D')
```

代码执行后会输出如下内容。

```
[*********************100%***********************]  1 of 1 completed
[*********************100%***********************]  1 of 1 completed
[*********************100%***********************]  1 of 1 completed
[*********************100%***********************]  1 of 1 completed
[*********************100%***********************]  1 of 1 completed
[*********************100%***********************]  1 of 1 completed
[*********************100%***********************]  1 of 1 completed
#####省略部分输出
[*********************100%***********************]  1 of 1 completed
```

```
[*********************100%***********************]  1 of 1 completed
[*********************100%***********************]  1 of 1 completed
[*********************100%***********************]  1 of 1 completed
[*********************100%***********************]  1 of 1 completed
[*********************100%***********************]  1 of 1 completed
[*********************100%***********************]  1 of 1 completed
[*********************100%***********************]  1 of 1 completed
[*********************100%***********************]  1 of 1 completed
[*********************100%***********************]  1 of 1 completed
[*********************100%***********************]  1 of 1 completed
Shape of DataFrame:  (101615, 9)
```

（3）通过 df.head()显示 DataFrame df 的前几行数据，目的是展示下载的金融数据的头部，以便查看数据的结构和内容。

```
df.head()
```

代码执行后会输出如下内容。

```
    date        open       high       low        close      adjcp      volume      tic   day
0  2008-01-02  7.116786   7.152143   6.876786   6.958571   5.941450   1079178800  AAPL  2
1  2008-01-02  46.599998  47.040001  46.259998  46.599998  35.172192  7934400     AMGN  2
2  2008-01-02  52.090000  52.320000  50.790001  51.040001  40.326855  8053700     AXP   2
3  2008-01-02  87.570000  87.839996  86.000000  86.620003  63.481602  4303000     BA    2
4  2008-01-02  72.559998  72.669998  70.050003  70.629997  46.850491  6337800     CAT   2
```

通过这种方式，我们可以快速了解数据的格式，包括日期、股票代码以及相关的开盘价、最高价、最低价、收盘价和成交量等信息。这有助于确保数据被正确下载，并以适当的形式准备供后续分析和建模使用。

（4）通过 df.shape 获取 DataFrame df 的形状，返回一个表示数据框维度的元组（行数和列数）。下面这行代码的目的是查看下载的金融数据的规模，即数据框中的行数和列数。

```
df.shape
```

通过 df.shape 可以得知数据中有多少条记录（行数）和每个记录包含多少个特征（列数），从而更好地理解数据的规模和结构。代码执行后会输出如下内容。

```
(101615, 9)
```

9.4　数据预处理

数据预处理是训练高质量机器学习模型的关键步骤，在这一步需要检查缺失数据并进行特征工程，以将数据转换为适合模型训练的状态。本项目的数据预处理将完成以下工作。

☑ 添加技术指标：在实际交易中，需要考虑各种信息，如历史股价、当前持仓股票、技术指标等。本文演示了两个趋势跟踪技术指标：MACD 和 RSI。

☑ 添加紧急指数：风险厌恶反映了投资者是否选择保留资本，它还在面对不同市场波动水平时影响交易策略。为了在最坏的情况下控制风险，如 2007—2008 年的金融危机，FinRL 使用了金融紧急指数来衡量极端资产价格波动。

注意：风险厌恶是指个体或投资者对于面临潜在风险时的心理和行为倾向。在金融领域，风险厌恶通常表现为投资者更倾向于选择相对较低的风险投资，即使这可能意味着较低的收益。

9.4.1 技术指标

（1）使用类 FeatureEngineer 对金融数据进行预处理和特征工程。首先，通过设置参数 use_technical_indicator=True，启用技术指标（如 MACD 和 RSI），为模型提供更多市场趋势和力量的信息。然后，通过 user_defined_feature = False 禁用了风险紧急指数，表示不考虑极端波动对模型的影响。最后，通过方法 preprocess_data 对数据进行标准化和处理缺失值等操作，为后续的强化学习模型训练提供准备。这些步骤旨在提高模型的性能和对金融市场行为的理解。

```
fe = FeatureEngineer(
                use_technical_indicator=True,
                use_turbulence=False,
                user_defined_feature = False)

df = fe.preprocess_data(df)
```

（2）获取数据框 df 的形状，返回一个表示数据框维度的元组（行数，列数）。

```
df.shape
```

上述代码的目的是查看数据经过预处理和特征工程后的规模，即数据框中的行数和列数。通过 df.shape 可以确认处理后的数据的规模，以确保数据准备步骤没有导致数据维度的意外变化。代码执行后会输出如下内容。

```
(97524, 17)
```

（3）通过如下代码显示 DataFrame df 的前几行数据，目的是展示经过预处理和特征工程后的数据的头部，以便查看数据的结构和内容。

```
df.head()
```

代码执行后会输出如下内容。

```
date open high low close    adjcp   volume   tic day macd boll_ub boll_lb rsi_30
   cci_30    dx_30    close_30_sma close_60_sma
```

0	2008-01-02	7.116786	7.152143	6.876786	6.958571	5.941450	1079178800
	AAPL	2	0.0	6.964725	6.955632	100.0	-66.666667
	100.0	6.958571	6.958571				
3483	2008-01-02	46.599998	47.040001	46.259998	46.599998	35.172192	
	7934400	AMGN	2	0.0	6.964725	6.955632	100.0
	-66.666667	100.0	46.599998	46.599998			
6966	2008-01-02	52.090000	52.320000	50.790001	51.040001	40.326855	
	8053700	AXP	2	0.0	6.964725	6.955632	100.0
	-66.666667	100.0	51.040001	51.040001			
10449	2008-01-02	87.570000	87.839996	86.000000	86.620003	63.481602	
	4303000	BA	2	0.0	6.964725	6.955632	100.0
	-66.666667	100.0	86.620003	86.620003			
13932	2008-01-02	72.559998	72.669998	70.050003	70.629997	46.850491	
	6337800	CAT	2	0.0	6.964725	6.955632	100.0
	-66.666667	100.0	70.629997	70.629997			

9.4.2　将协方差矩阵添加为状态

在金融建模的背景下，特别是在投资组合优化和风险管理中，协方差矩阵是一个关键的度量标准。它捕捉了投资组合中不同资产之间运动关系的程度，为整体风险和分散化提供了洞察。通过将协方差矩阵添加为状态，模型能够更全面地理解不同资产之间的相互关系和依赖性。这有助于提高模型对整体市场风险和资产关联性的认识。

（1）如下代码将协方差矩阵作为状态加入数据集，实现了对金融数据的处理。通过对过去一年的股票收益率数据计算协方差矩阵，提取了相应的协方差和收益率信息，并将其添加到数据框中。这有助于模型更全面地理解股票之间的关联性和风险特征，为后续强化学习模型训练提供更丰富的状态信息。

```python
# 将协方差矩阵作为状态添加
df = df.sort_values(['date', 'tic'], ignore_index=True)
df.index = df.date.factorize()[0]

cov_list = []  # 存储协方差矩阵
return_list = []  # 存储收益率

# 回看窗口为一年
lookback = 252
for i in range(lookback, len(df.index.unique())):
    # 提取过去一年的数据
    data_lookback = df.loc[i - lookback:i, :]
    price_lookback = data_lookback.pivot_table(index='date', columns='tic', values='close')
    return_lookback = price_lookback.pct_change().dropna()
    return_list.append(return_lookback)

    # 计算协方差矩阵
    covs = return_lookback.cov().values
```

```
    cov_list.append(covs)
# 创建包含协方差矩阵和收益率的数据框
df_cov = pd.DataFrame({'date': df.date.unique()[lookback:], 'cov_list': cov_list,
'return_list': return_list})
df = df.merge(df_cov, on='date')
df = df.sort_values(['date', 'tic']).reset_index(drop=True)
```

（2）通过 df.shape 获取 DataFrame df 的形状，返回一个表示数据框维度的元组（行数，列数）。

```
df.shape
```

上述代码的目的是查看数据框 df 经过协方差矩阵添加后的规模，即数据框中的行数和列数。通过 df.shape 你可以确认处理后的数据的规模，以确保数据维度的正确性。代码执行后会输出如下内容。

```
(90468, 19)
```

（3）通过如下代码显示 DataFrame df 的前几行数据。这行代码的目的是展示经过协方差矩阵添加后的数据的头部，以便查看数据的结构和内容。通过这种方式，你可以快速了解处理后数据的格式，包括日期、股票代码、技术指标、协方差矩阵等信息。这有助于确保数据准备过程的正确性，为后续建模和分析提供良好的基础。

```
df.head()
```

代码执行后会输出如下内容。

```
    date open high low  close     adjcp      volume      tic day macdboll_ub boll_lb
    rsi_30   cci_30    dx_30    close_30_sma close_60_sma cov_list return_list
0   2008-12-31   3.070357 3.133571 3.047857 3.048214 2.602662 607541200     AAPL 2
    -0.097446    3.649552 2.895305 42.254771   -80.847207   16.129793
    3.243631 3.375887 [[0.001348968986171653, 0.00042841264280825875...   tic
AAPL AMGN AXP ...
1   2008-12-31    57.110001    58.220001    57.060001    57.750000    43.587837
    6287200  AMGN 2   0.216368 58.947401    56.388599    51.060614    51.895357
    10.432018    56.671334    56.044333   [[0.001348968986171653,
0.00042841264280825875... tic AAPL AMGN AXP ...
2   2008-12-31    17.969999    18.750000    17.910000    18.549999    14.852879
    9625600  AXP 2   -1.191668    23.723023    16.106977    42.521170
-74.811722    25.776759    20.030000    22.412000   [[0.001348968986171653,
0.00042841264280825875... tic AAPL AMGN AXP ...
3   2008-12-31    41.590000    43.049999    41.500000    42.669998    32.005894
    5443100  BA  2   -0.391219    42.894634    38.486366    47.290375
    157.922391    5.366299 40.432000    43.304500   [[0.001348968986171653,
0.00042841264280825875... tic AAPL AMGN AXP ...
4   2008-12-31    43.700001    45.099998    43.700001    44.669998    30.416977
    6277400  CAT 2   0.979845 45.785565    38.404435    51.073052    98.904653
    26.331746    40.266000    39.918333   [[0.001348968986171653,
0.00042841264280825875... tic AAPL AMGN AXP ...
```

9.5　构建交易环境

考虑到自动股票交易任务的随机性和互动性，在本项目中将金融任务建模为马尔可夫决策过程问题。在训练过程中观察股价的变化、执行操作以及奖励计算，使代理根据奖励调整其策略。通过与环境互动，交易代理将制定随着时间推移而最大化奖励的交易策略。

本项目的交易环境基于 OpenAI Gym 框架实现，根据时间驱动模拟的原则模拟实时股票市场，使用真实的市场数据。

9.5.1　拆分训练数据

（1）使用 data_split 函数将数据集 df 拆分为训练集和交易集，这样的数据集拆分是为了在模型训练阶段使用 train 集，而在模型训练后的回测或实际应用中使用 trade 集。

```
train = data_split(df, '2009-01-01','2020-07-01')
#trade = data_split(df, '2020-01-01', config.END_DATE)
```

对上述代码的具体说明如下。

☑　train = data_split(df, '2009-01-01','2020-07-01')：将数据集在时间范围从 2009 年 1 月 1 日到 2020 年 7 月 1 日进行拆分，生成训练集。

☑　#trade = data_split(df, '2020-01-01', config.END_DATE)：被注释的这行代码，是指将数据集在时间范围从 2020 年 1 月 1 日到 config.END_DATE 进行拆分，生成交易集。由于被注释掉了，该行代码当前并未执行。

（2）通过如下代码，显示训练集 train 的前几行数据，以便能够查看数据的结构和内容。

```
train.head()
```

代码执行后会输出如下内容。

```
date open high low close    adjcp    volume    tic day macd boll_ub boll_lb rsi_30
   cci_30   dx_30    close_30_sma close_60_sma cov_list return_list
0   2009-01-02   3.067143 3.251429 3.041429 3.241071 2.767330 746015200    AAPL 4
   -0.082758    3.633600 2.892864 45.440193    -30.508777   2.140064 3.244631
   3.376833 [[0.001366150662406761, 0.000433938195725591, ...   tic  AAPL  AMGN
AXP ...
0   2009-01-02   58.590000    59.080002    57.750000    58.990002   44.523743
   6547900 AMGN 4    0.320448 59.148360    56.339640    52.756859    94.549630
   0.814217 56.759667    56.166000    [[0.001366150662406761,
0.000433938195725591, ... tic AAPL AMGN AXP ...
0   2009-01-02   18.570000    19.520000    18.400000    19.330000    15.477422
   10955700 AXP 4    -1.059847    23.489423    16.086577    43.923322    -
42.018825    16.335101    20.028333    22.263333    [[0.001366150662406761,
0.000433938195725591, ... tic AAPL AMGN AXP ...
0   2009-01-02   42.799999    45.560001    42.779999    45.250000    33.941101
   7010200 BA    4    -0.019566    43.926849    37.932151    50.664690
```

```
        275.696308      20.494464       40.621667       43.237334       [[0.001366150662406761,
0.000433938195725591, ... tic AAPL AMGN AXP ...
0       2009-01-02      44.910000       46.980000       44.709999       46.910000       31.942251
        7117200 CAT 4   1.248426 46.543072      38.372928       53.534743       131.675975
        34.637448       40.623333       39.911333       [[0.001366150662406761,
0.000433938195725591, ... tic AAPL AMGN AXP ...
```

9.5.2　投资组合配置环境

投资组合配置（portfolio allocation）环境是针对投资组合分配任务设计的强化学习环境。在这个环境中，模型的目标是通过动态调整投资组合中各个资产的权重，以最大化投资组合的价值或收益。这个环境需要考虑股票市场的波动性、交易成本、风险管理等因素，以制定有效的投资策略。这种环境的设计旨在模拟真实的投资情境，帮助强化模型学习并优化投资组合配置。

（1）定义类 StockPortfolioEnv，这是一个基于 OpenAI Gym 实现的股票交易环境。

```
class StockPortfolioEnv(gym.Env):
    """用于OpenAI Gym的单一股票交易环境

    属性
    ----------
        df: DataFrame
            输入数据
        stock_dim : int
            唯一股票的数量
        hmax : int
            最大交易股数
        initial_amount : int
            初始资金
        transaction_cost_pct: float
            每笔交易的交易成本百分比
        reward_scaling: float
            奖励的缩放因子，有助于训练
        state_space: int
            输入特征的维度
        action_space: int
            等于股票的维度
        tech_indicator_list: list
            技术指标名称的列表
        turbulence_threshold: int
            控制风险厌恶的阈值
        day: int
            控制日期的增量数

    方法
    -------
    step()
        在每个步骤中，代理将返回动作，然后
```

```
    我们将计算奖励，并返回下一个观察
reset()
    重置环境
render()
    使用render返回其他功能
save_asset_memory()
    返回每个时间步的账户价值
save_action_memory()
    返回每个时间步的动作/仓位
"""
metadata = {'render.modes': ['human']}
```

（2）__init__ 方法是 Python 类的构造函数，在创建类实例时自动调用。在 StockPortfolioEnv 类中，__init__ 方法用于初始化环境的各种属性和参数。

```
def __init__(self,
        df,
        stock_dim,
        hmax,
        initial_amount,
        transaction_cost_pct,
        reward_scaling,
        state_space,
        action_space,
        tech_indicator_list,
        turbulence_threshold=None,
        lookback=252,
        day = 0):
    #super(StockEnv, self).__init__()
    #money = 10 , scope = 1
    self.day = day
    self.lookback=lookback
    self.df = df
    self.stock_dim = stock_dim
    self.hmax = hmax
    self.initial_amount = initial_amount
    self.transaction_cost_pct =transaction_cost_pct
    self.reward_scaling = reward_scaling
    self.state_space = state_space
    self.action_space = action_space
    self.tech_indicator_list = tech_indicator_list
    # 动作空间标准化，形状为self.stock_dim
    self.action_space = spaces.Box(low=0, high=1, shape=(self.action_space,))
    # 形状为（34，30）的协方差矩阵 + 技术指标
    self.observation_space      =      spaces.Box(low=-np.inf,      high=np.inf,
shape=(self.state_space + len(self.tech_indicator_list), self.state_space))

    # 从pandas数据框加载数据
    self.data = self.df.loc[self.day, :]
    self.covs = self.data['cov_list'].values[0]
    self.state = np.append(np.array(self.covs), [self.data[tech].values.tolist()
for tech in self.tech_indicator_list], axis=0)
```

```
        self.terminal = False
        self.turbulence_threshold = turbulence_threshold
        # 初始化状态：初始投资组合回报 + 单个股票回报 + 单个权重
        self.portfolio_value = self.initial_amount

        # 每步记住投资组合价值
        self.asset_memory = [self.initial_amount]
        # 每步记住投资组合回报
        self.portfolio_return_memory = [0]
        self.actions_memory = [[1 / self.stock_dim] * self.stock_dim]
        self.date_memory = [self.data.date.unique()[0]]
```

（3）step()是强化学习环境中的一个关键方法，定义了在每个时间步执行的操作。在 StockPortfolioEnv 类中，step()方法用于执行一个时间步的交易操作，并返回相关的环境信息。方法 step 的具体说明如下所示。

☑ actions：接收代理程序选择的动作，即投资组合中每个股票的权重。这些权重用于确定在该时间步内如何分配资金。

☑ 检查环境是否已经到达时间序列的末尾（self.terminal），如果已到达末尾，则将生成并保存有关投资组合表现的一些图表，并输出总资产、夏普比率等信息。如果时间序列尚未结束，则方法将执行代理程序选择的动作，计算并返回奖励、新的观察状态以及是否已经到达时间序列末尾的信息。

☑ 方法 step()还用于更新环境的内部状态，包括日期、股票价格等，并将投资组合的相关信息保存在内存中供用户后续分析使用。

```
def step(self, actions):
    # print(self.day)
    self.terminal = self.day >= len(self.df.index.unique()) - 1
    # print(actions)

    if self.terminal:
        df = pd.DataFrame(self.portfolio_return_memory)
        df.columns = ['daily_return']
        plt.plot(df.daily_return.cumsum(), 'r')
        plt.savefig('results/cumulative_reward.png')
        plt.close()

        plt.plot(self.portfolio_return_memory, 'r')
        plt.savefig('results/rewards.png')
        plt.close()

        print("=================================")
        print("begin_total_asset:{}".format(self.asset_memory[0]))
        print("end_total_asset:{}".format(self.portfolio_value))

        df_daily_return = pd.DataFrame(self.portfolio_return_memory)
        df_daily_return.columns = ['daily_return']
        if df_daily_return['daily_return'].std() != 0:
```

```
        sharpe = (252 ** 0.5) * df_daily_return['daily_return'].mean() / df_daily_
return[
            'daily_return'].std()
        print("Sharpe: ", sharpe)
    print("=================================")

    return self.state, self.reward, self.terminal, {}

else:
    # print("Model actions: ",actions)
    # 动作是投资组合权重
    # 标准化为和为1
    # if (np.array(actions) - np.array(actions).min()).sum() != 0:
    #     norm_actions = (np.array(actions) - np.array(actions).min()) /
(np.array(actions) - np.array(actions).min()).sum()
    # else:
    #     norm_actions = actions
    weights = self.softmax_normalization(actions)
    # print("Normalized actions: ", weights)
    self.actions_memory.append(weights)
    last_day_memory = self.data

    # 加载下一个状态
    self.day += 1
    self.data = self.df.loc[self.day, :]
    self.covs = self.data['cov_list'].values[0]
    self.state = np.append(np.array(self.covs),
                        [self.data[tech].values.tolist() for tech in self.tech_
indicator_list], axis=0)
    # print(self.state)
    # 计算投资组合回报
    # 单个股票的回报 * 权重
    portfolio_return = sum(((self.data.close.values / last_day_memory.close.
values) - 1) * weights)
    # 更新投资组合价值
    new_portfolio_value = self.portfolio_value * (1 + portfolio_return)
    self.portfolio_value = new_portfolio_value

    # 保存到记忆中
    self.portfolio_return_memory.append(portfolio_return)
    self.date_memory.append(self.data.date.unique()[0])
    self.asset_memory.append(new_portfolio_value)

    # 奖励是新的投资组合价值或结束投资组合价值
    self.reward = new_portfolio_value
    # print("Step reward: ", self.reward)
    # self.reward = self.reward*self.reward_scaling

return self.state, self.reward, self.terminal, {}
```

（4）reset()方法用于重置交易环境的状态。在训练或评估过程中，当需要重新开始时，可以调用此方法。

```
def reset(self):
    self.asset_memory = [self.initial_amount]
    self.day = 0
    self.data = self.df.loc[self.day, :]
    # 加载状态
    self.covs = self.data['cov_list'].values[0]
    self.state = np.append(np.array(self.covs),
                    [self.data[tech].values.tolist() for tech in self.tech_
indicator_list], axis=0)
    self.portfolio_value = self.initial_amount
    # self.cost = 0
    # self.trades = 0
    self.terminal = False
    self.portfolio_return_memory = [0]
    self.actions_memory = [[1 / self.stock_dim] * self.stock_dim]
    self.date_memory = [self.data.date.unique()[0]]
    return self.state
```

（5）render()方法用于返回当前环境的状态，用于可视化或记录。在人类可读的模式下返回当前状态。

```
def render(self, mode='human'):
    return self.state
```

（6）softmax_normalization()方法对动作进行 softmax 标准化操作，以确保动作概率的有效性。

```
def softmax_normalization(self, actions):
    numerator = np.exp(actions)
    denominator = np.sum(np.exp(actions))
    softmax_output = numerator / denominator
    return softmax_output
```

（7）save_asset_memory()方法用于返回每个时间步的账户价值，用于记录和分析模型的性能。

```
def save_asset_memory(self):
    date_list = self.date_memory
    portfolio_return = self.portfolio_return_memory
    # print(len(date_list))
    # print(len(asset_list))
    df_account_value  =  pd.DataFrame({'date': date_list, 'daily_return':
portfolio_return})
    return df_account_value
```

（8）save_action_memory()方法用于返回每个时间步的动作/持仓，记录和分析模型的交易决策。

```
def save_action_memory(self):
    # 日期和收盘价的长度必须与动作的长度匹配
    date_list = self.date_memory
```

```
df_date = pd.DataFrame(date_list)
df_date.columns = ['date']

action_list = self.actions_memory
df_actions = pd.DataFrame(action_list)
df_actions.columns = self.data.tic.values
df_actions.index = df_date.date
# df_actions = pd.DataFrame({'date':date_list,'actions':action_list})
return df_actions
```

（9）_seed()方法是一个种子生成器函数，用于确保在不同运行环境中具有相同的初始
状态。

```
def _seed(self, seed=None):
    self.np_random, seed = seeding.np_random(seed)
    return [seed]
```

（10）get_sb_env()方法用于获取 Stable-Baselines3 环境，将当前环境包装为适用于
Stable-Baselines3 库的向量化环境。

```
def get_sb_env(self):
    e = DummyVecEnv([lambda: self])
    obs = e.reset()
    return e, obs
```

在强化学习中，通常会使用向量化环境（vectorized environment）来提高训练效率。
Stable-Baselines3（SB3）库中的向量化环境是指一次执行多个并发环境的能力。与传统的环
境相比，向量化环境允许同时在多个环境实例上执行模型的前进和训练步骤。

在 SB3 中使用的向量化环境，主要是通过类 DummyVecEnv 实现的。类 DummyVecEnv
将多个环境实例包装在一起，使其表现得像单个环境。这种环境的向量化可以带来训练速
度的显著提升，特别是在使用深度学习模型进行训练时，因为模型的计算可以在多个环境
之间并行进行。在使用 SB3 进行强化学习时，通过使用向量化环境，可以更有效地利用硬
件资源，加速训练过程。

（11）下面代码首先计算了训练数据集中不同股票（tic 是股票代码）的数量，然后将该
数量分配给变量 stock_dimension。接着将 stock_dimension 的值赋给 state_space 变量。最后
打印输出了股票维度（即不同股票的数量）和状态空间的维度。

```
stock_dimension = len(train.tic.unique())
state_space = stock_dimension
print(f"Stock Dimension: {stock_dimension}, State Space: {state_space}")
```

上述代码的目的是在股票交易环境中设置环境参数，其中 stock_dimension 表示股票的
数量，而 state_space 表示状态空间的维度。代码执行后会输出如下内容。

```
Stock Dimension: 28, State Space: 28
```

（12）下面这段代码创建了一个股票交易环境 e_train_gym，并使用之前定义的参数字典 env_kwargs 来设置环境的各种参数。具体包括如下所示的参数。

☑ "hmax"：最大交易数量，限制每次交易的最大股票数量。

☑ "initial_amount"：初始资金，代表交易的起始资金。

☑ "transaction_cost_pct"：交易成本百分比，表示每次交易的手续费百分比。

☑ "state_space"：状态空间的维度，这里使用之前计算的 state_space。

☑ "stock_dim"：股票的数量，这里使用之前计算的 stock_dimension。

☑ "tech_indicator_list"：技术指标列表，包含在训练环境中使用的技术指标。

☑ "action_space"：动作空间的维度，这里设置为股票的数量。

☑ "reward_scaling"：奖励缩放因子，用于调整奖励的规模。

通过传递以上这些参数，我们创建的股票交易环境就具备了相应的特性和限制。

```
env_kwargs = {
    "hmax": 100,
    "initial_amount": 1000000,
    "transaction_cost_pct": 0.001,
    "state_space": state_space,
    "stock_dim": stock_dimension,
    "tech_indicator_list": config.INDICATORS,
    "action_space": stock_dimension,
    "reward_scaling": 1e-4


}
e_train_gym = StockPortfolioEnv(df = train, **env_kwargs)
```

（13）通过 get_sb_env()方法获取库 Stable-Baselines3 的向量化环境 env_train，然后打印其类型。通过使用 get_sb_env()方法将原始的股票交易环境包装成 Stable-Baselines3 库中的向量化环境，以便与该库中的强化学习算法进行集成。

```
env_train, _ = e_train_gym.get_sb_env()
print(type(env_train))
```

在上述代码中，print（type（env_train））语句用于打印输出 env_train 的类型，以确认其为 Stable-Baselines3 中的环境类型。这通常是 DummyVecEnv 类型，是 Stable-Baselines3 库中用于包装环境的向量化环境。代码执行后会输出如下内容。

```
<class 'stable_baselines3.common.vec_env.dummy_vec_env.DummyVecEnv'>
```

9.6 深度强化学习算法模型

本项目的深度强化学习算法是基于 Stable Baselines 实现的，Stable Baselines 是 OpenAI

Baselines 的一个分支，经过了重大的结构重构和代码清理工作。另外，在库 FinRL 中包含经过调优的标准深度强化学习算法，如 DQN、DDPG、多智能体 DDPG、PPO、SAC、A2C 和 TD3，并且允许用户通过调整这些深度强化学习算法来设计他们自己的算法。

通过类 DRLAgent 初始化一个深度强化学习代理，使用的训练环境是 env_train。

```
agent = DRLAgent(env=env_train)
```

9.6.1　基于 A2C 算法的模型

A2C（advantage actor-critic）是深度强化学习中的一种算法，是一种基于策略梯度的算法，结合了 Actor-Critic 方法的优点。在本项目中，使用 A2C 算法作为第一个模型。

（1）下面代码首先创建了一个 DRLAgent 的实例 agent，然后使用该实例获取了 A2C 模型，通过 A2C_PARAMS 指定模型参数。其中，n_steps 表示每个环境步骤的时间步数，ent_coef 是熵正则化的系数，learning_rate 是学习率。最终，通过 agent.get_model 获取 A2C 模型的实例 model_a2c。

```
agent = DRLAgent(env = env_train)

A2C_PARAMS = {"n_steps": 5, "ent_coef": 0.005, "learning_rate": 0.0002}
model_a2c = agent.get_model(model_name="a2c",model_kwargs = A2C_PARAMS)
```

代码执行后会输出如下内容。

```
{'n_steps': 5, 'ent_coef': 0.005, 'learning_rate': 0.0002}
Using cuda device
```

（2）下面代码使用上面创建的 A2C 模型 model_a2c 进行训练。通过调用 agent.train_model 方法，指定了模型、TensorBoard 日志名称 tb_log_name 以及总的训练步数 total_timesteps，这里设置为 50000 步。训练完成后，返回已训练的 A2C 模型 trained_a2c。

```
trained_a2c = agent.train_model(model=model_a2c,
                                tb_log_name='a2c',
                                total_timesteps=50000)
```

代码执行后会输出如下内容。

```
------------------------------------
| time/               |          |
|    fps              | 193      |
|    iterations       | 100      |
|    time_elapsed     | 2        |
|    total_timesteps  | 500      |
| train/              |          |
|    entropy_loss     | -39.6    |
|    explained_variance | -1.19e-07 |
|    learning_rate    | 0.0002   |
|    n_updates        | 99       |
```

```
|   policy_loss          |  1.67e+08       |
|   reward               |  1517850.5      |
|   std                  |  0.996          |
|   value_loss           |  2.43e+13       |
--------------------------------------
--------------------------------------
| time/                  |                 |
|   fps                  |  237            |
|   iterations           |  200            |
|   time_elapsed         |  4              |
|   total_timesteps      |  1000           |
| train/                 |                 |
####省略中间的训练过程
===============================
begin_total_asset:1000000
end_total_asset:4309026.642000869
Sharpe:  0.7900726163163222
===============================
--------------------------------------
| time/                  |                 |
|   fps                  |  277            |
|   iterations           |  9900           |
|   time_elapsed         |  178            |
|   total_timesteps      |  49500          |
| train/                 |                 |
|   entropy_loss         |  -38.6          |
|   explained_variance   |  1.19e-07       |
|   learning_rate        |  0.0002         |
|   n_updates            |  9899           |
|   policy_loss          |  1.53e+08       |
|   reward               |  1406130.6      |
|   std                  |  0.962          |
|   value_loss           |  2.07e+13       |
--------------------------------------
--------------------------------------
| time/                  |                 |
|   fps                  |  278            |
|   iterations           |  10000          |
|   time_elapsed         |  179            |
|   total_timesteps      |  50000          |
| train/                 |                 |
|   entropy_loss         |  -38.6          |
|   explained_variance   |  0              |
|   learning_rate        |  0.0002         |
|   n_updates            |  9999           |
|   policy_loss          |  1.93e+08       |
|   reward               |  1812970.5      |
|   std                  |  0.962          |
|   value_loss           |  3.47e+13       |
--------------------------------------
```

（3）将已经训练好的 A2C 模型保存到指定的文件路径 /content/trained_models/trained_

a2c.zip，保存模型的目的是为了在以后的应用中重新加载和使用该模型。

```
trained_a2c.save('/content/trained_models/trained_a2c.zip')
```

9.6.2　基于 PPO 算法的模型

PPO（proximal policy optimization）是一种基于策略的深度强化学习算法，用于解决离散和连续动作空间的强化学习问题。它通过在训练过程中保持较小的更新步长（proximoimal 更新）来稳定策略的训练。PPO 旨在优化目标函数，同时限制新策略与旧策略之间的差异，以确保训练的稳定性。

（1）使用 FinRL 库中的 DRLAgent 类初始化一个强化学习代理（agent），然后创建了一个使用 PPO 算法的模型，并传递一些 PPO 算法的参数。这个模型将用于在环境中训练智能体。

```
agent = DRLAgent(env = env_train)
PPO_PARAMS = {
    "n_steps": 2048,
    "ent_coef": 0.005,
    "learning_rate": 0.0001,
    "batch_size": 128,
}
model_ppo = agent.get_model("ppo",model_kwargs = PPO_PARAMS)
```

在上述代码中，各个参数的具体说明如下所示。

☑　n_steps：PPO 算法中的步数，表示每次更新时使用的样本数量。

☑　ent_coef：用于控制策略熵的正则化参数，有助于提高探索性。

☑　learning_rate：模型训练的学习率，控制模型参数更新的步长。

☑　batch_size：批次大小，表示每次训练时用于更新模型的样本数量。

代码执行后会输出如下内容。

```
{'n_steps': 2048, 'ent_coef': 0.005, 'learning_rate': 0.0001, 'batch_size': 128}
Using cuda device
```

（2）使用上面创建的 PPO 模型在环境中进行 80000 步的训练，这将对模型进行学习，以在股票交易环境中执行交易决策。其中参数 tb_log_name 用于指定训练日志的名称，方便后续的监视和分析。

```
trained_ppo = agent.train_model(model=model_ppo,
                    tb_log_name='ppo',
                    total_timesteps=80000)
```

代码执行后会输出如下内容。

```
----------------------------------
| time/               |          |
```

```
|    fps               | 391       |
|    iterations        | 1         |
|    time_elapsed      | 5         |
|    total_timesteps   | 2048      |
| train/               |           |
|    reward            | 3302678.2 |
----------------------------------
==================================
begin_total_asset:1000000
end_total_asset:4343413.17307137
Sharpe:  0.7899039704340352
==================================
######省略后面的输出
==================================
begin_total_asset:1000000
end_total_asset:4565767.653148839
Sharpe:  0.8168274613470233
==================================
----------------------------------
| time/                |              |
|    fps               | 333          |
|    iterations        | 40           |
|    time_elapsed      | 245          |
|    total_timesteps   | 81920        |
| train/               |              |
|    approx_kl         | 1.0884833e-08|
|    clip_fraction     | 0            |
|    clip_range        | 0.2          |
|    entropy_loss      | -39.7        |
|    explained_variance| 1.19e-07     |
|    learning_rate     | 0.0001       |
|    loss              | 9.91e+14     |
|    n_updates         | 390          |
|    policy_gradient_loss | -7.86e-07 |
|    reward            | 1881302.4    |
|    std               | 1            |
|    value_loss        | 1.79e+15     |
----------------------------------
```

（3）下面代码用于将已经训练好的 PPO 模型保存为 ZIP 文件，以便在以后需要模型时
加载和调用。

```
trained_ppo.save('/content/trained_models/trained_ppo.zip')
```

9.6.3 基于 DDPG 算法的模型

DDPG（deep deterministic policy gradient）是一种用于连续动作空间的深度强化学习算
法。在这个上下文中，它用于训练股票交易的智能体。DDPG 是一种基于策略梯度的算法，
它同时学习动作策略和值函数。这使得 DDPG 在处理具有高维、连续动作空间的问题时非
常有效。

（1）在库 FinRL 中，通过调用 agent.get_model（"ddpg"，model_kwargs=DDPG_PARAMS）创建 DDPG 模型。

```
agent = DRLAgent(env = env_train)
DDPG_PARAMS = {"batch_size": 128, "buffer_size": 50000, "learning_rate": 0.001}

model_ddpg = agent.get_model("ddpg",model_kwargs = DDPG_PARAMS)
```

代码执行后会输出如下内容。

```
{'batch_size': 128, 'buffer_size': 50000, 'learning_rate': 0.001}
Using cuda device
```

（2）在下面的代码中，使用 agent.train_model() 方法对 DDPG 模型进行了训练。具体来说，model=model_ddpg 表示使用之前创建的 DDPG 模型，tb_log_name='ddpg' 表示 TensorBoard 日志的名称，total_timesteps=50000 表示总的训练步数。

```
trained_ddpg = agent.train_model(model=model_ddpg,
                    tb_log_name='ddpg',
                    total_timesteps=50000)
```

上述代码将执行 DDPG 算法的训练过程，并将训练好的模型保存在 trained_ddpg 中。代码执行后会输出如下内容。

```
================================
begin_total_asset:1000000
end_total_asset:4369306.145455855
Sharpe:  0.8034072979350758
================================
begin_total_asset:1000000
end_total_asset:4365995.854896107
Sharpe:  0.8200827579868865
================================
#####省略部分输出结果
--------------------------------
| time/              |         |
|    episodes        | 16      |
|    fps             | 124     |
|    time_elapsed    | 373     |
|    total_timesteps | 46288   |
| train/             |         |
|    actor_loss      | -2.24e+08 |
|    critic_loss     | 1.41e+13 |
|    learning_rate   | 0.001   |
|    n_updates       | 43395   |
|    reward          | 4365996.0 |
--------------------------------
================================
begin_total_asset:1000000
end_total_asset:4365995.854896107
```

```
Sharpe:  0.8200827579868865
==============================
==============================
begin_total_asset:1000000
end_total_asset:4365995.854896107
Sharpe:  0.8200827579868865
==============================
```

（3）将训练好的 DDPG 模型保存到指定的目录/content/trained_models/trained_ddpg.zip 中，以便在后续可以加载和使用该模型。

```
trained_ddpg.save('/content/trained_models/trained_ddpg.zip')
```

9.6.4 基于 SAC 算法的模型

SAC（soft actor-critic）是一种强化学习算法，专门用于解决连续动作空间中的问题。SAC 采用了深度学习神经网络来近似值函数和策略，并通过最大化期望累积奖励来进行训练。

（1）在下面的代码中，通过类 DRLAgent 创建了一个 SAC 模型。SAC_PARAMS 包含了 SAC 模型的关键参数设置，这个模型使用了 FinRL 库中的 get_model() 方法，并指定模型类型为 sac，同时传递了 SAC 模型的参数。该模型在环境 env_train 中进行训练，以学习股票交易策略。

```
agent = DRLAgent(env = env_train)
SAC_PARAMS = {
    "batch_size": 128,
    "buffer_size": 100000,
    "learning_rate": 0.0003,
    "learning_starts": 100,
    "ent_coef": "auto_0.1",
}

model_sac = agent.get_model("sac",model_kwargs = SAC_PARAMS)
```

代码执行后会输出如下内容。

```
{'batch_size': 128, 'buffer_size': 100000, 'learning_rate': 0.0003,
'learning_starts': 100, 'ent_coef': 'auto_0.1'}
Using cuda device
```

（2）通过 agent 对象对 SAC 模型进行训练，使用环境 env_train 训练生成数据。trained_sac 包含了训练完毕的 SAC 模型，该模型已经学习了在给定环境下执行股票交易策略的参数。这个模型的训练过程产生的日志也被记录在 TensorBoard 中，日志命名为 sac。

```
trained_sac = agent.train_model(model=model_sac,
                                tb_log_name='sac',
                                total_timesteps=50000)
```

代码执行后会输出如下内容。

```
=================================
begin_total_asset:1000000
end_total_asset:4774375.224598323
Sharpe:  0.8157447898211176
=================================
=================================
begin_total_asset:1000000
end_total_asset:4851457.312329918
Sharpe:  0.817397961885012
=================================
=================================
begin_total_asset:1000000
end_total_asset:4851717.33279626
Sharpe:  0.8174262460980435
=================================
begin_total_asset:1000000
end_total_asset:4851205.14751689
Sharpe:  0.8173829155723342
=================================
---------------------------------
| time/              |           |           |
|    episodes        | 4         |           |
|    fps             | 77        |           |
|    time_elapsed    | 150       |           |
####省略部分输出结果
---------------------------------
| time/              |           |           |
|    episodes        | 16        |           |
|    fps             | 76        |           |
|    time_elapsed    | 606       |           |
|    total_timesteps | 46288     |           |
| train/             |           |           |
|    actor_loss      | -2.65e+08 |           |
|    critic_loss     | 1.16e+13  |           |
|    ent_coef        | 977       |           |
|    ent_coef_loss   | -2.8      |           |
|    learning_rate   | 0.0003    |           |
|    n_updates       | 46187     |           |
|    reward          | 4837676.5 |           |
---------------------------------
=================================
begin_total_asset:1000000
end_total_asset:4804962.823019405
Sharpe:  0.8165128039174648
=================================
```

（3）将经过训练的SAC模型保存为ZIP文件并存放在/content/trained_models/trained_
sac.zip目录中，该文件存储了训练好的模型参数以及相关信息。

```
trained_sac.save('/content/trained_models/trained_sac.zip')
```

9.6.5　基于 TD3 算法的模型

TD3（twin delayed DDPG）是一种深度强化学习算法，它结合了 DDPG 的思想，通过引入双 Q 网络和延迟更新策略来提高训练的稳定性和性能。TD3 的全称是 twin delayed DDPG，其中 twin 表示引入了两个 Q 网络，而 delayed 表示采用了延迟更新的机制。

（1）通过类 DRLAgent 创建了一个 TD3 模型，其中设定模型的批量大小为 100，缓冲区大小为 1,000,000，学习率为 0.001。这些参数配置将用于模型的训练，以适应环境中的深度强化学习任务。

```
agent = DRLAgent(env = env_train)
TD3_PARAMS = {"batch_size": 100,
              "buffer_size": 1000000,
              "learning_rate": 0.001}

model_td3 = agent.get_model("td3",model_kwargs = TD3_PARAMS)
```

代码执行后会输出如下内容。

```
{'batch_size': 100, 'buffer_size': 1000000, 'learning_rate': 0.001}
Using cuda device
```

（2）通过 train_model()方法对之前创建的 TD3 模型进行训练，使用了总共 30,000 个时间步进行训练，并将训练过程的日志记录到 TensorBoard 中，日志命名为 td3。

```
trained_td3 = agent.train_model(model=model_td3,
                                tb_log_name='td3',
                                total_timesteps=30000)
```

代码执行后会输出如下内容。

```
==============================
begin_total_asset:1000000
end_total_asset:4609152.895393911
Sharpe:  0.8172592399889653
==============================
==============================
begin_total_asset:1000000
end_total_asset:4798090.361426867
Sharpe:  0.835226336478133
==============================
==============================
begin_total_asset:1000000
end_total_asset:4798090.361426867
Sharpe:  0.835226336478133
==============================
==============================
begin_total_asset:1000000
```

```
end_total_asset:4798090.361426867
Sharpe: 0.835226336478133
==============================
------------------------------
| time/                |          |
|   episodes           | 4        |
#####省略部分输出
|   critic_loss        | 1.47e+13 |
|   learning_rate      | 0.001    |
|   n_updates          | 20251    |
|   reward             | 4798090.5 |
------------------------------
==============================
begin_total_asset:1000000
end_total_asset:4798090.361426867
Sharpe: 0.835226336478133
==============================
==============================
begin_total_asset:1000000
end_total_asset:4798090.361426867
Sharpe: 0.835226336478133
==============================
==============================
begin_total_asset:1000000
end_total_asset:4798090.361426867
Sharpe: 0.835226336478133
==============================
```

（3）将已训练的 TD3 模型保存为一个 ZIP 文件，以备将来使用或部署。保存的文件路径为/content/trained_models/trained_td3.zip。

```
trained_td3.save('/content/trained_models/trained_td3.zip')
```

9.6.6　开始交易

假设我们在 2019 年 1 月 1 日有 1,000,000 美元的初始资本，接下来使用 A2C 模型来交易道琼斯 30 支股票。

（1）下面的代码拆分了名为 df 的数据集，选择了日期范围从 2020-07-01 到 2021-10-31，并使用之前定义的参数 env_kwargs 创建了一个名为 e_trade_gym 的股票交易环境。

```
trade = data_split(df,'2020-07-01', '2021-10-31')
e_trade_gym = StockPortfolioEnv(df = trade, **env_kwargs)
```

（2）下面的代码返回 trade 数据集的形状（行数和列数），由于提供的代码片段中未包含完整的上下文，无法提供确切的答案。如果需要获取 trade 数据集的形状，请将这行代码与其上下文一起使用。

```
trade.shape
```

代码执行后会输出如下内容。

```
(9436, 19)
```

（3）使用经过训练的 A2C 模型（trained_a2c）对测试环境（e_trade_gym）进行预测，并返回两个数据框（df_daily_return 和 df_actions）。df_daily_return 包含每日回报率，而 df_actions 包含了每个交易日的模型预测的股票权重。

```
df_daily_return, df_actions = DRLAgent.DRL_prediction(model=trained_a2c,
                     environment = e_trade_gym)
```

代码执行后会输出如下内容。

```
================================
begin_total_asset:1000000
end_total_asset:1363803.996631671
Sharpe:  1.8078156710226434
================================
hit end!
```

（4）下面的代码显示了 df_daily_return 数据框的前几行内容，该数据框包含了每日的回报率信息。

```
df_daily_return.head()
```

代码执行后会输出如下内容。

```
      date         daily_return
0     2020-07-01   0.000000
1     2020-07-02   0.005197
2     2020-07-06   0.014996
3     2020-07-07   -0.013876
4     2020-07-08   0.005758
```

（5）将 df_daily_return 数据框保存为 CSV 文件（df_daily_return.csv），并显示 df_actions 数据框的前几行内容，其中包含了每个交易日的交易动作信息。

```
df_daily_return.to_csv('df_daily_return.csv')
df_actions.head()
```

代码执行后会输出如下内容。

```
AAPL AMGN AXP  BA    CAT  CRM  CSCO CVX  DIS  GS   ...  MMM  MRK  MSFT NKE  PG   TRV  UNH  VZ
    WBA  WMT
date
2020-07-01   0.035714 0.035714 0.035714 0.035714 0.035714 0.035714 0.035714
    0.035714 0.035714 0.035714 ...  0.035714 0.035714 0.035714 0.035714 0.035714
    0.035714 0.035714 0.035714 0.035714 0.035714
2020-07-02   0.026683 0.072532 0.026683 0.026683 0.049773 0.050339 0.044964
    0.026683 0.026782 0.026683 ...  0.026683 0.026683 0.026683 0.072532 0.054498
    0.042832 0.026683 0.029133 0.053768 0.026683
```

```
2020-07-06   0.026683 0.072532 0.026683 0.026683 0.049773 0.050339 0.044964
     0.026683 0.026782 0.026683 ...  0.026683 0.026683 0.026683 0.072532 0.054498
     0.042832 0.026683 0.029133 0.053768 0.026683
2020-07-07   0.026683 0.072532 0.026683 0.026683 0.049773 0.050339 0.044964
     0.026683 0.026782 0.026683 ...  0.026683 0.026683 0.026683 0.072532 0.054498
     0.042832 0.026683 0.029133 0.053768 0.026683
2020-07-08   0.026683 0.072532 0.026683 0.026683 0.049773 0.050339 0.044964
     0.026683 0.026782 0.026683 ...  0.026683 0.026683 0.026683 0.072532 0.054498
     0.042832 0.026683 0.029133 0.053768 0.026683
```

（6）将 df_actions 数据框保存为 CSV 文件（df_actions.csv），具体实现代码如下所示。

```
df_actions.to_csv('df_actions.csv')
```

9.7　回测交易策略

回测在评估交易策略绩效方面至关重要，自动化的回测工具因减少了人为错误的风险而备受青睐。通常我们使用 Quantopian 的 pyfolio 包进行回测，该工具易于使用，提供了各种独立图表，全面展示了交易策略的绩效情况。

9.7.1　回测统计

在量化金融领域，回测统计通常是指通过回测得到的统计数据，用于评估和比较交易策略的性能。这些统计数据可能包括年化收益率、累积收益、年化波动率、夏普比率、卡玛比率等，提供了对策略在历史数据上表现的全面评估。

（1）使用库 Pyfolio 中的 timeseries 模块，将由 DRL 策略生成的每日收益转换为 Pyfolio 时间序列对象。接着，通过 perf_stats 函数计算了该策略的各项绩效指标，包括年化收益率、波动率、夏普比率等。最终，将这些绩效指标存储在 perf_stats_all 变量中。这有助于对策略的整体表现进行全面的量化评估。

```
from pyfolio import timeseries
DRL_strat = convert_daily_return_to_pyfolio_ts(df_daily_return)
perf_func = timeseries.perf_stats
perf_stats_all = perf_func( returns=DRL_strat,
                       factor_returns=DRL_strat,
                         positions=None, transactions=None, turnover_denom="AGB")
```

（2）打印输出 DRL 策略的绩效统计信息，包括年化收益率、波动率、夏普比率等指标。通过查看这些统计数据，我们可以更全面地了解和评估策略的表现。

```
print("==============DRL Strategy Stats===========")
perf_stats_all
```

代码执行后会输出如下内容。

```
==============DRL Strategy Stats===========
Annual return              0.261142
Cumulative returns         0.363804
Annual volatility          0.133302
Sharpe ratio               1.807816
Calmar ratio               3.317809
Stability                  0.906206
Max drawdown              -0.078709
Omega ratio                1.350606
Sortino ratio              2.736355
Skew                      -0.183264
Kurtosis                   1.132931
Tail ratio                 1.065654
Daily value at risk       -0.015838
Alpha                      0.000000
Beta                       1.000000
dtype: float64
```

上面输出的是 DRL 策略的绩效统计信息，包括年化收益率（Annual return）、累积收益率（Cumulative returns）、年化波动率（Annual volatility）、夏普比率（Sharpe ratio）等指标。这些统计数据提供了对策略表现的全面了解。在这里，年化收益率为 0.2611，夏普比率为 1.8078，最大回撤为−0.0787 等。这些指标有助于评估策略的风险和收益特性。

（3）下面的代码用于获取基准（baseline）的绩效统计信息。基准使用了道琼斯工业平均指数（^DJI），并计算了相应的绩效指标，包括年化收益率、累积收益率、年化波动率、夏普比率等。这些基准统计信息可用于与 DRL 策略的表现进行比较，以帮助我们评估策略的相对优劣。

```
print("==============Get Baseline Stats===========")
baseline_df = get_baseline(
        ticker="^DJI",
        start = df_daily_return.loc[0,'date'],
        end = df_daily_return.loc[len(df_daily_return)-1,'date'])

stats = backtest_stats(baseline_df, value_col_name = 'close')
```

代码执行后会输出如下内容。

```
==============Get Baseline Stats===========
[**********************100%***********************]  1 of 1 completed
Shape of DataFrame: (336, 8)
Annual return              0.279047
Cumulative returns         0.388402
Annual volatility          0.139129
Sharpe ratio               1.844560
Calmar ratio               3.124551
Stability                  0.918675
Max drawdown              -0.089308
Omega ratio                1.358960
```

```
Sortino ratio                  2.734872
Skew                           NaN
Kurtosis                       NaN
Tail ratio                     1.052781
Daily value at risk            -0.016510
dtype: float64
```

上面的输出结果展示了基准（道琼斯工业平均指数）的绩效统计信息，基准的绩效指标包括年化收益率、累积收益率、年化波动率、夏普比率等。通过与 DRL 策略的统计信息比较，我们可以更全面地评估策略相对于基准的优劣表现。

9.7.2　回测结果可视化

通过绘制回测结果的可视化图来分析交易策略的性能，这些可视化图通常包括策略资产价值随时间的变化、策略每日收益率、基准（如道琼斯工业平均指数）的表现等，有助于更直观地理解策略的优势和劣势。

在下面的代码中，使用库 Pyfolio 生成完整的策略分析图表（tear sheet）。首先通过 get_baseline 函数获取道琼斯指数作为基准的日线数据，然后计算基准的每日收益率。接着使用 Pyfolio 中的函数 create_full_tear_sheet 生成策略分析图表，其中参数 returns 传入了 DRL 策略的每日收益率，而参数 benchmark_rets 传入了基准的每日收益率。

```
import pyfolio
%matplotlib inline

baseline_df = get_baseline(
        ticker='^DJI', start=df_daily_return.loc[0,'date'], end='2021-11-01'
    )

baseline_returns = get_daily_return(baseline_df, value_col_name="close")

with pyfolio.plotting.plotting_context(font_scale=1.1):
        pyfolio.create_full_tear_sheet(returns = DRL_strat, benchmark_rets=baseline_
returns, set_context=False)
```

代码执行后会输出提供了策略回测的多个性能指标，其中包括以下内容。

Annual return（年化收益）：26.114%，Cumulative returns（累积收益）：36.38%，Annual volatility（年化波动率）：13.33%，Sharpe ratio（夏普比率）：1.81，Calmar ratio（卡玛比率）：3.32，Stability（稳定性）：0.91，Max drawdown（最大回撤）：-7.871%，Omega ratio（欧米茄比率）：1.35，Sortino ratio（索提诺比率）：2.74，Skew（偏度）：-0.18，Kurtosis（峰度）：1.13，Tail ratio（尾部比率）：1.07，Daily value at risk（每日风险值）：-1.584%，Alpha（阿尔法）：0.00，Beta（贝塔）：0.94。

并绘制对应的一系列可视化图，如图 9-1 所示。

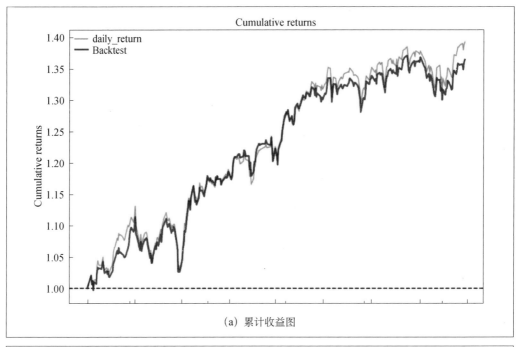

（a）累计收益图

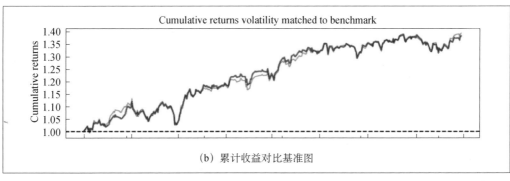

（b）累计收益对比基准图

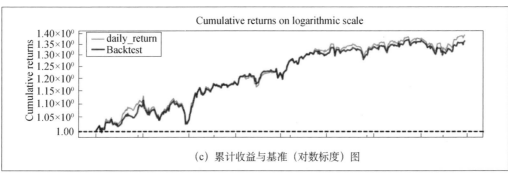

（c）累计收益与基准（对数标度）图

图 9-1　回测结果的可视化图

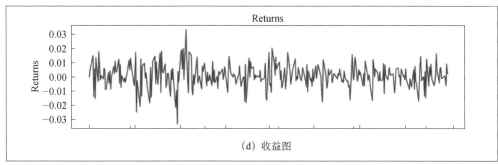

（d）收益图

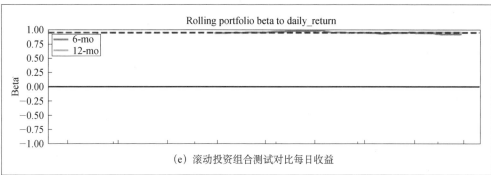

（e）滚动投资组合测试对比每日收益

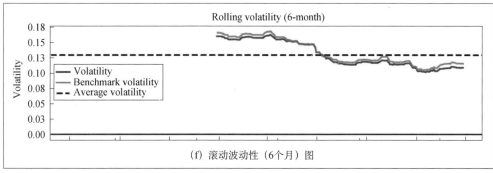

（f）滚动波动性（6个月）图

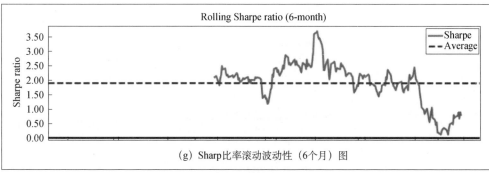

（g）Sharp比率滚动波动性（6个月）图

图9-1 回测结果的可视化图（续）

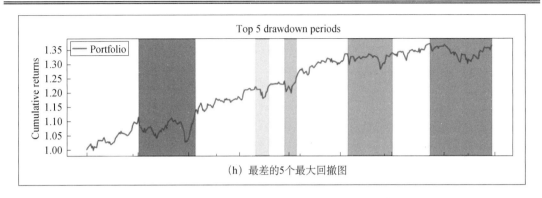

（h）最差的5个最大回撤图

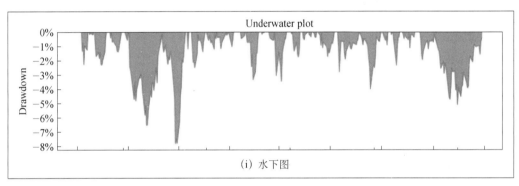

（i）水下图

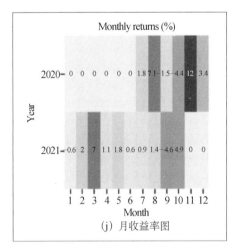

（j）月收益率图

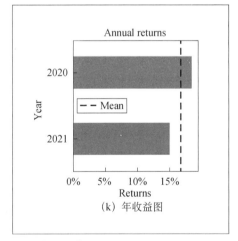

（k）年收益图

图 9-1　回测结果的可视化图（续）

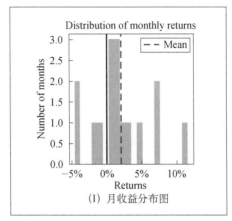

（1）月收益分布图

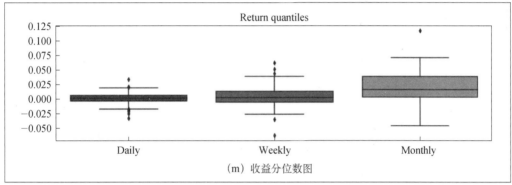

（m）收益分位数图

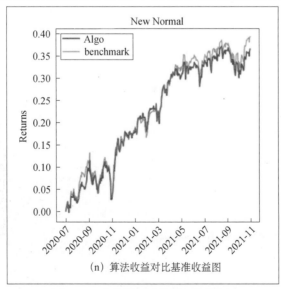

（n）算法收益对比基准收益图

图 9-1　回测结果的可视化图（续）

这些指标反映了当前策略在回测期间的收益、波动性、风险调整后的绩效等多个方面的信息，其中夏普比率、卡玛比率、索提诺比率等是衡量策略风险调整后收益的重要指标，而最大回撤则是衡量策略可能面临的最大损失。

另外还输出了有关最差回撤期间和压力测试的详细信息。

```
Worst drawdown periods    Net drawdown in %    Peak date Valley date    Recovery date  Duration
0    7.87 2020-09-022020-10-282020-11-0949
1    5.17 2021-08-162021-09-30NaT    NaN
2    4.06 2021-05-102021-06-182021-07-0240
3    3.52 2021-02-242021-03-042021-03-1011
4    3.40 2021-01-202021-01-292021-02-0513
Stress Events  mean min  max
New Normal0.10%-3.32%    3.32%
```

在上面的输出中，对最差回撤期间信息的具体说明如下所示。

第一个最差回撤期间：7.87%，起始于 2020 年 9 月 2 日，峰值日期为 2020 年 10 月 28 日，谷底日期为 2020 年 11 月 9 日，恢复日期为 2020 年 11 月 9 日，时长为 49 天。

第二个最差回撤期间：5.17%，起始于 2021 年 8 月 16 日，峰值日期为 2021 年 9 月 30 日，无法确定恢复日期，时长未知。

第三个最差回撤期间：4.06%，起始于 2021 年 5 月 10 日，峰值日期为 2021 年 6 月 18 日，恢复日期为 2021 年 7 月 2 日，时长为 40 天。

第四个最差回撤期间：3.52%，起始于 2021 年 2 月 24 日，峰值日期为 2021 年 3 月 4 日，恢复日期为 2021 年 3 月 10 日，时长为 11 天。

第五个最差回撤期间：3.40%，起始于 2021 年 1 月 20 日，峰值日期为 2021 年 1 月 29 日，恢复日期为 2021 年 2 月 5 日，时长为 13 天。

在上面的输出中，对压力测试（Stress Events）的具体说明如下所示。

New Normal：压力测试的平均值为 0.10%，最小值为-3.32%，最大值为 3.32%。这些值反映了在"新常态"下的策略性能，涵盖了不同市场情况下的表现。

9.8   最小方差投资组合分配

最小方差投资组合分配是一种通过优化投资组合权重，以最小化整个投资组合的方差（波动性）的方法。这种方法旨在构建一个投资组合，使其在给定一组资产的情况下，具有最小的风险。通过调整不同资产在投资组合中的权重，以达到整体风险最小化的目标，这种方法在现代投资组合理论中占有重要地位。

9.8.1   优化投资组合

（1）PyPortfolioOpt 是一个 Python 库，用于进行投资组合优化和风险管理，提供了一组工具和方法，可以帮助用户根据给定的投资组合目标和限制找到最优的资产分配。

使用以下命令安装 PyPortfolioOpt 库。

```
pip install PyPortfolioOpt
```

（2）下面这部分代码首先导入了 EfficientFrontier 和 risk_models，这两个模块是 PyPortfolioOpt 库中用于投资组合优化和风险模型的关键组件。接着从 trade 数据中提取了唯一的股票代号（unique_tic）和唯一的交易日期（unique_trade_date）。最后打印数据框（df）的前几行以进行预览。

```
from pypfopt.efficient_frontier import EfficientFrontier
from pypfopt import risk_models
unique_tic = trade.tic.unique()
unique_trade_date = trade.date.unique()
df.head()
```

代码执行后会输出如下内容。

```
    date open high low  close     adjcp     volume      tic day macd boll_ub boll_lb
rsi_30   cci_30    dx_30    close_30_sma close_60_sma cov_list return_list
0  2008-12-31  3.070357 3.133571 3.047857 3.048214 2.602662 607541200    AAPL 2
   -0.097446   3.649552 2.895305 42.254771   -80.847207   16.129793
   3.243631 3.375887 [[0.001348969861711653, 0.00042841264280825875...   tic
AAPL AMGN AXP ...
1  2008-12-31  57.110001    58.220001    57.060001    57.750000    43.587837
   6287200  AMGN 2   0.216368 58.947401    56.388599    51.060614    51.895357
   10.432018    56.671334    56.044333    [[0.001348969861711653,
0.00042841264280825875... tic AAPL AMGN AXP ...
2  2008-12-31  17.969999    18.750000    17.910000    18.549999    14.852879
   9625600  AXP 2   -1.191668    23.723023    16.106977    42.521170    -
74.811722    25.776759    20.030000    22.412000    [[0.001348969861711653,
0.00042841264280825875... tic AAPL AMGN AXP ...
3  2008-12-31  41.590000    43.049999    41.500000    42.669998    32.005894
   5443100  BA    2   -0.391219    42.894634    38.486366    47.290375
   157.922391    5.366299 40.432000    43.304500    [[0.001348969861711653,
0.00042841264280825875... tic AAPL AMGN AXP ...
4  2008-12-31  43.700001    45.099998    43.700001    44.669998    30.416977
   6277400  CAT 2   0.979845 45.785565    38.404435    51.073052    98.904653
   26.331746    40.266000    39.918333    [[0.001348969861711653,
0.00042841264280825875... tic AAPL AMGN AXP ...
```

（3）下面的代码用于计算最小方差投资组合的资产价值。首先，为每个唯一的交易日期迭代获取当天和下一天的数据。接着，计算收益率的协方差矩阵（Sigma）。随后，使用 EfficientFrontier 模块进行投资组合分配，设置权重的上下限为（0，0.1），并通过 min_volatility()方法获取最小方差投资组合的原始权重。清理这些权重后，计算当前资本、每个股票的当前投资金额、当前持有的股票数量，以及下一时间段的股票价格。最后，计算下一时间段的总账户价值，并在结果数据框中进行存储。

```
# 计算最小方差投资组合
portfolio = pd.DataFrame(index=range(1), columns=unique_trade_date)
initial_capital = 1000000
portfolio.loc[0, unique_trade_date[0]] = initial_capital

for i in range(len(unique_trade_date) - 1):
    # 获取当前日期和下一个日期的数据
    df_temp = df[df.date == unique_trade_date[i]].reset_index(drop=True)
    df_temp_next = df[df.date == unique_trade_date[i + 1]].reset_index(drop=True)
    # 计算协方差矩阵
    Sigma = df_temp.return_list[0].cov()
    # 配置投资组合
    ef_min_var = EfficientFrontier(None, Sigma, weight_bounds=(0, 0.1))
    # 最小方差投资组合
    raw_weights_min_var = ef_min_var.min_volatility()
    # 获取权重
    cleaned_weights_min_var = ef_min_var.clean_weights()
    # 当前资本
    cap = portfolio.iloc[0, i]
    # 每支股票的当前投资金额
    current_cash = [element * cap for element in list(cleaned_weights_min_var.
values())]
    # 当前持有的股票数量
    current_shares = list(np.array(current_cash) / np.array(df_temp.close))
    # 下一时间段的股票价格
    next_price = np.array(df_temp_next.close)
    # 计算下一时间段的总账户价值
    portfolio.iloc[0, i + 1] = np.dot(current_shares, next_price)
# 转置数据框并设置列名
portfolio = portfolio.T
portfolio.columns = ['account_value']

portfolio.head()
```

代码执行后会输出如下内容。

```
account_value
2020-07-01    1000000
2020-07-02    1005234.883501
2020-07-06    1014933.780399
2020-07-07    1014238.666671
2020-07-08    1012674.038646
```

（4）计算使用 A2C 模型、最小方差投资组合以及基准（Dow Jones 指数）的累积收益率，将每日收益率序列累积，得到了它们相对于初始值的总体增长情况，用于比较和评估不同投资策略的绩效。

```
a2c_cumpod =(df_daily_return.daily_return+1).cumprod()-1
min_var_cumpod =(portfolio.account_value.pct_change()+1).cumprod()-1
dji_cumpod =(baseline_returns+1).cumprod()-1
```

9.8.2　DRL、最小方差、DJIA 的可视化

本项目使用 Plotly 库实现可视化，将分别创建 DRL、最小方差和 DJIA 的可视化图。

（1）使用以下命令安装 Plotly。

```
pip install plotly
```

（2）使用 Plotly 创建多个散点图（trace0_portfolio、trace1_portfolio、trace2_portfolio 等），这些图分别表示 A2C 模型的投资组合收益、DJIA 收益以及最小方差投资组合的收益。通过将这些散点图组合在一起，并设置相应的日期和累积收益作为 x 和 y 轴，创建了一个可视化图表，用于比较这三个不同投资策略的表现。

```
from datetime import datetime as dt

import matplotlib.pyplot as plt
import plotly
import plotly.graph_objs as go
#%%
time_ind = pd.Series(df_daily_return.date)
#%%
trace0_portfolio = go.Scatter(x = time_ind, y = a2c_cumpod, mode = 'lines', name
= 'A2C (Portfolio Allocation)')

trace1_portfolio = go.Scatter(x = time_ind, y = dji_cumpod, mode = 'lines', name
= 'DJIA')
trace2_portfolio = go.Scatter(x = time_ind, y = min_var_cumpod, mode = 'lines',
name = 'Min-Variance')
#trace3_portfolio = go.Scatter(x = time_ind, y = ddpg_cumpod, mode = 'lines', name
= 'DDPG')
#trace4_portfolio = go.Scatter(x = time_ind, y = addpg_cumpod, mode = 'lines',
name = 'Adaptive-DDPG')
#trace5_portfolio = go.Scatter(x = time_ind, y = min_cumpod, mode = 'lines', name
= 'Min-Variance')

#trace4 = go.Scatter(x = time_ind, y = addpg_cumpod, mode = 'lines', name =
'Adaptive-DDPG')

#trace2 = go.Scatter(x = time_ind, y = portfolio_cost_minv, mode = 'lines', name
= 'Min-Variance')
#trace3 = go.Scatter(x = time_ind, y = spx_value, mode = 'lines', name = 'SPX')
```

在上述代码中，trace0_portfolio 表示 A2C 模型的投资组合收益曲线，trace1_portfolio 表示 DJIA 的收益曲线，trace2_portfolio 表示最小方差投资组合的收益曲线。这个图表能够直观展示这三种策略在不同时间点的表现，以帮助用户更好地理解它们的差异和优劣。

（3）使用 Plotly 创建一个可视化图（fig），将之前定义的三个散点图（trace0_portfolio、trace1_portfolio、trace2_portfolio）添加到图表中，并进行一些布局的调整，以提高图表的可读性。

```
fig = go.Figure()
fig.add_trace(trace0_portfolio)
fig.add_trace(trace1_portfolio)
fig.add_trace(trace2_portfolio)

fig.update_layout(
    legend=dict(
        x=0,
        y=1,
        traceorder="normal",
        font=dict(
            family="sans-serif",
            size=15,
            color="black"
        ),
        bgcolor="White",
        bordercolor="white",
        borderwidth=2
    ),
)
#fig.update_layout(legend_orientation="h")
fig.update_layout(title={
    #'text': "Cumulative Return using FinRL",
    'y':0.85,
    'x':0.5,
    'xanchor': 'center',
    'yanchor': 'top'})
#with Transaction cost
#fig.update_layout(title = 'Quarterly Trade Date')
fig.update_layout(
#    margin=dict(l=20, r=20, t=20, b=20),

    paper_bgcolor='rgba(1,1,0,0)',
    plot_bgcolor='rgba(1, 1, 0, 0)',
    #xaxis_title="Date",
    yaxis_title="Cumulative Return",
xaxis={'type': 'date',
    'tick0': time_ind[0],
    'tickmode': 'linear',
    'dtick': 86400000.0 *80}

)
fig.update_xaxes(showline=True,linecolor='black',showgrid=True, gridwidth=1, gridcolor=
'LightSteelBlue',mirror=True)
fig.update_yaxes(showline=True,linecolor='black',showgrid=True, gridwidth=1, gridcolor=
'LightSteelBlue',mirror=True)
fig.update_yaxes(zeroline=True, zerolinewidth=1, zerolinecolor='LightSteelBlue')

fig.show()
```

在上述代码中，fig.add_trace 用于将每个散点图添加到可视化图中，fig.update_layout 用于设置可视化图的整体布局，包括标题、图例的位置和样式、背景色等。最后，通过 fig.show()

显示生成的可视化图。

　　整体而言，上述代码的功能是创建一个包含 A2C 模型投资组合收益、DJIA 收益和最小方差投资组合收益的可视化图，用于比较它们在累积收益方面的表现，如图 9-2 所示。

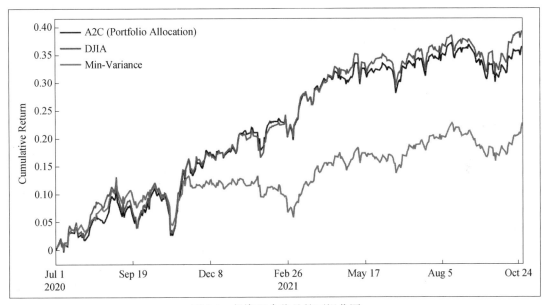

图 9-2　投资组合收益的可视化图

10 chapter

第 10 章
基于趋势跟踪的期货交易系统

在本章的内容中，将详细讲解实现一个基于趋势跟踪的期货交易系统的过程。本项目通过分析 live cattle futures 市场数据，使用机器学习模型（logistic regression）制定了一个股票交易策略。该策略在过去 10 年中相对于传统的持有不动方法表现更佳，总回报率为62.16%，超过了后者的 37.56%。尽管策略仍然有改进的空间，尤其是在降低回撤期间的持续时间和强度方面，但相较于 Buy & Hold 策略，其在"风险-回报"关系、最大回撤、恢复因子等方面均取得了显著优势，为投资者提供了更稳定的交易体验。

10.1 背 景 介 绍

在金融市场中，趋势跟踪是一种常用的交易策略，其中交易员的目标是在价格朝向上升趋势时买入金融证券，并在价格开始朝向下降趋势时卖出。这一特定策略可以应用于对任何资产管理，如股票、期货、加密货币、外汇等。趋势跟踪还可以应用于任何时间框架，无论是在 5 分钟时间框架上执行短期交易，还是在日常、周常，甚至是月常时间框架上执行交易。

在实际应用中，有许多不同的技术来判断是否存在趋势。在这些技术中，一种非常流行的技术是使用移动平均线，它提供了一个直观的视觉指导，显示价格朝向何方。通常，交易员会选择任何移动平均线，如 5 周期移动平均线，当价格高于此移动平均线时买入，而在价格低于此移动平均线时卖出。

本项目的目标是通过定量的角度来看待趋势跟踪策略，并观察我们如何使用 Python、数据科学和机器学习来开发有效的趋势跟踪交易策略。

10.2 功 能 模 块

本期货交易系统的主要构成模块如下所示。

☑ 数据预处理：对 live cattle futures 市场的历史数据进行清洗和整理，包括去除缺失值、处理异常值、计算技术指标等，为后续建模做准备。

☑ 趋势分析：通过对 live cattle futures 价格走势的描述，识别不同时期的趋势变化，特别关注 2010—2012 年的上升趋势。

☑ 特征分析：使用箱线图（boxplot）分析 close_to_ema8_ratio 变量的分布情况，揭示肉牛期货价格与 8 周期指数移动平均的关系。

☑ 数据分析：将 close_to_ema8_ratio 变量拆分为八个分位数，计算每个分位数范围内的平均收益，为后续制定目标变量奠定基础。

☑ 目标变量创建：基于 close_to_ema8_ratio 的阈值，创建一个目标变量，标识肉牛期货在下一周是涨还是跌。

☑ 样本平衡处理：使用 SMOTE 算法进行过采样，平衡目标变量的两个类别，以增强模型的鲁棒性。

☑ 特征选择：利用 SelectKBest 方法选择对模型预测最具统计学意义的特征，降低数据维度。

☑ 建模与评估：使用多个分类算法（logistic regression, XGBoost, LightGBM 等）建立模型，通过 AUC 分数评估模型性能，选择性能最好的 logistic regression 模型。

☑ 模型输出分析：绘制 ROC 曲线，展示 logistic regression 模型的性能，AUC 达到 0.887。

☑ 特征重要性可视化：使用置换重要性（permutation importance）分析特征对模型预测的贡献，绘制特征重要性条形图。

☑ 制定交易策略：基于模型预测的概率值，设定阈值，生成买入或卖空的信号，构建交易策略。

☑ 回测与绩效评估：利用 Quantstats 生成策略的绩效报告，对比策略和 Buy & Hold 方法的累计回报、夏普比率等指标。

☑ 风险分析：分析最大回撤、风险因子等指标，评估策略在不同市场情境下的表现。

☑ 结果总结：总结策略的优势和改进空间，提供对策略稳健性的评估和建议。

上述功能模块共同构成了一个完整的肉牛期货交易策略分析项目，通过历史数据和机器学习模型的结合，为投资者提供了一种优化交易决策的方法。

10.3　准　备　工　作

在开发项目之前需要先准备好开发环境和需要的数据集，在本节的内容中，将详细讲解实现本项目所需要做的准备工作。

10.3.1　安装需要的库

使用如下命令安装本项目需要的核心库，主要包括技术分析库、yfinance 库和quantstats 库。

```
pip install ta -q
pip install yfinance -q # Yahoo Finance library
pip install quantstats -q # Quantstats library
```

对上面命令的具体说明如下所示。
- ☑ pip install ta -q：安装名为 ta 的技术分析库（Technical Analysis library），这个库用于执行金融市场的技术分析，包括各种技术指标的计算。
- ☑ pip install yfinance -q：安装名为 yfinance 的库，这是 Yahoo Finance 库，这个库提供了一个简便的方式来获取金融市场的数据，特别是股票和其他证券的历史价格等信息。
- ☑ pip install quantstats -q：安装名为 quantstats 的库，这个库提供了用于统计和分析投资策略的工具，帮助你评估和优化投资组合的性能。

10.3.2　导入库

通过下面的代码导入各种 Python 库，这些库涵盖了数据处理、数据可视化、金融数据分析、机器学习和处理不平衡数据集的过采样等功能。具体功能包括使用 pandas 和 numpy 进行数据处理，matplotlib、seaborn 和 plotly 进行数据可视化，yfinance 和 quantstats 进行金融数据分析，同时引入了多个机器学习算法（如 logistic regression、XGBoost、random forest 等）以及用于特征选择和特征重要性评估的工具。同时，通过引入 SMOTE 库，处理不平衡的数据集，而 warnings 库则用于隐藏警告信息。

```
# 导入库

# 数据处理
import pandas as pd
import numpy as np

# 数据可视化
import matplotlib.pyplot as plt
import seaborn as sns
```

```
import plotly.express as px
import plotly.graph_objs as go
import plotly.subplots as sp
from plotly.offline import init_notebook_mode
init_notebook_mode(connected=True)

# 金融数据分析
import yfinance as yf
import ta
import quantstats as qs

# 机器学习
from sklearn.metrics import confusion_matrix, roc_auc_score, auc, roc_curve

# 分类机器学习算法
from sklearn.linear_model import LogisticRegression
from xgboost import XGBClassifier
from lightgbm import LGBMClassifier
from catboost import CatBoostClassifier
from sklearn.ensemble import AdaBoostClassifier, RandomForestClassifier, Gradient
BoostingClassifier
from sklearn.neural_network import MLPClassifier

# 特征选择
from sklearn.feature_selection import SelectKBest, f_classif

# 处理不平衡数据集的过采样方法
from imblearn.over_sampling import SMOTE

# 特征重要性
from sklearn.inspection import permutation_importance

# 隐藏警告
import warnings
warnings.filterwarnings("ignore")
```

10.4　数　据　分　析

在本项目中将使用芝加哥商品交易所（CME）live cattle futures（肉牛期货）提供的数据，该交易所是全球最大的衍生品交易所之一。在数据集中包含了历史价格信息，我们的分析工作将在周间隔的基础上进行，其中数据框中的每个样本捕捉了单个周内（周一到周五）的价格和交易量行为。

10.4.1　数据预处理

（1）使用库 yfinance 下载 live cattle（LE=F）每周的历史数据，时间跨度截至 2023 年 5 月 29 日。数据框 lef 包含了每周的价格和交易信息。代码如下所示。

```
lef = yf.download('LE=F', end = '2023-05-29',
              interval = '1wk') # 1-week timeframe
lef
```

代码执行后会输出如下内容。

```
[**********************100%***********************] 1 of 1 completed
            Open        High        Low         Close       Adj Close   Volume
Date
2002-03-04  74.675003   75.900002   74.025002   75.500000   75.500000   0
2002-03-11  75.800003   75.824997   73.000000   73.000000   73.000000   0
2002-03-18  72.074997   72.425003   69.775002   69.775002   69.775002   0
2002-03-25  69.699997   71.099998   69.699997   70.425003   70.425003   0
2002-04-01  71.625000   71.925003   68.675003   68.675003   68.675003   0
...         ...         ...         ...         ...         ...         ...
2023-04-24  173.300003  177.100006  173.300003  175.175003  175.175003  22408
2023-05-01  165.199997  165.774994  161.199997  161.925003  161.925003  159655
2023-05-08  161.925003  164.625000  161.774994  164.399994  164.399994  178222
2023-05-15  164.625000  166.225006  162.925003  165.725006  165.725006  81789
2023-05-22  165.649994  168.399994  163.649994  167.350006  167.350006  55489
1104 rows × 6 columns
```

（2）利用 Plotly 绘制一个蜡烛图（candlestick chart），以了解过去 20 年 live cattle futures 的价格走势。

```
candlestick = go.Candlestick(x = lef.index,
                    open = lef['Open'],
                    high = lef['High'],
                    low = lef['Low'],
                    close = lef['Adj Close'],
                    increasing = dict(line=dict(color = 'skyblue')),
                    decreasing = dict(line=dict(color = 'darkblue')))

# Defining layout
layout = go.Layout(title = {'text': '<b>Live Cattle Futures</b> <br><sup> (March,
2002 - May, 2023)</sup>',
                    'x': 0.5,
                    'xanchor': 'center',
                    'yanchor': 'top',
                    'font': {
                        'size': 25
                    }},
                 yaxis = dict(title = 'Price (USD)'),
                 xaxis = dict(title = 'Date'),
                 template = 'ggplot2',
                 xaxis_rangeslider_visible = True,
                 yaxis_gridcolor = 'lightgray',
                 yaxis_tickfont = dict(color = 'black'),
                 xaxis_tickfont = dict(color = 'black'),
                 margin = dict(t = 80, l = 50, r = 50, b = 50),
                 height = 650, width = 1000,
```

```
                plot_bgcolor = 'white')
fig = go.Figure(data = [candlestick], layout = layout)
fig.show()
```

上述代码使用 Plotly 设计并绘制了 live cattle futures 数据的蜡烛图，如图 10-1 所示。该图形直观展示了从 2002 年 3 月 4 日到 2023 年 5 月 29 日的开盘价、最高价、最低价和调整后收盘价。增长的蜡烛柱呈天蓝色，而下降的柱子呈深蓝色。布局包括标题、轴标签以及用于交互式探索的日期范围滑块。

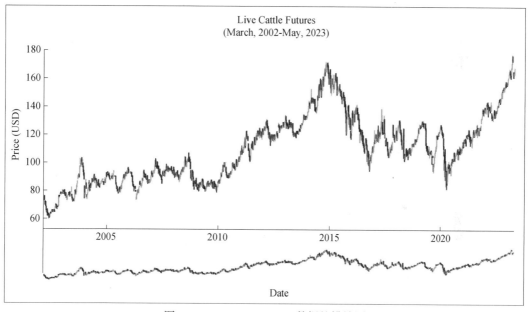

图 10-1　live cattle futures 数据的蜡烛图

由上图可以看出，在分析的时间段内的不同的价格行为。例如，在 2003 年到 2011 年期间，价格表现出横向波动，大致在每份合同 77.00 美元到 100.00 美元之间。在 2011 年的突破之后，价格开始上升趋势，于 2014 年 11 月达到约 170.00 美元的峰值。从 2014 年末到 2016 年 10 月，价格经历了一个下降趋势，最终达到 95.00 美元，并再次保持在横向范围内。然而，自 2022 年 3 月以来，新的上升趋势已经出现，截至 2023 年 5 月似乎仍在持续。

（3）将 live cattle futures 的数据框 lef 拆分成训练集 train 和测试集 test。其中，训练集包含了 2002 年到 2012 年的数据，而测试集包含了 2013 年到 2023 年的数据。这样的划分可以用在训练集上构建模型，然后在测试集上评估模型的性能。

```
train = lef[lef.index.year <= 2012]
test = lef[lef.index.year >= 2013]
```

10.4.2　特征工程

在这一步中将定义一个名为 new_features 的函数，该函数将在我们下载的数据中执行多种操作，以创建新特征，提高机器学习算法的预测能力。本项目会更深入地探讨我们将用于创建目标变量的两个最相关的特征。首先是 EMA8，其计算公式如下。

$$EMA_t = \alpha \cdot X_t + (1-\alpha) \cdot EMA_{t-1}$$

EMA_t 是时间 t 的 EMA 值，X_t 是时间 t 的价格，α 是平滑系数，计算方式为 $2/(n+1)$，其中 n 是 EMA 的周期数（在这种情况下，$n=8$），EMA_{t-1} 是上一次（$t-1$）的 EMA 值。

指数移动平均（EMA）与简单移动平均不同，它更加关注分布中最近的样本。在这种情况下，可以说我们的 8 周期指数移动平均更强调最近的收盘价。总体而言，指数移动平均比简单移动平均更快地捕捉变化和趋势。然而，它对噪声和错误突破的敏感性也更低，相对于简单移动平均更经常产生虚假信号。

在本项目中，将使用过去 8 周的指数移动平均，通过计算 Adj Close 列的均值获得。作者鼓励读者尝试不仅使用不同类型的移动平均，如简单移动平均和加权移动平均，还要尝试不同的周期和不同的时间框架。

接下来要讨论的另一个特征是 close_to_ema8_ratio，其计算公式如下。

$$\text{Close to EMA8 Ratio} = \frac{\text{Adj Close}}{\text{ema8}}$$

该特征表示当前收盘价与 8 周期指数移动平均之间的关系，当此特征的值低于 1.0 时，表示价格正在低于移动平均价交易，暗示可能存在下降趋势。相反，当值高于 1.0 时，表示价格正在高于移动平均价交易，表明可能存在上升趋势。该特征还捕捉了价格与移动平均之间的距离值。该值偏离 1.0 越远，当前趋势可能越强。

在接下来的内容中，将进一步分析上述两个特征的实现过程。

（1）定义新特征函数 new_features，用于在已下载的数据上执行多种操作，创建新的特征以提升机器学习算法的预测性能。这些特征包括与价格行为相关的比率和差值、滞后项和滞后项比率、指数移动平均、波动性特征、技术指标（如相对强弱指标、商品通道指数等）以及周收益率。这些特征旨在捕捉价格趋势、波动性和市场情绪等方面的信息，为后续的机器学习建模提供更多的输入变量。

```
def new_features(df):

    # 与价格行为相关的特征
    df['high_low_ratio'] = df['High'] / df['Low']  # 最高价与最低价比率
```

```
    df['open_adjclose_ratio'] = df['Adj Close'] / df['Open']  # 开盘价与收盘价比率
    df['candle_to_wick_ratio'] = (df['Adj Close'] - df['Open']) / (df['High'] -
df['Low'])  # 蜡烛到影线比率
    upper_wick_size = df['High'] - df[['Open', 'Adj Close']].max(axis=1)  # 上影线大小
    lower_wick_size = df[['Open', 'Adj Close']].min(axis=1) - df['Low']  # 下影线大小
    df['upper_to_lower_wick_ratio'] = upper_wick_size / lower_wick_size  # 上下影线比率

    # 滞后项
    df['lag1'] = df['Adj Close'].shift(1)
    df['lag2'] = df['Adj Close'].shift(2)
    df['lag3'] = df['Adj Close'].shift(3)
    df['lag4'] = df['Adj Close'].shift(4)
    df['lag5'] = df['Adj Close'].shift(5)

    # 滞后项比率
    df['close_to_lag1_ratio'] = df['Adj Close'] / df['lag1']
    df['close_to_lag2_ratio'] = df['Adj Close'] / df['lag2']
    df['close_to_lag3_ratio'] = df['Adj Close'] / df['lag3']
    df['close_to_lag4_ratio'] = df['Adj Close'] / df['lag4']
    df['close_to_lag5_ratio'] = df['Adj Close'] / df['lag5']

    # 指数移动平均
    df['ema8'] = ta.trend.ema_indicator(df['Adj Close'], window=8)

    # 波动性特征
    df['9_days_volatility'] = df['Adj Close'].pct_change().rolling(window=9).std()
    df['20_days_volatility'] = df['Adj Close'].pct_change().rolling(window=20).
std()
    df['9_to_20_day_vol_ratio'] = df['9_days_volatility'] / df['20_days_volatility']

    # 技术指标
    df['rsi'] = ta.momentum.RSIIndicator(df['Adj Close']).rsi()  # 相对强弱指标
    df['rsi_overbought'] = (df['rsi'] >= 70).astype(int)  # RSI超买
    df['rsi_oversold'] = (df['rsi'] <= 30).astype(int)  # RSI超卖
    df['cci'] = ta.trend.cci(df['High'], df['Low'], df['Adj Close'], window=10,
constant=0.015)  # 商品通道指数
    df['obv'] = ta.volume.OnBalanceVolumeIndicator(close=df['Adj  Close'],
volume=df['Volume']).on_balance_volume()  # 成交量平衡线
    df['obv_divergence_5_days'] = df['obv'].diff().rolling(10).sum() - df['Adj
Close'].diff().rolling(5).sum()  # OBV 5天偏离
    df['obv_divergence_10_days'] = df['obv'].diff().rolling(20).sum() - df['Adj
Close'].diff().rolling(10).sum()  # OBV 10天偏离
    df['ADX'] = ta.trend.ADXIndicator(df['High'], df['Low'], df['Adj Close'],
window=10).adx()  # 平均趋向指数
    df['ADI'] = ta.volume.AccDistIndexIndicator(df['High'], df['Low'], df['Adj
Close'], df['Volume']).acc_dist_index()  # 积累/派发线

    # 周收益率
    df['returns'] = np.round((df['Adj Close'].pct_change()) * 100, 2)

    # 收盘价与8周期指数移动平均的比率
```

```
df['close_to_ema8_ratio'] = df['Adj Close'] / df['ema8']

# 将无穷大值替换为零
df = df.replace([np.inf, -np.inf], 0)

# 删除NaN值
df = df.dropna()
return df
```

（2）将训练集 train 和测试集 test 分别传递给之前定义的 new_features 函数，对它们进行特征工程处理，生成新的特征。这一步旨在为机器学习模型提供更丰富、更有信息量的输入，以更准确地预测 live cattle futures 价格的走势。

```
train = new_features(train)
test = new_features(test)
```

（3）通过下面代码可以看到将 new_features 函数应用于训练数据集的结果，并查看已添加到数据框中的新特征。

```
train
```

在本项目中，train 是经过特征工程处理的 live cattle futures 数据的训练集。我们使用了名为 new_features 的函数对训练集进行了特征工程，为机器学习模型提供了更丰富的信息输入。这个过程包括各种价格行为指标、滞后项、技术指标等特征的计算，以提高模型对未来价格趋势的预测能力。训练集 train 中包含了这些新生成的特征，用于后续机器学习建模的训练过程。代码执行后会输出如下内容。

```
Open High Low Close    Adj Clcse    Volume   high_low_ratio   open_adjclose_ratio
   candle_to_wick_ratio  upper_to_lower_wick_ratio ... rsi_overbought
   rsi_oversold cci obv obv_divergence_5_days obv_divergence_10_days     ADX
   ADI returns close_to_ema8_ratio
Date

2002-07-22  65.800003    65.800003    64.224998    64.900002    64.900002    0
   1.024523 0.986322 -0.571428    0.000000 ... 0    0   71.148622    0     -
1.175003 -3.150002    53.089992    0.000000 -1.22    1.006925
2002-07-29  64.925003    65.000000    64.449997    64.699997    64.699997    0
   1.008534 0.996534 -0.409100    0.299988 ... 0    0   51.315128    0     -
1.299995 -2.624996    51.599305    0.000000 -0.31    1.002970
2002-08-05  64.324997    65.224998    64.175003    65.224998    65.224998    0
   1.016361 1.013991 0.857148 0.000000 ... 0    0   49.847205    0    -0.549995
   -4.750000    50.463234    0.000000 0.81 1.008619
2002-08-26  64.750000    65.175003    64.500000    64.724998    64.724998    0
   1.010465 0.999614 -0.037039    1.888915 ... 0    0   -20.358467    0
   0.175003 -1.000000    44.688827    0.000000 -0.50    0.996962
2002-09-16  69.775002    69.824995    69.699997    69.699997    69.699997    0
   1.001793 0.998925 -0.600037    0.000000 ... 0    0   141.617928    0     -
3.724998 -4.299995    38.466499    0.000000 -0.78    1.035066
...    ...   ...   ...
   ...   ...   ...    ...
```

```
2012-12-03    126.625000    127.000000    125.500000    125.875000    125.875000
    54137    1.011952 0.994077 -0.500000    1.000000 ... 0    0    27.782588    -
485103    212394.550003494765.19999720.364995    -842575.437873    -0.67
    0.998634
2012-12-10    125.974998    127.400002    125.175003    126.900002    126.900002
    63411    1.017775 1.007343 0.415732 0.625004 ... 0    0    35.008746    -
421692    224042.849998492254.15000220.851077    -807663.783260    0.811.005254
2012-12-17    127.425003    129.725006    127.400002    129.274994    129.274994
    26724    1.018250 1.014518 0.795693 17.999390    ... 0    0    157.649873    -
394968    215978.875008454451.62500822.755490    -791284.817706    1.871.018620
2012-12-24    129.000000    129.600006    128.399994    129.399994    129.399994
    7372 1.009346 1.003101 0.333325 0.333350 ... 0    0    125.563012    -387596
    208484.550003407931.90000924.469461    -786370.276024    0.101.015182
2012-12-31    129.399994    134.324997    129.100006    132.949997    132.949997
    103959    1.040472 1.027434 0.679428 4.583520 ... 0    0    189.152113    -
283637    318640.775002476106.55000327.994616    -737126.635055    2.741.033153
465 rows × 35 columns
```

10.4.3　探索性数据分析

既然在数据集中有了 8 周期指数移动平均，我们可以绘制蜡烛图和移动平均线，以观察它们之间的交互关系。

（1）下面的这段代码设置了蜡烛图和 8 周期指数移动平均线的绘制。蜡烛图展示了 live cattle futures 的价格走势，其中升势用天蓝色表示，降势用深蓝色表示。橙色的线条代表 8 周的指数移动平均线（EMA），展示了价格趋势的平滑变化。整体布局包括标题、坐标轴标签等，使图表更具可读性。

```
# 设置蜡烛图
candlestick = go.Candlestick(x = train.index,
                        open = train['Open'],
                        high = train['High'],
                        low = train['Low'],
                        close = train['Adj Close'],
                        increasing = dict(line=dict(color = 'skyblue')),
                        decreasing = dict(line=dict(color = 'darkblue')),
                        name = 'Candles')

# 设置移动平均线
ema8 = go.Scatter(x = train.index,
            y = train['ema8'],
            mode = 'lines',
            line=dict(color='orange', width = 2),
            name = 'EMA - 8 Weeks')

# 定义整体布局
layout = go.Layout(title = {'text': '<b>Live Cattle Futures</b> <br><sup>(July,2002
- December, 2012)</sup>',
                        'x': 0.5,
```

```
                        'xanchor': 'center',
                        'yanchor': 'top',
                        'font': {
                            'size': 25
                        }},
            yaxis = dict(title = 'Price (USD)'),
            xaxis = dict(title = 'Date'),
            template = 'ggplot2',
            xaxis_rangeslider_visible = True,
            yaxis_gridcolor = 'lightgray',
            yaxis_tickfont = dict(color = 'black'),
            xaxis_tickfont = dict(color = 'black'),
            margin = dict(t = 80, l = 50, r = 50, b = 50),
            height = 650, width = 1000,
            plot_bgcolor = 'white')

fig = go.Figure(data = [candlestick, ema8], layout = layout)

fig.show()
```

代码执行后会绘制蜡烛图（candlestick chart）和 8 周期指数移动平均线（EMA - 8 Weeks）图，如图 10-2 所示。蜡烛图用于展示 live cattle futures 的价格走势，其中每个蜡烛表示一周的交易数据，包括开盘价、收盘价、最高价和最低价。升势的蜡烛用天蓝色表示，降势的蜡烛用深蓝色表示。橙色的线条代表了 8 周期指数移动平均线（EMA），它是一种平滑处理价格变动的方法，有助于识别趋势。将这两个图形结合在一起，可以更直观地观察价格趋势及其与移动平均的关系。

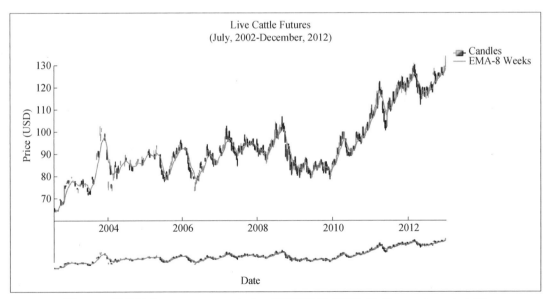

图 10-2　蜡烛图（candlestick chart）和 8 周期指数移动平均线（EMA - 8 Weeks）图

从图 10-2 中我们可以明显看出，从 2002 年到 2011 年，live cattle futures 没有表现出任何趋势。价格保持在一个横向范围内，移动平均线在每周基础上围绕着收盘价波动。通过放大图表并关注 2010 年 1 月至 2012 年 12 月的时间段，可以看到一种新兴的上升趋势。在这段期间，价格呈现出上升的高点和低点的形成，而移动平均线则随之变化。

（2）让我们进一步查看在训练期间 close_to_ema8_ratio 变量的值分布，通过如下代码绘制了 close_to_ema8_ratio 变量的箱线图，可视化展示了在训练期间该变量的值分布情况。

```
fig = px.box(train, x = 'close_to_ema8_ratio', points = 'all')

fig.update_traces(boxpoints = 'all', marker_color = 'lightsteelblue')
fig.update_layout(height = 350, width = 1000,
            template = 'plotly_white',
            title = {'text': '<b>Close-to-Exponential Moving Average 8 Ratio -
Boxplot</b>',
            'x': 0.5,
            'xanchor': 'center',
            'yanchor': 'top',
            'font': {
                'size': 25
            }},
            margin = dict(t=100)
            )

fig.show()
```

代码执行后会绘制箱线图，效果如图 10-3 所示。箱线图显示了数据的中位数、上下四分位数以及可能的异常值，帮助我们了解价格与 8 周期指数移动平均线之间的关系。图表的布局经过调整，包括标题、模板风格等，增强了可读性和美观性。

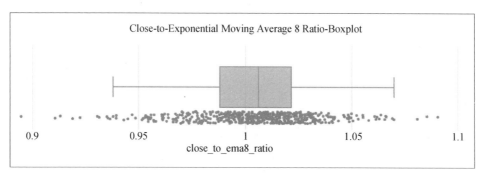

图 10-3　箱线图

通过箱线图，我们可以看到变量 close_to_ema8_ratio 的中位数约为 1.006144，这意味着在训练期间，平均而言，收盘价略高于 8 周期指数移动平均线。总体而言，通过分析上述箱线图，我们可能会倾向于购买 Live Cattle Futures，押注合同总体升值的可能性。

（3）把 close_to_ema8_ratio 变量分成八个不同的分位数，这将把该变量中的值分成包含总数据量 12.5%的不同范围。此外，将计算每个范围的收益均值，这将让我们了解根据收盘价与 8 周期移动平均线之间的比率范围，合同平均升值或贬值是多少。

```
octiles = np.arange(0, 1.125, 0.125)
octile_intervals = np.quantile(train['close_to_ema8_ratio'],octiles)
ranges = pd.cut(train['close_to_ema8_ratio'], octile_intervals)
data = pd.DataFrame({'ranges': ranges,
                'returns': train['returns']})
mean_values = data.groupby('ranges')['returns'].mean()

crosstab = pd.crosstab(index = mean_values.index,
                columns = 'mean_returns',
                values = mean_values.values,
                aggfunc = 'mean')
crosstab
```

在上述代码中，首先将 close_to_ema8_ratio 变量分成八个不同的分位数范围（八等分），然后计算每个范围内的收益均值。通过使用 pandas 库的 cut 函数和 groupby 操作，将数据分组并计算每个范围的平均收益。最后，使用 crosstab 函数生成一个交叉表，展示每个范围内的平均收益情况。这有助于了解不同收盘价与 8 周期移动平均线比率范围内合同的平均升值或贬值程度。代码执行后会输出如下内容。

```
col_0        mean_returns
row_0
(0.895, 0.971]     -2.441034
(0.971, 0.988]     -0.989828
(0.988, 0.998]     -0.432414
(0.998, 1.006]      0.031034
(1.006, 1.013]      0.101034
(1.013, 1.021]      0.629828
(1.021, 1.033]      1.202241
(1.033, 1.091]      2.680517
```

通过分析上述表格，最终能够提取有价值的见解，用于创建目标变量。总体而言，多数范围都呈现出正的平均收益，再次表明对 live cattle futures 存在更多看涨情绪。

（4）在下面的代码中将定义一个新函数，根据上述范围内观察到的平均收益，创建目标变量。如果 close_to_ema8_ratio 的值低于阈值 0.998，那么该样本将被标记为 0，而高于该阈值的任何值将被标记为 1。除了标记之外，还将目标变量向后移动一个样本，因为我们希望捕捉导致下周值为 1 或 0 的当前周的特征。

```
def target(df):
    df['target'] = np.where(df['close_to_ema8_ratio'] <= 0.998, 0, 1)
    df['target'] = df['target'].shift(-1)
    df = df.dropna()
    return df
```

```
train = target(train)
test = target(test)
```

在上述代码中定义了一个名为 target 的函数，该函数接收 DataFrame 并根据 close_to_ema8_ratio 的值创建目标变量。如果该值低于或等于阈值 0.998，样本将被标记为 0，否则标记为 1。然后，将目标变量向后移动一个样本，以捕捉导致下周值为 1 或 0 的当前周的特征。最后，删除 NaN 值以确保数据完整。随后，将该函数应用于训练集（train）和测试集（test）。

（5）可以通过如下代码查看数据集中的 target，以查看上述函数 target 的结果。

```
train
```

代码执行后会输出如下内容。

```
      Open High Low  Close     Adj Close     Volume    high_low_ratio
open_adjclose_ratio   candle_to_wick_ratio  upper_to_lower_wick_ratio ...
     rsi_oversold cci obv  obv_divergence_5_days  obv_divergence_10_days    ADX
     ADI   returns  close_to_ema8_ratio     target
Date
2002-07-22    65.800003    65.800003    64.224998    64.900002    64.900002    0
     1.024523 0.986322 -0.571428    0.000000 ... 0   71.148622    0   -1.175003
     -3.150002   53.089992   0.000000 -1.22  1.006925 1.0
2002-07-29    64.925003    65.000000    64.449997    64.699997    64.699997    0
     1.008534 0.996534 -0.409100    0.299988 ... 0   51.315128    0   -1.299995
     -2.624996   51.599305   0.000000 -0.31  1.002970 1.0
2002-08-05    64.324997    65.224998    64.175003    65.224998    65.224998    0
     1.016361 1.013991 0.857148 0.000000 ... 0   49.847205    0   -0.549995  -
4.750000 50.463234    0.000000 0.811.008619 0.0
2002-08-26    64.750000    65.175003    64.500000    64.724998    64.724998    0
     1.010465 0.999614 -0.037039    1.888915 ... 0   -20.358467    0    0.175003 -
1.000000 44.688827    0.000000 -0.50  0.996962 1.0
2002-09-16    69.775002    69.824997    69.699997    69.699997    69.699997    0
     1.001793 0.998925 -0.600037    0.000000 ... 0   141.617928    0   -3.724998
     -4.299995   38.466499   0.000000 -0.78  1.035066 1.0
...   ...  ...  ...  ...          ...         ...          ...
     ...  ...  ...
2012-11-26    128.949997    129.024994    126.550003    126.724998    126.724998
     58863    1.019557 0.982745 -0.898993    0.428565 ... 0   111.606654    -
430692   197239.775002659422.600920.151208   -815506.937873    -1.73
     1.004985 1.0
2012-12-03    126.625000    127.000000    125.500000    125.875000    125.875000
     54137    1.011952 0.994077 -0.500000    1.000000 ... 0   27.782588    -
485103   212394.550003494765.19999720.364995   -842575.437873    -0.67
     0.998634 1.0
2012-12-10    125.974998    127.400002    125.175003    126.900002    126.900002
     63411    1.017775 1.007343 0.415732 0.625004 ... 0   35.008746    -421692
224042.849998492254.15000220.851077   -807663.783260    0.811.005254 1.0
2012-12-17    127.425003    129.725006    127.400002    129.274994    129.274994
     26724    1.018250 1.014518 0.795693 17.999390... 0   157.649873    -394968
215978.875008 454451.625008 22.755490-791284.817706   1.87 1.018620 1.0
```

```
2012-12-24    129.000000    129.600006    128.399994    129.399994    129.399994
       7372 1.009346 1.003101 0.333325 0.333350 ... 0    125.563012    -387596
       208484.550003407931.90000924.469461    -786370.276024    0.10 1.015182 1.0
464 rows × 36 columns
```

（6）在向两个数据集中添加目标变量之后，可以使用饼图来查看训练集中目标变量的标签分布情况。这将有助于我们全面了解 close_to_ema8_ratio 处于具有正平均收益范围内的样本数量。

```
fig = px.pie(train, names = 'target', hole = .75)

fig.update_traces(marker=dict(colors=['red', 'blue']))

fig.update_layout(title = {'text':'<b>Distribution of Classes in the Target
Variable</b>',
                    'x': 0.5,
                    'xanchor': 'center',
                    'yanchor': 'top',
                    'font': {
                        'size': 25
                    }},
            margin=dict(t=100)
        )
fig.show()
```

代码执行后将绘制目标变量类别分布情况饼形图，如图 10-4 所示。通过这个饼图，我们可以看到训练集中目标变量的类别分布情况。其中，蓝色部分表示标签为 1 的样本，红色部分表示标签为 0 的样本。这有助于我们了解在 close_to_ema8_ratio 处于具有正平均收益范围内的样本数量。

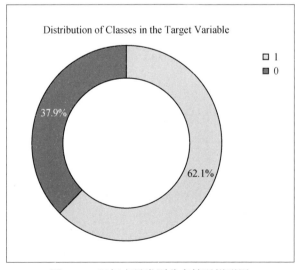

图 10-4   目标变量类别分布情况饼形图

通过图 10-4 可以看出，62.1% 的样本属于类别 1。这强化了在训练期间，收盘价大多数时间都高于 8 周期移动平均线的事实。

（7）现在我们知道了价格和移动平均线之间的关系特征，并且已经向数据集引入了目标变量，接下来开始为建模处理数据。首先，分别将训练集和测试集拆分为独立特征（X）和目标变量（y）。

```
X_train = train.drop('target', axis = 1)
y_train = train.target

X_test = test.drop('target', axis = 1)
y_test = test.target
```

在上述代码中，将训练集和测试集分别拆分为独立特征（X）和目标变量（y）。在训练集中，X_train 包含所有特征列（排除目标变量列），y_train 包含目标变量列。在测试集中，X_test 和 y_test 的定义类似。这样，我们就可以使用 X_train 和 y_train 进行模型的训练，使用 X_test 进行模型的测试和评估。

（8）考虑到通过饼形图对目标变量的分析，会显示属于 0 标签和 1 标签的样本数量之间存在巨大的类别不平衡，我们将使用 SMOTE（合成少数过采样技术）来合成增加少数类的样本数量。这对于帮助减小引入偏差到与多数类相关的模型的影响非常有用，它还有助于我们的模型学习导致目标变量被标记为每个特定类别的特征。

```
smote = SMOTE(random_state = 42)
X_train_oversampled, y_train_oversampled = smote.fit_resample(X_train,y_train)
```

在上述代码中，使用 SMOTE 对训练集进行过采样。通过调用 fit_resample() 方法，将原始的 X_train 和 y_train 进行过采样，得到 X_train_oversampled 和 y_train_oversampled。这样，我们就得到了过采样后的训练集，其中少数类的样本数量得到了合成增加。

（9）通过下面的代码绘制一个饼形图，展示经过采样后目标变量的类别分布情况。

```
fig = px.pie(y_train_oversampled, names = y_train_oversampled.values, hole = .75)
fig.update_traces(marker=dict(colors=['red', 'blue']))

# Layout
fig.update_layout(title = {'text':'<b>Distribution of Classes in the Target
Variable</b><br><sup>(After Oversampling)</sup>',
                   'x': 0.5,
                   'xanchor': 'center',
                   'yanchor': 'top',
                   'font': {
                       'size': 25
                   }},
              margin=dict(t=100)
              )
```

```
fig.show()
```

代码执行后会绘制饼形图，如图 10-5 所示。饼形图中的红色和蓝色分别代表目标变量的两个类别，展示了它们的相对比例。通过这个图表，我们可以观察到在过采样之后，两个类别的样本数量相对平衡。

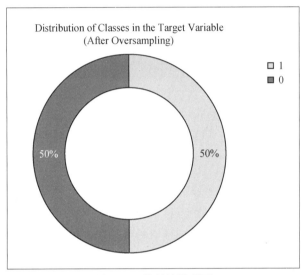

图 10-5 绘制的饼形图

现在，我们已经确保两个标签在总训练数据中占据相等的比例。通过使用过采样，成功地平衡了训练集中目标变量的类别分布。

10.4.4 特征选择

选择最佳特征作为预测变量至关重要，因为它有助于消除数据中的冗余，减少过拟合的可能性，提高模型对未见数据的泛化能力。在下面的内容中，我们将使用 Sklearn 的 SelectKBest 执行一些单变量统计测试，以识别根据其 k 分数最相关的特征。另外，还使用小于 5% 的 p 值作为确定所选特征的统计显著性的阈值。

（1）使用 Sklearn 中的 SelectKBest 进行单变量统计测试，识别在 k 分数下最相关的特征。选择的阈值为 5% 以下的 p 值，以确定所选特征的统计显著性。

```
k_best = SelectKBest(score_func = f_classif,k = len(X_train.columns))

X_train_best = k_best.fit_transform(X_train, y_train)
X_test_best = k_best.transform(X_test)

feat_indices = k_best.get_support(indices = True)
```

```
feat_names = X_train.columns[feat_indices]

p_values = k_best.pvalues_

selected_features = []

for feature, pvalue in zip(feat_names, p_values):
    if pvalue < 0.05:
        selected_features.append(feature)

print("Selected Features: \n")
print(selected_features)
```

代码执行后会打印输出所选的特征，这个过程有助于消除数据中的冗余，提高模型泛化能力。

```
Selected Features:

['Open',       'High',       'Low',       'Close',       'Adj    Close',       'high_low_ratio',
'open_adjclose_ratio',  'candle_to_wick_ratio',  'lag1',  'close_to_lag1_ratio',
'close_to_lag2_ratio',       'close_to_lag3_ratio',       'close_to_lag4_ratio',
'close_to_lag5_ratio',  '9_days_volatility',  '9_to_20_day_vol_ratio',  'rsi',
'rsi_overbought',  'cci',  'obv_divergence_5_days',  'obv_divergence_10_days',
'returns', 'close_to_ema8_ratio']
```

在上面的输出中，可以看到根据我们为 p 值设定的条件所选的所有特征，这些特征将充当预测变量。接下来，将定义新的 X 数据集，仅包含上述选定的属性。

（2）使用 SelectKBest 方法通过统计测试选择最佳特征，并将训练集和测试集转换为仅包含这些选定特征，以便进行进一步的模型训练和评估，减少维度有可能提高模型性能。

```
X_train_best = X_train[selected_features]
X_test_best = X_test[selected_features]
```

10.5　建　　模

在基于趋势跟踪的期货交易项目中，机器学习建模发挥着至关重要的作用，它可以通过历史数据训练算法来识别市场趋势和模式，从而预测未来的价格走势。

10.5.1　建模流程

在本项目的建模过程中，通过应用多种分类和回归算法，机器学习模型能够评估不同的交易信号，优化交易策略，提高预测的准确性，并最终增强交易决策的客观性和系统性。

此外，机器学习还能通过特征重要性分析识别对交易决策影响最大的因素，帮助交易者更好地理解模型的决策过程，以及进行风险管理和资产配置。

本项目的建模流程如下所示。

（1）定义分类器列表（classifiers）：创建一个列表，包含多个不同的分类算法实例，如逻辑回归、XGBoost 分类器、LightGBM 分类器、CatBoost 分类器、AdaBoost 分类器、随机森林分类器、梯度提升分类器和多层感知器。

（2）训练和预测：对每个分类器使用训练集（X_train_best，y_train）进行训练，并在测试集（X_test_best）上进行预测，得到每个实例属于类别 1 的概率。

（3）计算 AUC 分数：使用预测概率计算每个分类器的 ROC 曲线下面积（AUC）分数，这是评估二分类模型性能的一个指标。AUC 值越高，表示模型的分类性能越好。

（4）选择最佳分类器：根据计算出的 AUC 分数，选择得分最高的分类器作为最佳模型。

（5）绘制 ROC 曲线：使用最佳分类器（在这个例子中是逻辑回归模型）在整个训练数据集上训练，然后在测试数据集上进行预测，绘制 ROC 曲线，以图形化地展示模型的性能。

（6）计算特征重要性：使用排列重要性（permutation_importance）方法来评估每个特征对模型预测能力的贡献，并绘制特征重要性的条形图。

整个建模过程的目的是选择一个能够准确预测目标变量的分类器，并通过可视化工具（如 ROC 曲线和特征重要性图）来评估和展示模型的性能，这在金融、医疗、风险评估等领域的决策支持系统中非常有用。

10.5.2　具体建模

现在开始介绍具体建模的实现过程。首先定义一个名为 classifier 的列表，其中包含不同的分类算法。然后预测 y_test 数组中包含的 1 或 0 的概率，最后使用 ROC 曲线下面积得分评估分类器，并选择具有最高得分的分类器。

（1）下面的代码定义了一个包含不同分类算法的列表 classifiers。通过迭代这些分类器，计算它们在测试集上的 ROC 曲线下面积（AUC）分数，并输出每个分类器的性能评估。

```
classifiers = [
    LogisticRegression(random_state = 42),
    XGBClassifier(random_state = 42),
    LGBMClassifier(random_state = 42),
    CatBoostClassifier(random_state = 42, verbose = False),
    AdaBoostClassifier(random_state = 42),
    RandomForestClassifier(random_state = 42),
    GradientBoostingClassifier(random_state = 42),
    MLPClassifier(random_state = 42)
]

for clf in classifiers:
```

```
clf.fit(X_train_best, y_train)
preds = clf.predict_proba(X_test_best)[:,1]
auc_score = roc_auc_score(y_test, preds)
print(f'{type(clf).__name__}: AUC Score = {auc_score:.3f}')
```

代码执行后会输出如下内容。

```
LogisticRegression: AUC Score = 0.887
XGBClassifier: AUC Score = 0.841
LGBMClassifier: AUC Score = 0.857
CatBoostClassifier: AUC Score = 0.875
AdaBoostClassifier: AUC Score = 0.816
RandomForestClassifier: AUC Score = 0.877
GradientBoostingClassifier: AUC Score = 0.845
MLPClassifier: AUC Score = 0.618
```

（2）在整个训练数据集上训练 Logistic Regression 模型，在测试数据集上进行预测，并绘制 ROC 曲线以评估模型的性能。

```
# 构建最佳模型
model = LogisticRegression(random_state = 42)
model.fit(X_train_best, y_train)
y_pred = model.predict_proba(X_test_best)[:,1]

# 计算AUC分数
fpr, tpr, thersholds = roc_curve(y_test, y_pred)
auc_score = auc(fpr, tpr)

# 绘制AUC-ROC曲线图
fig = go.Figure()

# 曲线下面积
fig.add_trace(go.Scatter(x = fpr,
                         y = tpr,
                         mode = 'lines',
                         fill = 'tozeroy',
                         line=dict(color = 'cornflowerblue', width = 2),
                         name = f'AUC = {auc_score:.3f}'))

# 随机猜测线
fig.add_trace(go.Scatter(x = [0,1],
                         y = [0,1],
                         mode = 'lines',
                         line=dict(color = 'indigo', width = 1.5, dash = 'longdashdot'),
                         name = 'Random Guess'))

# 布局
fig.update_layout(xaxis = dict(range=[0.0, 1.0]),
                  yaxis = dict(range=[0.0, 1.05]),
                  xaxis_title = 'False Positive Rate',
                  yaxis_title = 'True Positive Rate',
```

```
                   title = {
                       'text':'<b>Area Under the Curve - Logistic Regression Model</b>',
                       'x': 0.5,
                       'xanchor': 'center',
                       'yanchor': 'top',
                       'font': {
                           'size': 25
                       }
                   },
                   margin = dict(t = 180),
                   legend = dict(x=1, y=1, xanchor = 'right', yanchor = 'bottom'),
                   plot_bgcolor = 'white',
                   showlegend = True,
                   height = 650, width = 1000)

fig.show()
```

上述代码首先构建了 logistic regression 模型，并使用该模型在测试数据上进行预测。然后通过计算该模型的假正率（false positive rate）和真正率（true positive rate），绘制了 AUC-ROC 曲线图，如图 10-6 所示。AUC（曲线下面积）是评估二元分类模型性能的指标，而该图可用于可视化模型的分类准确性和对不同阈值的鲁棒性。最终的图表展示了模型性能，并与随机猜测曲线进行了比较。

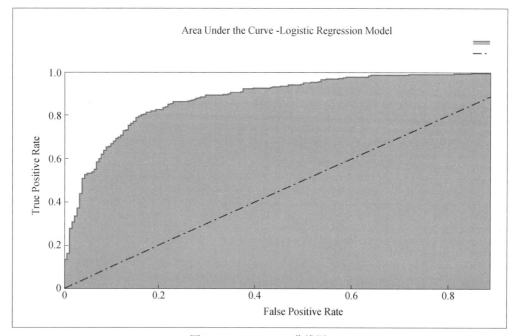

图 10-6　AUC-ROC 曲线图

通过上面的 AUC-ROC 曲线图我们可以看出，在 AUC 分数为 0.887 的情况下，我们的模型表现比随机猜测好得多，随机猜测由图 10-6 中的紫色虚线表示。在具有如此良好分数的情况下，我们可以继续开发一个交易策略，以测试模型的性能是否优于持有（Buy & Hold）方法。

（3）通过下面的代码可以看到对模型预测最重要的特征，这些重要性是使用 Sklearn 的 permutation_importance 计算的。

```
result = permutation_importance(model, X_test_best, y_test, n_repeats=100,
random_state=42) # Computing feature importance

# Computing mean scores and obtaining features' names
importances = result.importances_mean
feature_names = X_test_best.columns

# Sorting Features importances and names
indices = importances.argsort()[::1]
sorted_features = feature_names[indices]
sorted_importances = importances[indices]

# Plotting Feature Importance
fig = go.Figure()

fig.add_trace(go.Bar(x = sorted_importances,
             y = sorted_features,
             marker = dict(color = 'steelblue'),
             orientation = 'h'))

fig.update_layout(title    =    {'text':'<b>Logistic    Regression    -    Feature
Importance</b>',
              'x': 0.5,
              'xanchor': 'center',
              'yanchor': 'top',
              'font': {
                  'size': 25
              }},
          margin = dict(t = 100),
          xaxis_title = 'Importance',
          yaxis_title = 'Features',
          showlegend = False,
          height = 750,
          width = 1000,
          plot_bgcolor = 'white')
fig.show()
```

在上述代码中，函数 permutation_importance 通过对特征进行排列重要性检验，计算模型的特征重要性。结果显示特征按其对模型的贡献程度排序的水平条形图，其中颜色越深的特征越重要。代码执行后会绘制逻辑回归模型特征重要性排名图，如图 10-7 所示。图中的水平条形图显示了 logistic regression 模型中特征的相对重要性。条形的长度表示特征的重要性，颜色越深表示特征越重要。

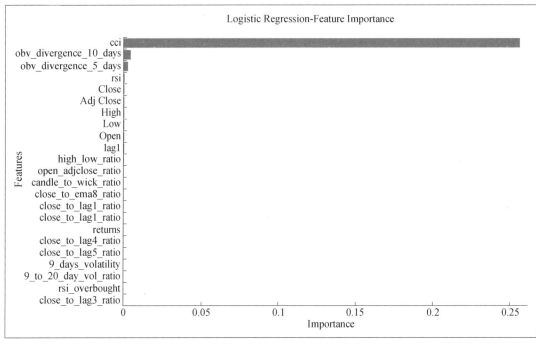

图 10-7　逻辑回归模型特征重要性排名图

10.6　制定交易策略

在接下来的内容中，通过机器学习模型对期货交易数据进行分析。首先利用模型预测出的概率来生成交易信号，然后根据这些信号制定交易策略。

（1）通过下面的代码，可以看到我们预测模型输出的所有概率。

```
y_pred
```

代码执行后会输出如下内容。

```
array([0.2893803 , 0.30111011, 0.267289  , 0.37517003, 0.26371057,
       0.81463809, 0.87064293, 0.83847491, 0.78617841, 0.62730812,
       0.80483547, 0.92676923, 0.88404045, 0.79622042, 0.9663399 ,
       0.8811426 , 0.86993893, 0.93117896, 0.89723278, 0.90679534,
       0.91881076, 0.94863674, 0.92229435, 0.88310381, 0.88741455,
       0.7941209 , 0.83387191, 0.74529829, 0.68552183, 0.68840593,
       0.94461774, 0.98710148, 0.97641552, 0.97215886, 0.97181502,
       0.93645981, 0.87369539, 0.88869525, 0.91654547, 0.96965929,
       0.83358025, 0.83295821, 0.80598318, 0.83005448, 0.6201137 ,
       0.62384666, 0.62457195, 0.49850901, 0.06379959, 0.08004649,
##########省略中间的输出
```

```
         0.89920341, 0.86313132, 0.85017887, 0.90598108, 0.9549286 ,
         0.92463722, 0.93158122, 0.92812039, 0.84243111, 0.84780672,
         0.95081866, 0.97130066, 0.97290397, 0.96281596, 0.94702379,
         0.90390889, 0.76009577, 0.71114667, 0.92374118, 0.96191352,
         0.97783554, 0.94335682, 0.91398115, 0.37570936, 0.4485339 ,
         0.55305138])
```

（2）下面代码将 y_pred 数组分成 8 个不同的范围，每个范围包含总数据量的 12.5%。然后通过使用 pd.cut 函数将 y_pred 中的概率值映射到这些范围，最后使用 pd.crosstab 计算每个范围内 1 和 0 的总数。这有助于我们了解模型在不同概率范围内的表现，为制定更有效的交易策略提供信息。

```
octiles = np.arange(0, 1.125, 0.125)
intervals = np.quantile(y_pred, octiles)
classes = pd.cut(y_pred, intervals)
table = pd.crosstab(classes, y_test)
table
```

代码执行后会输出如下内容。

```
target    0.0 1.0
row_0
(0.0198, 0.209]   61   4
(0.209, 0.351]    46  19
(0.351, 0.607]    40  25
(0.607, 0.766]    20  45
(0.766, 0.853]    11  54
(0.853, 0.898]     7  58
(0.898, 0.933]     4  61
(0.933, 0.988]     2  63
```

通过上面的输出可以看出，概率在 0.0198 到 0.607 范围内的效果更好地预测了实际数据中 0 的发生，而概率高于 0.607 的情况下，更好地预测了 y_test 中 1 的发生。在有了这些信息后，我们可以制定一个更健壮的交易策略，其中模型给出的特定概率范围将帮助我们决定是买入还是卖出。

（3）使用 0.607 作为阈值生成一个符号数组，代表基于概率值的模型输出。任何等于或低于 0.607 的概率都将产生−1 的输出，表示有卖空的机会。另一方面，高于 0.607 的概率将产生 1 的输出，表示有买入的机会。

```
sign = np.where((y_pred <= 0.607), -1, 1)
sign
```

在上述代码中，sign 是一个数组，代表模型根据预测概率生成的交易信号。数值为−1表示空头机会，而数值为 1 表示多头机会。确定这些信号的阈值设置为 0.607。该数组可用于根据模型的预测在市场上采取头寸，执行交易策略。代码执行后会输出如下内容。

```
array([-1, -1, -1, -1, -1,  1,  1,  1,  1,  1,  1,  1,  1,  1,  1,  1,  1,
        1,  1,  1,  1,  1,  1,  1,  1,  1,  1,  1,  1,  1,  1,  1,  1,
```

```
        1, 1, 1, 1, 1, 1, 1, 1, 1, 1, 1, 1, 1, -1, -1, -1, -1,
        -1, -1, -1, 1, 1, 1, 1, 1, 1, 1, 1, 1, -1, -1, 1, 1, 1,
        1, 1, 1, 1, 1, 1, 1, 1, 1, 1, 1, 1, -1, -1, -1, -1, 1, -1,
        -1, -1, -1, -1, 1, -1, 1, -1, -1, 1, 1, 1, 1, 1, 1, -1, -1,
        -1, -1, -1, -1, 1, -1, -1, -1, -1, -1, -1, -1, -1, -1, -1, -1, -1,
        -1, -1, -1, -1, -1, -1, 1, 1, -1, -1, -1, -1, -1, -1, -1, -1, 1,
        1, -1, 1, 1, 1, 1, 1, 1, 1, 1, 1, 1, -1, -1, -1, -1, -1,
        -1, -1, -1, -1, -1, -1, -1, -1, -1, -1, -1, -1, -1, -1, 1, -1, -1,
        -1, -1, -1, -1, -1, -1, -1, -1, -1, 1, 1, 1, 1, 1, 1, 1, 1,
        1, 1, 1, 1, 1, 1, 1, 1, 1, 1, -1, 1, 1, 1, 1, 1, 1,
        1, 1, 1, -1, -1, 1, 1, -1, -1, -1, -1, -1, -1, -1, -1, -1, -1,
        -1, -1, -1, -1, 1, 1, 1, 1, 1, 1, 1, 1, 1, 1, 1, -1, -1,
        -1, 1, 1, 1, 1, 1, 1, 1, -1, -1, 1, 1, 1, 1, -1, -1, -1,
        -1, 1, -1, 1, 1, 1, -1, 1, -1, -1, -1, -1, 1, 1, 1, 1, 1,
        1, -1, 1, 1, 1, 1, 1, 1, 1, 1, 1, 1, 1, 1, 1, 1, 1,
        1, 1, 1, 1, 1, 1, 1, 1, 1, 1, 1, 1, 1, 1, -1, -1,
        -1, 1, -1, -1, -1, -1, -1, -1, -1, -1, -1, -1, -1, -1, -1, -1, -1,
        -1, -1, -1, -1, -1, -1, -1, 1, 1, 1, 1, 1, 1, 1, 1, 1, 1,
        1, 1, 1, 1, 1, 1, 1, -1, -1, -1, -1, -1, -1, -1, -1, -1,
        -1, -1, -1, -1, -1, -1, 1, 1, 1, 1, 1, 1, 1, 1, 1, 1, 1,
        1, 1, 1, 1, 1, 1, 1, 1, 1, 1, 1, -1, -1, 1, 1, 1,
        1, 1, 1, 1, 1, 1, 1, 1, 1, 1, 1, 1, 1, 1, 1, 1, 1,
        1, 1, 1, 1, -1, -1, -1, -1, -1, -1, -1, 1, 1, 1, 1, 1, 1,
        1, 1, 1, 1, 1, 1, 1, 1, 1, -1, 1, 1, 1, 1, 1, 1,
        1, 1, 1, 1, 1, 1, 1, 1, 1, 1, 1, 1, 1, -1, -1,
        1, 1, -1, -1, 1, 1, 1, -1, -1, -1, -1, -1, -1, 1, 1, -1, -1,
        1, 1, 1, 1, 1, 1, 1, 1, 1, 1, 1, 1, 1, 1, 1, 1,
        1, 1, 1, 1, 1, 1, 1, 1, 1, 1, 1, 1, 1, 1, 1, 1,
        1, 1, 1, 1, 1, 1, 1, 1, -1, -1, -1])
```

（4）现在将上述信号添加到 X_test 数据框中，并创建一个名为 position 的新列，该列将根据 sign 中的信号指示我们是否在每个特定周内押注期货合同的升值或贬值。

```
X_test['sign'] = sign  # 模型对下周的预测
X_test['position'] = X_test['sign'].shift(1)  # 当前仓位
X_test['model_returns'] = X_test['position'] * X_test['returns']  # 根据模型的预测获取回报
X_test  # 在数据框中显示结果
```

在上述代码中，model_returns 列是将 position×returns 的结果，表示每个特定周内利润或亏损的百分比值。代码执行后会输出如下内容。

```
Open High Low  Close    Adj Close    Volume    high_low_ratio    open_adjclose_ratio
    candle_to_wick_ratio  upper_to_lower_wick_ratio ... obv
    obv_divergence_5_days obv_divergence_10_days    ADX ADI returns
    close_to_ema8_ratio    sign position model_returns
Date

2013-05-27  120.775002    121.750000  120.175003    121.300003    121.300003
    40610    1.013106 1.004347 0.333335 0.749997 ... -388473 -292254.450005  -
549248.100006    28.790132    -789078.630910    0.60 0.990228 -1   NaN NaN
```

```
2013-06-03    121.275002    121.599998    119.949997    120.125000    120.125000
    43712    1.013756 0.990517 -0.696970    1.857093 ... -432185 -400940.300003
    -432473.225006    30.181116    -823518.235366    -0.97    0.984874 -1   -1.0
    0.97
2013-06-10    120.000000    120.775002    119.000000    119.000000    119.000000
    24292    1.014916 0.991667 -0.563380    0.000000 ... -456477 -364824.550003
    -526252.974998    31.890209    -847810.235366    -0.94    0.980959 -1   -1.0
    0.94
2013-06-17    119.125000    121.625000    118.775002    121.250000    121.250000
    16472    1.023995 1.017838 0.745614 1.071433 ... -440005 -309391.849998    -
567392.40000232.346011    -835672.974529    1.89 0.999616 -1   -1.0 -1.89
2013-06-24    121.175003    121.875000    118.150002    118.150002    118.150002
    34154    1.031528 0.975036 -0.812081    0.000000 ... -474159 -360127.575005
    -552893.800003    33.116217    -869826.974529    -2.56    0.979706 -1   -1.0
    2.56
...      ...    ...      ...      ...
...      ...   ...  ...     ...
2023-04-17    174.850006    177.000000    172.699997    173.975006    173.975006
    8916 1.024899 0.994996 -0.203488    1.686258 ... -190914 -49924.650009
    329827.22499151.644118      235038.459657-0.44    1.030170 1    1.0 -0.44
2023-04-24    173.300003    177.100006    173.300003    175.175003    175.175003
    22408    1.021927 1.010819 0.493421 0.000000 ... -168506 -39633.175003
    332857.39999453.464972      234743.5997930.69 1.028754 1    1.0  0.69
2023-05-01    165.199997    165.774994    161.199997    161.925003    161.925003
    159655    1.028381 0.980176 -0.715846    0.793093 ... -328161 -205507.574997
    164825.27499448.238964      125690.097790-7.56    0.961422 -1    1.0 -7.56
2023-05-08    161.925003    164.625000    161.774994    164.399994    164.399994
    178222    1.017617 1.015285 0.868416 1.499949 ... -149939 -131325.324997
    338418.02500943.535557      275771.0789121.53 0.981325 -1   -1.0 -1.53
2023-05-15    164.625000    166.225006    162.925003    165.725006    165.725006
    81789    1.020255 1.006682 0.333335 0.294118 ... -68150    106569.024994
    442327.54998839.708505      332775.5563780.81 0.991607 -1   -1.0 -0.81
521 rows × 38 columns
```

（5）在接下来的代码单元格中，将获取 Live Cattle Futures 的 model_returns 和总体收益的十进制值。然后这些十进制值将作为 Quantstats 的输入，生成性能报告。

```
model = X_test['model_returns'] / 100
buy_hold = X_test['returns'] / 100

qs.reports.full(model, benchmark=buy_hold)
```

在上述代码中，使用 Quantstats 库生成了包括模型策略和基准策略（Buy & Hold）的全面性能报告。该报告包括有关收益、波动性、夏普比率等方面的统计信息，用于评估模型在模拟交易中的表现。执行此代码后，将生成并显示此全面性能报告。下面开始介绍输出结果，具体说明如下所示。

下面的指标提供了对模型性能的全面评估，包括回报、风险、波动性等方面的信息。请注意，这是在历史数据上的模拟交易结果，实际表现可能会有所不同。

```
Performance Metrics
```

	Strategy	Benchmark
Start Period	2013-05-27	2013-05-27
End Period	2023-05-15	2023-05-15
Risk-Free Rate	0.0%	0.0%
Time in Market	100.0%	100.0%
Cumulative Return	62.16%	37.56%
CAGR%	4.97%	3.25%
Sharpe	0.75	0.57
Prob. Sharpe Ratio	85.94%	79.13%
Smart Sharpe	0.71	0.55
Sortino	1.1	0.76
Smart Sortino	1.05	0.73
Sortino/√2	0.78	0.54
Smart Sortino/√2	0.74	0.51
Omega	1.14	1.14
Max Drawdown	-39.84%	-50.27%
Longest DD Days	1043	3052
Volatility (ann.)	44.19%	44.21%
R^2	0.0	0.0
Information Ratio	0.01	0.01
Calmar	0.12	0.06
Skew	0.05	-0.85
Kurtosis	3.48	3.6
Expected Daily %	0.09%	0.06%
Expected Monthly %	0.4%	0.26%
Expected Yearly %	4.49%	2.94%
Kelly Criterion	5.62%	7.35%
Risk of Ruin	0.0%	0.0%
Daily Value-at-Risk	-4.45%	-4.48%
Expected Shortfall (cVaR)	-4.45%	-4.48%
Max Consecutive Wins	7	8
Max Consecutive Losses	7	9
Gain/Pain Ratio	0.14	0.11
Gain/Pain (1M)	0.3	0.23
Payoff Ratio	0.98	0.98
Profit Factor	1.14	1.11
Common Sense Ratio	1.33	0.89
CPC Index	0.6	0.59
Tail Ratio	1.16	0.81
Outlier Win Ratio	3.8	3.91
Outlier Loss Ratio	3.96	3.83
MTD	-9.71%	-5.39%
3M	-3.31%	1.33%
6M	3.32%	8.27%
YTD	2.16%	7.05%

```
1Y                     9.02%            25.5%
3Y (ann.)              5.46%            20.59%
5Y (ann.)             13.15%             9.03%
10Y (ann.)             4.97%             3.25%
All-time (ann.)        4.97%             3.25%

Best Day              12.51%            10.34%
Worst Day            -14.79%           -14.79%
Best Month            23.77%            16.68%
Worst Month          -22.43%           -21.63%
Best Year             32.91%            23.02%
Worst Year           -22.92%           -18.02%

Avg. Drawdown         -7.9%             -5.11%
Avg. Drawdown Days     169               189
Recovery Factor        1.56              0.75
Ulcer Index            0.17              0.27
Serenity Index         0.34              0.09

Avg. Up Month          3.79%             4.1%
Avg. Down Month       -4.82%            -3.23%
Win Days %            53.19%            54.05%
Win Month %           58.33%            57.02%
Win Quarter %         63.41%            56.1%
Win Year %            63.64%            63.64%

Beta                  -0.07               -
Alpha                  0.35               -
Correlation           -6.62%              -
Treynor Ratio       -939.92%              -

None
```

下面输出是模型的五个最严重的回撤期间的详细信息，如第一次回撤：

☑ 开始日期：2017-05-01

☑ 低谷日期：2018-09-03

☑ 结束日期：2020-03-09

☑ 持续天数：1043

☑ 最大回撤：−39.84%

☑ 99% 最大回撤：−38.54%

```
5 Worst Drawdowns
    Start       Valley      End         Days   Max Drawdown   99% Max Drawdown
1   2017-05-01  2018-09-03  2020-03-09  1043   -39.838492     -38.544205
2   2014-05-26  2016-02-08  2017-02-20  1001   -30.979316     -29.849091
3   2022-02-21  2022-07-11  2023-04-10   413   -21.498145     -21.298634
4   2020-04-27  2020-06-01  2021-11-01   553   -15.920119     -15.199703
5   2023-05-01  2023-05-15  2023-05-15    14    -9.711640      -8.974332
```

下面输出的是 Strategy Visualization 部分的有关策略的可视化图，如图 10-8 所示。

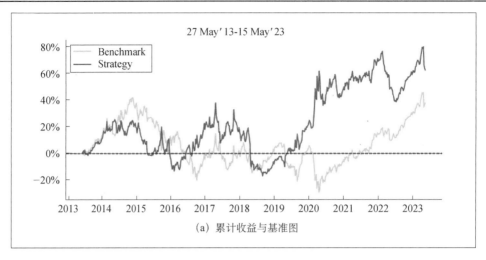

(a) 累计收益与基准图

(b) 累计收益与基准（对数标度）图

(c) 累计收益与基准（波动率匹配）图

图 10-8　可视化图

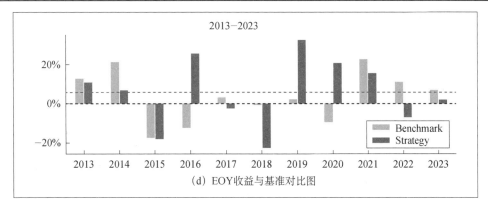

（d）EOY收益与基准对比图

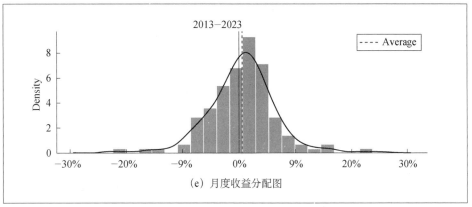

（e）月度收益分配图

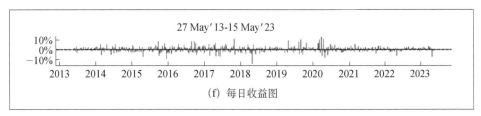

（f）每日收益图

（g）测试版滚动到基准图

图 10-8 可视化图（续）

（h）滚动波动性（6个月）图

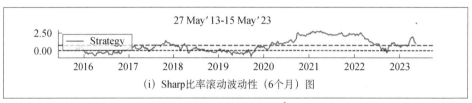

（i）Sharp比率滚动波动性（6个月）图

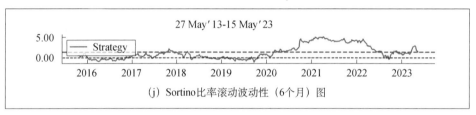

（j）Sortino比率滚动波动性（6个月）图

（k）最差的5个最大回撤图

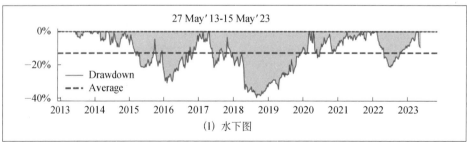

（l）水下图

图 10-8　可视化图（续）

2013	0.00	0.00	0.00	0.00	0.00	2.55	−4.24	1.69	4.35	3.14	1.07	2.11
2014	3.94	7.25	−5.85	6.21	0.16	−2.25	1.49	−7.59	4.16	4.37	−0.36	−3.43
2015	0.23	−6.06	−1.65	−8.50	−2.10	−0.09	3.62	3.41	13.26	−14.42	4.72	−9.42
2016	−7.20	0.78	−2.47	7.65	0.73	7.69	−0.19	5.11	1.91	−4.53	5.36	9.95
2017	−1.76	−0.79	0.44	15.05	−15.96	−5.00	2.79	9.42	−8.01	16.68	−7.91	−2.48
2018	−4.53	−3.68	7.13	−22.43	0.77	−2.24	−0.39	−4.49	0.13	3.19	−0.13	4.28
2019	2.88	3.26	−2.97	3.21	4.48	−2.06	2.50	1.72	0.78	11.35	1.40	2.90
2020	−2.69	7.31	23.77	−0.32	−8.25	−0.32	3.44	1.60	3.57	−6.89	−2.32	3.75
2021	1.86	−1.69	6.14	−0.27	−0.79	1.14	0.06	2.24	0.51	−2.93	8.09	0.90
2022	2.27	−4.41	−4.70	−0.63	−7.06	−5.66	0.88	5.93	−0.89	5.85	1.12	0.95
2023	3.52	3.21	1.76	4.06	−9.71	0.00	0.00	0.00	0.00	0.00	0.00	0.00
	JAN	FEB	MAR	APR	MAY	JUN	JUL	AUG	SEP	OCT	NOV	DEC

(m) 月收益率图

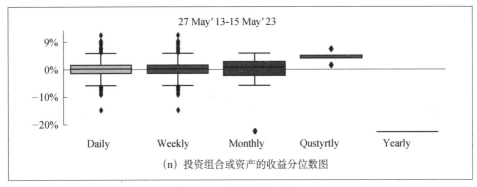

(n) 投资组合或资产的收益分位数图

图 10-8　可视化图（续）

10.7　结　　论

在过去的 10 年中，通过比较累积回报，我们的策略表现优于持有不动的方法，总回报率为 62.16%，而后者仅为 37.56%。并且，我们的策略还表现出更高的夏普比率和 Sortino 比率，分别为 0.75 和 1.1。这些值表明与持有不动的方法相比，我们的策略具有更有利的风险回报关系。

尽管两种策略都显示出较高的年波动率，我们的模型为 44.19%，而持有不动为 44.21%，但值得注意的是，我们的策略实现了更低的最大回撤，为−39.84%。然而，这个值仍然有些高，可能在这方面还有改进的空间。此外，我们的策略在恢复因子、溃疡指数和宁静指数方面表现卓越，超过了持有不动的策略。这些结果表明，遵循我们的策略相对于简单持有资产来说，提供了更稳定的投资体验。

尽管如此，必须承认我们的策略还有很大的改进空间，特别是在回撤期间。报告中的最差 5 次回撤期间图清楚地显示了我们的模型在测试期间经历的显著回撤期间。在未来的项目升级中，集中精力减少回撤的持续时间和强度将是有益的。

第 11 章
上市公司估值系统

本项目基于 OpenAI 的大语言模型实现，利用 LangChain 和数据分析工具对美国公司进行定性和定量分析，从公司报告和财务数据中提取关键信息，评估公司的价值和风险，为投资决策提供支持。通过自动化处理大量数据和文本信息，项目可以帮助投资者节省时间和精力，提高投资决策的准确性和效率。

11.1　背景介绍

在当今金融市场，投资者需要通过处理大量的数据和信息来做出明智的投资决策。然而，这些数据可能有不同的来源，格式各异，且难以快速有效地分析和理解。针对这一挑战，本项目应运而生。本项目旨在利用先进的人工智能技术，特别是 OpenAI 公司的语言模型和数据分析工具，帮助投资者更好地理解和评估美国公司的价值和风险。通过自动化处理公司报告、财务数据以及其他相关信息，项目能够快速提取关键信息、识别潜在投资机会和风险，并为投资者提供决策支持。

通过整合定性和定量分析方法，本项目不仅可以帮助投资者理解公司的业务模式、市场定位和战略规划，还可以对公司的财务状况、盈利能力和成长潜力进行全面评估。最终，项目旨在为投资者提供全面、准确的投资信息，帮助他们做出基于数据和智能分析的投资决策，从而提高投资成功的可能性。

11.2　项目介绍

本项目是一个基于人工智能的投资决策辅助工具，旨在帮助投资者更好地理解和评估美国上市公司的价值和风险。通过自动化处理公司报告、财务数据以及其他相关信息，项目能够快速提取关键信息、识别潜在投资机会和风险，并为投资者提供决策支持。

11.2.1 功能介绍

☑ 数据收集与处理：利用网络技术从多个数据源收集公司报告、财务数据等信息，并对数据进行清洗、处理和整合。

☑ 自然语言处理：利用 LangChain 微调 OpenAI 公司的 GPT 语言模型，实现对公司报告的智能分析和摘要生成。通过对文本进行语义理解和关键信息提取，项目能够自动识别公司的业务模式、市场定位、盈利能力等关键指标。

☑ 定量分析：利用 Python 编程语言进行财务数据分析，包括计算市值、财务比率、现金流量等指标，并通过模型估算公司的估值和成长潜力。

☑ 数据可视化：利用 Tableau 和 PowerBI 等商业智能工具，将分析结果以可视化的形式呈现，包括柱状图、折线图、饼形图等，以帮助投资者直观地理解数据及其变化趋势。

11.2.2 核心技术

LangChain 微调：利用 LangChain 框架对 GPT 模型进行微调和 RAG 处理，以适应投资领域的需求。通过训练模型识别和理解财务报告和相关文本，实现对公司信息的智能分析和摘要生成。

Python 编程：利用 Python 编程语言进行数据处理和分析，包括爬虫技术、自然语言处理、财务数据分析等方面。

Tableau 和 PowerBI：利用商业智能工具 Tableau 和 PowerBI 构建可视化仪表板，以直观、易懂的方式展示分析结果，帮助投资者快速理解和决策。

数据可视化：利用 Tableau 和 PowerBI 构建可视化仪表板，将分析结果以图表和图形的形式展示，帮助投资者直观地理解数据及其变化趋势。

通过这些功能和技术手段，本项目能够为投资者提供全面、准确的投资信息和决策支持，帮助他们做出基于数据和智能分析的投资决策，从而提高投资成功的可能性。

11.3 数 据 收 集

在本项目的实现过程中，数据收集是一个关键步骤，涉及使用不同的数据库来存储和组织不同类型的数据。在本节内容中，将详细讲解本项目数据收集的知识。

11.3.1 MongoDB 存储

本项目将使用 MongoDB 数据库来存储年度报告、财务数据和处理过的数据，MongoDB

涉及如下集合。

- ☑ cik_ticker：包含一个文档，其中包含 CIK（中央索引键，公司在 EDGAR 上的 id）和交易所上的 TICKER 的映射。
- ☑ submissions：包含多个文档，每个公司一个文档，列出公司提交的所有信息。
- ☑ documents：包含多个文档，每个 SEC 提交一个文档。该文档包含报告的原始 HTML。
- ☑ financial_data：包含多个文档，每个公司一个文档。该文档包含单个公司的财务数据的完整历史记录。
- ☑ parsed_documents：包含多个文档，每次提交生成一个文档。该文档包含文档的解析版本，其中文本被分割为与 SEC 提交项目相关的部分。
- ☑ items_summary：包含多个文档，每次提交生成一个文档。文档包含 SEC 提交的最重要部分的摘要。

文件 mongodb.py 是一个用于与 MongoDB 数据库进行交互的 Python 脚本，包含一系列方法，包括数据库连接、数据插入、数据更新和数据检索等功能，以及获取集合大小的信息。另外，还包括从配置文件中获取数据库凭据的功能。mongodb.py 文件内容如下。

```python
from configparser import ConfigParser
from pymongo import MongoClient
import os

DB_NAME = 'company_eval'

def get_mongodb_client():
    parser = ConfigParser()
    _ = parser.read(os.path.join("credentials.cfg"))
    username = parser.get("mongo_db", "username")
    password = parser.get("mongo_db", "password")
    # Set connection string
    LOCAL_CONNECTION = "mongodb://localhost:27017"
    ATLAS_CONNECTION = f"mongodb+srv://{username}:{password}@cluster0.3dxfmjo.mongodb.net/?" \
                    f"retryWrites=true&w=majority"
    ATLAS_OLD_CONNECTION = f"mongodb://{username}:{password}@cluster0.3dxfmjo.mongodb.net:27017/?" \
                        f"retryWrites=true&w=majority&tls=true"
    # print(ATLAS_CONNECTION)
    connection_string = LOCAL_CONNECTION
    client = MongoClient(connection_string)
    return client

def get_collection(collection_name):
    db = get_mongodb_client()[DB_NAME]
    return db[collection_name]

def get_file_size(file_name):
    file_stats = os.stat(file_name)
```

```
    print(f'File Size in Bytes is {file_stats.st_size}')
    return file_stats.st_size

def get_dict_size(data):
    import sys
    print("The size of the dictionary is {} bytes".format(sys.getsizeof(data)))
    return sys.getsizeof(data)

def upsert_document(collection_name, data):
    collection = get_collection(collection_name)
    collection.replace_one({"_id":data["_id"]}, data, upsert=True)

def insert_document(collection_name, data):
    collection = get_collection(collection_name)
    collection.insert_one(data)

def get_document(collection_name, document_id):
    collection = get_collection(collection_name)
    return collection.find({"_id": document_id}).next()

def check_document_exists(collection_name, document_id):
    collection = get_collection(collection_name)
    return collection.count_documents({"_id": document_id}, limit=1) > 0

def get_collection_documents(collection_name):
    collection = get_collection(collection_name)
    return collection.find({})
```

11.3.2 PostgreSQL 存储

本项目将使用 PostgreSQL 存储从 Damodaran 网站和 Yahoo Finance 获取的数据，从 Damodaran 网站可以获取财务比率、市场数据、宏观经济指标等文件。文件 postgresql.py 的功能是与 PostgreSQL 数据库进行交互，包含如下成员。

☑ 方法 get_connection()：用于建立与 PostgreSQL 数据库的连接，并返回连接对象。

☑ 方法 get_df_from_table(tablename, where=";", most_recent=False)：从指定的表中获取数据，并将结果存储在 Pandas 数据框中。可选参数 where 用于指定额外的条件，参数 most_recent 用于选择是否只获取最近的数据。

☑ 方法 get_generic_info(ticker)：用于获取特定股票的一般信息，包括公司名称、国家、行业和地区。这些信息存储在数据库的两个表中：yahoo_equity_tickers 和 tickers_additional_info。

☑ 字典 area_to_repr_country、country_to_region 和 industry_translation：用于将国家、地区和行业名称转换为标准化名称。

PostgreSQL 文件的具体内容如下。

```
area_to_repr_country = {
```

```python
    "Africa": "SouthAfrica",
    "Asia": "China",
#省略部分代码
    "Western Europe":"Europe",
    "Global":"Global",

}
industry_translation = {
    'Advertising Agencies': 'Advertising',
    'Aerospace & Defense': 'Aerospace/Defense',
    'Airlines': 'Air Transport',
    'Airports & Air Services': 'Air Transport',
    'Apparel Manufacturing': 'Apparel',
    #省略部分代码
    'Mortgage Finance': 'Banks (Regional)',
    'Personal Services': 'Business & Consumer Services',
    'Security & Protection Services': 'Business & Consumer Services',
    'Shell Companies': 'Financial Svcs. (Non-bank & Insurance)',
    'Staffing & Employment Services': 'Business & Consumer Services',
    'Staffing & Outsourcing Services': 'Business & Consumer Services',
    'Entertainment - Diversified': 'Entertainment'}


def get_connection():

    parser = ConfigParser()
    _ = parser.read(os.path.join("credentials.cfg"))
    database = parser.get("postgresql", "DB_NAME")
    user = parser.get("postgresql", "DB_USER")
    password = parser.get("postgresql", "DB_PASS")
    host = parser.get("postgresql", "DB_HOST")

    """ Connect to the PostgreSQL database server """
    conn = None
    try:
        # 连接参数
        params = {
            'database': database,
            'user': user,
            'password': password,
            'host': host
        }

        # 连接PostgreSQL服务器
        # print('Connecting to the PostgreSQL database...')
        conn = psycopg2.connect(**params)
        return conn
    except (Exception, psycopg2.DatabaseError) as error:
        print("CONNECTION ERROR: ", error)
        if conn is not None:
            conn.close()

def get_df_from_table(tablename, where=";", most_recent=False):
    if most_recent:
```

```
        if where == ";":
            where = f" WHERE created_at = (SELECT MAX(created_at) FROM {tablename})"
        else:
            where += f" AND created_at = (SELECT MAX(created_at) FROM {tablename})"

    conn = get_connection()
    cur = conn.cursor()
    cur.execute(f"""SELECT * FROM {tablename} {where}""")
    data = cur.fetchall()
    cols = []
    for elt in cur.description:
        cols.append(elt[0])
    df = pd.DataFrame(data=data, columns=cols)
    cur.close()
    return df

def get_generic_info(ticker):

    ticker_info  =  get_df_from_table("yahoo_equity_tickers",  f"where  symbol  =
'{ticker}'", most_recent=True).iloc[0]
    ticker_additional_info = get_df_from_table("tickers_additional_info", f"where
symbol = '{ticker}'").iloc[0]
    company_name = ticker_info["long_name"]
    country = ticker_additional_info["country"]
    industry = ticker_additional_info["industry"]

    try:
        region = country_to_region[country.replace(" ","")]
    except:
        print("country not found in country_to_region dict:", country)
        region = "Global"

    try:
        industry = industry_translation[industry]
    except:
        print(f"\n#######\nCould not find industry: {industry} mapping. "
            f"Check industry_translation dictionary.\n#######\n")
        industry = "Total Market"

    return company_name, country, industry, region
```

11.3.3 EDGAR 数据交互

EDGAR（electronic data gathering，analysis，and retrieval）是美国证券交易委员会（SEC）的在线数据库系统，旨在收集、分析和检索上市公司的各种财务报表、文件和其他信息。EDGAR 是一个公开的数据库平台，允许投资者、分析师和其他人员访问公司提交给 SEC 的各种文件，包括年度报告（11-K）、季度报告（11-Q）、重大事件报告（8-K）等。EDGAR 数据库提供了对美国上市公司的全面和及时的财务和非财务信息的访问，为投资者和监管机构提供了重要的信息来源。

在本项目中，文件 edgar_utils.py 提供了与 EDGAR 数据库交互的功能，包括从 EDGAR 获取公司的提交信息和财务数据，并将其存储在 MongoDB 中。它提供了一系列方法来实现获取公司 CIK 和股票代码映射关系，下载特定公司的提交文档和财务数据，以及获取最新提交信息的功能。通过这些功能，用户可以方便地访问和管理公司的关键信息，为分析和研究数据提供了便利。

以下是edgar_utils.py文件代码中英文注释的翻译：

```python
def make_edgar_request(url):
    # 设置请求头信息
    headers = {
        "User-Agent": "Mozilla/5.0 (Windows NT 10.0; Win64; x64) AppleWebKit/537.36
(KHTML, like Gecko) Chrome/113.0.0.0 Safari/537.36",
        "Accept-Encoding": "gzip, deflate, br",
    }
    # 发送请求并返回响应
    return requests.get(url, headers=headers)


def download_cik_ticker_map():
    # 获取公司股票代码映射的URL
    CIK_TICKER_URL = "https://www.sec.gov/files/company_tickers_exchange.json"
    # 发送请求并获取响应
    response = make_edgar_request(CIK_TICKER_URL)
    r = response.json()
    # 设置文档的_id字段为cik_ticker
    r["_id"] = "cik_ticker"
    # 将响应数据插入MongoDB的cik_ticker集合中
    mongodb.upsert_document("cik_ticker", r)


def get_df_cik_ticker_map():
    try:
        # 从MongoDB的cik_ticker集合中获取文档
        cik_ticker = mongodb.get_collection_documents("cik_ticker").next()
    except StopIteration:
        print("cik ticker document not found")
        return
    # 将文档中的数据转换成DataFrame
    df = pd.DataFrame(cik_ticker["data"], columns=cik_ticker["fields"])
    # 在CIK前面添加前导零（始终保持10位数）
    df["cik"] = df.apply(lambda x: add_trailing_to_cik(x["cik"]), axis=1)
    return df


def company_from_cik(cik):
    df = get_df_cik_ticker_map()
```

```
    try:
        # 通过CIK查找公司信息
        return df[df["cik"] == cik].iloc[0]
    except IndexError:
        return None


def cik_from_ticker(ticker):
    df = get_df_cik_ticker_map()
    try:
        # 通过股票代码查找CIK
        cik = df[df["ticker"] == ticker]["cik"].iloc[0]
    except:
        cik = -1
    return cik


def download_all_cik_submissions(cik):
    # 构造请求URL
    url = f"https://data.sec.gov/submissions/CIK{cik}.json"
    # 发送请求并获取响应
    response = make_edgar_request(url)
    r = response.json()
    # 设置文档的_id字段为CIK
    r["_id"] = cik
    # 将响应数据插入MongoDB的"submissions"集合中
    mongodb.upsert_document("submissions", r)


def download_submissions_documents(cik, forms_to_download=("11-Q", "11-K", "8-K"),
years=5):
    try:
        # 从MongoDB的submissions集合中获取文档
        submissions = mongodb.get_document("submissions", cik)
    except StopIteration:
        print(f"submissions file not found in mongodb for {cik}")
        return
    # 获取不带前导零的CIK
    cik_no_trailing = submissions["cik"]
    # 获取最近的申报文件列表
    filings = submissions["filings"]["recent"]
    for i in range(len(filings["filingDate"])):
        # 获取申报日期
        filing_date = filings['filingDate'][i]
        # 计算当前日期与申报日期的年份差
        difference_in_years = relativedelta(datetime.date.today(),
                                  datetime.datetime.strptime(filing_date,
"%Y-%m-%d")).years
        # 在文档按时间顺序排列时，当我们到达最大历史记录时，可以返回
        if difference_in_years > years:
            return
        # 获取申报类型
```

```
        form_type = filings['form'][i]
        # 如果申报类型不在需要下载的列表中，则跳过
        if form_type not in forms_to_download:
            continue
        # 获取无分隔符的访问编号
        accession_no_symbols = filings["accessionNumber"][i].replace("-","")
        # 获取主要文档的名称
        primary_document = filings["primaryDocument"][i]
        # 构造请求URL
        url                                                                    =
f"https://www.sec.gov/Archives/edgar/data/{cik_no_trailing}/{accession_no_symbols
}/{primary_document}"
        # 如果我们已经拥有该文档，则不再下载
        if mongodb.check_document_exists("documents", url):
            continue
        print(f"{filing_date} ({form_type}): {url}")
        download_document(url, cik, form_type, filing_date)
        # 插入短暂的休眠以避免达到EDGAR的速率限制
        time.sleep(0.2)


def download_document(url, cik, form_type, filing_date, updated_at=None):
    # 发送请求并获取响应
    response = make_edgar_request(url)
    r = response.text
    # 构建文档字典
    doc = {"html": r, "cik": cik, "form_type": form_type, "filing_date": filing_date,
"updated_at": updated_at, "_id": url}
    try:
        # 将文档插入MongoDB的documents集合中
        mongodb.insert_document("documents", doc)
    except DocumentTooLarge:
        print("Document too Large (over 16MB)", url)


def download_financial_data(cik):
    # 构造财务数据请求URL
    url = f"https://data.sec.gov/api/xbrl/companyfacts/CIK{cik}.json"
    # 发送请求并获取响应
    response = make_edgar_request(url)
    try:
        r = response.json()
        # 设置文档的_id字段为CIK
        r["_id"] = cik
        r["url"] = url
        # 将响应数据更新到MongoDB的financial_data集合中
        mongodb.upsert_document("financial_data", r)
    except:
        print(f"ERROR {cik} - {response} - {url}")
        print(company_from_cik(cik))
```

```python
def get_filing_from_index(url):
    # 发送请求并获取响应
    index_page = make_edgar_request(url)
    # 解析HTML页面
    soup = BeautifulSoup(index_page.text, "html.parser")
    # 查找文档格式文件的表格
    table = soup.find("table", {"class": "tableFile", "summary": "Document Format
Files"})
    # 返回表格中的第一个链接的href属性值
    return table.find("a")["href"]


def add_trailing_to_cik(cik_no_trailing):
    # 将不带前导零的CIK格式化为10位数，不足的前面补零
    return "{:010d}".format(cik_no_trailing)


def get_size_in_bytes(size_string):
    # 将大小字符串转换为字节
    size = int(size_string.split()[0])
    unit = size_string.split()[1].upper()
    if unit == "MB":
        return size * 1024 * 1024
    elif unit == "KB":
        return size * 1024
    else:
        raise ValueError("Invalid size unit. Must be either MB or KB.")


def get_latest_filings(form_type, start_date):
    # 初始化起始索引和每次请求的条目数
    start_idx = 0
    entries_per_request = 100
    done = False

    # 获取CIK和股票代码映射的DataFrame
    cik_df = get_df_cik_ticker_map()
    # 获取所有唯一的CIK列表
    ciks = list(cik_df["cik"].unique())

    # 当done为False时，循环获取最新的申报文件
    while not done:
        # 构造请求URL
        url = f"https://www.sec.gov/cgi-bin/browse-edgar?action=getcurrent&type={form_
type}&datea={start_date}&" \
              f"start={start_idx}&count={entries_per_request}&output=atom"
        # 发送请求并获取响应
        print(f"{url}")
        response = make_edgar_request(url)

        # 解析XML响应
        soup = BeautifulSoup(response.text, 'xml')
```

```
                # 查找所有的条目
                entries = soup.findAll("entry")
                # 如果返回的条目数小于请求的条目数，则结束循环
                if len(entries) < entries_per_request:
                    done = True

                for entry in entries:
                    # 获取索引页面的URL
                    index_url = entry.find("link")["href"]
                    # 获取申报类型的条目
                    entry_form_type = entry.find("category")["term"]
                    # 获取更新日期
                    entry_updated_at = entry.find("updated").text.split("T")[0]
                    # 获取摘要信息
                entry_summary = entry.find("summary").text.replace("<b>",";").replace("</b>","").
replace("\n", "")
                    filed_date = entry_summary.split(';')[1].split(":")[1].strip()
                    size = get_size_in_bytes(entry_summary.split(';')[3].split(":")[1].strip())
                    start_cik = index_url.find('data/') + 5
                    end_cik = index_url.find('/', start_cik)
                    cik = add_trailing_to_cik(int(index_url[start_cik: end_cik]))

                    if cik not in ciks:
                        print(f"{cik} not present in cik map - skip")
                        continue

                    if size > 16 * 1024 * 1024:
                        print(f"SKIP {cik} because of size {size}")
                        continue
                    url = get_filing_from_index(index_url)
                    url = f"https://www.sec.gov/{url.replace('/ix?doc=/','')}"
                    if mongodb.check_document_exists("documents", url):
                        continue

                    download_document(url, cik, entry_form_type, filed_date, entry_updated_at)
                start_idx += entries_per_request

if __name__ == '__main__':
    apple_tiker = "AAPL"
    cik = cik_from_ticker(apple_tiker)
    download_all_cik_submissions(cik)
```

在上述代码中实现了如下方法。

☑ 方法 make_edgar_request(url)：用于向 EDGAR 发起请求，并返回响应对象。

☑ 方法 download_cik_ticker_map()：用于获取公司 CIK（central index key，在 EDGAR 中标识公司的 ID）和交易所股票代码之间的映射关系，并将其保存在 MongoDB 中。

☑ 方法 get_df_cik_ticker_map()：从 MongoDB 数据库中获取 CIK 和股票代码映射关系的文档，并将其转换为 Pandas DataFrame。

- ☑ 方法 company_from_cik(cik)：根据给定的 CIK 获取公司信息，包括名称、股票代码和交易所，并返回一个包含这些信息的 DataFrame 行。
- ☑ 方法 cik_from_ticker(ticker)：根据给定的股票代码获取对应的 CIK。
- ☑ 方法 download_all_cik_submissions(cik)：获取指定公司的所有提交信息，并将其保存在 MongoDB 中。
- ☑ 方法 download_submissions_documents(cik, forms_to_download=("11-Q","11-K","8-K"),years=5)：下载指定公司过去几年的所有提交文档（如 11-Q、11-K、8-K），并将其插入 MongoDB 中。
- ☑ 方法 download_financial_data(cik)：下载指定公司的财务数据，并将其保存在 MongoDB 中。
- ☑ 方法 get_filing_from_index(url)：从提交索引页面获取文档 URL。
- ☑ 方法 add_trailing_to_cik(cik_no_trailing)：将 CIK 补全为 10 位数字。
- ☑ 方法 get_size_in_bytes(size_string)：将字符串的大小转换为字节。
- ☑ 方法 get_latest_filings(form_type, start_date)：获取从指定日期开始的新提交文档（对所有公司），并将新提交文档插入 MongoDB 中。

通过使用上述方法，我们能够下载由美国证券交易委员会（SEC）监管的所有公司的数据，这些公司的数据都在 cik_ticker 集合中被列出。有了这个功能，我们可以获取这些公司的所有 SEC 文件，并将其存储在 MongoDB 的 submissions 和 documents 集合中。例如，可以使用这些方法来收集谷歌母公司 Alphabet Inc.的数据。

```
download_cik_ticker_map()
apple_tiker = "GOOGL"
cik = cik_from_ticker(apple_tiker)
cik
```

也可以通过下面的代码下载指定公司的所有提交文件（submissions），包括过去 5 年的 11-K 表单。而方法 download_submissions_documents（cik，("11-K")，5）会下载指定公司过去 5 年内的所有 11-K 表单文件。

```
download_all_cik_submissions(cik)
download_submissions_documents(cik, ("11-K"), 5)
```

11.3.4 获取股票信息

编写文件 yahoo_finance.py，实现通过 Yahoo Finance 网站获取股票的价格信息，以供后续的分析和处理使用。

```
packet_stream_proxy = "http://easymap_buyer:34Qgo0003zOhrx8h@proxy.packetstream.
io:31112"
```

```python
bright_data_proxy = 'http://brd-customer-hl_f8b1a708-zone-finance:u7iz73qdf9wv@brd.
superproxy.io:22225'
proxy = bright_data_proxy

def request_yahoo_url(url):
    hed = {'Accept': 'text/html,application/xhtml+xml,application/xml;q=0.9,image/webp,
image/apng,*/*;q=0.8',
           'Accept-Encoding': 'gzip, deflate, br', 'Accept-Language': 'it-IT,it;q=0.9,
en-US;q=0.8,en;q=0.7',
           'Upgrade-Insecure-Requests': '1',
           'User-Agent': 'Mozilla/5.0 (Macintosh; Intel Mac OS X 10_14_1) AppleWebKit/
605.1.15 (KHTML, like Gecko) Version/12.0.1 Safari/605.1.15',
           'Cache-Control': 'PUBLIC'}
    cookies = {
        "EuConsent": "CPUNe08PUNe08AOACBITB-CoAP_AAH_AACiQIJNe_X__bX9n-_59__t0eY1f9_r3v-
QzjhfNt-
8F2L_W_L0H_2E7NB36pq4KuR4ku3bBIQFtHMnUTUmxaolVrzHsak2MpyNKJ7LkmnsZe2dYGHtPn9lD-
YKZ7_7___f73z___9_-39z3_9f___d9_-__-
vjfV_993_____9nd___BBIAkwlLyALsSxwJNo0qhRAjCsJCoBQAUUAwtEVgAwOCnZWAT6ghYAITUB
GBECDEFGDAIAAAIAkIiAkALBAIgCIBAACAFCAhAARMAgsALAwCAAUA0LEAKAAQJCDI4KjlMCAiRaKCWys
QSgr2NMIAyywAoFEZFQgIlCCBYGQkLBzHAEgJYAYaADAAEEEhEAGAAIIJCoAMAAQQSA",
        "OTH":
"v=1&d=eyJraWQiOiIwMTY0MGY5MDNhMjR1MWMxZjA5N2ViZGEyZDA5YjE5NmM5ZGUzZWQ5IiwiYWxnIj
oiUlMyNTYifQ.eyJjdSI6eyJndWlkIjoiWVZZURENIQVJDVFFUSVM3WDVBVBN0g0NzZYVDQiLCJwZXJzaXN0
ZW50Ijp0cnVlLCJzaWQiOiJNZm1Bc291aHZTTbzIifX0.Qz8bX4q6yUmgNqoxVogtnln1kNlA5oc9hhMFm
_baVHvl2_gnK5almd6r-
u_Wx4W9c9uhi2g9dvovheQr6DXlkGlG7Bw7OJubPeSGqy4asxOWAO4VNpUppmdK9kVuwOQIbnpg5skXXu
GykmWRnUrtZH4resNBrOJhXgfUehIROpQ",
        "GUC": "AQAABgFiBrFi6kIhUQUB",
        "maex":
"%7B%22v2%22%3A%7B%22106c4e0d%22%3A%7B%22lst%22%3A1644604741%2C%22ic%22%3A56%7D%7
D%7D",
        "UIDR": "1599641610",
        "cmp": "v=22&t=1644604104&j=1",
        "PRF":
"t%3DAAPL%252BABTG.MI%252BFB%252B%255ESOX%252BMSFT%252BSLV%252BKO%252BGOOG%252BVT
%252BREET%252BBNDW%252BFCT.MI%252BISP.MI%252BCRES.MI%252BTRASTOR.AT",
        "A1S":
"d=AQABBJDkvF8CEEnmdkmy3hsZxUP4oHXu3MoFEgAABgxBmLqYudVb2UB9iMAAAcIf7Z8XzRwxloID4
-gDUXX3Q7JnS7c59zqFwkBBwoBMA&S=AQAAAujaKZu-E9Ike-e7u6WnYmk&j=WORLD",
        "B":
"5lhjg6hfnpdjv&b=4&d=Jw.N6YdtYFmKelHVCZg9&s=cc&i=j6ANRdfdDsmdLtzn30oX",
    }
    proxies = {
        "http": proxy,
        "https": proxy,
    }
    response = None
    num_retry = 0
    max_retry = 5

    while ((response is None or response.status_code == 403) and num_retry < max_
retry):
```

```
        if num_retry > 0:
            print("# retry = "+str(num_retry)+", response = "+str(response)+", url =
"+url)

        if num_retry > 0:
            time.sleep(0.5 * num_retry)
        try:
            response = requests.get(url, headers=hed, proxies=proxies, timeout=20)
        except requests.exceptions.SSLError:
            pass
        except requests.exceptions.ConnectionError:
            pass
        except ReadTimeout:
            pass
        except ChunkedEncodingError:
            pass
        except MaxRetryError:
            pass
        except ReadTimeoutError:
            pass
        except:
            print(traceback.format_exc())

        num_retry += 1

    return response

def get_premarket_price_yahoo(ticker):

    url = f"https://finance.yahoo.com/quote/{ticker}"
    response = request_yahoo_url(url)
    if response is not None:
        if response.status_code == 200:
            soup = BeautifulSoup(response.text, 'lxml')
            quote_header = soup.find("div", id="quote-header-info")

            if quote_header is None:
                return None#, network_size

            premarket = quote_header.select_one('fin-streamer[data-field="preMarketPrice"]')
            if premarket is not None:
                return float(premarket.text.replace(",",""))#, network_size

            regular = quote_header.select_one('fin-streamer[data-field="regularMarket
Price"]')
            if regular is not None:
                return float(regular.text.replace(",",""))#, network_size

    return None#, network_size

def get_current_price_from_yahoo(ticker, created_at=None):
```

```
    if created_at is None:
        price = get_premarket_price_yahoo(ticker)
        if price is not None:
            return price
        else:
            created_at = datetime.now().date()

    t = yf.Ticker(ticker)

    todays_data = None
    max_retry = 5
    retry = 0
    while todays_data is None and retry < max_retry:
        try:
            todays_data = t.history(start=created_at - relativedelta(days=5), end=
created_at, interval="1m")

        except:
            print(f"{ticker} conn err - retry")
        retry += 1
    try:
        return todays_data['Close'][-1]
    except IndexError:
        return None
    except TypeError:
        return None
```

在上述代码中包含如下函数。

☑ request_yahoo_url(url)：发送 HTTP 请求以获取指定 URL 的响应，包含了重试机制以应对可能的连接错误和超时异常，并可以使用代理进行请求。

☑ get_premarket_price_yahoo(ticker)：获取指定股票的盘前价格。它解析 Yahoo Finance 网站页面，从中提取盘前价格信息并返回。

☑ get_current_price_from_yahoo(ticker, created_at=None)：获取指定股票的当前价格。它首先尝试获取盘前价格，如果失败则获取当日交易的历史价格数据，并返回最近的收盘价作为当前价格。

11.4 质性分析

质性分析是一种评估和研究非数值性质的方法，通常用于了解和评估公司、产品、服务、市场或其他实体的质量、特征和属性。通过质性分析，投资者和分析师可以更全面地了解公司的运营情况、竞争优势和风险因素，从而做出更准确和可靠的投资决策。在本项目中，通过 LangChain 使用 OpenAI 模型来提取和理解报告中的文本信息，以实现质性分析工作。

11.4.1　年度报告参考

其实并没有统一的年度报告的标准结构，即使是同一家公司的文件结构也可能不同。幸运的是，我们可以确定文件结构中的常见模式。大多数报告文档的开始处都有一个目录，可以利用这个目录来理解文档的结构。

（1）下面的这段代码定义了一个名为 list_10k_items 的列表，其中包含了在 11-K 报告中常出现的各个部分的标题。这些部分包括企业业务、风险因素、未解决的员工意见、财产、法律诉讼、矿产安全披露、注册人普通股的市场情况、管理层对财务状况和业绩的讨论与分析、关于市场风险的定量和定性披露、财务报表和附加数据、会计和财务披露方面的变化和异议、控制与程序、其他信息、关于阻止检查的外国司法管辖区的披露、董事及高管和公司治理、高管薪酬、某些有关股东和管理层的证券所有权和相关股东事务、某些关系和相关交易以及董事独立性、主要会计师费用和服务、以及附件和财务报表附表。

```python
list_10k_items = [
    "business",
    "risk factors",
    "unresolved staff comments",
    "properties",
    "legal proceedings",
    "mine safety disclosures",
    "market for registrant's common equity, related stockholder matters and issuer purchases of equity securities",
    "reserved",
    "management's discussion and analysis of financial condition and results of operations",
    "quantitative and qualitative disclosures about market risk",
    "financial statements and supplementary data",
    "changes in and disagreements with accountants on accounting and financial disclosure",
    "controls and procedures",
    "other information",
    "disclosure regarding foreign jurisdictions that prevent inspection",
    "directors, executive officers, and corporate governance",
    "executive compensation",
    "security ownership of certain beneficial owners and management and related stockholder matters",
    "certain relationships and related transactions, and director independence",
    "principal accountant fees and services",
    "exhibits and financial statement schedules",
]
```

（2）下面这段代码定义了一个默认的字典 default_10k_sections，其中包含了常见的 11-K 报告中的各个部分的标题和对应的项目编号。每个项目编号对应一个字典条目，包含了该部分的标题和可能的变体。这些变体用于在解析 11-K 报告时匹配和定位相应的部分。

```python
default_10k_sections = {
```

```
    1: {'item': 'item 1', 'title': ['business']},
    2: {'item': 'item 1a', 'title': ['risk factor']},
    3: {'item': 'item 1b', 'title': ['unresolved staff']},
    4: {'item': 'item 2', 'title': ['propert']},
    5: {'item': 'item 3', 'title': ['legal proceeding']},
    6: {'item': 'item 4', 'title': ['mine safety disclosure', 'submission of
matters to a vote of security holders']},
    7: {'item': 'item 5', 'title': ["market for registrant's common equity, related
stockholder matters and issuer purchases of equity securities"]},
    8: {'item': 'item 6', 'title': ['reserved', 'selected financial data']},
    9: {'item': 'item 7', 'title': ["management's discussion and analysis of
financial condition and results of operations"]},
    10: {'item': 'item 7a', 'title': ['quantitative and qualitative disclosures
about market risk']},
    11: {'item': 'item 8', 'title': ['financial statements and supplementary
data']},
    12: {'item': 'item 9', 'title': ['changes in and disagreements with accountants
on accounting and financial disclosure']},
    13: {'item': 'item 9a', 'title': ['controls and procedures']},
    14: {'item': 'item 9b', 'title': ['other information']},
    15: {'item': 'item 9c', 'title': ['Disclosure Regarding Foreign Jurisdictions
that Prevent Inspections']},
    16: {'item': 'item 10', 'title': ['directors, executive officers and corporate
governance','directors and executive officers of the registrant']},
    17: {'item': 'item 11', 'title': ['executive compensation']},
    18: {'item': 'item 12', 'title': ['security ownership of certain beneficial
owners and management and related stockholder matters']},
    19: {'item': 'item 13', 'title': ['certain relationships and related
transactions']},
    20: {'item': 'item 14', 'title': ['principal accountant fees and services']},
    21: {'item': 'item 15', 'title': ['exhibits, financial statement schedules',
'exhibits and financial statement schedules']},
}
```

在本项目中，这个默认字典的作用是提供了一个标准化的参考，用于识别和提取 11-K 报告中的不同部分内容。通过列出的这些常见部分的标题和可能的变体，可以在解析和处理 11-K 报告时，根据这些标题来定位和提取对应的内容，以便进行进一步的分析和处理。

（3）下面这段代码定义了一个列表 list_10q_items，其中包含在解析 11-Q 报告时用于查找目录的关键词。这些关键词通常出现在 11-Q 报告的目录部分，通过匹配这些关键词，可以定位到目录的位置，并进一步解析和处理报告的内容。

```
list_10q_items = [
    "financial statement",
    "risk factor",
    "legal proceeding",
    "mine safety disclosure",
    "management's discussion and analysis of financial condition and results of
operations",
    "quantitative and qualitative disclosures about market risk",
    "controls and procedures",
```

```
    "other information",
    "unregistered sales of equity securities and use of proceeds",
    "defaults upon senior securities",
    "exhibits"
]
```

在本项目中，这个列表用于在识别 11-Q 报告中目录时作为参考。通过检查报告中是否包含这些关键词，可以确定报告是否包含目录，并在必要时定位到目录的位置。

11.4.2　生成年度报告内容

从 HTML 文档中提取部分内容，并以字典形式返回，这些内容用于生成年度报告或其他类似的财务或法律文件的摘要信息。在金融行业中，提取的内容通常包括业务描述、风险因素、财务状况和经营结果的管理讨论与分析等，这些信息可以用于定性分析、财务建模、投资评估等目的。

（1）方法 identify_table_of_contents（soup, list_items）的功能是根据提供的关键词列表，从 HTML 文档中识别出目录的表格。能够遍历 HTML 中的表格，并计算每个表格中包含的关键词数量，选择包含关键词最多的表格作为目录表格。

```
def identify_table_of_contents(soup, list_items):
    if list_items is None:
        return None
    max_table = 0
    chosen_table = None
    tables = soup.body.findAll("table")
    for t in tables:
        count = 0
        for s in list_items:
            r = t.find(string=re.compile(f'{s}', re.IGNORECASE))
            if r is not None:
                count += 1
        if count > max_table:
            chosen_table = t
            max_table = count
    if max_table > 3:
        return chosen_table

    return None
```

（2）方法 get_sections_text_with_hrefs（soup，sections）的功能是从 HTML 文档中提取包含在目录中的各个部分的文本。它会遍历 HTML 文档的子元素，并根据部分的起始和结束标记提取文本内容。

```
def get_sections_text_with_hrefs(soup, sections):
    next_section = 1
    current_section = None
    text = ""
```

```
    last_was_new_line = False
    for el in soup.body.descendants:
        if next_section in sections and el == sections[next_section]['start_el']:
            if current_section is not None:
                sections[current_section]["text"] = text
                text = ""
                last_was_new_line = False

            current_section = next_section
            next_section += 1

        if current_section is not None and isinstance(el, NavigableString):

            if last_was_new_line and el.text == "\n":
                continue
            elif el.text == "\n":
                last_was_new_line = True
            else:
                last_was_new_line = False
            found_text = unidecode(el.get_text(separator=" "))
            if len(text) > 0 and text[-1] != " " and len(found_text) > 0 and
found_text[0] != " ":
                text += "\n"
            text += found_text.replace('\n', ' ')

        if current_section is not None:
            sections[current_section]["text"] = text

    return sections
```

（3）方法 clean_section_title（title）的功能是清理部分标题字符串，去除特殊字符和标点符号。

```
def clean_section_title(title):
    title = title.lower()
    title = unidecode(title)
    title = title.replace("item ", "")
    for idx in range(20, 0, -1):
        for let in ['', 'a', 'b', 'c']:
            title = title.replace(f"{idx}{let}.", "")
    for idx in range(10, 0, -1):
        title = title.replace(f"f-{idx}", "")
    title = re.sub(r'\([^)]*\)', '', title).strip(string.punctuation +
string.whitespace)

    return title
```

（4）方法 get_sections_using_hrefs（soup，table_of_contents）的功能是使用目录中的超链接标签识别部分内容，并提取相应的文本。它检查超链接标签的 href 属性，以确定每个部分的位置，并提取相应的文本内容。

```
def get_sections_using_hrefs(soup, table_of_contents):
```

```
all_elements = soup.find_all()
hrefs = {}
sections = {}
for tr in table_of_contents.findAll("tr"):
    try:
        aa = tr.find_all("a")
        tr_hrefs = [a['href'][1:] for a in aa]

    except Exception as e:
        continue
    for el in tr.children:

        text = el.text
        text = clean_section_title(text)
        if is_title_valid(text):

            for tr_href in tr_hrefs:
                if tr_href not in hrefs:

                    h_tag = soup.find(id=tr_href)
                    if h_tag is None:
                        h_tag = soup.find(attrs={"name": tr_href})

                    if h_tag:
                        hrefs[tr_href] = {
                            'start_el': h_tag,
                            'idx': all_elements.index(h_tag),
                            'title': None,
                            'title_candidates': set([text])}
                else:
                    hrefs[tr_href]['title_candidates'].add(text)
        else:
            continue

for h in hrefs:
    hrefs[h]['title_candidates'] = list(hrefs[h]['title_candidates'])
    if len(hrefs[h]['title_candidates']) == 1:
        hrefs[h]['title'] = hrefs[h]['title_candidates'][0]
    else:
        hrefs[h]['title'] = "+++".join(hrefs[h]['title_candidates'])
temp_s = sorted(hrefs.items(), key=lambda x: x[1]["idx"])
for i, s in enumerate(temp_s):
    sections[i + 1] = s[1]
    if i > 0:
        sections[i]["end_el"] = sections[i + 1]["start_el"]

sections = get_sections_text_with_hrefs(soup, sections)
return sections
```

（5）方法 string_similarity_percentage（string1，string2）的功能是计算两个字符串之间的相似度百分比，使用 Levenshtein 距离算法计算。

```
def string_similarity_percentage(string1, string2):
    distance = Levenshtein.distance(string1.replace(" ", ""), string2.replace(" ",
""))
    max_length = max(len(string1), len(string2))
    similarity_percentage = (1 - (distance / max_length)) * 100
    return similarity_percentage
```

（6）方法 is_title_valid（text）的功能检查部分标题是否有效，排除不合规的标题。

```
def is_title_valid(text):
    valid = not (
        text.startswith("item") or
        text.startswith("part") or
        text.startswith("signature") or
        text.startswith("page") or
        text.isdigit() or
        len(text) <= 2)
    return valid
```

（7）方法 select_best_match（string_to_match，matches，start_index）的功能是从匹配列表中选择与给定字符串最相似的匹配项。

```
def select_best_match(string_to_match, matches, start_index):
    match = None

    if start_index == 0:
        del matches[0]

    if len(matches) == 1:
        match = matches[0]
        if matches[0].start() > start_index:
            match = matches[0]
    elif len(matches) > 1:
        max_similarity = -1
        for i, m in enumerate(matches):
            if m.start() > start_index:
                sim          =          string_similarity_percentage(string_to_match,
m.group().lower().replace("\n", " "))
                if sim > max_similarity:
                    max_similarity = sim
                    match = m
    return match
```

（8）方法 get_sections_using_strings（soup，table_of_contents，default_sections）的功能是使用字符串匹配的方法从 HTML 文档中提取部分内容。它检查文本中是否包含预定义的默认部分，并提取相应的文本内容。

```
def get_sections_using_strings(soup, table_of_contents, default_sections):

    body_text = unidecode(soup.body.get_text(separator=" "))
    body_text = re.sub('\n', ' ', body_text)
    body_text = re.sub(' +', ' ', body_text)
```

```
        sections = {}
        if table_of_contents:
            num_section = 1
            for tr in table_of_contents.findAll("tr"):
                section = {}
                for el in tr.children:
                    text = el.text
                    item = unidecode(text.lower()).replace("\n", " ").strip(string.
punctuation + string.whitespace)

                    if 'item' in item:
                        section["item"] = item

                    text = clean_section_title(text)
                    if 'item' in section and is_title_valid(text):
                        section['title'] = text
                        sections[num_section] = section
                        num_section += 1

        if len(sections) == 0:
            # no usable table_of_contents sections, we use a prefilled default_sections
dictionary
            sections = copy.deepcopy(default_sections)
            start_index = 1
        else:
            start_index = 0

        for si in sections:
            s = sections[si]
            if 'item' in s:
                match = None
                if isinstance(s['title'], list):
                    for t in s['title']:
                        matches = list(re.finditer(fr"{s['item']}. *{t}", body_text,
re.IGNORECASE + re.DOTALL))
                        if matches:
                            match = select_best_match(f"{s['item']} {t}", matches, start_index)
                            break
                else:
                    matches = list(re.finditer(fr"{s['item']}. *{s['title']}", body_text,
re.IGNORECASE + re.DOTALL))
                    if matches:
                        match = select_best_match(f"{s['item']} {s['title']}", matches,
start_index)

                if match is None:
                    matches = list(re.finditer(fr"{s['item']}", body_text, re.IGNORECASE
+ re.DOTALL))
                    if matches:
                        match = select_best_match(f"{s['item']}", matches, start_index)

                if match:
```

```
            s['title'] = match.group()
            s["start_index"] = match.start()
            start_index = match.start()
        else:
            s['remove'] = True

    sections_temp = {}
    for si in sections:
        if "remove" not in sections[si]:
            sections_temp[si] = sections[si]

    temp_s = sorted(sections_temp.items(), key=lambda x: x[1]["start_index"])
    sections = {}
    last_section = 0
    for i, s in enumerate(temp_s):
        sections[i + 1] = s[1]
        if i > 0:
            sections[i]["end_index"] = sections[i + 1]["start_index"]
            sections[i]["text"] = body_text[sections[i]["start_index"]:sections[i]
["end_index"]]
        last_section = i + 1
    if last_section > 0:
        sections[last_section]["end_index"] = -1
        sections[last_section]["text"] = body_text[sections[last_section]["start_
index"]:sections[last_section]["end_index"]]

    return sections
```

11.4.3　文档解析

（1）定义方法 parse_document，它接收一个文档作为输入，解析其中的内容，删除 HTML 标记，并将结果保存在 MongoDB 的 parsed_documents 集合中。

```
def parse_document(doc):
    url = doc["_id"]
    form_type = doc["form_type"]
    filing_date = doc["filing_date"]
    sections = {}
    cik = doc["cik"]
    html = doc["html"]

    if form_type in ["11-K", "11-K/A"]:
        include_forms = ["11-K", "11-K/A"]
        list_items = list_10k_items
        default_sections = default_10k_sections
    elif form_type == "11-Q":
        include_forms = ["11-Q"]
        list_items = list_10q_items
        default_sections = default_10q_sections
    elif form_type == "8-K":
        include_forms = ["8-K"]
```

```
            list_items = None
            default_sections = default_8k_sections
    else:
        print(f"return because form_type {form_type} is not valid")
        return

    if form_type not in include_forms:
        print(f"return because form_type != {form_type}")
        return

    company_info = company_from_cik(cik)

    if company_info is None:
        print("return because company info None")
        return

    print(f"form type: \t\t{form_type}")
    print(company_info)

    soup = BeautifulSoup(html, features="html.parser")

    if soup.body is None:
        print("return because soup.body None")
        return

    table_of_contents = identify_table_of_contents(soup, list_items)

    if table_of_contents:
        sections = get_sections_using_hrefs(soup, table_of_contents)

    if len(sections) == 0:
        sections = get_sections_using_strings(soup, table_of_contents, default_sections)

    result = {"_id": url, "cik": cik, "form_type":form_type, "filing_date": filing_date,
"sections":{}}

    for s in sections:
        section = sections[s]
        if 'text' in section:
            text = section['text']
            text = re.sub('\n', ' ', text)
            text = re.sub(' +', ' ', text)

            result["sections"][section["title"]] = {"text":text, "link":section["link"]
if "link" in section else None}

    try:
        mongodb.upsert_document("parsed_documents", result)
    except:
        traceback.print_exc()
        print(result.keys())
        print(result["sections"].keys())
```

上述代码的实现步骤如下所示。

根据文档的类型（11-K、11-Q、8-K 等），选择相应的处理方法和默认的部分结构。解析文档的 HTML 内容，并使用 BeautifulSoup 库将其转换为 Soup 对象。识别文档中的目录，以确定各个部分的位置。根据目录中的链接，或者通过搜索默认部分标题，从文档中提取各个部分的内容。整理提取的内容，并将其存储为字典格式。将解析结果存储在 MongoDB 数据库的 parsed_documents 集合中。

（2）定义方法 find_auditor（doc），功能是从指定的文档中查找审计员信息。它采用一个文档作为输入，并搜索其中的文本内容以确定审计员信息。

```python
def find_auditor(doc):
    try:
        soup = BeautifulSoup(doc["html"], features="html.parser")
        body = unidecode(soup.body.get_text(separator=" "))
        body = re.sub('\n', ' ', body)
        body = re.sub(' +', ' ', body)

        start_sig = 0
        while start_sig != -1:
            start_sig = body.find('s/', start_sig+1)
            auditor_candidate = body[start_sig: start_sig+200]

            # print(auditor_candidate)
            if 'auditor since' in auditor_candidate.lower():
                pattern = r"s/.+auditor since.*?\d{4}"

                try:
                    match = re.findall(pattern, auditor_candidate)[0]
                    return match.replace("s/", "").strip()
                except:
                    pass
    except Exception as e:
        print(e)
        print("NO AUDITOR FOUND")
        return ""
```

（3）下面的代码用于解析 Google 的 11-K 文件。首先，从 MongoDB 中获取指定 URL 的文档，并将其传递给 parse_document()方法进行解析。方法 parse_document()将文件解析为文本，并提取其中的各个部分，如业务、风险因素、管理层讨论与分析等。最终，解析后的内容将存储在 MongoDB 的 parsed_documents 集合中，以便后续分析和使用。

```python
filing_url =
'https://www.sec.gov/Archives/edgar/data/1652044/000165204423000016/goog-
20221231.htm'
doc = mongodb.get_collection("documents").find({"_id":filing_url}).next()
parse_document(doc)
```

代码执行后会输出如下内容。

```
form type:        11-K
cik               0001652044
name              Alphabet Inc.
ticker            GOOGL
exchange          Nasdaq
Name: 2, dtype: object
```

11.5 OpenAI API 和 Langchain 探索

本节将使用 OpenAI API 与 Langchain 对解析后的文档进行总结，从中提取有价值的信息。这将帮助我们更好地理解文档中的内容，包括业务情况、风险因素、财务状况分析等，并提供更简洁的概括信息。

11.5.1 OpenAI 接口

编写文件 openai_interface.py，实现许多与 OpenAI 接口相关的功能，包括处理消息、计算令牌数量、调用 OpenAI 模型以及创建摘要。通过使用这些功能，我们可以提取并总结文档中的关键部分，以便更好地理解和分析文档。

```python
parser = ConfigParser()
_ = parser.read(os.path.join("credentials.cfg"))
openai.api_key = parser.get("open_ai", "api_key")

INITIAL_CONTEXT_MESSAGE = {"role": "system",
                           "content": "Act as an assistant for security analysis. Your goal is to help make sense of "
                           "financial information available for US public companies on EDGAR."}
MODEL_MAX_TOKENS = {
    "gpt-3.5-turbo": 4097,
    "gpt-3.5-turbo-16k": 16384,
}


def get_completion(messages, model="gpt-3.5-turbo"):
    return openai.ChatCompletion.create(
        model=model,
        messages=messages,
        temperature=0, # this is the degree of randomness of the model's output
    )


def num_tokens_from_messages(messages, model="gpt-3.5-turbo"):
    try:
        encoding = tiktoken.encoding_for_model(model)
    except KeyError:
        encoding = tiktoken.get_encoding("cl100k_base")
```

```python
    if model in ["gpt-3.5-turbo", "gpt-3.5-turbo-16k"]:
        num_tokens = 0
        for message in messages:
            num_tokens += 4
            for key, value in message.items():
                num_tokens += len(encoding.encode(value))
                if key == "name":
                    num_tokens += -1

        num_tokens += 2
        return num_tokens


def compute_cost(tokens, model="gpt-3.5-turbo"):
    if model == "gpt-3.5-turbo":
        return round(tokens / 1000 * 0.002, 4)
    if model == "gpt-3.5-turbo-16k":
        return round(tokens / 1000 * 0.004, 4)

def get_text_tokens(value, model="gpt-3.5-turbo"):
    try:
        encoding = tiktoken.encoding_for_model(model)
    except KeyError:
        encoding = tiktoken.get_encoding("cl100k_base")
    return len(encoding.encode(value))


def get_messages(company_name, ticker, exchange, form, filing_date, section_title,
section_text):
    prompt = f"I will give you some information about the company, the form I am
analysing and " \
            f"then a text section of that form. All of this delimited by ^^^. " \
            f"Summarize the section keeping it as short as possible, without leaving
out " \
            f"any information that could be relevant to an investor in the company.
" \
            f"If there is any reference to debt issuance write the interest rate,
if present." \
            f"Organize the output in a list of short information points (around 20
words each)." \
            f"Remove all the points that contain duplicate information." \
            f"Do not refer to exhibits." \
            f"Format the output as a json with a single key 'data' and value as a
list of the information points." \
            f"^^^" \
            f"Company Name: {company_name}" \
            f"Ticker: {ticker}" \
            f"Exchange: {exchange}" \
            f"Form: {form}" \
            f"Filing date: {filing_date}" \
            f"Section title: {section_title}" \
            f"Section text: {section_text}" \
            f"^^^"
```

```
    messages = [
        INITIAL_CONTEXT_MESSAGE,
        {"role": "user", "content": prompt},
    ]
    return messages

def create_summary(section_text, model, chain_type="map_reduce", verbose=False):
    llm     =    ChatOpenAI(model_name=model,   openai_api_key=parser.get("open_ai",
"api_key"))
    string_loader = UnstructuredStringLoader(section_text)
    docs = split_doc_in_chunks(string_loader.load())
    chain = load_summarize_chain(llm, chain_type=chain_type, verbose=verbose)
    with get_openai_callback() as cb:
        res = chain.run(docs)
    return res, cb.total_tokens

def              summarize_section(section_text,              model="gpt-3.5-turbo",
chain_type="map_reduce", verbose=False):
    summary, tokens = create_summary(section_text, model, chain_type, verbose)
    bullets = [x.strip() for x in re.split(r'(?<!inc)(?<!Inc)\. ', summary)]
    cost = compute_cost(tokens, model=model)
    return bullets, cost

def check_input_tokens(input_tokens, model):
    return input_tokens > MODEL_MAX_TOKENS[model] - 500
```

11.5.2 Langchain 和 OpenAI 处理

编写文件 summarizer.py，定义使用 Langchain 和 OpenAI 处理文本和文档的功能。其中，类 UnstructuredStringLoader 用于加载未结构化的字符串内容，将其分割成适当大小的块。方法 split_text_in_chunks 和方法 split_doc_in_chunks 分别用于将文本和文档分割成块。最后，doc_summary 函数用于生成文档摘要和预览。

```
class UnstructuredStringLoader(UnstructuredBaseLoader):

    def __init__(
        self, content: str, source: str = None, mode: str = "single",
        **unstructured_kwargs: Any
    ):
        self.content = content
        self.source = source
        super().__init__(mode=mode, **unstructured_kwargs)

    def _get_elements(self) -> List:
        from unstructured.partition.text import partition_text

        return partition_text(text=self.content, **self.unstructured_kwargs)

    def _get_metadata(self) -> dict:
```

```
        return {"source": self.source} if self.source else {}
def split_text_in_chunks(text, chunk_size=20000):
    text_splitter      =      RecursiveCharacterTextSplitter(chunk_size=chunk_size,
chunk_overlap=100)
    chunks = text_splitter.split_text(text)
    return chunks


def split_doc_in_chunks(doc, chunk_size=20000):
    text_splitter      =      RecursiveCharacterTextSplitter(chunk_size=chunk_size,
chunk_overlap=100)
    chunks = text_splitter.split_documents(doc)
    return chunks


def doc_summary(docs):
    print(f'You have {len(docs)} document(s)')
    num_words = sum([len(doc.page_content.split(' ')) for doc in docs])
    print(f'You have roughly {num_words} words in your docs')
    print()
    print(f'Preview: \n{docs[0].page_content.split(". ")[0]}')
```

11.5.3　创建摘要

编写文件 qualitative_analysis.py，重构已解析的文档，并为每个文档创建摘要。其主要功能由如下方法实现。

方法 restructure_parsed_10k()、restructure_parsed_10q()和 restructure_parsed_8k()的功能是将已解析的文档重组为特定格式，以便为后续的摘要生成功能打好基础。

```
def restructure_parsed_10k(doc):
    result = {
        "business": {"text":"", "links":[]}, # important
        "risk": {"text":"", "links":[]},
        "unresolved": {"text":"", "links":[]},
        "property": {"text":"", "links":[]},
        "legal": {"text":"", "links":[]},
        "foreign": {"text":"", "links":[]},
        "other": {"text":"", "links":[]}
    }

    for s in doc["sections"]:

        found = None
        if ("business" in s.lower() or "overview" in s.lower() or "company" in
s.lower() or "general" in s.lower() or "outlook" in s.lower())\
                and not "combination" in s.lower():
            found = "business"
        elif "propert" in s.lower() and not "plant" in s.lower() and not "business"
in s.lower():
```

```
                found = "property"
        elif "foreign" in s.lower() and "jurisdiction" in s.lower():
            found = "foreign"
        elif "legal" in s.lower() and "proceeding" in s.lower():
            found = "legal"
        elif "information" in s.lower() and "other" in s.lower():
            found = "other"
        elif "unresolved" in s.lower():
            found = "unresolved"
        elif "risk" in s.lower():
            found = "risk"

        if found is not None:
            result[found]["text"] += doc["sections"][s]["text"]
            result[found]["links"].append({
                "title": s,
                "link": doc["sections"][s]["link"] if "link" in doc["sections"][s] else None
            })

    return result

def restructure_parsed_10q(doc):
    result = {
        "risk": {"text":"", "links":[]},  # important
        "MD&A": {"text":"", "links":[]},  # important
        "legal": {"text":"", "links":[]},
        "other": {"text":"", "links":[]},
        "equity": {"text":"", "links":[]},
        "defaults": {"text":"", "links":[]},
    }

    for s in doc["sections"]:

        found = None
        if "legal" in s.lower() and "proceeding" in s.lower():
            found = "legal"
        elif "management" in s.lower() and "discussion" in s.lower():
            found = "MD&A"
        elif "information" in s.lower() and "other" in s.lower():
            found = "other"
        elif "risk" in s.lower():
            found = "risk"
        elif "sales" in s.lower() and "equity" in s.lower():
            found = "equity"
        elif "default" in s.lower():
            found = "defaults"

        if found is not None:
            result[found]["text"] += doc["sections"][s]["text"]
            result[found]["links"].append({
                "title": s,
                "link": doc["sections"][s]["link"] if "link" in doc["sections"][s]
else None
```

```
            })

    return result

def restructure_parsed_8k(doc):
    result = {}
    for s in doc["sections"]:
        if "financial statements and exhibits" in s.lower():
            continue
        result[s] = doc["sections"][s]
    return result
```

方法 sections_summary 的功能是对每个文档进行生成摘要，并将结果存储在
MongoDB 中。

```
def sections_summary(doc, verbose=False):

    company = company_from_cik(doc["cik"])
    result = {"_id": doc["_id"],
              "name": company["name"],
              "ticker": company["ticker"],
              "form_type": doc["form_type"],
              "filing_date": doc["filing_date"]}

    total_cost = 0
    total_start_time = time.time()
    if "11-K" in doc["form_type"]:
        new_doc = restructure_parsed_10k(doc)
    elif doc["form_type"] == "11-Q":
        new_doc = restructure_parsed_10q(doc)
    elif doc["form_type"] == "8-K":
        new_doc = restructure_parsed_8k(doc)
    else:
        print(f"form_type {doc['form_type']} is not yet implemented")
        return

    for section_title, section in new_doc.items():

        section_links = section["links"] if "links" in section else None
        section_text = section["text"]
        start_time = time.time()
        if len(section_text) < 250:
            continue

        if section_title in ["business", "risk", "MD&A"]:
            chain_type = "refine"
            if len(section_text) > 25000:
                model = "gpt-3.5-turbo-16k"
            else:
                model = "gpt-3.5-turbo"
        else:
            if len(section_text) < 25000:
```

```
                chain_type = "refine"
                model = "gpt-3.5-turbo"
            elif len(section_text) < 50000:
                chain_type = "map_reduce"
                model = "gpt-3.5-turbo"
            else:
                chain_type = "map_reduce"
                model = "gpt-3.5-turbo-16k"

        original_len = len(section_text)
        print(f"{section_title} original_len: {original_len} use {model} w/ chain
{chain_type}")
        summary, cost = summarize_section(section_text, model, chain_type, verbose)
        result[section_title] = {"summary":summary, "links": section_links}
        summary_len = len(''.join(summary))
        reduction = 100 - round(summary_len / original_len * 100, 2)
        total_cost += cost
        duration = round(time.time() - start_time, 1)

        print(f"{section_title}    original_len:    {original_len}    summary_len:
{summary_len} reduction: {reduction}% "
            f"cost:   {cost}$   duration:{duration}s   used   {model}   w/   chain
{chain_type}")

        mongodb.upsert_document("items_summary", result)

    total_duration = round(time.time() - total_start_time, 1)

    print(f"\nTotal Cost: {total_cost}$, Total duration: {total_duration}s")
```

方法 extract_segments 的功能是从文档中提取段落信息，如行业和地理信息。

```
def extract_segments(doc):
    page = doc["html"]
    soap = BeautifulSoup(page, features="html.parser")
    ix_resources = soap.find("ix:resources")
    if ix_resources is None:
        return
    contexts = ix_resources.findAll("xbrli:context")
    axis = [
        "srt:ProductOrServiceAxis",
        "us-gaap:StatementBusinessSegmentsAxis",
        "srt:ConsolidationItemsAxis",
        "srt:StatementGeographicalAxis",
    ]

    result = []
    for c in contexts:
        context_id = c["id"]
        s = c.find("xbrli:segment")
        if s is not None:

            members = s.find_all("xbrldi:explicitmember")
```

```
        if len(members) == 0:
            continue
        include = True
        for m in members:
            if m["dimension"] not in axis:
                include = False
                break
        if not include:
            continue

        try:
            period = c.find("xbrli:enddate").text
        except:
            period = c.find("xbrli:instant").text
        period = datetime.strptime(period, "%Y-%m-%d").date()
        element = soap.find("ix:nonfraction", attrs={"contextref": context_id})
        if element is None or "name" not in element.attrs:
            continue
        try:
            value = float(element.text.replace(",",""))
        except:
            continue
        segment = {}
        for m in members:
            segment[m["dimension"]] = m.text

        result.append({
            "date": period,
            "segment": segment,
            "value": value,
            "measure": element["name"]
        })

    return result
```

方法 map_geographic_area 用于处理地理分布数据，将国家和地区映射到区域，并计算每个区域的价值百分比。

```
def map_geographic_area(string):
    if "other" in string and ("region" in string or "countr" in string or "continent"
in string):
        return "Global"
    elif "foreign" in string:
        return "Global"
    elif "europe" in string:
        return "Western Europe"
    elif "asia" in string:
        return "Asia"
    elif "emea" in string:
        return "EMEA" # 70% western europe, 15% middle east, 15% africa
    elif "apac" in string:
        return "APAC" # 90% asia, 10% australia
```

```
        elif "lacc" in string:
            return "LACC" # 50% central & south america, 40% canada, 10% caribbean
        elif "centralandsouthamerica" in string or "southamerica" in string or
"americas" in string:
            return "Central and South America"
        elif "africa" in string:
            return "Africa"
        elif "middleeast" in string:
            return "Middle East"
        elif "northamerica" in string:
            return "North America"

def geography_distribution(segments, ticker):
    df = pd.DataFrame(segments)
    if df.empty:
        return df

    df["segment"] = df["segment"].astype(str)
    df = df[(df["segment"].str.contains('srt:StatementGeographicalAxis'))&
        ~(df["segment"].str.contains("srt:ProductOrServiceAxis"))&
        ~(df["segment"].str.contains("us-gaap:StatementBusinessSegmentsAxis"))]
    measures = list(df["measure"].unique())

    selected_measure = None

    for m in measures:
        if "revenue" in m.lower() and ticker in m.lower():
            selected_measure = m
            break

    if selected_measure is None:
        for m in [
            "Revenues",
            "RevenueFromContractWithCustomerExcludingAssessedTax",
            "RevenueFromContractWithCustomerIncludingAssessedTax",
            "SalesRevenueNet",
            "OperatingIncomeLoss",

"IncomeLossFromContinuingOperationsBeforeInterestExpenseInterestIncomeIncomeTaxes
ExtraordinaryItemsNoncontrollingInterestsNet",

"IncomeLossFromContinuingOperationsBeforeIncomeTaxesMinorityInterestAndIncomeLoss
FromEquityMethodInvestments",

"IncomeLossFromContinuingOperationsBeforeIncomeTaxesExtraordinaryItemsNoncontroll
ingInterest",
            "IncomeLossFromContinuingOperationsBeforeIncomeTaxesForeign",
            "IncomeLossFromContinuingOperationsBeforeIncomeTaxesDomestic",
            "NetIncomeLoss",
            "NetIncomeLossAvailableToCommonStockholdersBasic",
            "NetIncomeLossAvailableToCommonStockholdersDiluted",
            "ComprehensiveIncomeNetOfTax",
            "IncomeLossFromContinuingOperations",
```

```
        "ProfitLoss",
"IncomeLossFromContinuingOperationsIncludingPortionAttributableToNoncontrollingIn
terest",
        "IncomeLossFromSubsidiariesNetOfTax"
    ]:
        if f"us-gaap:{m}" in measures:
            selected_measure = f"us-gaap:{m}"
            break

    df = df[df["measure"] == selected_measure]

    df   =   df[df.groupby(["segment","measure"])['date'].transform('max')   ==
df['date']]\
        .drop(["date","measure"], axis=1)
    df["segment"] = df["segment"].apply(lambda x:
x[x.find("'srt:StatementGeographicalAxis':")+len("'srt:StatementGeographicalAxis'
:"):]
                            .split("}")[0].split(",")[0].split(":")[1].split("'"
)[0])
    country_stats = get_df_from_table("damodaran_country_stats", most_recent=True)
[["country","alpha_2_code"]]
    df = pd.merge(df, country_stats, left_on="segment", right_on="alpha_2_code",
how="left").drop("alpha_2_code", axis=1)

    df["area"] = df["segment"].apply(lambda x: map_geographic_area(x.lower()))

    df = df[~(df["country"].isna())|~(df["area"].isna())]

    df["value"] /= df["value"].sum()
    df["country_area"] = df["country"].fillna(df["area"])

    aggregate_areas_df = pd.DataFrame([
        {"country_area": "EMEA", "part_area": "Western Europe", "area_percent": 0.7},
        {"country_area": "EMEA", "part_area": "Middle East", "area_percent": 0.15},
        {"country_area": "EMEA", "part_area": "Africa", "area_percent": 0.15},
        {"country_area": "APAC", "part_area": "Asia", "area_percent": 0.9},
        {"country_area":   "APAC",   "part_area":   "Australia   &   New   Zealand",
"area_percent": 0.1},
        {"country_area":   "LACC",   "part_area":   "Central   and   South   America",
"area_percent": 0.5},
        {"country_area":   "LACC",   "part_area": "Canada", "area_percent": 0.4},
        {"country_area": "LACC", "part_area": "Caribbean", "area_percent": 0.1},
    ])

    df   =   pd.merge(df,   aggregate_areas_df,   how="left",   left_on="country_area",
right_on="country_area")
    df["part_area"] = df["part_area"].fillna(df["country_area"])
    df["area_percent"] = df["area_percent"].fillna(1)
    df = df.drop("country_area", axis=1)
    df = df.rename(columns={"part_area":"country_area"})
    df["value"] = df["value"] * df["area_percent"]
```

```
    df["region"] = df["country_area"].apply(lambda x: country_to_region[x] if x in
country_to_region else "Global")
    df["country_representative"]        =        df["country_area"].apply(lambda        x:
area_to_repr_country[x] if x in area_to_repr_country else None)
    df["country"] = df["country"].fillna(df["country_representative"])
    return  df.drop(["segment","country_representative","area",  "area_percent"],
axis=1)
```

11.5.4　LangChain 处理

（1）使用 LangChain 选择一个要总结的文档部分，并在模型响应后打印输出其摘要。

```
restructured_doc = restructure_parsed_10k(parsed_doc)
```

在上述代码中，选择一个名为 business 的部分进行总结，并打印其原始文本以及生成的摘要及其成本。

（2）使用 LangChain 总结 business（业务）部分，该部分包含了公司描述信息以及其他有助于了解公司业务的信息。

```
section_text = restructured_doc["business"]["text"]
print(section_text)
```

代码执行后会输出如下内容。

```
'ITEM 1. BUSINESS Overview As our founders Larry and Sergey wrote in the original
founders\' letter, "Google is not a conventional company. We do not intend to become
one." That unconventional spirit has been a driving force throughout our history,
inspiring us to tackle big problems and invest in moonshots, such as our long-term
opportunities in artificial intelligence (AI). We continue this work under the
leadership of Alphabet and Google CEO Sundar Pichai. Alphabet is a collection of
businesses - the largest of which is Google. We report Google in two segments, Google
Services and Google Cloud; we also report all non-Google businesses collectively as
Other Bets. Alphabet\'s structure is about helping each of our businesses prosper
through strong leaders and independence. Access and technology for everyone The
Internet is
####省略其他部分
bylaws, governance guidelines, board committee charters, and code of conduct, is
also available on our investor relations website. The contents of our websites are
not incorporated by reference into this Annual Report on Form 11-K or in any other
report or document we file with the SEC, and any references to our websites are
intended to be inactive textual references only.'
```

（3）检查业务部分的文本长度，具体实现代码如下所示。

```
Len(section_text)
```

代码执行后会输出如下内容。

```
25020
```

（4）使用默认的 gpt-3.5-turbo 模型以及 refine 链类型总结业务部分的文本，处理该部分并输出详细信息。

```
Chain_type = "refine"
model = "gpt-3.5-turbo"
verbose = True

print(f"business original_len: {len(section_text)} use {model} w/ chain {chain_type}")
summary, cost = summarize_section(section_text, model, chain_type, verbose)
```

代码执行后会输出如下内容。

```
Business original_len: 25020 use gpt-3.5-turbo w/ chain refine
> Entering new chain…
> Entering new chain…
Prompt after formatting:
Write a concise summary of the following:
"ITEM 1. BUSINESS Overview As our founders Larry and Sergey wrote in the original
founders' letter, "Google is not a conventional company. We do not intend to become
one." That unconventional spirit has been a driving force throughout our history,
inspiring us to tackle big problems and invest in moonshots, such as our long-term
opportunities in artificial intelligence (AI). We continue this work under the
leadership of Alphabet and Google CEO Sundar Pichai. Alphabet is a collection of
businesses - the largest of which is Google. We report Google in two segments,
Google Services and Google Cloud; we also report all non-Google businesses
collectively as Other Bets. Alphabet's structure is about helping each of our
businesses prosper through strong leaders and independence. Access and technology
for everyone The Internet is on##################省略后面的输出
-----------
Given the new context, refine the original summary
If the context isn't useful, return the original summary.

> Finished chain.
> Finished chain.
```

（5）下面代码用于打印输出从 OpenAI 模型获取的摘要和相应的成本。首先，遍历摘要列表 summary 中的每个元素，并将每个摘要作为一个项目打印出来。然后，打印输出摘要生成的成本 cost，以美元为单位。

```
Print(f"BULLET POINTS")
for el in summary:
    print(el)
print(f"cost: {cost} in USD")
```

代码执行后会输出如下内容。

```
BULLET POINTS

Alphabet Inc., the parent company of Google, operates under the leadership of CEO
Sundar Pichai
```

```
Google is divided into two segments: Google Services and Google Cloud, while other
businesses are collectively referred to as Other Bets

The company's mission is to make information universally accessible and useful,
and it continues to invest in artificial intelligence (AI) and innovative products

Google generates revenue primarily through advertising, but also through Google
Play, hardware sales, and YouTube subscriptions
###省略部分输出
The company relies on intellectual property laws and confidentiality procedures to
protect its proprietary technology and brand

Information about Alphabet can be accessed on its website and investor relations
website, including financial reports and announcements.
```

（6）运行方法 sections_summary()，将解析的文档 parsed_doc 作为参数传递。这将生成 Alphabet Inc.最新提交的所有重要部分的摘要，并将结果保存在 items_summary 集合中。

```
Sections_summary(parsed_doc)
```

代码执行后会输出如下内容。

```
Business original_len: 25020 use gpt-3.5-turbo-16k w/ chain refine

business   original_len:   25020   summary_len:   1452   reduction:   94.2%   cost:
0.0212$ duration:11.7s used gpt-3.5-turbo-16k w/ chain refine

risk original_len: 82337 use gpt-3.5-turbo-16k w/ chain refine

risk   original_len:   82337   summary_len:   2662   reduction:   96.77%   cost:
0.0715$ duration:50.1s used gpt-3.5-turbo-16k w/ chain refine

property original_len: 328 use gpt-3.5-turbo w/ chain refine

property original_len: 328 summary_len: 226 reduction: 31.099999999999994% cost:
0.0002$ duration:1.5s used gpt-3.5-turbo w/ chain refine

legal original_len: 272 use gpt-3.5-turbo w/ chain refine

legal   original_len:   272   summary_len:   147   reduction:   45.96%   cost:
0.0002$ duration:1.5s used gpt-3.5-turbo w/ chain refine

other original_len: 493 use gpt-3.5-turbo w/ chain refine

other   original_len:   493   summary_len:   311   reduction:   36.92%   cost:
0.0003$ duration:2.4s used gpt-3.5-turbo w/ chain refine

Total Cost: 0.0934$, Total duration: 67.3s
```

（7）下面代码会获取摘要文档，并循环打印输出每个部分的摘要。每个部分都包含了多个信息点，以清晰的方式呈现出来。

```
Import datetime
summary_doc = mongodb.get_document("items_summary", parsed_doc["_id"])
for k, v in summary_doc.items():
    if isinstance(v, dict):
        print(f"=== {k} ===")
        for info in v["summary"]:
            print(info)
        print()
```

代码执行后会输出如下内容。

```
=== business ===

Alphabet Inc., the parent company of Google, is committed to innovation and solving
big problems

They strive to make information universally accessible and provide tools for
knowledge, health, happiness, and success

Google Services, including search, YouTube, and Google Assistant, offer intuitive
experiences

Google Cloud helps businesses overcome challenges and drive growth

Alphabet also invests in Other Bets to address various industry problems

They focus on AI to assist and inspire people in different fields

Privacy and security are top priorities, with a commitment to building secure
products and giving users control over their data

The company aims for sustainability and has ambitious goals for net-zero emissions
and a circular economy
####省略部分输出
=== legal ===

The company's pending legal proceedings are described in the Notes to Consolidated
Financial Statements included in the Annual Report on Form 11-K.



=== other ===

Google LLC, a subsidiary of Alphabet, has filed notifications with the Russian
Federal Security Service to comply with Russian encryption product import controls

This is in order to import certain software into Russia

The information provided in the previous quarterly report is incorporated into
this disclosure.
```

11.6 定量分析

定量分析（quantitative analysis）是一种使用定量数据和数学模型来研究和解决问题的方法，它通过收集、分析和解释数值数据，以量化的方式来评估特定主题、现象或实体的各种方面。定量分析通常应用于各种学科和领域，包括经济学、社会科学、自然科学、工程学和金融等。

在本项目的定量分析步骤中，将收集和处理财务数据，并按照我们的估值模型（定量）的原则进行估值。本项目的估值模型为自由现金流量（FCFF）和股利估值构建了 4 种不同的场景。

- ☑ 按季度的收益和历史增长率。
- ☑ 按季度的收益和历史增长率归一化。
- ☑ 按季度的收益和季度增长率。
- ☑ 按季度的收益和季度增长率归一化。

每种场景都假设了衰退情况，分别计算了 FCFF、衰退时的 FCFF、股利、衰退时的股利的中位数值，然后根据衰退概率计算了两个预期值。这两个值被用来计算最终估值（每股价值），使结果偏向最低值（以保守的方式）。

11.6.1 DataFrame 构建与处理

在本项目的定量分析中，DataFrame 扮演着关键的角色，用于处理和分析从公司财务文档中提取的数据，为项目提供了数据处理、计算和分析的基础。

（1）函数 build_financial_df 从公司财务文档中构建一个 DataFrame，其中包含特定部分的数据。它接收公司财务文档 doc、感兴趣的指标 measure、单位 unit（通常每个指标只有一个单位），以及术语 tax（默认为 us-gaap）。首先它尝试从文档中提取数据，并将其转换为 DataFrame。然后将数值列转换为数值类型，并处理日期列。最后它返回构建的 DataFrame。

```
Def build_financial_df(doc, measure, unit="USD", tax="us-gaap"):
    try:
        data = doc["facts"][tax][measure]["units"][unit]
    except:
        return None
    df = pd.DataFrame(data)
    df["val"] = pd.to_numeric(df["val"])

    try:
        if "start" in df.columns:
            df["start"] = pd.to_datetime(df["start"])
```

```
        df["end"] = pd.to_datetime(df["end"])
        df["filed"] = pd.to_datetime(df["filed"])
    except:
        return None

    try:
        df = df[~df.frame.isna()]
    except:
        df = df[0:0]

    return df
```

（2）函数 get_ttm_from_df 从包含季度和年度值的 DataFrame 中计算出 trailing twelve months（TTM）值，此函数接收一个包含季度和年度值的 DataFrame df。首先，找到最后一个年度值，并选择该值后的季度值和该值前对应的季度值。然后，计算 TTM 值，并返回 TTM 值以及最后一个年度值的年份。

```
Def get_ttm_from_df(df):
    ttm_df = df.copy()
    try:
        ttm_df["period"] = (ttm_df["end"] - ttm_df["start"]).dt.days
        ttm_df = ttm_df[~(ttm_df.frame.str.contains("Q")) | ((ttm_df.frame.str.contains
("Q")) & (ttm_df.period < 100))]
        last_yearly_row = ttm_df[ttm_df.period > 100].iloc[-1]
    except:
        return None, None
    post_quarterly_rows = ttm_df[ttm_df.index > last_yearly_row.name]
    pre_frames = list(post_quarterly_rows.frame)
    pre_frames = [x[:2] + str(int(x[2:6]) - 1) + x[6:] for x in pre_frames]
    pre_quarterly_rows = ttm_df[ttm_df.frame.isin(pre_frames)]
    ttm = last_yearly_row.val + post_quarterly_rows.val.sum() - pre_quarterly_rows.
val.sum()
    return ttm, last_yearly_row.end
```

11.6.2 提取财务数据

下面介绍的函数的功能是，从公司的财务文档中提取所需的财务数据。

（1）函数 get_most_recent_value_from_df 的功能是获取 DataFrame 中最新的财务数据，即最后一行的值和日期。

```
Def get_most_recent_value_from_df(df):
    return {"date":df.iloc[-1]["end"], "value":df.iloc[-1]["val"]}
```

（2）函数 get_last_annual_report_date_and_fy 的功能是获取最后一份年度报告的日期和财年（fiscal year）。它从 DataFrame 中提取年度数据，并确定最后一份年度报告的日期和财年。

```
Def get_last_annual_report_date_and_fy(df):
```

```
    if df is None:
        return None, None

    year_df = df[~df.frame.str.contains("Q")]
    dates = list((year_df.frame.str.replace("CY", "")).astype(int))
    last_annual_report_date = year_df.iloc[-1].end if len(year_df) > 0 else None
    last_annual_report_fy = dates[-1] if len(dates) > 0 else None
    return last_annual_report_date, last_annual_report_fy
```

（3）函数 get_quarter_of_annual_report 的功能是获取最后一份年度报告发布的季度。它从 DataFrame 中提取最后一份年度报告的日期，并确定该日期对应的季度。

```
def get_quarter_of_annual_report(df, last_annual_report_date,
last_annual_report_fy):

    if df is None:
        return None, None
    last_annual_report_row = df[df.end == last_annual_report_date]
    if last_annual_report_row.empty:
        return None, None
    try:
        quarter_of_annual_report = last_annual_report_row.iloc[0]["frame"][7]
    except:
        print(last_annual_report_row)
        return None, None
    year_bs = int(last_annual_report_row.frame.iloc[0][2:6])
    years_diff = year_bs - last_annual_report_fy

    return quarter_of_annual_report, years_diff
```

（4）函数 get_yearly_values_from_df 的功能是从 DataFrame 中获取年度数据。它根据数据类型（即瞬时数据或非瞬时数据）和最后一份年度报告的季度，从 DataFrame 中提取年度数据。

```
def get_yearly_values_from_df(df, instant=False, quarter_of_annual_report=None,
years_diff=0):
    year_df = df.copy()
    if not instant:
        year_df = year_df[~year_df.frame.str.contains("Q")]
        dates = list((year_df.frame.str.replace("CY", "")).astype(int))

        return {"dates": dates,
                "values": list(year_df.val)}
    else:
        year_df = year_df[year_df.frame.str.contains(f"Q{quarter_of_annual_report}I")]
        year_df["frame"] = year_df.frame.str.replace("CY", "").str.replace(f"Q{quarter_
of_annual_report}I","").astype(int) - years_diff
        return {"dates": list(year_df.frame),
                "values": list(year_df.val)}
```

（5）函数 get_values_from_measures 是整个流程的核心，功能是根据给定的财务指标（measures），从公司财务文档中提取相应的财务数据。它调用了前面提到的其他函数，并根据参数确定是否计算 TTM 值、最新值以及年度数据。

```python
def get_values_from_measures(doc, measures, get_ttm=True, get_most_recent=True,
get_yearly=True, instant=False,
                        quarter_of_annual_report=None, years_diff=0, debug=False,
unit="USD", tax="us-gaap"):

    ttm = 0
    ttm_year = None
    most_recent = 0
    most_recent_date = None
    yearly = {"dates": [], "values": []}
    for m in measures:
        df = build_financial_df(doc, m, unit, tax)
        if df is None or df.empty:
            continue
        if get_ttm:

            ttm_value_tmp, ttm_year_tmp = get_ttm_from_df(df)
            if ttm_value_tmp is not None:
                if ttm_year is None or ttm_year_tmp > ttm_year:
                    ttm = ttm_value_tmp
                    ttm_year = ttm_year_tmp
                if debug:
                    print(m, ttm_year_tmp, ttm_value_tmp)

        if get_most_recent:
            most_recent_tmp = get_most_recent_value_from_df(df)

            if most_recent_tmp["value"] is not None:
                if    most_recent_date    is    None    or    most_recent_tmp["date"]    >
most_recent_date:
                    most_recent_date = most_recent_tmp["date"]
                    most_recent = most_recent_tmp["value"]

                if debug:
                    print(m, most_recent_tmp["date"], most_recent_tmp["value"])

        if get_yearly:
            yearly_tmp = get_yearly_values_from_df(df, instant, quarter_of_annual_
report, years_diff)

            if yearly_tmp is not None:
                for i, d in enumerate(yearly_tmp["dates"]):
                    if d not in yearly["dates"]:
                        yearly["dates"].append(d)
                        yearly["values"].append(yearly_tmp["values"][i])
                if debug:
                    print(m, yearly_tmp)
```

```
    sort = sorted(zip(yearly["dates"], yearly["values"]))
    yearly["dates"] = [x for x, _ in sort]
    yearly["values"] = [x for _, x in sort]

    if debug:
        print("ttm", ttm)
        print("most recent", most_recent)
        print("yearly", yearly)

    return {"date":most_recent_date, "value":most_recent}, {"date":ttm_year, "value":ttm},
yearly
```

11.6.3 数据处理

下面介绍的函数的功能是，对提取的财务数据进行处理和整理，以便进一步的定量分析和生成报告。

（1）函数 merge_subsets_yearly 的主要功能是将子集数据合并到总集中，以便获得更全面的数据集。在执行合并时，函数会根据必须包含的条件来确定是否需要包含某些特定日期的数据。最终，总集中将包含所有子集数据，并且按照日期进行排序。

```
def merge_subsets_yearly(superset, subsets, must_include=None):
    to_add = {"dates":[],"values":[]}
# 如果没有必须包含的日期
if must_include is None:
    # 对于每个子集
    for s in subsets:
        # 对于子集中的每个日期
        for i, d in enumerate(s["dates"]):
            # 如果该日期不在总集中
            if d not in superset["dates"]:
                # 如果这是第一个具有该日期的子集，则将该值添加到要添加的数据中
                if d not in to_add["dates"]:
                    to_add["dates"].append(d)
                    to_add["values"].append(s["values"][i])
                # 否则将值添加到现有值中
                else:
                    idx = to_add["dates"].index(d)
                    to_add["values"][idx] += s["values"][i]
# 如果有必须包含的日期
else:
    # 如果must_include不是元组，则引发异常
    if not isinstance(must_include, tuple):
        raise Exception("must_include必须是元组")

    # 获取第一个must_include的日期（所有其他must_include中的日期必须相同）
    tmp_dates = subsets[must_include[0]]["dates"]
    remove_dates = []

    # 对于每个日期
```

```
    for d in tmp_dates:
        # 对于must_include中的每个索引
        for m in must_include:
            # 如果子集不包含该日期，则将其删除
            s = subsets[m]
            if d not in s["dates"]:
                remove_dates.append(d)

    # 仅保留所有must_include子集中都有值的日期
    must_include_dates = [x for x in tmp_dates if x not in remove_dates and x not in
superset["dates"]]

    # 如果没有日期，则返回
    if len(must_include_dates) == 0:
        return

    # 将值设置为0
    for m in must_include_dates:
        to_add["dates"].append(m)
        to_add["values"].append(0)

    # 对于每个子集，添加日期的值
    for s in subsets:
        for i, d in enumerate(s["dates"]):
            if d in to_add["dates"]:
                idx = to_add["dates"].index(d)
                to_add["values"][idx] += s["values"][i]

# 将要添加的日期和值合并到总集中
for i, d in enumerate(to_add["dates"]):
    superset["dates"].append(d)
    superset["values"].append(to_add["values"][i])

# 按日期对总集中的日期和值进行排序
sort = sorted(zip(superset["dates"], superset["values"]))
superset["dates"] = [x for x, _ in sort]
superset["values"] = [x for _, x in sort]
```

（2）函数 merge_subsets_most_recent 的功能是将多个子集中的最新值合并成一个总集，用于合并最新的财务数据。

```
def merge_subsets_most_recent(superset, subsets):
    replace = False
    for s in subsets:
        if superset["date"] is None or (s["date"] is not None and s["date"] >
superset["date"]):
            replace = True
            break
    if replace:
        dates = [x["date"] for x in subsets if x["date"] is not None]
        if len(dates) == 0:
            return
```

```
        d = max(dates)
        superset["date"] = d
        superset["value"] = 0

        for s in subsets:
            if s["date"] == d:
                superset["value"] += s["value"]
```

（3）函数 extract_shares 的功能是从财务文件中提取股份信息，并处理不同的股份度量单位，以确保数据的一致性。另外，它还处理了一些异常情况，如财务文件中股份单位错误的问题。

```
def extract_shares(doc, quarter_of_annual_report, years_diff):
    df = build_financial_df(doc, "EntityCommonStockSharesOutstanding", unit="shares",
tax="dei")
    debug = False
    if debug:
        print(df.to_markdown())
    try:
        most_recent_shares = get_most_recent_value_from_df(df)
    except:
        most_recent_shares = {"date":None, "value":0}
    measures = ["CommonStockSharesOutstanding"]
    mr_common_shares, _, yearly_common_shares = get_values_from_measures(
        doc, measures, instant=True, quarter_of_annual_report=quarter_of_annual_
report,
        years_diff=years_diff, get_ttm=False,
        get_most_recent=True, debug=debug, unit="shares")
    measures = ["WeightedAverageNumberOfSharesOutstandingBasic"]
    mr_average_shares, _, yearly_average_shares = get_values_from_measures(
        doc, measures, instant=False, quarter_of_annual_report=quarter_of_annual_
report,
        years_diff=years_diff, get_ttm=False,
        get_most_recent=True, debug=debug, unit="shares")
    merge_subsets_most_recent(most_recent_shares, [mr_common_shares])
    merge_subsets_most_recent(most_recent_shares, [mr_average_shares])
    try:
        yearly_shares = get_yearly_values_from_df(df, instant=True, quarter_of_annual_
report=quarter_of_annual_report,
        years_diff=years_diff)
        merge_subsets_yearly(yearly_common_shares, [yearly_average_shares])
        merge_subsets_yearly(yearly_shares, [yearly_common_shares])

    except:
        merge_subsets_yearly(yearly_common_shares, [yearly_average_shares])
        yearly_shares = yearly_common_shares
    try:
        max_num_shares = max(yearly_shares["values"])
    except:
        raise NoSharesException()
```

```
    yearly_shares["values"] = [x * 1000 if x / max_num_shares < 0.01 else x for x
in yearly_shares["values"]]
    if most_recent_shares["value"] / max_num_shares < 0.01:
        most_recent_shares["value"] *= 1000
    return {
        "mr_shares": most_recent_shares,
        "shares": yearly_shares,
    }
```

（4）函数 extract_income_statement 的功能是从财务文件中提取收入表信息，并返回一系列指标，包括总收入、毛利润、研发费用、利润等。它还处理了一些异常情况，如财务文件中利息支出的不同度量单位问题。

```
def extract_income_statement(doc):
    measures = [
        "Revenues",
        "RevenueFromContractWithCustomerExcludingAssessedTax",
        "RevenueFromContractWithCustomerIncludingAssessedTax",
        "SalesRevenueNet"
    ]
    _, ttm_revenue, yearly_revenue = get_values_from_measures(doc, measures, get_
most_recent=False, debug=False)

    last_annual_report_date = None
    last_annual_report_fy = None
    for m in measures:
        df = build_financial_df(doc, m)
        if df is not None and not df.empty and "frame" in df.columns:
            annual_rd, annual_fy = get_last_annual_report_date_and_fy(df)
            if last_annual_report_date is None or (annual_rd is not None and annual_
rd > last_annual_report_date):
                last_annual_report_date = annual_rd
                last_annual_report_fy = annual_fy
    measures = ["ResearchAndDevelopmentExpense"]
    _, _, yearly_rd = get_values_from_measures(
        doc, measures, get_ttm=False, get_most_recent=False, debug=False)

    measures = ["ResearchAndDevelopmentExpenseExcludingAcquiredInProcessCost"]
    _, _, yearly_rd_not_inprocess = get_values_from_measures(
        doc, measures, get_ttm=False, get_most_recent=False, debug=False)

    measures = ["ResearchAndDevelopmentInProcess"]
    _, _, yearly_rd_inprocess = get_values_from_measures(
        doc, measures, get_ttm=False, get_most_recent=False, debug=False)

    merge_subsets_yearly(yearly_rd, [yearly_rd_not_inprocess, yearly_rd_inprocess])
    measures = [
        "NetIncomeLoss",
        "NetIncomeLossAvailableToCommonStockholdersBasic",
        "NetIncomeLossAvailableToCommonStockholdersDiluted",
        "ComprehensiveIncomeNetOfTax",
        "IncomeLossFromContinuingOperations",
```

```
        "ProfitLoss",
"IncomeLossFromContinuingOperationsIncludingPortionAttributableToNoncontrollingIn
terest",
        "IncomeLossFromSubsidiariesNetOfTax"
    ]

    _, ttm_net_income, yearly_net_income = get_values_from_measures(doc, measures,
get_most_recent=False, debug=False)
    measures = [
        "InterestExpense",
        "InterestAndDebtExpense",
        "InterestPaid",
        "InterestPaidNet",
        "InterestCostsIncurred"]

    _, ttm_interest_expenses, _ = get_values_from_measures(doc, measures, get_
most_recent=False, get_yearly=False, debug=False)
    if ttm_interest_expenses == 0:
        measures = ["InterestExpenseBorrowings"]
        _, ttm_ie_borrowings, _ = get_values_from_measures(doc, measures, get_most_
recent=False, get_yearly=False, debug=False)
        if ttm_ie_borrowings["value"] == 0:

            measures = ["InterestExpenseDebt",
                        "InterestExpenseDebtExcludingAmortization"]
            _, ttm_ie_debt, _ = get_values_from_measures(doc, measures, get_most_
recent=False, get_yearly=False, debug=False)
            if ttm_ie_debt["value"] == 0:

                measures = ["InterestExpenseLongTermDebt"]
                _, ttm_ie_debt_lt, _ = get_values_from_measures(doc, measures, get_
most_recent=False, get_yearly=False, debug=False)
                measures = ["InterestExpenseShortTermBorrowings"]
                _, ttm_ie_debt_st, _ = get_values_from_measures(doc, measures, get_
most_recent=False, get_yearly=False, debug=False)

                merge_subsets_most_recent(ttm_ie_debt, [ttm_ie_debt_lt, ttm_ie_debt_st])
            measures = ["InterestExpenseDeposits"]
            _, ttm_ie_deposits, _ = get_values_from_measures(doc, measures, get_
most_recent=False, get_yearly=False, debug=False)
            measures = ["InterestExpenseOther"]
            _, ttm_ie_others, _ = get_values_from_measures(doc, measures, get_
most_recent=False, get_yearly=False, debug=False)
            measures = ["InterestExpenseRelatedParty"]
            _, ttm_ie_related, _ = get_values_from_measures(doc, measures, get_
most_recent=False, get_yearly=False, debug=False)
```

```
        ttm_ie_borrowings  = merge_subsets_most_recent(ttm_ie_borrowings,[ttm_ie_
debt, ttm_ie_deposits, ttm_ie_others, ttm_ie_related])

    ttm_interest_expenses = ttm_ie_borrowings

  measures = ["Gross Profit"]
   _, ttm_gross_profit, yearly_gross_profit = get_values_from_measures(doc, measures,
get_most_recent=False, debug=False)

  measures = [
     "DepreciationDepletionAndAmortization",
     "DepreciationAmortizationAndAccretionNet"]
   _, _, yearly_depreciation_amortization = get_values_from_measures(doc, measures,
get_most_recent=False, get_ttm=False,debug=False)

  measures = ["Depreciation"]
   _, _, yearly_depreciation = get_values_from_measures(doc, measures, get_most_
recent=False, get_ttm=False, debug=False)

  measures = ["AmortizationOfFinancingCostsAndDiscounts"]
   _, _, yearly_amortization_fincost_disc = get_values_from_measures(doc, measures,
get_most_recent=False, get_ttm=False,debug=False)

  measures = ["AmortizationOfDebtDiscountPremium"]
   _, _, yearly_amortization_disc = get_values_from_measures(doc, measures,
get_most_recent=False, get_ttm=False,debug=False)
  measures = ["AmortizationOfFinancingCosts"]
   _, _, yearly_amortization_fincost = get_values_from_measures(doc, measures,
get_most_recent=False, get_ttm=False,debug=False)

  merge_subsets_yearly(yearly_amortization_fincost_disc,
[yearly_amortization_disc, yearly_amortization_fincost])

  measures = ["AmortizationOfDeferredCharges"]
   _, _, yearly_amortization_charges = get_values_from_measures(doc, measures,
get_most_recent=False, get_ttm=False, debug=False)
  measures = ["AmortizationOfDeferredSalesCommissions"]
   _, _, yearly_amortization_comm = get_values_from_measures(doc, measures,
get_most_recent=False, get_ttm=False, debug=False)
  measures = ["AmortizationOfIntangibleAssets"]
   _, _, yearly_amortization_intan = get_values_from_measures(doc, measures,
get_most_recent=False, get_ttm=False,debug=False)

  yearly_amortization = {"dates":[], "values":[]}
  merge_subsets_yearly(yearly_amortization,  [yearly_amortization_fincost_disc,
yearly_amortization_charges,
                                    yearly_amortization_comm,
yearly_amortization_intan])
  merge_subsets_yearly(yearly_depreciation_amortization,  [yearly_depreciation,
yearly_amortization])
```

```
    measures = ["OperatingIncomeLoss",

"IncomeLossFromContinuingOperationsBeforeInterestExpenseInterestIncomeIncomeTaxes
ExtraordinaryItemsNoncontrollingInterestsNet",

"IncomeLossFromContinuingOperationsBeforeIncomeTaxesMinorityInterestAndIncomeLoss
FromEquityMethodInvestments",

"IncomeLossFromContinuingOperationsBeforeIncomeTaxesExtraordinaryItemsNoncontroll
ingInterest",
                "IncomeLossFromContinuingOperationsBeforeIncomeTaxesForeign",
                "IncomeLossFromContinuingOperationsBeforeIncomeTaxesDomestic",
                ]
    _, ttm_ebit, yearly_ebit = get_values_from_measures(doc, measures, get_most_
recent=False,debug=False)

    return {
        "ttm_revenue": ttm_revenue,
        "ttm_gross_profit": ttm_gross_profit,
        "ttm_ebit": ttm_ebit,
        "ttm_net_income": ttm_net_income,
        "ttm_interest_expenses": ttm_interest_expenses,
        "revenue": yearly_revenue,
        "gross_profit": yearly_gross_profit,
        "rd": yearly_rd,
        "ebit": yearly_ebit,
        "depreciation": yearly_depreciation_amortization,
        "net_income": yearly_net_income,
        "last_annual_report_date": last_annual_report_date,
        "last_annual_report_fy": last_annual_report_fy
    }
```

（5）编写函数 extract_balance_sheet_current_assets，从财务文件中提取资产负债表中的流动资产信息。通过提取和整合这些信息，可以帮助分析者了解公司的流动资产结构，评估其财务健康状况，并进行进一步的财务分析和预测。

```
def extract_balance_sheet_current_assets(doc, quarter_of_annual_report, years_diff):
    measures = ["CashCashEquivalentsRestrictedCashAndRestrictedCashEquivalents"]
    most_recent_cash_and_restricted, _, yearly_cash_and_restricted = get_values_from_
measures(
        doc, measures, instant=True, quarter_of_annual_report=quarter_of_annual_report,
years_diff=years_diff,
        get_ttm=False, debug=False)

    measures = ["CashAndCashEquivalentsAtCarryingValue", "Cash"]
    most_recent_cash, _, yearly_cash = get_values_from_measures(
        doc, measures, instant=True, quarter_of_annual_report=quarter_of_annual_report,
years_diff=years_diff,
        get_ttm=False, debug=False)

    measures = [
```

394

```
        "RestrictedCashAndCashEquivalentsAtCarryingValue",
        "RestrictedCashAndCashEquivalents",
        "RestrictedCash",
        "RestrictedCashAndInvestmentsCurrent",
        "RestrictedCashCurrent"
    ]
    most_recent_restrictedcash, _, yearly_restrictedcash = get_values_from_measures(
        doc, measures, instant=True, quarter_of_annual_report=quarter_of_annual_report,
years_diff=years_diff,
        get_ttm=False, debug=False)

    merge_subsets_yearly(yearly_cash_and_restricted, [yearly_cash, yearly_restrictedcash],
must_include=(0,))

    if most_recent_cash_and_restricted["date"] is None \
        or (most_recent_cash["date"] is not None and most_recent_cash["date"] >
most_recent_cash_and_restricted["date"]):
        most_recent_cash_and_restricted["date"] = most_recent_cash["date"]
        most_recent_cash_and_restricted["value"] = most_recent_cash["value"]

        if most_recent_restrictedcash["date"] == most_recent_cash["date"]:
            most_recent_cash_and_restricted["value"]  +=  most_recent_restrictedcash
["value"]

    measures = [
        "InventoryNet",
        "InventoryGross",
        "FIFOInventoryAmount",
        "InventoryLIFOReserve",
        "LIFOInventoryAmount",
    ]
    most_recent_inventory, _, yearly_inventory = get_values_from_measures(
        doc, measures, instant=True, quarter_of_annual_report=quarter_of_annual_report,
years_diff=years_diff,
        get_ttm=False, debug=False)

    measures = [
        "RetailRelatedInventory",
        "RetailRelatedInventoryMerchandise"
    ]
    most_recent_inventory_retail, _, yearly_inventory_retail = get_values_from_ measures(
        doc, measures, instant=True, quarter_of_annual_report=quarter_of_annual_report, years_
diff=years_diff,
        get_ttm=False, debug=False)

    measures = [
        "EnergyRelatedInventory"
    ]
    most_recent_inventory_energy, _, yearly_inventory_energy = get_values_from_measures(
        doc, measures, instant=True, quarter_of_annual_report=quarter_of_annual_report,
years_diff=years_diff,
        get_ttm=False, debug=False)
```

```
    measures = [
        "PublicUtilitiesInventory"
    ]
    most_recent_inventory_utilities, _, yearly_inventory_utilities = get_values_from_
measures(
        doc, measures, instant=True, quarter_of_annual_report=quarter_of_annual_report,
years_diff=years_diff,
        get_ttm=False, debug=False)

    measures = [
        "InventoryRealEstate"
    ]
    most_recent_inventory_re, _, yearly_inventory_re = get_values_from_measures(
        doc, measures, instant=True, quarter_of_annual_report=quarter_of_annual_report,
years_diff=years_diff,
        get_ttm=False, debug=False)

    measures = [
        "AirlineRelatedInventory"
    ]
    most_recent_inventory_airline, _, yearly_inventory_airline = get_values_from_
measures(
        doc, measures, instant=True, quarter_of_annual_report=quarter_of_annual_report,
years_diff=years_diff,
        get_ttm=False, debug=False)

    merge_subsets_most_recent(most_recent_inventory,
                        [most_recent_inventory_retail,
most_recent_inventory_airline,
                         most_recent_inventory_energy, most_recent_inventory_re,
most_recent_inventory_utilities])
    merge_subsets_yearly(yearly_inventory, [yearly_inventory_retail, yearly_inventory_
airline, yearly_inventory_energy, yearly_inventory_re, yearly_inventory_utilities])
    measures = [
        "OtherAssetsCurrent",
        "OtherAssetsMiscellaneousCurrent",
        "PrepaidExpenseAndOtherAssetsCurrent",
        "OtherAssetsFairValueDisclosure",
        "OtherAssetsMiscellaneous",
        "PrepaidExpenseAndOtherAssets"
    ]
    most_recent_other_current_assets, _, yearly_other_current_assets =
get_values_from_measures(
        doc, measures, instant=True, quarter_of_annual_report=quarter_of_annual_report,
years_diff=years_diff,
        get_ttm=False, debug=False)

    measures = ["PrepaidExpenseCurrent"]
    most_recent_prepaid_exp, _, yearly_prepaid_exp = get_values_from_measures(
        doc, measures, instant=True, quarter_of_annual_report=quarter_of_annual_report,
years_diff=years_diff,
        get_ttm=False, debug=False)
    measures = ["PrepaidInsurance"]
```

```
    most_recent_prepaid_ins, _, yearly_prepaid_ins = get_values_from_measures(
        doc, measures, instant=True, quarter_of_annual_report=quarter_of_annual_report,
years_diff=years_diff,
        get_ttm=False, debug=False)
    measures = ["PrepaidTaxes",
               "IncomeTaxesReceivable",
               "IncomeTaxReceivable"]
    most_recent_prepaid_tax, _, yearly_prepaid_tax = get_values_from_measures(
        doc, measures, instant=True, quarter_of_annual_report=quarter_of_annual_report,
years_diff=years_diff,
        get_ttm=False, get_yearly=False, debug=False)
  merge_subsets_yearly(yearly_other_current_assets, [yearly_prepaid_exp, yearly_prepaid_
ins, yearly_prepaid_tax])

    merge_subsets_most_recent(most_recent_other_current_assets,
                            [most_recent_prepaid_exp, most_recent_prepaid_ins, most_
recent_prepaid_tax])


    measures = [
        "AccountsAndOtherReceivablesNetCurrent",
        "AccountsNotesAndLoansReceivableNetCurrent",
        "ReceivablesNetCurrent",
        "NontradeReceivablesCurrent"]
    most_recent_receivables, _, yearly_receivables = get_values_from_measures(
        doc, measures, instant=True, quarter_of_annual_report=quarter_of_annual_report,
years_diff=years_diff,
        get_ttm=False, debug=False)

    measures = ["AccountsReceivableNetCurrent",
               "AccountsReceivableNet",
               "AccountsReceivableGrossCurrent",
               "AccountsReceivableGross"]
    most_recent_ar, _, yearly_ar = get_values_from_measures(
        doc, measures, instant=True, quarter_of_annual_report=quarter_of_annual_report,
years_diff=years_diff,
        get_ttm=False, debug=False)

    measures = ["LoansAndLeasesReceivableNetReportedAmount",
               "LoansAndLeasesReceivableNetOfDeferredIncome",
               "LoansReceivableFairValueDisclosure",
               "LoansAndLeasesReceivableGrossCarryingAmount"]
    most_recent_loans_rec, _, yearly_loans_rec = get_values_from_measures(
        doc, measures, instant=True, quarter_of_annual_report=quarter_of_annual_report,
years_diff=years_diff,
        get_ttm=False, debug=False)

    measures = ["NotesReceivableNet",
               "NotesReceivableFairValueDisclosure",
               "NotesReceivableGross"]
    most_recent_notes_rec, _, yearly_notes_rec = get_values_from_measures(
        doc, measures, instant=True, quarter_of_annual_report=quarter_of_annual_report,
years_diff=years_diff,
        get_ttm=False, debug=False)
```

```
    merge_subsets_yearly(yearly_receivables, [yearly_ar, yearly_loans_rec, yearly_notes_
rec])
    merge_subsets_most_recent(most_recent_receivables,
                        [most_recent_ar, most_recent_loans_rec, most_recent_notes_
rec])

    measures = [
        "MarketableSecurities"
        "AvailableForSaleSecurities"]
    most_recent_securities, _, yearly_securities = get_values_from_measures(
        doc,                        measures,                        instant=True,
quarter_of_annual_report=quarter_of_annual_report, years_diff=years_diff,
        get_ttm=False, debug=False)

    measures = ["AvailableForSaleSecuritiesDebtSecurities"]
    most_recent_debtsecurities, _, yearly_debtsecurities = get_values_from_measures(
        doc, measures, instant=True, quarter_of_annual_report=quarter_of_annual_report,
years_diff=years_diff,
        get_ttm=False, debug=False)

    measures = ["AvailableForSaleSecuritiesEquitySecurities"]
    most_recent_equitysecurities, _, yearly_equitysecurities = get_values_from_
measures(
        doc, measures, instant=True, quarter_of_annual_report=quarter_of_annual_report,
years_diff=years_diff,
        get_ttm=False, debug=False)

    merge_subsets_yearly(yearly_securities, [yearly_debtsecurities, yearly_equitysecurities])
    merge_subsets_most_recent(most_recent_securities,
                        [most_recent_debtsecurities,
most_recent_equitysecurities])

    measures = ["DerivativeAssets",
            "DerivativeAssetsCurrent"]
    most_recent_derivatives, _, yearly_derivatives = get_values_from_measures(
        doc, measures, instant=True, quarter_of_annual_report=quarter_of_annual_report,
years_diff=years_diff,
        get_ttm=False, debug=False)

    measures = ["HeldToMaturitySecurities",
            "HeldToMaturitySecuritiesFairValue",
            "HeldToMaturitySecuritiesCurrent",
            ]
    most_recent_held_securities, _, yearly_held_securities = get_values_from_measures(
        doc, measures, instant=True, quarter_of_annual_report=quarter_of_annual_report,
years_diff=years_diff,
        get_ttm=False, debug=False)

    measures = ["AvailableForSaleSecuritiesNoncurrent",
            "AvailableForSaleSecuritiesDebtSecuritiesNoncurrent",
            ]
    most_recent_non_curr_sec, _, yearly_non_curr_sec = get_values_from_measures(
```

```
        doc, measures, instant=True, quarter_of_annual_report=quarter_of_annual_report,
years_diff=years_diff,
        get_ttm=False, debug=False)

    measures = ["MarketableSecuritiesCurrent",
            "AvailableForSaleSecuritiesDebtSecuritiesCurrent"]
    most_recent_marksecurities_cur,        _,        yearly_marksecurities_cur        =
get_values_from_measures(
        doc, measures, instant=True, quarter_of_annual_report=quarter_of_annual_report,
years_diff=years_diff,
        get_ttm=False, debug=False)

    measures = ["ShortTermInvestments"]
    most_recent_st_inv, _, yearly_st_inv = get_values_from_measures(
        doc, measures, instant=True, quarter_of_annual_report=quarter_of_annual_report,
years_diff=years_diff,
        get_ttm=False, debug=False)

    measures = ["MoneyMarketFundsAtCarryingValue"]
    most_recent_mm, _, yearly_mm = get_values_from_measures(
        doc, measures, instant=True, quarter_of_annual_report=quarter_of_annual_report,
years_diff=years_diff,
        get_ttm=False, debug=False)

    merge_subsets_yearly(yearly_securities, [yearly_derivatives, yearly_held_ securities,
yearly_non_curr_sec, yearly_marksecurities_cur, yearly_st_inv, yearly_mm])
    merge_subsets_most_recent(most_recent_securities,
                        [most_recent_derivatives,    most_recent_held_securities,
most_recent_non_curr_sec, most_recent_marksecurities_cur, most_recent_st_inv, most_
recent_mm])

    return {
        "mr_cash": most_recent_cash_and_restricted,
        "cash": yearly_cash_and_restricted,
        "mr_inventory": most_recent_inventory,
        "inventory": yearly_inventory,
        "mr_other_assets": most_recent_other_current_assets,
        "other_assets": yearly_other_current_assets,
        "mr_receivables": most_recent_receivables,
        "receivables": yearly_receivables,
        "mr_securities": most_recent_securities,
        "securities": yearly_securities
    }
```

上述代码的功能如下。

☑　提取现金和受限制的现金流，并与年度数据合并。

☑　提取库存信息，包括不同类型的库存（如零售、能源相关、公用事业等），并与年度数据合并。

☑　提取其他流动资产信息，如预付费用、其他杂项资产等，并与年度数据合并。

☑　提取应收账款信息，包括账款、贷款、票据等，并与年度数据合并。

☑ 提取证券信息，包括可供交易证券、持有至到期投资、衍生工具等，并与年度数据合并。

（6）编写函数 extract_balance_sheet_noncurrent_assets，用于从财务文件中提取资产负债表中的非流动资产信息，包括如下内容。

☑ 股权投资信息，包括权益法投资等。

☑ 其他金融资产信息，如长期预付费用、受限制的现金等。

☑ 不动产、厂房及设备（PP&E）信息。

☑ 投资性房地产信息，包括房地产投资及土地等。

☑ 税务优惠信息，如未确认的税收优惠和应收非流动所得税等。

通过提取这些数据，可以帮助分析者了解公司长期资产的结构和规模，评估其长期投资策略和未来发展潜力，以及了解其税务风险和优惠情况。

```python
def extract_balance_sheet_noncurrent_assets(doc, quarter_of_annual_report,
years_diff):
    measures = [
        "EquityMethodInvestmentAggregateCost",
        "EquityMethodInvestments",
        "InvestmentOwnedAtCost",
        "Investments",
        "InvestmentsInAffiliatesSubsidiariesAssociatesAndJointVentures",
    ]
    most_recent_equity_investments, _, _ = get_values_from_measures(
        doc,                          measures,                          instant=True,
    quarter_of_annual_report=quarter_of_annual_report, years_diff=years_diff,
        get_ttm=False, get_yearly=False,
        debug=False)

    measures = [
        "EquityMethodInvestmentsFairValueDisclosure",
        "InvestmentOwnedAtFairValue",
        "InvestmentsFairValueDisclosure",
    ]
    most_recent_equity_inv_fv, _, _ = get_values_from_measures(doc, measures, instant=
True, quarter_of_annual_report=quarter_of_annual_report, years_diff=years_ diff,
        get_ttm=False, get_yearly=False, debug=False)

    measures = ["EquitySecuritiesWithoutReadilyDeterminableFairValueAmount", ]
    most_recent_equity_inv_notfv, _, _ = get_values_from_measures(doc,measures,
        instant=True, quarter_of_annual_report=quarter_of_annual_report, years_
diff=years_diff,
        get_ttm=False, get_yearly=False, debug=False)

    # merge_subsets_yearly(yearly_equity_investments, [yearly_equity_inv_fv, yearly_
equity_inv_notfv])
    merge_subsets_most_recent(most_recent_equity_investments,
                            [most_recent_equity_inv_fv,
most_recent_equity_inv_notfv])
```

```
    measures = ["MarketableSecuritiesNoncurrent"]
    most_recent_securities_non_curr, _, _ = get_values_from_measures(
        doc, measures, instant=True, quarter_of_annual_report=quarter_of_annual_report,
years_diff=years_diff,
        get_ttm=False, get_yearly=False, debug=False)

    merge_subsets_most_recent(most_recent_equity_investments,
[most_recent_securities_non_curr])

    measures = [
        "PrepaidExpenseNoncurrent",
        "PrepaidExpenseOtherNoncurrent",
    ]
    most_recent_prepaid_non_curr, _, _ = get_values_from_measures(
        doc, measures, instant=True, quarter_of_annual_report=quarter_of_annual_report,
years_diff=years_diff,
        get_ttm=False, get_yearly=False, debug=False)

    measures = [
        "RestrictedCashAndCashEquivalentsNoncurrent",
        "RestrictedCashAndInvestmentsNoncurrent",
        "RestrictedCashNoncurrent"
    ]
    most_recent_cash_non_curr, _, _ = get_values_from_measures(
        doc, measures, instant=True, quarter_of_annual_report=quarter_of_annual_report,
years_diff=years_diff,
        get_ttm=False, get_yearly=False, debug=False)

    measures = ["DerivativeAssetsNoncurrent", ]
    most_recent_derivatives_non_curr, _, _ = get_values_from_measures(
        doc, measures, instant=True, quarter_of_annual_report=quarter_of_annual_report,
years_diff=years_diff,
        get_ttm=False, get_yearly=False, debug=False)

    measures = ["EscrowDeposit"]
    most_recent_escrow, _, _ = get_values_from_measures(
        doc, measures, instant=True, quarter_of_annual_report=quarter_of_annual_report,
years_diff=years_diff,
        get_ttm=False, get_yearly=False, debug=False)

    most_recent_other_financial_assets = {"date":None, "value":0}
    merge_subsets_most_recent(most_recent_other_financial_assets,
                        [most_recent_prepaid_non_curr, most_recent_cash_non_curr,
                        most_recent_derivatives_non_curr, most_recent_escrow])
    measures = [
        "PropertyPlantAndEquipmentNet",

"PropertyPlantAndEquipmentAndFinanceLeaseRightOfUseAssetAfterAccumulatedDepreciat
ionAndAmortization"
    ]
    most_recent_ppe, _, _ = get_values_from_measures(
```

```
        doc, measures, instant=True, quarter_of_annual_report=quarter_of_annual_report,
years_diff=years_diff,
        get_ttm=False, get_yearly=False, debug=False)

    measures = [
        "RealEstateInvestments",
        "RealEstateInvestmentPropertyNet",
        "RealEstateInvestmentPropertyAtCost",
        "RealEstateHeldforsale"
    ]
    most_recent_property, _, _ = get_values_from_measures(
        doc, measures, instant=True, quarter_of_annual_report=quarter_of_annual_report,
years_diff=years_diff,
        get_ttm=False, get_yearly=False, debug=False)

    measures = ["InvestmentBuildingAndBuildingImprovements"]
    most_recent_buildings, _, _ = get_values_from_measures(
        doc, measures, instant=True, quarter_of_annual_report=quarter_of_annual_report,
years_diff=years_diff,
        get_ttm=False, get_yearly=False, debug=False)

    measures = [
        "LandAndLandImprovements",
        "Land",
    ]
    most_recent_land, _, _ = get_values_from_measures(
        doc, measures, instant=True, quarter_of_annual_report=quarter_of_annual_report,
years_diff=years_diff,
        get_ttm=False, get_yearly=False, debug=False)
    merge_subsets_most_recent(most_recent_property,          [most_recent_buildings,
most_recent_land])
    measures = [
        "UnrecognizedTaxBenefits",
        "UnrecognizedTaxBenefitsThatWouldImpactEffectiveTaxRate",
        "IncomeTaxesReceivableNoncurrent",
    ]
    most_recent_tax_benefit, _, _ = get_values_from_measures(
        doc, measures, instant=True, quarter_of_annual_report=quarter_of_annual_report,
years_diff=years_diff,
        get_ttm=False, get_yearly=False, debug=False)

    return {
        "mr_equity_investments": most_recent_equity_investments,
        "mr_other_financial_assets": most_recent_other_financial_assets,
        "mr_ppe": most_recent_ppe,
        "mr_investment_property": most_recent_property,
        "mr_tax_benefits": most_recent_tax_benefit
    }
```

11.6.4 计算估值

（1）在本项目中，分别使用了基于股息和自由现金流的方法计算股票的估值。针对不同情景（正常和经济衰退）分别进行计算。通过这些计算，可以帮助投资者评估股票的合理价格，并制定相应的投资策略。

```
dict_values_for_bi = {}

stock_value_div_ttm_fixed = dividends_valuation(EARNINGS_TTM, GROWTH_FIXED, cagr,
growth_eps_5y, growth_5y, riskfree, industry_payout, cost_of_equity, target_cost_
of_equity, growth_eps_last, eps_5y, payout_5y, ttm_eps_adj, reinvestment_eps_last,
fx_rate, survival_prob, liquidation_per_share, debug=debug, dict_values_for_bi=dict_
values_for_bi)
stock_value_div_norm_fixed = dividends_valuation(EARNINGS_NORM, GROWTH_FIXED, cagr,
growth_eps_5y, growth_5y, riskfree, industry_payout, cost_of_equity, target_cost_
of_equity, growth_eps_last, eps_5y, payout_5y, ttm_eps_adj, reinvestment_eps_last,
fx_rate, survival_prob, liquidation_per_share, debug=debug, dict_values_for_bi=dict_
values_for_bi)
stock_value_div_ttm_ttm = dividends_valuation(EARNINGS_TTM, GROWTH_TTM, cagr,
growth_eps_5y, growth_5y, riskfree, industry_payout, cost_of_equity, target_cost_
of_equity, growth_eps_last, eps_5y, payout_5y, ttm_eps_adj, reinvestment_eps_last,
fx_rate, survival_prob, liquidation_per_share, debug=debug, dict_values_for_bi=dict_
values_for_bi)
stock_value_div_norm_norm = dividends_valuation(EARNINGS_NORM, GROWTH_NORM, cagr,
growth_eps_5y, growth_5y, riskfree, industry_payout, cost_of_equity, target_cost_of_
equity, growth_eps_last, eps_5y, payout_5y, ttm_eps_adj, reinvestment_eps_last,
fx_rate, survival_prob, liquidation_per_share, debug=debug, dict_values_for_bi=dict_
values_for_bi)
stock_value_div_ttm_fixed_recession = dividends_valuation(EARNINGS_TTM, GROWTH_FIXED,
cagr, growth_eps_5y, growth_5y, riskfree, industry_payout, cost_of_equity, target_
cost_of_equity, growth_eps_last, eps_5y, payout_5y, ttm_eps_adj, reinvestment_eps_last,
fx_rate, survival_prob, liquidation_per_share, debug=debug, recession=True, dict_
values_for_bi=dict_values_for_bi)
stock_value_div_norm_fixed_recession = dividends_valuation(EARNINGS_NORM, GROWTH_
FIXED, cagr, growth_eps_5y, growth_5y, riskfree, industry_payout, cost_of_equity,
target_cost_of_equity, growth_eps_last, eps_5y, payout_5y, ttm_eps_adj, reinvestment_
eps_last, fx_rate, survival_prob, liquidation_per_share, debug=debug, recession=True,
dict_values_for_bi=dict_values_for_bi)
stock_value_div_ttm_ttm_recession = dividends_valuation(EARNINGS_TTM, GROWTH_TTM,
cagr, growth_eps_5y, growth_5y, riskfree, industry_payout, cost_of_equity, target_cost_
of_equity, growth_eps_last, eps_5y, payout_5y, ttm_eps_adj, reinvestment_eps_last,
fx_rate, survival_prob, liquidation_per_share, debug=debug, recession=True, dict_
values_for_bi=dict_values_for_bi)
stock_value_div_norm_norm_recession = dividends_valuation(EARNINGS_NORM, GROWTH_
NORM, cagr, growth_eps_5y, growth_5y, riskfree, industry_payout, cost_of_equity,
target_ cost_of_equity, growth_eps_last, eps_5y, payout_5y, ttm_eps_adj, reinvestment_
eps_last, fx_rate, survival_prob, liquidation_per_share, debug=debug, recession=True,
dict_values_for_bi=dict_values_for_bi)

stock_value_fcff_ttm_fixed = fcff_valuation(EARNINGS_TTM, GROWTH_FIXED, cagr,
riskfree, ttm_revenue, ttm_ebit_adj, target_operating_margin, mr_tax_benefits, tax_
```

```
rate, sales_capital_5y, target_sales_capital, debt_equity, target_debt_equity, unlevered_
beta, final_erp, cost_of_debt, target_cost_of_debt, mr_cash, mr_securities, debt_mkt,
mr_minority_interest, survival_prob, mr_shares, liquidation_value, growth_last,
growth_5y, revenue_5y, ebit_5y, fx_rate, mr_property, mr_sbc, debug=debug, dict_
values_for_bi=dict_values_for_bi)
    stock_value_fcff_norm_fixed = fcff_valuation(EARNINGS_NORM, GROWTH_FIXED, cagr,
riskfree, ttm_revenue, ttm_ebit_adj, target_operating_margin, mr_tax_benefits, tax_
rate, sales_capital_5y, target_sales_capital, debt_equity, target_debt_equity, unlevered_
beta, final_erp, cost_of_debt, target_cost_of_debt, mr_cash, mr_securities, debt_mkt,
mr_minority_interest, survival_prob, mr_shares, liquidation_value, growth_last, growth_5y,
revenue_5y, ebit_5y, fx_rate, mr_property, mr_sbc, debug=debug, dict_values_for_bi=
dict_values_for_bi)
    stock_value_fcff_ttm_ttm = fcff_valuation(EARNINGS_TTM, GROWTH_TTM, cagr, riskfree,
ttm_revenue, ttm_ebit_adj, target_operating_margin, mr_tax_benefits, tax_rate, sales_
capital_5y, target_sales_capital, debt_equity, target_debt_equity, unlevered_beta, final_
erp, cost_of_debt, target_cost_of_debt, mr_cash, mr_securities, debt_mkt, mr_minority_
interest, survival_prob, mr_shares, liquidation_value, growth_last, growth_5y,
revenue_5y, ebit_5y, fx_rate, mr_property, mr_sbc, debug=debug, dict_values_for_
bi=dict_values_for_bi)
    stock_value_fcff_norm_norm = fcff_valuation(EARNINGS_NORM, GROWTH_NORM, cagr,
riskfree, ttm_revenue, ttm_ebit_adj, target_operating_margin, mr_tax_benefits, tax_rate,
sales_capital_5y, target_sales_capital, debt_equity, target_debt_equity, unlevered_
beta, final_erp, cost_of_debt, target_cost_of_debt, mr_cash, mr_securities, debt_mkt,
mr_minority_interest, survival_prob, mr_shares, liquidation_value, growth_last, growth_
5y, revenue_5y, ebit_5y, fx_rate, mr_property, mr_sbc, debug=debug, dict_values_for_
bi=dict_values_for_bi)
    stock_value_fcff_ttm_fixed_recession = fcff_valuation(EARNINGS_TTM, GROWTH_FIXED,
cagr, riskfree, ttm_revenue, ttm_ebit_adj, target_operating_margin, mr_tax_benefits,
tax_rate, sales_capital_5y, target_sales_capital, debt_equity, target_debt_equity,
unlevered_beta, final_erp, cost_of_debt, target_cost_of_debt, mr_cash, mr_securities,
debt_mkt, mr_minority_interest, survival_prob, mr_shares, liquidation_value, growth_
last, growth_5y, revenue_5y, ebit_5y, fx_rate, mr_property, mr_sbc, debug=debug,
recession=True, dict_values_for_bi=dict_values_for_bi)
    stock_value_fcff_norm_fixed_recession = fcff_valuation(EARNINGS_NORM, GROWTH_FIXED,
cagr, riskfree, ttm_revenue, ttm_ebit_adj, target_operating_margin, mr_tax_benefits,
tax_rate, sales_capital_5y, target_sales_capital, debt_equity, target_debt_equity,
unlevered_beta, final_erp, cost_of_debt, target_cost_of_debt, mr_cash, mr_securities,
debt_mkt, mr_minority_interest, survival_prob, mr_shares, liquidation_value, growth_
last, growth_5y, revenue_5y, ebit_5y, fx_rate, mr_property, mr_sbc, debug=debug,
recession=True, dict_values_for_bi=dict_values_for_bi)
    stock_value_fcff_ttm_ttm_recession = fcff_valuation(EARNINGS_TTM, GROWTH_TTM, cagr,
riskfree, ttm_revenue, ttm_ebit_adj, target_operating_margin, mr_tax_benefits, tax_
rate, sales_capital_5y, target_sales_capital, debt_equity, target_debt_equity, unlevered_
beta, final_erp, cost_of_debt, target_cost_of_debt, mr_cash, mr_securities, debt_mkt,
mr_minority_interest, survival_prob, mr_shares, liquidation_value, growth_last, growth_
5y, revenue_5y, ebit_5y, fx_rate, mr_property, mr_sbc, debug=debug, recession=True,
dict_values_for_bi=dict_values_for_bi)
    stock_value_fcff_norm_norm_recession = fcff_valuation(EARNINGS_NORM, GROWTH_NORM,
cagr, riskfree, ttm_revenue, ttm_ebit_adj, target_operating_margin, mr_tax_benefits,
tax_rate, sales_capital_5y, target_sales_capital, debt_equity, target_debt_equity,
unlevered_beta, final_erp, cost_of_debt, target_cost_of_debt, mr_cash, mr_securities,
debt_mkt, mr_minority_interest, survival_prob, mr_shares, liquidation_value, growth_
```

```
last, growth_5y, revenue_5y, ebit_5y, fx_rate, mr_property, mr_sbc, debug=debug,
recession=True, dict_values_for_bi=dict_values_for_bi)
```

代码执行后会会输出如下内容。

```
===== Dividends Valuation - EARNINGS_TTM + GROWTH_FIXED + recession:False =====
expected_growth [0.1074 0.101  0.0946 0.0881 0.0817 0.0753 0.0689 0.0625 0.0561
0.0497

 0.0433]

earnings_per_share [6.0673, 6.6799, 7.3116, 7.9561, 8.6064, 9.2546, 9.8924, 11.5106,
11.1, 11.6513, 12.1552]

payout_ratio [0.0867 0.1734 0.2601 0.3468 0.4335 0.5202 0.6069 0.6935 0.7802 0.8669

 0.9536]
###省略部分输出结果
cost_of_capital  [0.13007303944488582, 0.1300431538207438, 0.13001336342016462,
0.1299836677887606, 0.1299540664750306, 0.12992455903033706, 0.12989514500888305,
0.12986582396769025,          0.12983659546657647,          0.12980745906813357,
0.12977841433770582]

cumulative  WACC  [1.130073039444886, 1.2770313015420927, 1.4430624362484106,
1.6306369845601636, 1.8425448916483385, 2.081936724189349, 2.3523701968772435,
2.6578626907717444, 3.002950533759182, 3.3927559122537567, 3.833062394780926]

present  value  [25761416.44331457, 24895720.67192729, 30371497.058220774, -
5626645.969449993, -19044099.093171094, -20582665.42125352, 31225188.95732479,
32235887.09764502, 32526419.718413804, 32117106.30522833, 31061573.360930156]

terminal value 1317943752.34

PV of FCFF during growth 163879825.76819995

PV of terminal value 343835715.83

Value of operating assets 507715541.60016966

Value of cash and property 110880000.0
firm value 618595541.6

debt outstanding 23519939.49

equity value 592937602.12

stock value (price curr) 43.88

stock value (fin curr) 43.88
```

　　上面的输出结果展示了股息估值模型的计算结果，其中包括预期增长率、每股收益、股息支付比率等参数。通过计算成本资本、现金流量贴现值、终端价值等指标，最终得出了公司的股票价值。在当前和财务调整后的情况下，计算结果显示股票的合理价格为 43.88 美元。

（2）下面的这段代码计算了自由现金流（FCFF）和股利的估值期望值。首先，将不同情景下的 FCFF 和股利估值值组成列表，并设定了衰退概率。然后，通过对不同情景下的估值值进行加权平均，得到了 FCFF 和股利的估值期望值，从而可以更全面地考虑衰退风险。

```
fcff_values_list = [stock_value_fcff_ttm_fixed, stock_value_fcff_norm_fixed, stock_
value_fcff_ttm_ttm,
                    stock_value_fcff_norm_norm]
fcff_recession_values_list = [stock_value_fcff_ttm_fixed_recession, stock_value_
fcff_norm_fixed_recession,
                              stock_value_fcff_ttm_ttm_recession,
stock_value_fcff_norm_norm_recession]
div_values_list = [stock_value_div_ttm_fixed, stock_value_div_norm_fixed, stock_
value_div_ttm_ttm,
                   stock_value_div_norm_norm]
div_recession_values_list = [stock_value_div_ttm_fixed_recession, stock_value_
div_norm_fixed_recession,
                             stock_value_div_ttm_ttm_recession,
stock_value_div_norm_norm_recession]

recession_probability = 0.5
fcff_value = summary_valuation(fcff_values_list)
fcff_recession_value = summary_valuation(fcff_recession_values_list)
ev_fcff = fcff_value * (1 - recession_probability) + fcff_recession_value *
recession_probability
div_value = summary_valuation(div_values_list)
div_recession_value = summary_valuation(div_recession_values_list)
ev_dividends = div_value * (1 - recession_probability) + div_recession_value *
recession_probability
```

（3）计算自由现金流（FCFF）和股利的估值差异，以及股票的清算价值与当前价格之间的差异。根据不同的情况进行条件判断，如果估值值大于 0，则计算出价格与估值之间的百分比差异；如果估值值小于等于 0，则将差异值设置为 10，这表示一种异常情况。

```
fcff_delta = price_per_share / ev_fcff - 1 if fcff_value > 0 else 10
div_delta = price_per_share / ev_dividends - 1 if div_value > 0 else 10
liquidation_delta = price_per_share / liquidation_per_share - 1 if
liquidation_per_share > 0 else 10
```

（4）下面的代码用于打印输出计算的估值数据，主要包括以下内容。

☑ FCFF 值列表，包括四个不同情景下的 FCFF 值。

☑ 带有经济衰退情景的 FCFF 值列表。

☑ 股利值列表，包括四个不同情景下的股利值。

☑ 带有经济衰退情景的股利值列表。

☑ 每股价格。

☑ FCFF 估值结果。

☑ FCFF 偏差。

☑ 股利估值结果。

☑ 股利偏差。

```
print("FCFF values")
print([round(x, 2) for x in fcff_values_list])
print("\nFCFF values w/ Recession")
print([round(x, 2) for x in fcff_recession_values_list])
print("\n\nDiv values")
print([round(x, 2) for x in div_values_list])
print("\nDiv values w/ Recession")
print([round(x, 2) for x in div_recession_values_list])

print("\n\n\n")

print("Price per Share", price_per_share)
print("FCFF Result", ev_fcff)
print("FCFF Deviation", fcff_delta)
print("Dividends Result", ev_dividends)
print("Dividends Deviation", div_delta)
```

代码执行后会输出如下内容。

```
FCFF values
[59.31, 54.0, 75.09, 71.83]

FCFF values w/ Recession

[42.92, 39.34, 46.93, 43.88]

Div values

[49.63, 48.94, 79.39, 82.64]

Div values w/ Recession

[35.41, 34.92, 48.82, 49.95]

Price per Share 120.97

FCFF Result 54.48574881278017

FCFF Deviation 1.2202135904503764

Dividends Result 53.31465660538761

Dividends Deviation 1.2689820717662768
```

通过打印这些数值，投资者可以更好地了解不同情景下的估值结果，并评估市场价格与估值之间的差异。

11.6.5　风险评估

在评估公司所涉及的风险时，通常考虑如下所示的几个因素。

☑ 公司规模：评估公司的规模，这可能影响稳定性和增长潜力。

☑ 公司复杂性：评估公司的运营、结构和业务模式的复杂程度，这可能影响运营效率和适应能力。

☑ 股份稀释：分析过去 5 年发生的任何股份稀释，因为这可能影响现有股东的所有权和未来每股收益。

☑ 审计师变更：检查最近的审计师变更，因为这可能表明存在潜在的会计或财务报告问题。

☑ 公司类型：考虑公司的类型，无论是初创公司、成熟企业还是特定行业部门，不同类型面临着独特的风险。

☑ 存货和应收账款：查看存货和应收账款与营收相比的持续增长模式，因为过度增长可能表明存在效率问题或潜在的流动性问题。

☑ 定性信息：综合之前使用 ChatGPT 模型提取的定性见解，如市场情绪、行业趋势、管理效果和竞争定位等。

通过全面评估这些因素，投资者可以更深入地了解投资公司所涉及的风险，并做出更明智的投资决策。

（1）下面的代码根据市值（以美元计算）将公司分类为不同的规模范围，具体如下。

☑ 如果市值小于 50,000 美元，公司规模被归类为 Nano 级别。

☑ 如果市值介于 50,000 美元和 300,000 美元之间，公司规模被归类为 Micro 级别。

☑ 如果市值介于 300,000 美元和 2,000,000 美元之间，公司规模被归类为 Small 级别。

☑ 如果市值介于 2,000,000 美元和 10,000,000 美元之间，公司规模被归类为 Medium 级别。

☑ 如果市值介于 10,000,000 美元和 200,000,000 美元之间，公司规模被归类为 Large 级别。

☑ 如果市值大于 200,000,000 美元，公司规模被归类为 Mega 级别。

最后，打印输出了公司的规模分类。

```
market_cap_USD = equity_mkt * fx_rate_financial_USD
if market_cap_USD < 50 * 10 ** 3:
    company_size = "Nano"
elif market_cap_USD < 300 * 10 ** 3:
```

```
    company_size = "Micro"
elif market_cap_USD < 2 * 10 ** 6:
    company_size = "Small"
elif market_cap_USD < 10 * 10 ** 6:
    company_size = "Medium"
elif market_cap_USD < 200 * 10 ** 6:
    company_size = "Large"
else:
    company_size = "Mega"
print(f"Company Size {company_size}")
```

根据彼得·林奇（Peter Lynch）在他的著作 *One Up on Wall Street*《股市上的一次胜利》中阐述的概念，将公司类型分为 7 种，其中单个公司可以符合其中一种或多种类型。

☑ 快速成长型（高增长）。

☑ 稳健型（适度增长）。

☑ 缓慢成长型（低增长）。

☑ 衰退型（负增长）。

☑ 转型型（亏损公司或负债公司，但有明确的扭转方式）。

☑ 资产投资型（清算价值高于市值）。

☑ 循环型（业绩受到商业周期影响）。

（2）下面的这段代码实现用户与从文档中提取一些公司特征和数据，用于评估公司的风险，这有助于综合评估公司的风险情况，为投资决策提供参考。

```
complexity = company_complexity(doc, industry, company_size)
dilution = company_share_diluition(shares)
inventory = get_selected_years(data, "inventory", initial_year-1, final_year)
receivables = get_selected_years(data, "receivables", initial_year-1, final_year)
company_type = get_company_type(revenue_growth, mr_debt_adj, equity_mkt, liquidation_
value, operating_margin_5y, industry)
auditor = find_auditor(doc)
print(f"Auditor {auditor}")
```

上述代码的实现流程如下所示。

☑ 通过 company_complexity 函数评估公司的复杂性，该函数会根据行业和公司规模返回一个复杂性评级。

☑ 使用 company_share_dilution 函数计算过去 5 年内股份的稀释情况，以评估股份的稀释程度。

☑ 使用 get_selected_years 函数从数据中提取过去几年的库存和应收账款信息，以评估公司存货和应收账款与收入的关系。

☑ 使用 get_company_type 函数根据营收增长、债务调整后的市值、清算价值、过去 5 年的营运利润率和行业等因素来确定公司的类型。

☑ 使用 find_auditor 函数从文档中找出公司的审计师信息。

（3）打印输出公司风险评估的结果，包括公司市值（以美元计）、公司规模评级、公司复杂性评级、股份稀释程度、收入、库存信息、应收账款信息、公司类型、审计师信息。这些信息提供了对公司风险情况的全面解析，有助于投资者做出更加明智的投资决策。

```
print("===== Risk Assessment =====\n")
print("MKT CAP USD: ", market_cap_USD)
print("company_size", company_size)
print("company complexity", complexity)
print("share dilution", round(dilution, 4))
print("revenue", revenue)
print("inventory", inventory)
print("receivables", receivables)
print("company_type", company_type)
print("Auditor", auditor)
print()
```

代码执行后会输出如下内容。

```
===== Risk Assessment =====

MKT CAP USD: 1538980340.0

company_size Mega

company complexity 4

share dilution 1.0732

revenue [136819000.0, 161857000.0, 182527000.0, 257637000.0, 282836000.0]

inventory [749000.0, 1107000.0, 999000.0, 728000.0, 1170000.0, 2670000.0]

receivables  [18336000.0,  20838000.0,  25326000.0,  30930000.0,  39304000.0,
40258000.0]

company_type {'fast_grower': True, 'stalward': False, 'slow_grower': False,
'declining': False, 'turn_around': False, 'asset_play': False, 'cyclical': True}

Auditor Ernst & Young LLP We have served as the Company's auditor since 1999
```

（4）检索最近的文件并对其进行解析，然后生成一个包含摘要信息的 DataFrame。对于每个文件，它提取了摘要信息并将其组织成 DataFrame 的行，其中包括文件类型、提交日期、摘要信息、摘要链接等。这有助于用户更轻松地查看最近文件的关键摘要信息，并进行进一步的分析和处理。

```
    l = []
    recent_docs = get_recent_docs(cik, doc["filing_date"])
```

```
for d in recent_docs:

    print("##############")
    print(d["form_type"], d["filing_date"], d["_id"])
    print("##############\n")

    if not mongodb.check_document_exists("parsed_documents", d["_id"]):
        parse_document(d)

    parsed_doc = mongodb.get_document("parsed_documents", d["_id"])

    if not mongodb.check_document_exists("items_summary", d["_id"]):
        sections_summary(parsed_doc)

    summary_doc = mongodb.get_document("items_summary", d["_id"])

    for k, v in summary_doc.items():
        if isinstance(v, dict):

            print(f"=== {k} ===")

            for info in v["summary"]:

                print(info)

                if v["links"] is None:
                    v["links"] = [{"title":"", "link":""}]

                for link in v["links"]:

                    l.append({
                        "ticker": ticker,
                        "created_at": datetime.datetime.now().date(),
                        "form_type": d["form_type"],
                        "filing_date": d["filing_date"],
                        "url": d["_id"],
                        "section": k,
                        "information": info,
                        "section_link": link["link"],
                        "section_link_title": link["title"]
                    })

            print()

    print("\n")

summary_df = pd.DataFrame(l)
```

11.7　估值报告可视化

为了更加直观地了解估值信息，本项目使用 Tableau 和 PowerBI 等工具实现了估值信息的可视化。Tableau 和 PowerBI 都是流行的商业智能工具，用于创建交互式和可视化的数据分析报告。它们可以将数据从各种来源整合并呈现为易于理解的图表、地图、仪表板等形式，以便用户可以更好地理解数据、发现趋势和进行决策。这些工具通常用于数据分析、业务报告、市场分析、销售洞察等领域。在公司估值方面，Tableau 和 PowerBI 可以用于可视化财务数据、市场趋势、行业比较等，从而帮助用户更好地理解公司价值和市场环境。

（1）Tableau 仪表板提供了直观的界面，可用于可视化每个公司的关键信息，如图 11-1 所示。用户可以使用 ticker 过滤器选择特定公司，并立即查看其当前每股价格和常规详情。地理分割部分提供了关于公司在不同国家或地区运营分布的分析。此外，仪表板还包括表格，总结了公司最新文件的各个部分，提供了使用 OpenAI API 提取的基本信息的便捷访问。

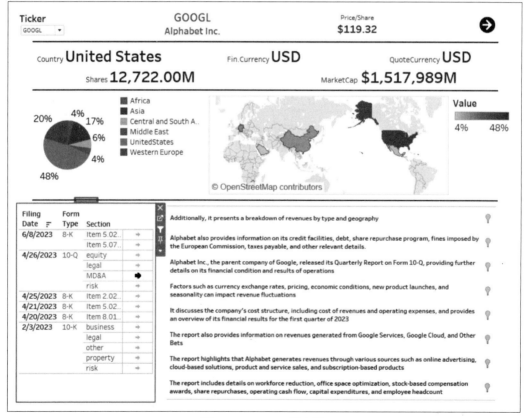

图 11-1　Tableau 仪表板

（2）单击 Tableau 仪表板左侧所需的文件部分的内容，可以在右侧查看该部分的摘要信息。

（3）在 Tableau 估值仪表板中，可以快速地可视化从我们的 8 个场景中得到的不同估值，包括自由现金流估值和股息估值信息。并且还提供了一个图表显示未来 10 年的预估收入、EBIT、自由现金流和股息等信息。可以通过在右侧更改参数来改变正在可视化的场景。在底部，可以看到构成我们估算的公司价值的组成部分，以及估算的每股价值，如图 11-2 所示。

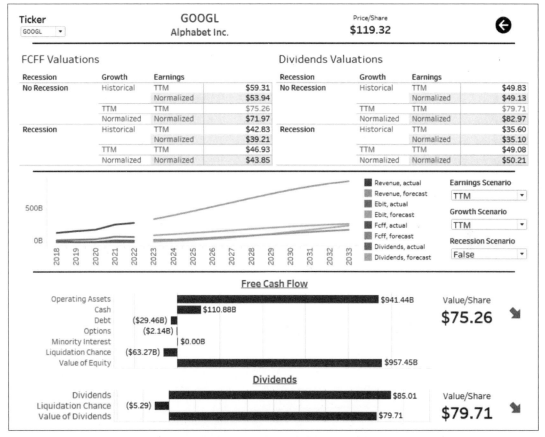

图 11-2　Tableau 估值仪表板

（4）在 PowerBI 中也构建了类似的仪表板。另外有一些不同的视觉元素，可以更好地利用该工具的功能，如使用瀑布图而不是简单的条形图（也可以在 Tableau 中构建瀑布图，但需要进行一些数据处理才能使其达到正确的格式）。如图 11-3 所示。

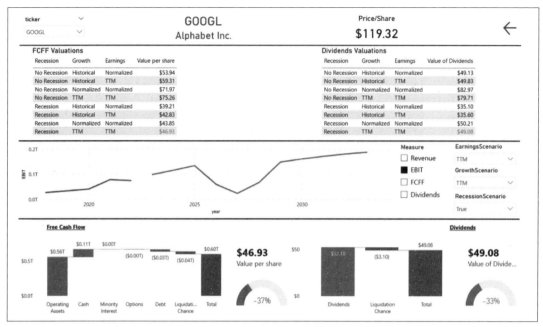

图 11-3　PowerBI 仪表板